El sendero hacia la inmortalidad

SERIE ESCALA LA MONTAÑA MÁS ALTA®

El sendero del Yo Superior

El sendero de la autotransformación

Los maestros y el sendero espiritual

El sendero de la hermandad

El sendero del Cristo Universal

Senderos de Luz y Oscuridad

El sendero hacia la inmortalidad

El sendero de Cristo o Anticristo

El sendero hacia el logro

Los Maestros y sus retiros

*Predice tu futuro:
Astrología de la Madre Divina*

Serie ESCALA LA MONTAÑA MÁS ALTA

El sendero hacia la inmortalidad

Mark L. Prophet · Elizabeth Clare Prophet

El Evangelio Eterno

Gardiner, Montana

El sendero hacia la inmortalidad
de Mark L. Prophet y Elizabeth Clare Prophet
Edición en español Copyright © 2023 The Summit Lighthouse, Inc.
Todos los derechos reservados.

Título original:
The Path of Immortality
de Mark L. Prophet y Elizabeth Clare Prophet
Copyright © 2006 The Summit Lighthouse, Inc.
Todos los derechos reservados.

Ninguna parte de este libro puede reproducirse, traducirse o almacenarse, publicarse o transmitirse electrónicamente ni utilizarse en formato o medio alguno sin previo permiso por escrito del editor, excepto por críticos, quienes podrán hacer alguna breve reseña como análisis.

Para más información, contacte con Summit University Press, 63 Summit Way, Gardiner, MT 59030-9314, USA.
Tel: 1-800-245-5445 o 406-848-9500.
Sitio web: www.SummitUniversityPress.com
E-mail: info@SummitUniversityPress.com

Library of Congress Control Number: 2023946574
(Número de Control de la Biblioteca del Congreso: 2023946574)
ISBN: 978-1-60988-461-1
ISBN: 978-1-60988-462-8 (libro digital)

SUMMIT UNIVERSITY 🔥 PRESS ESPAÑOL®

Summit University Press, Summit University Press Español, el logotipo de Summit University, The Summit Lighthouse, y Escala la montaña más alta (Climb the Highest Mountain) o sus equivalentes en inglés son marcas comerciales registradas en la Oficina de Patentes y Marcas de EE. UU., y en otros países. Quedan reservados todos los derechos sobre su uso.

Imagen de cubierta: *Zoroaster,* pintura de Nicholas Roerich.

Nota: Nuestro conocimiento de la vida y el universo entiende que todas las cosas tienen una polaridad: más/menos, Alfa/Omega, yang/yin, masculina/femenina. Los mundos del Espíritu y la Materia tienen polos opuestos como dos manifestaciones de la presencia universal de Dios. En esta relación el Espíritu asume la polaridad positiva/yang/masculina; y la Materia asume la polaridad negativa/yin/femenina. Por tanto, hemos utilizado los pronombres masculinos para referirnos a Dios y los femeninos para el alma, el elemento que forma parte de nosotros mismos y que está evolucionando en los planos de la Materia. Además, con el fin de evitar expresiones a veces engorrosas y complicadas, hemos usado pronombres masculinos para referirnos al individuo. Estos usos no tienen como intención excluir a la mujer.

Vi volar por en medio del cielo a otro ángel, que tenía el evangelio eterno para predicarlo a los moradores de la tierra, a toda nación, tribu, lengua y pueblo, diciendo a gran voz: Temed a Dios, y dadle gloria, porque la hora de su juicio ha llegado; y adorad a aquel que hizo el cielo y la tierra, el mar y las fuentes de las aguas.

APOCALIPSIS 14:6-7

Índice

Prefacio xv

Introducción xvii

CAPÍTULO 1 • La Ley de los Ciclos 1
   Disciplina hacia un fin 3
   Discernimiento de los secretos de la creación 5
   La obra de Kuthumi sobre los ciclos 5
   Definición de *ciclo* 7
   El imán cósmico 8
   El gran ciclo 11
   Exploración de los Puranas 13
   La Ley del Karma 16
   Espíritu y Materia 16
   La Ley de la Trascendencia 18
   La Ley de la Correspondencia 19
   El hombre: el microcosmos 21
   El círculo 24
   Cómo moldear la sustancia 27
   El regreso al centro 29
   Modelos lineales del torbellino finito 31
   Los cuatro rituales sagrados 36
   La columna del Espíritu 39
   Modelos en los cielos y modelos en la tierra 41
   La espiral *negativa* 44
   El fíat de perfección 47
   La Ley de la Trascendencia 49
   Meditación en la bola de fuego blanco 53
   La naturaleza trascendente de Dios 55

La revelación de Ezequiel 58
El hombre es una espiral 76
Acortar los días para los escogidos 79
El Ciclo Oscuro 84
Mundos Ascendidos 93
Avanzando con los ciclos de la Vida 96
El regreso al centro 98
El punto de la paz 100
El regreso mediante la Palabra 100

CAPÍTULO 2 • Planos de conciencia 107

Los cálices cristalinos 109
La Ley de Dar y Recibir 112
Secretos del Cuerpo Causal 113
El Eje de la Vida 114
La individualización de la Llama Divina 116
La creación del Cuerpo Causal 123
El viaje del alma y la creación de los cálices cristalinos 124
El alma asume forma 128
El engranaje de los cuatro cuerpos inferiores 130
Patrones para la distribución de las energías en el hombre 132
Mi corazón es el corazón de Dios 140
El caduceo 144
La espiral gigante 151
El cristal de la pureza 159

CAPÍTULO 3 • Inmortalidad 169

La mentira serpentina 171
Misterios del Libro de la Vida 173
El último enemigo 173
La Vida es Dios 174
El derecho (rito) a la inmortalidad 177
El alma: un potencial vivo 178
¿Qué es el alma? 179
El niño interior 181

Índice

El alma está atrapada en el chakra de la sede del alma 182
Desde el Edén hemos creado al ego y al morador 183
"He aquí ahora el tiempo aceptable..." 185
El despertar del alma 186
El alma de David 189
La parábola de la fiesta de bodas y el vestido de boda 190
Curar al alma es una prioridad máxima 194
El Maha Chohán explica el don de la inmortalidad 196
Cómo hallar la unidad con el Padre,
  el Hijo y la Madre Divina 199
El descenso a la dualidad 200
El retorno a la unión a través del sendero de iniciación 202
La iniciación de la Prueba de Fuego 203
Preparación para la Prueba de Fuego 206
La apertura de los retiros 207
El Juicio Final en Sirio ante la Corte del Fuego Sagrado 209
La segunda muerte y el Lago de Fuego 215
Las pruebas del fuego sagrado en Lúxor 217
La iniciación de la transfiguración 222
La iniciación de la crucifixión y la resurrección 225
La iniciación de la ascensión 229
El sendero hacia la ascensión 230
La meta de la Vida 233
Cómo ascender 236
Consigue una victoria cada día 237
La alegría es el primer principio de la ascensión 238
La escalera de la vida 239
Hazte con el control del día 240
Llena las horas con la alegría de la llama Crística 241
Asume el mando de tu Vida 244
Invitación para los candidatos a la ascensión 248
Los requisitos para la ascensión 249
Las glorias de la ascensión 251
"¡YO SOY inmortal!" 253

El Bodhisatva 255
La Ley de la Conservación de la Energía 257
Focos del Imán del Gran Sol Central 260
Cómo conservar los dones y las gracias de Dios 263
La Sagrada Comunión 265
Aptitud para lograr la meta 266
Esperanzas puestas más allá del velo 267
"Esto mortal debe vestirse de inmortalidad..." 270
Meditaciones seráficas 277

CAPÍTULO 4 • **Entidades** 283
Entidades desencarnadas y masivas 285
La Ley de la Atracción 287
El mundo psíquico 287
Afinidades astrales 289
El progreso del alma en el plano etérico 290
La separación de los cuerpos en la transición 292
Libertad a través del elemento fuego 295
Libertad de los registros de muerte 299
El estado lamentable de las entidades astrales
   y cómo liberarse de sus influencias 302
Las idas y venidas del alma 304
La creación de las entidades masivas
   y sus actividades vampíricas 307
Liberación de las drogas psicodélicas 310
La trampa astral 312
Tipos de entidades masivas 314
Protección contra las entidades 344
Cómo proteger el plexo solar 345
Pasos prácticos 347
El uso del color 349
La importancia de tener un campo energético de Luz 352
Redes y campos energéticos flotantes 353
La creación de energías turbulentas 355

El círculo y la espada de llama azul   356
Invocar a las legiones de Astrea   358
Exorcismo   362
Ayuda de los reinos del cielo   365
Jesús y sus apóstoles echan fuera a las entidades   369

CAPÍTULO 5 • Los Mensajeros   385

Revelación progresiva   387
El mensajero interior de Dios   389
Las funciones de los Mensajeros   389
Los requisitos del cargo de Mensajero   391
El contacto de los Mensajeros con la Hermandad   392
Cómo se reciben los dictados   393
Las facultades intuitivas de los Mensajeros de Dios   395
No juzgues la enseñanza por las imperfecciones
   de su Mensajero   396
Los Mensajeros no realizan prácticas astrales o psíquicas   398
Médiums psíquicos y comunicación con almas
   desencarnadas   399
Poderes del Mensajero   403
Venimos con el nombre de un profeta   404
Sanat Kumara, primer Mensajero y Guardián de la Llama   405
En la Atlántida   406
En el antiguo Egipto   406
Durante la época de la misión de Jesús   409
María y Marta de Betania   410
Orígenes de Alejandría   412
Encarnaciones recientes de los Mensajeros   414
Servicio superior   418
Los Mensajeros cargan con lo más duro de la oposición   419
Otros Mensajeros   422
Los Mensajeros al final de la era   424

Notas   431
Glosario   451

Ilustraciones

1. Ciclos del cosmos   10
2. Los siete cuerpos del hombre   23
3. El tiempo es un ciclo dentro de una espiral eterna   25
4. El centro laya   28
5. Ciclos y espirales   29
6. La cuadratura del círculo   32
7. Definición de los cuatro cuadrantes   33
8. Doce planos de conciencia   34
9. La iniciación de ciclos mediante la cuadratura del círculo   35
10. La cuadratura del círculo y la circunferencia del cuadrado   36
11. Los cuatro rituales alquímicos   37
12. El flujo de los ciclos   38
13. Gráfico de la conciencia ascendente del hombre   41
14. El Taichi tú: Diagrama de lo Supremo   51
15. Frecuencias de individualización a través de la Jerarquía   60
16. Fases yang y yin de los ciclos   64
17. Las estrellas Alfa y Omega en la rueda interior   65
18. Las estrellas Alfa y Omega en la rueda exterior   66
19. La llama trina   19
20. La cristalización de la Niebla   68
21. La rotación de las estrellas Alfa y Omega en la rueda interior   70
22. La visión de Ezequiel, según interpretación de la Biblia del oso, 1596   75
23. Las cuatro personalidades de Dios   77
24. Los siete chakras   101

Índice xiii

25. Cálices cristalinos (chakras) en el ser del hombre 110
26. Las doce esferas del Cuerpo Causal 116
27. La creación de las llamas gemelas 118
28. Gráfica de los cálices en el Cuerpo Causal 120
29. Las Cuatro Fuerzas Cósmicas distribuidas en polaridad por los chakras superiores e inferiores 122
30. El viaje del alma a través de las Doce Casas 124
31. El engranaje de los cuatro cuerpos inferiores 131
32. El modelo de distribución de la energía a través del corazón con el fin crear en los chakras superiores e inferiores 133
33. El modelo del caduceo 134
34. La llama trina en el Espíritu y la Materia 136
35. Las facultades del hombre de tomar decisiones como una trinidad afianzada a través de los planos de fuego y aire 141
36. Cuatro planos del ego se oponen a la maestría sobre los cuatro elementos en los ciclos de Materia y Espíritu de la emisión de la energía a través de los chakras 143
37. El canal central del caduceo 147
38. El tejido del Cuerpo Solar Imperecedero 152
39. Espirales de autopercepción que atraviesan los planos de conciencia 165
40. Doce clases de frutos del Árbol de la Vida 175
41. Nombres de entidades desencarnadas y demonios posesivos 342

Prefacio

E*L SENDERO HACIA LA INMORTALIDAD* es el séptimo libro de la serie Escala la montaña más alta. En este volumen exploraremos algunos de los misterios de la creación, así como su aplicación en el Macrocosmos del universo y en el microcosmos del hombre.

Este estudio atraviesa los velos de la existencia y, alcanzando más allá, revela al hombre como un ser espiritual que abarca los planos del Espíritu y la Materia. Con este conocimiento, podemos llegar a conocer qué significa la inmortalidad *en realidad*, así como el sendero a través del cual podemos alcanzar esa meta.

Porque la inmortalidad no es solo una fórmula mágica (aunque una fórmula así pueda existir) ni es algo que se vaya a producir de forma automática en el arrebatamiento del fin de los tiempos. De hecho, la inmortalidad es una ciencia espiritual y material que ha sido descubierta por los místicos a través de los tiempos. En estos capítulos se abre una puerta a esa ciencia. No todo puede escribirse, pero sí damos las claves para abrir nuevas dimensiones del ser para quienes las apliquen.

El capítulo 4 de este volumen pasa a hacer una exposición de las entidades, las fuerzas invisibles que con tanta frecuencia nos desvían de nuestro sendero espiritual y plan divino. El buscador espiritual a menudo pasa por alto este tema, pero con el conocimiento que se proporciona en este libro y con el uso audaz de las herramientas que se dan, el estudiante de los Maestros puede hallar una nueva libertad del alma y del Espíritu.

Este volumen concluye con "Los Mensajeros". En este capítulo Mark y Elizabeth Prophet hablan de su vocación como Mensajeros enfocándola en el contexto de los continuos ciclos de las revelaciones que Dios da al hombre.

La serie Escala la montaña más alta ha sido estructurada por el Maestro Ascendido El Morya en treinta y tres capítulos. Este libro contiene los capítulos 20 a 24 de la obra. Los conceptos que aquí se presentan se basan en el material de los seis libros anteriores. Este volumen a su vez proporciona la base de lo que serán los siguientes dos libros.

Si es la primera vez que exploras la serie Escala la montaña más alta, nos alegra que estudies estas enseñanzas de los Maestros Ascendidos que se han denominado el *Evangelio Eterno, las escrituras de la era de Acuario*. Para quien emprende la lectura de este libro tras haber leído los volúmenes anteriores, deseamos lo mejor en su continuo viaje para escalar la montaña más alta.

LOS EDITORES

Introducción

"Yo rogaré al Padre, y os dará otro Consolador, para que esté con vosotros para siempre: el Espíritu de verdad, al cual el mundo no puede recibir, porque no le ve, ni le conoce; pero vosotros le conocéis, porque mora con vosotros, y estará en vosotros".[1]

El Consolador que viene a enseñarnos todas las cosas es la mismísima Presencia del Espíritu Santo. En la Persona del Espíritu Santo siempre hallamos la Persona del Cristo.

La promesa del consuelo que el Señor Jesucristo nos hizo nunca nos falló a ti ni a mí. Puede que no siempre fuéramos conscientes de la presencia de esa Persona o de la gran enseñanza que impartió al alma interior, pero la enseñanza está ahí y nosotros, hallándolo a través de muchas vías que suponen la iluminación del Espíritu Santo, no nos quedamos sin consuelo.

Una de las grandes fuentes de consuelo que he tenido en esta vida y en vidas anteriores es el conocimiento y la percepción de la Ley de los Ciclos. La Ley de los Ciclos es algo magnífico de contemplar. Sin embargo, si no somos conscientes de su presencia, nos encontraremos desprovistos de ella y carentes del Espíritu Santo. Al no encontrar a ese Espíritu en el aliento de fuego sagrado o el latido de nuestro corazón, no sabremos que el Señor nos ha visitado. Al no percibir la Ley de los Ciclos a todo nuestro alrededor, dentro de nosotros, fuera de nosotros, en el microcosmos y el Macrocosmos, no sentiremos la sombra del Todopoderoso que siempre está sobre nosotros.

Es bien conocido desde hace mucho que la historia se repite a sí misma y que debemos aprender bien las lecciones que nos da. No solo la historia se desarrolla en ciclos, sino que la corrupción y el ocultamiento de la más grande sabiduría señala la muerte cíclica de las naciones. En efecto, el barco de historiadores modernos está perdido en un mar propio de incrustación académica. A bordo de sus puentes los arqueólogos entrecierran los ojos para ver el horizonte. Y perdidos con todos ellos, los teólogos, demasiado cegados por el dogma para navegar por las estrellas del cielo.

¿Este barco de ciegos guiando a ciegos se agrietará y se volverá a hundir, llevándose a nuestra civilización al fondo del mar? Los Maestros dirigen el haz del Faro,* buscando el barco. Pero una y otra vez el hombre no ha reconocido la fuente de Verdad de la Hermandad, empujando a los benévolos adeptos a permanecer detrás de puertas cerradas y glifos secretos.

Los ciclos del hombre en la Tierra cuentan la historia de nuestro ser. Los registros escondidos en cámaras montañosas contienen la historia de nuestro planeta. Una vez más los Maestros eligen desafiar la mofa de las ciencias. "Si alguno tiene oídos para oír, oiga… Mirad lo que oís; porque con la medida con que medís, os será medido, y aun se os añadirá a vosotros los que oís".[2]

La conciencia de la raza está compartimentada en el hombre, pero unificada en el sentido universal de que toda conciencia se funde en una sola. Sus ríos y afluentes corren hacia un solo océano de conciencia y la expansión individual de la conciencia se produce con la maestría del arte del flujo más allá del nivel personal.

Uno de los factores que crea un velo entre el microcosmos y el Macrocosmos es el hecho de que cada individuo debe obrar desde su propio nivel de conciencia y su conciencia está limitada

---

*Lighthouse (faro), hace referencia a la organización que dirigen los Maestros llamada The Summit Lighthouse (El Faro en la Cumbre). [N. del T.]

por sus conceptos residuales. Aunque puede aspirar a un estado de conciencia superior, todo su conocimiento sobre su entorno físico, las ciencias naturales, la ley y las humanidades, así como su búsqueda de maestría espiritual, debe evolucionar desde su actual estado en cuanto a experiencia y conciencia.

Sin embargo, existen medios por los cuales el individuo puede elevarse de forma temporal desde su estado inferior de conciencia hacia uno muy superior. Es posible que el hombre se salte tramos enteros de logro cósmico para que pueda engendrarse dentro de él un optimismo, una inspiración y un almacenamiento posterior en el cuerpo de la memoria de fragmentos de cielo que serán útiles en el logro de planos superiores de conciencia.

La conciencia vital posee la cualidad del *flujo*. Como un río majestuoso, esta fluye a lo largo de las orillas de la identidad donde marcas evidentes proporcionan un delineamiento de la experiencia de la misma manera que un reloj marca las horas. Poetas, escritores y compositores de música cuentan los momentos de intensa inspiración en los que, sintonizados con la Naturaleza, son capaces de sentir una emisión inteligente que sobrepasa con mucho su mente normal y corriente. Esos estados no siempre pueden invocarse a voluntad y a veces parecen manifestarse caprichosamente.

En Verdad, las marcas a lo largo de las orillas de la Identidad y su manifestación son arbitrarias, y los planos de conciencia tienen unas latitudes amplias y mezcladas. Sin embargo, "como Arriba, así abajo": la conciencia de la humanidad que está abajo, cuando se sintoniza con las octavas superiores, puede tener simultáneamente un adelanto de la dicha que vive el alma en sus propias elevadas percepciones, lo cual pasa inadvertido al yo exterior en una conciencia normal.

Aunque muchas personas, por ejemplo, puedan utilizar las instalaciones de una biblioteca de investigación, tales ayudas, en manos de un científico, pueden emplearse con más eficacia de lo que lo serían en manos del profano. De forma parecida, los Maestros Ascendidos blanden un poder mayor desde su plano de conciencia que los hombres no ascendidos, y su poder puede afectar y afecta a miles de millones de corrientes de vida en la Tierra cuando se lo invoca para que actúe. La ley afirma que el llamado obliga a la respuesta. Sin el llamado, el cielo no tiene derecho a interferir en el libre albedrío mortal.

Cuando estudiamos los planos de conciencia descubrimos que, mientras que el animal posee una percepción de otros y de su propio entorno, el hombre es consciente de Sí mismo, poseyendo no solo una percepción del yo exterior y de las circunstancias, sino también de su mundo interior. Directamente detrás de su mundo interior está el plano de conciencia en el que el individuo pasa de las metas egocéntricas y el amor egoísta a un amor relativamente altruista, ofreciéndose a la causa de llevar felicidad e iluminación a su prójimo. No hace falta decir que, finalmente, obtendrá todo el bien que siembre.

Los humanitarios se dividen en dos clases: los que buscan beneficiar a la sociedad y a generaciones futuras a través de medios materiales —educativos, sociales, políticos y económicos— y los que buscan influir en el curso de los acontecimientos humanos de forma espiritual y de una manera calculada para producir una Era dorada de iluminación. Los valores espirituales que la vida humana pueda tener provienen de la herencia del logro espiritual de uno mismo y de las actuales influencias de naturaleza espiritual provenientes del entorno. Estos factores culminan en el servicio tanto a Dios como al verdadero progreso del hombre.

Por encima del nivel del entorno, vemos brillar a través de la banda de conciencia cósmica y la percepción superior las primeras atribuciones del adepto: un individuo versado en la alquimia de la pureza, el servicio y el amor, lo cual denota a alguien que posee cierto grado de aptitud en las artes espirituales. El adepto es capaz de magnetizar (de atraer) grandes beneficios para sí, sus contemporáneos, la sociedad en general y el trabajo de la Jerarquía espiritual. Sin los valores espirituales, los humanitarios no dan la talla y, en el mejor de los casos, solo puede perpetuar una civilización materialista.

Más allá del plano de lo que denominamos el *adepto neófito* hay varios grados. Uno es el de adepto inconsciente. Aunque la

Introducción

sintonización interior de un individuo tal no sea percibida por el yo exterior, aquel sirve al plan cósmico en la Tierra, permaneciendo como un baluarte contra las fuerzas destructivas y manipuladoras que desean robarle a los hombres su herencia espiritual. En este grupo hay personas de muchas profesiones, que incluye a ministros religiosos y sacerdotes cuyo dogma no les permitiría una aceptación total de las Verdades de este trabajo y los Maestros Ascendidos, pero que sí mantienen los altos estándares morales y las responsabilidades sociales que el cielo defiende.

Más allá de este grado está el de maestro adepto, alguien que posee el conocimiento consciente de su posición y sintoniza con la Jerarquía espiritual sobre el planeta. El adepto de este nivel también entra a los consejos kármicos y cósmicos, que ayuda a decidir cuál es el mejor curso que la Jerarquía debe tomar para ayudar a las evoluciones de la familia humana y para hacer avanzar a la vida entera hacia las más altas metas espirituales.

Además, el maestro adepto con frecuencia es capaz de interceder por otra persona, ya sea sobre la base de su amistad con Dios o sobre la base de la petición personal para el necesitado por comprensión directa de la gracia divina (igual que Abraham halló el favor de Dios). El maestro adepto mantiene un alto plano de conciencia en todo momento.

Por encima de este nivel dentro del esquema de la Jerarquía están los maestros no ascendidos, esos benditos individuos que, habiendo dado grandes zancadas en la evolución espiritual y natural, aún están limitados por el velo de carne con respecto a lo que pueden lograr. Al poseer una gran comprensión espiritual y un deseo de servir, también son eslabones planetarios entre la humanidad de la Tierra y la Jerarquía. Sin ellos, la comunicación sería muy difícil para muchos.

Estas almas benditas actúan como mediadoras al nivel del Santo Ser Crístico y prestan servicio al ejercer la misma función entre la Presencia Divina y los patrones no ascendidos y relativamente imperfectos de lo humano. El maestro no ascendido sirve de mediador entre la humanidad emergente y las poderosas

Jerarquías de Luz conocidas como la Gran Hermandad Blanca,* las legiones espirituales, la liga cósmica de afinidades compuesta de Seres Cósmicos, Elementales, Ángeles y Maestros Ascendidos. Quienes trabajan en este grupo tienen una gran responsabilidad y oportunidad de servir. El suyo es un plano de conciencia específico.

Cuando se trata de la escalera de Luz (una metáfora que simboliza las etapas de iniciación) que asciende por los muchos planos de conciencia, existe la posibilidad de alcanzar un número específico de escalones para lograr los niveles de conciencia que van desde el hombre común hasta el grado de los Maestros Ascendidos. Más allá del nivel de la conciencia de Maestros Ascendido existe lo que se conoce como *conciencia Búdica,* y más allá del nivel del Buda existen otros planos. De hecho, los escalones o planos de conciencia posibles para el hombre son infinitos, de lo cual hemos recibido pruebas definitivas desde las grandes alturas espirituales de la Vida, dentro de la denominada *Familia Real del Sol Central.*

Una vez que el individuo ha entrado en la victoria de su ascensión en la Luz, es libre de seguir avanzando y pasar iniciación tras iniciación, al ser cambiado, como dijo san Pablo: "de gloria en gloria en la misma imagen, como por el Espíritu del Señor".[3] En el reino donde el tiempo y el espacio se comprimen como señales de la revelación, el logro y el servicio, los píos, que habitan en un paraíso de perfección inmortal, están invitados constantemente a avanzar hacia la trascendencia de la Divinidad. En el universo no existe nada definitivo y los planos superiores de conciencia forman parte del gran Árbol de la Vida, que en la antigua leyenda

---

*Los Maestros Ascendidos de la Gran Hermandad Blanca, unidos por los más altos propósitos de la hermandad del hombre bajo la Paternidad de Dios, han surgido en todas las épocas, en todas las culturas y religiones, para inspirar logros creativos en la educación, las artes y las ciencias, el gobierno Divino y la Vida abundante, a través de las economías de las naciones. La palabra *blanca* no se refiere a la raza, sino al aura (halo) de luz blanca que rodea sus formas. La Hermandad también incluye en sus filas a ciertos chelas no ascendidos de los Maestros Ascendidos. Jesucristo reveló este orden celestial de "santos vestidos de blanco" a su siervo Juan en el Apocalipsis.

está representado como el árbol Yggdrasil.* Este es el Árbol del Cielo a cuyas ramas van los pájaros del aire a anidar.⁴ El Árbol de la Vida que está en medio del Paraíso de Dios da un fruto cósmico y los que están considerados dignos de comer el fruto del Árbol de la Vida viven para siempre.⁵ Cómo se puede lograr esto y cómo puede el hombre expandirse en la conciencia y sus planos (desde los niveles subterráneos de la carne y la sangre que nunca pueden heredar el Reino de Dios⁶ hasta un estado espiritual en el que los velos caen, uno tras otro, ante los ojos de la conciencia en la beatitud de la Unión Divina), esa es la maravillosa historia del Cristo vivo desarrollada para los estudiantes de los Maestros Ascendidos.

El primer Adán es verdaderamente de la tierra, terrenal; pero el segundo hombre (el Cristo) es el Señor del cielo.⁷ Esta enseñanza de San Pablo muestra en sí misma la evolución del hombre universal, Adam Kadmón, y la evolución del hombre individual, tú y yo. Enseña que, tal como hemos llevado en nosotros la imagen de la tierra, llevaremos la imagen de lo celestial.

A lo largo de los años los Maestros han tenido el placer de presentar planos de conciencia, escaleras de Luz y otras dramatizaciones calculadas para poner ante la conciencia algunas señales para que los hombres puedan establecer un cálculo sobre dónde se encuentran en su búsqueda de Dios. En esta obra, bajo los auspicios de los grandes Maestros, hemos decidido ilustrar, en parte, un principio de flujo del Dios y la Diosa Merú —cuyo retiro está cerca del lago Titicaca, en Suramérica— que llamó nuestra atención hace algún tiempo. De acuerdo con este principio del flujo, la conciencia avanza de forma bastante natural para asimilar conceptos nuevos y transmutadores que dan al individuo la capacidad de conseguir su victoria sobre las circunstancias externas.

Sin embargo, siempre que el peso del interés del hombre se

---

*En la leyenda nórdica, el universo se apoya en un gran fresno o tejo, conocido como "Yggdrasil". El árbol se extiende por los nueve mundos (por todos los planos de conciencia). Un manantial sagrado lo riega, un dragón alado roe sus raíces y un águila se posa en sus ramas. La imagen del árbol del mundo también se encuentra en la antigua mitología eslava, que afirma que el universo está sostenido por un roble gigantesco; y en la imagen hindú del árbol baniano.

incline hacia el simple conocimiento académico, siempre que los hombres busquen "medir su progreso con un micrómetro", como ha comentado uno de los grandes Maestros, se verán atrapados en la mecánica del logro en vez de conseguir sus frutos.

Con nuestras observaciones sobre los planos de conciencia, esperamos hacer posible que los individuos pierdan el sentimiento de pequeñez que con frecuencia plaga a los hijos de la Tierra. Los hombres deberían, en cambio, entrar en esa generosidad de corazón que se regocija en los logros de otro, en los logros de los Maestros de Sabiduría y los del propio Creador bendito.

Mediante el concepto de *flujo* se verá con el ojo interior que Dios emite constantemente grandes estallidos de Luz Cósmica hacia la manifestación por todo el universo, y a través de la Fuente Eterna que está en el corazón de los hombres, la Vida llama a la puerta como oportunidad cósmica. Si uno tan solo pudiera desarrollar la técnica del flujo, el progreso llegaría de manera automática y sistemática. Por tanto, no es tan importante juzgar el propio progreso por llegar a un plano de conciencia determinado como lo es averiguar cómo puede uno eliminar de la psique humana los mecanismos que incurren en karma negativo.

La práctica de la tolerancia, el perdón y el amor puro, la amplificación de las cualidades de los Maestros Ascendidos de servicio hacia la Jerarquía y al prójimo, y el reconocimiento por parte de los hombres de que el mayor de los progresos con frecuencia se realiza mediante el servicio más grande, eliminará ciertos impedimentos del sendero del discípulo. Con ello, el camino se allanará y los planos de conciencia se desplegarán como un terreno ondulante, cuyo curso siempre es ascendente y se dirige a la cumbre de la existencia de cada individuo.

Aquello que queda atrás en el surco del arado no será, por tanto, tan importante como el campo abierto al frente. Por la gracia del perdón hacia uno mismo y hacia otros, el amor de Dios será aceptado. El hombre se encontrará ante el Creador frente a frente. El unigénito Hijo extenderá las manos hacia Dios, que abrirá las puertas o, si fuera necesario, romperá los diques de la emoción humana que han impedido que el hombre esté con Dios, y dejará que, con optimismo y alegría, fluya todo el Bien que Dios es. Con el sentimiento infantil de que con Dios todo está bien y, por tanto, todo llegará a estar bien en el mundo, el hombre recibe revestimientos de oportunidad renovada para demostrar con actos la realidad del Logos.

Este acto barre al yo personal y a toda la humanidad, llevándoselos con la gran marea de amor de la conciencia del Padre Eterno, y produce una percepción más completa de la cercanía de la Madre del Mundo. Así, el interés en los planos de conciencia se desvanece en la gran oleada del progreso, y la Vida se ve como el pesebre de la oportunidad abriendo un camino interminable, totalmente inmerso en el milagro de, simplemente, ser.

Atentamente, al servicio de la humanidad,

Mark L. Prophet

Elizabeth Clare Prophet

MARK Y ELIZABETH PROPHET
Mensajeros de los Maestros

Capítulo 1
La Ley de los Ciclos

*Y miré, y he aquí venía del norte
un viento tempestuoso, y una gran nube,
con un fuego envolvente, y alrededor
de él un resplandor, y en medio del fuego
algo que parecía como bronce refulgente,
y en medio de ella la figura de cuatro
seres vivientes. Y esta era su apariencia:
había en ellos semejanza de hombre.*

EZEQUIEL 1:4-5

La galaxia gira y lanza sus brazos en espirales al espacio.
El imán cósmico mueve el corazón de los mundos:
    fluidos de vida latiendo en una rítmica marea.
Los cromosomas se alinean en formación exacta.
¡Mira el milagro de la creación!

Contempla la profundidad del cielo nocturno
y ve el púlsar que late con ritmo perfecto.
    Bebe las palabras del poeta
mientras canta con rima perfecta.
El electrón a ritmo cíclico con el protón.
Los planetas a ritmo con el sol.
El sistema solar a ritmo con la galaxia.
Los ecos de las esferas en el espacio
    retumban en el silencio de nuestra meditación.

¡En la creación de Dios hay armonía!
Hay ritmo.
Hay flujo.
Y los ciclos hacen girar las ruedas del tiempo
    mientras la Gran Madre alimenta la procesión de la vida.

ELIZABETH CLARE PROPHET

 # La Ley de los Ciclos

Disciplina hacia un fin

"Escuché la disciplina de Dios y la percibí como la manifestación de su orden. Al salir del caos y la dimensión de la mente mortal y la confusión, percibí al orbe luminoso de la inteligencia Crística que golpeaba profundamente como desde la estrella Alfa Draconis en lo profundo de la línea piramidal.

"Y vi la cámara del Rey, y vi la cámara de la Reina, y vi la pirámide de las vidas, y vi al Maestro Masón trazar su línea, y vi la seguridad de la geometría divina.

"Vi la piedra de la medida del codo, y vi la medida de un hombre, y vi que cada hombre debe esforzarse para encajar en el plan maestro. Y era necesario el conocimiento y una antorcha, y la cámara ha de atravesarse, y la iniciación ha de llegar, y el hombre debe pasar de la muerte a la Vida. Porque el sol y las estrellas y los orbes luminosos de la creación son focos concéntricos, orbes de Luz, masas de Luz, masas de energía, de densidad, de exteriorización. Y el hombre es así y no lo sabe, porque la galaxia giratoria del interior también está bajo dominio.

"Como barcos sin timón ni brújula ni capitán, las vidas sin brújula cruzan los mares inexplorados, y los individuos se pierden por no escuchar la voz del Anciano Marinero, la voz de la Verdad que separa el velo de las mentiras mortales y conduce a los hombres a pasar de la esclavitud de Egipto, por el Mar Rojo, más allá del desierto del Sinaí, hasta la Tierra de la Promesa.

"En una época en la que el mundo está marcado por un falta de disciplina y la rebelión contra el orden se manifiesta por doquier, justo cuando la sociedad seglar continúa exhibiendo cierta estabilidad hacia la cual miran los hombres, creo que es esencial que ese orden sea examinado por los hombres como la primera ley del cielo.

"Si el orden es la primera ley del cielo, cómo podemos permitir que los hombres contemplen el caos o el desorden como si ello diera lugar a algo virtuoso. El mismísimo poder de la Mente de Dios que forjó el mundo debió reunir energía formando un todo cohesivo de modo que el diseño, por Ley Universal, pudiera manifestarse a través de una geometría cósmica en la infinidad de fuerzas de la naturaleza con todos sus múltiples patrones: hélices, conos, cuadrados, círculos, elipsoides, triángulos, polígonos y otras formas geométricas. El uso que la naturaleza ha hecho de estas figuras debería mostrarle a la humanidad que la Mente de Dios, en efecto, ha recurrido a las leyes de la geometría cósmica para producir en el mundo de la forma una perfección en el orden que es muy hermosa en su estructura.

"La contemplación del orden universal por la humanidad debería mostrar que en los misterios de la creación no hubo ninguna casualidad, sino solo el magnífico patrón de deleite, de orden, de intención y de propósito.

"La Gran Pirámide de la Vida se eleva desde el cuadrado gigante de la Mente del Divino Arquitecto, una Mente que contiene todos los ángulos rectos y produce, a partir de las cuatro esquinas de la sustancia, la belleza de la perfección, elevándose desde las esferas de la dimensión mortal.

"Comprendan los hombres el significado de esto, porque la base de la vida está en la forma, pero la vida se eleva de la forma. El orden social, el orden de las naciones e incluso el de la Jerarquía, todos están construidos de forma geométrica, y las piedras de la medida del codo que componen esas divisiones se mantienen unidas por el poder del amor que considera que ningún sacrificio es demasiado grande.

"Vosotros, por tanto, a quien se da la Palabra, vosotros que aspiráis a las disciplinas del Espíritu, debéis comprender que un orden bien firme de las cosas es algo esencial, porque sin la cercanía de las piedras de la medida del codo, la pirámide no se sujetaría; sin ello, incluso la presión de las raíces y la hierba separarían una piedra de otra. Por tanto, comprenderéis que la construcción precisa que suaviza el camino para que cada piedra encaje contra otra es la compasión de Dios. Esto es el diseño del Gran Arquitecto que suaviza el camino y hace que la armonía pueda existir en la conciencia de la humanidad. Y algún día esta será de 'género Divino', pues este es el propósito de toda la creación".[1]

Discernimiento de los secretos de la creación

Enfocamos la Ley de los Ciclos con reverencia hacia el Creador, cuya expresión de Sí mismo está contenida en ella. Todas las evidencias de desarrollo en el hombre, la Tierra, los elementos y las estrellas no son sino los trazados de su Ser, huellas en la arena, rastros en las altas nieves. Allá donde contemplemos sus marcas como ciclos del infinito rodando por las espirales finitas del tiempo y el espacio, ahí habrá estado Él. Ahí está su Presencia imponente y maravillosa, justo detrás de las espirales veladas de su creación.

Al intentar discernir la Ley de los Ciclos hallamos secretos sublimes y omnímodos: el ser del hombre es el microcosmos, en el hombre como Macrocosmos. Estos secretos han permanecido celosamente guardados por los adeptos de las escuelas de misterios durante miles de años, porque el conocimiento de estas leyes proporciona una plataforma predecible de evolución, y el poder de iniciar nuestros propios ciclos.

La obra de Kuthumi sobre los ciclos

El Maestro Ascendido Kuthumi ha influido en las ciencias y en el pensamiento mundial durante miles de años. Y él es quien han enseñado la Ley de los Ciclos como algo fundamental para tener una perspectiva completa del mundo.

Encarnado como el gran maestro Pitágoras, Kuthumi presentó la ley de la armonía de fuerzas opuestas y enseñó que toda manifestación está compuesta de vibración en varios estados de interacción y equilibrio. Veremos cómo este profundo conocimiento es algo inherente a la ley cíclica.

Durante el siglo xix, Kuthumi —conocido por sus estudiantes occidentales como Koot Hoomi Lal Singh o K.H.— fue un avanzado adepto. Conquistó los habituales deterioros producidos por el tiempo en la forma física y se dice que, durante décadas, tuvo la misma apariencia juvenil. Fue capaz de controlar los elementos y proyectar un doble de su cuerpo físico a cualquier parte del planeta para cumplir con sus deberes o para enseñar a sus discípulos.

Gran parte de su vida sigue siendo un misterio, pero sabemos que dirigió el curso de la Sociedad Teosófica desde una escuela esotérica de adeptos en un lejano valle del Himalaya, inaccesible para cualquiera que no estuviera invitado. A su cargo tenía chelas (estudiantes) avanzados. Por encima tenía a varios Chohanes (Señores o Maestros) y al Maha Chohán. Los códigos de disciplina esotérica más estrictos se obedecían.

Kuthumi

Kuthumi enseñó con una gran erudición, y tenía una mente capaz de atravesar los velos del tiempo y leer los registros akáshicos de la historia de la Tierra. El conocimiento de sus Chohanes tenía dimensiones intergalácticas, y estos lo guiaron de cerca en todas las actividades con sus chelas. Para maravilla de sus compañeros adeptos, y consternación de sus Chohanes, Kuthumi intentó llevar al hombre occidental algunos de los misterios prohibidos de la Hermandad oculta.

En una carta enviada al teósofo inglés A. O. Hume, de 1882, publicada en el libro *Las cartas de los Mahatmas,* Kuthumi escribió: "No rehusaría lo que tengo derecho a enseñar. Solo que tuve que estudiar durante quince años antes de llegar a las doctrinas de los ciclos y tuve que aprender cosas más sencillas al principio... Le diré que los medios de los que nos servimos están establecidos para nosotros hasta el más mínimo detalle en un código tan antiguo como la humanidad, pero cualquiera de nosotros debe comenzar por el principio, no por el final. Nuestras leyes son tan inmutables como las de la Naturaleza, y el hombre y la eternidad las han conocido antes de que este pomposo gallo de pelea, la ciencia moderna, saliera del cascarón".[2]

Han pasado más de cien años desde aquella carta y, en efecto, el ciclo ha cambiado. La ciencia ha comenzado a demostrar con sus instrumentos y detectores muchas leyes y hechos anteriormente considerados como divagaciones ocultas. Gracias a la dispensación de los Señores de la Mente, ahora podemos discernir algunas de estas enseñanzas junto con las revelaciones producidas por los Maestros Ascendidos.

¿Dónde empezaremos nuestra excursión a través del gran océano de la creación de Dios? El milagro de todo ello es que, independientemente de dónde empecemos, al seguir cualquier ciclo de la vida hasta su origen, ahí estaremos mirando frente a frente con Dios. Porque él es el originador de todos los ciclos. Él es la fuerza impulsora que gira en el eje de todo lo que es la forma.

Definición de ciclo

Un ciclo es "un intervalo de tiempo durante el cual se completa la secuencia de una sucesión recurrente de acontecimientos o fenómenos".[3] *Ciclo* también se define como "una secuencia recurrente de acontecimientos que en un orden tal que el último de la secuencia precede inmediatamente a la recurrencia del primer acontecimiento de una nueva serie".

Ponte la mano en el pecho y siente los ciclos de latido de tu corazón, el latido de tu vida física sustentando a los vehículos de la evolución de tu alma en la Materia. Mira a una bombilla y sabe que brilla porque hay electricidad pulsando en un ciclo de sesenta y seis veces por segundo a través de su filamento. Escucha una pieza musical y escucha la vibración cíclica de las cuerdas del violín resonando en el tímpano como sonido.

Todo el cosmos se puede comprender en términos de ciclos. La urdimbre de la creación se manifiesta en corrientes de sonido espiritual que vibran según la ley cíclica. Los mismísimos átomos y electrones de este mundo de la forma se inclinan ante el intercambio cíclico de Espíritu a Materia, de Materia a Espíritu, todo ello contenido en el elemento único del que surge todo lo que es Vida. El matrimonio entre la ciencia y la verdadera religión produce la progenie de la sabiduría y la comprensión superior. Algunos elementos de la Ley de los Ciclos de los que trataremos chocan con lo que se considera como hechos científicos actuales o pruebas arqueológicas.

El imán cósmico

Para entender uno de los principios básicos de la Ley de los Ciclos, debemos profundizar en los misterios más profundos de nuestro universo Espíritu/Materia. Ahí entramos en contacto con el ciclo más simple y grande de todos: el pulso doble, que es el latido del corazón del cosmos. Ahí encontramos al elemento único, por siempre en equilibrio, por siempre latiendo según los ciclos rítmicos que resuenan hasta el núcleo interior de cada átomo.

Toda la filosofía religiosa del yin/yang taoísta se basa en la existencia e importancia del intercambio cíclico entre una jerarquía infinita de fuerzas opuestas o complementarias; es el gran ciclo de "Alfa a Omega".

Lo oímos entonar el canto del átomo dentro de nuestro propio cosmos. Es la aspiración y exhalación de la Divinidad. Es el patrón interdimensional del flujo entre el Espíritu y la Materia —en sánscrito, *Purusha* y *Prakriti*—, los dos polos del imán cósmico que sustenta a la vida entera. En verdad, nuestro estudio de la Ley de los Ciclos es una meditación sobre nuestro propio Ser interior.

La Verdad que busca toda la humanidad está basada en la irrefutable Ley de que el Espíritu y la Materia no son opuestos; son la naturaleza doble del Ser de Dios que permanece por siempre como la Polaridad Divina. Este ciclo primordial que estamos considerando es la relación más simple entre dos fuerzas, y la acción más universal. Si aceptamos claramente el flujo cíclico y la unidad entre los principios de movimiento Espíritu/Materia o Padre/Madre, es como si nos dieran una tarjeta de biblioteca para el almacén del conocimiento universal de Dios.

Como dijo Kuthumi, empecemos por el principio, y todas las grandes complejidades de los ciclos infinitos de Dios se aclararán sobre el trasfondo iluminado del ciclo original.

Toda la forma es resultado del movimiento. Tener movimiento implica un punto hacia el cual se produce dicho movimiento y del cual procede. Esto, en su concepción más grande, es el imán cósmico, el flujo Padre/Madre.

Un imán atrae y repele. Si sostienes en la mano un imán en forma de herradura, podrás descubrir que existe un punto de perfecto equilibrio en el espacio que está exactamente entre los dos polos. En el centro de la polaridad hay unidad y armonía.

Todo el cosmos es un imán en el sentido Macrocósmico. Sanat Kumara, conocido en toda la historia literaria religiosa como el *Anciano de Días*, enseña sobre este ciclo de flujo universal:

> Quienes deseen explorar los remotos confines del espacio, tanto interior como exterior, deben comprender que el Femenino Divino es el vientre de la creación que está fecundado con Vida por el Espíritu de Dios. El universo material es la polaridad negativa, mientras que el universo espiritual es la polaridad positiva de la Deidad. La Materia, es decir, *Mater* [*Madre* en latín], es el cáliz que recibe la esencia vigorizante y dadora de vida del fuego sagrado. Por tanto, el principio del Padre completa el ciclo de manifestación en el mundo de la forma a través del aspecto de la Madre, y el niño-hombre es alimentado por la acción equilibradora y sustentadora de la Vida, cuya doble naturaleza [Espíritu/Materia, masculino/femenino] está representada en el Cristo.[4]

Esta polaridad divina existe por todo el cosmos, desde el latido equilibrado del Gran Sol Central hasta el equilibrio sistémico del átomo de hidrógeno.

De la ciencia del sonido y de los archivos de la Hermandad descubrimos que todo el cosmos manifestado es una interacción de vibraciones, una gran red de ondas electromagnéticas que

ILUSTRACIÓN 1: Ciclos del cosmos

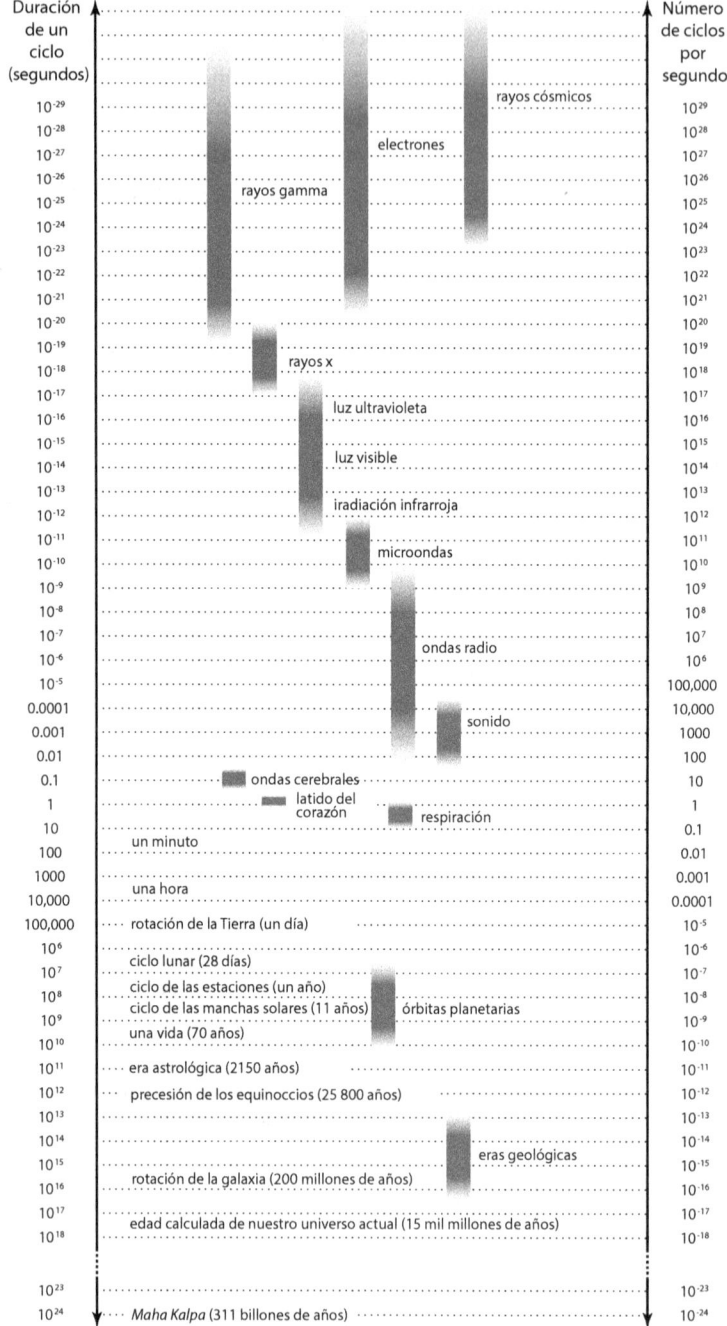

oscilan a una cantidad distinta de ciclos por segundo. Y qué es una vibración, sino un movimiento cíclico relacionado con un marco de orientación de tiempo y espacio.

La gama de ciclos es infinita, desde un ciclo de miles de millones de años hasta miles de millones de ciclos cada segundo (véase ilustración 1). Todos se derivan de la pulsación que observamos girando alrededor del punto de equilibrio infinito del imán cósmico.

El gran ciclo

Antes de meternos de lleno en esta red de la creación, subamos un paso más a la montaña que es nuestro observatorio y consideremos el ciclo más grande, más largo y misterioso del mundo de la forma. La duración de este ciclo se calcula en billones de años, y nos encontramos tratando de comprender un volumen que podría denominarse *la vida de Brahma*.

Desde el hogar de Kuthumi en Shigatse,* en los Himalayas, contemplando un iceberg, Morya, uno de los adeptos que guio a la Sociedad Teosófica, escribió a. P. Sinnett en enero de 1882: "No hay nada en la naturaleza que cobre existencia de forma repentina, estando todo sometido a la misma ley de la evolución gradual. Comprenda una vez el proceso del ciclo *maha*, de una esfera, y los habrá comprendido todos. Un hombre nace como cualquier otro, una raza evoluciona, se desarrolla y entra en declive como cualquier otra y como todas ellas. La naturaleza sigue el mismo surco desde la 'creación' de un universo hasta la de un mosquito. Al estudiar la cosmogonía esotérica, siga espiritualmente la pista al proceso fisiológico del nacimiento humano; avance de la causa al efecto... La cosmología es la fisiología del universo espiritualizada, porque no hay más que una sola ley".[5]

Eso mismo haremos nosotros. Primero descubriremos los ciclos de Brahma, de Dios, en el despliegue que Él hace de la miríada de sistemas de mundos. Luego descubriremos al hombre como el microcosmos. Después, los ciclos del devenir se desplegarán ante nosotros.

*Xigaze, un pueblo al sureste del Tíbet.

Al considera la naturaleza de los átomos, continúa Morya, estos "se polarizan durante el proceso de movimiento y [son] impulsados por la Fuerza irresistible en funcionamiento. En Cosmogonía y la obra de la naturaleza, las fuerzas positivas y negativas, o masculinas y femeninas, corresponden a los principios de hombre y mujer. La emanación espiritual de usted no proviene de *detrás del velo*, sino que es la semilla masculina que cae *dentro* del velo de la materia. El principio activo es atraído por el pasivo y el Gran Nag, el emblema serpentino de la eternidad, atrae su cola hacia su boca formado un círculo (ciclos en la eternidad) en esa búsqueda incesante de lo negativo por lo positivo... El atributo principal del principio universal espiritual, inconsciente pero siempre activo puesto que da vida, es el de expandirse y desprenderse; el del principio universal material es reunir y fecundar [hacer fructífero]. Inconscientes y sin existencia cuando están separados, se vuelven consciencia y vida cuando se juntan. De ahí Brahma, de la raíz sánscrita *brih*, que significa 'expandir', 'crecer' o 'fructificar'".[6]

La Ley de los Ciclos es de duración infinita y de forma infinita. Vuelve la vista atrás hacia los recovecos del tiempo y percibe la sombría realidad de los ciclos sin principio de la vida de Brahma.

El hombre siempre ha ponderado los misterios de la creación. A lo largo de los tiempos, los científicos —astrónomos, cosmólogos, físicos— han desarrollado varios supuestos sobre el principio del universo.

La teoría del Big Bang afirma que, hace alrededor de quince mil millones de años, todo el espacio y la materia estaban comprimidos en un punto infinitamente pequeño. De repente, el Big Bang, y el universo físico nació. La explosión se produjo y la Vida comenzó a evolucionar desde la partícula subatómica hasta nuestro universo actual.

Quienes creen en esta teoría cierran los ojos en silencio ante la pregunta: ¿Qué había antes del Big Bang? ¿Cuál fue la causa detrás del efecto?

Aunque la teoría pueda explicar un aspecto de un ciclo de la evolución cósmica, no proporciona el marco de referencia para una cosmoconcepción integrada y universal.

Tratemos de llegar a la perspectiva más profunda que se tiene en los retiros de la Hermandad, en el corazón de los Himalayas. Grandes científicos del Espíritu, y no científicos materiales, los Maestros Ascendidos y Seres Cósmicos pueden proporcionar a la humanidad una perspectiva que abarca interminables eternidades de creación.

Bajo su punto de vista, la Ley de los Ciclos es la clave de los ciclos alternos de explosión e implosión de los universos Materiales en su curso desde y hacia el Espíritu.

Exploración de los Puranas

Desde las antiguas épocas de la India, la historia ha conservado una serie de escritos llamados *Puranas*. Se trata de las enseñanzas de grandes Maestros escritas en un período muy remoto de la historia de la Tierra.

La palabra *Purana* significa "lo que vive desde tiempos antiguos" o "los escritos de eventos antiguos". Hay cinco temas generales incluidos en estos antiquísimos escritos: 1. la creación del universo, 2. la recreación después de la destrucción o el diluvio, 3. la genealogía de los dioses e instructores, 4. los *manvantaras* o *Manu-antaras*, los grandes períodos de tiempo con el Manú como primer ancestro, y finalmente 5. la historia de las dinastías solares y lunares.

Uno de los grandes Puranas se llama *Bhagavata Purana*. En la sección III, el reverenciado instructor Maitreya explica la revelación de los ciclos de la creación cósmica, enseñando sobre los días y las noches de Brahma y los infinitos ciclos de los principios y finales y los nuevos principios. Desempolvamos este antiguo texto, totalmente descuidado por los historiadores occidentales, y leemos estos antiguos escritos del Señor Maitreya y su pupilo Vidura.

Oh, Vidura, más allá de los tres mundos... un día se compone de mil ciclos de cuatro yugas. La noche también tiene la misma duración, cuando el creador del universo duerme. Al final de la noche, la creación del mundo comienza y continúa durante el día del Dios Brahma que se extiende por un período de catorce Manús. Cada Manú gobierna durante su período, que dura algo más de setenta y un ciclos, [cada uno de ellos compuesto] de cuatro yugas.[7]

Yuga es una palabra sánscrita que significa "período del mundo". Los nombres sánscritos de los cuatro yugas son *Satya Yuga, Treta Yuga, Dvapara Yuga* y *Kali Yuga*. Cada era sucesiva trae consigo una fase distinta de civilización y un modo diferente de conciencia en el hombre. En cada uno de los yugas el hombre recibe las herramientas espirituales que lo ayudan con más eficacia a conseguir el éxito en los ciclos de evolución.

Tal como el Gran Ciclo de la vida de Brahma es el arquetipo de los ciclos personales del hombre, lo mismo ocurre con los yugas. Los cuatro yugas duran millones de años en las esferas de evolución cósmica, pero se nos enseña que el hombre mismo pasa por innumerables ciclos que son sus propios cuatro yugas, mientras recorre las rondas hacia la reunión con Dios. Podemos comparar los ciclos de la evolución del alma en la maestría de los cuatro cuerpos inferiores, los cuatro cuadrantes del ser, con el paso de los ciclos de los cuatro yugas. Así, la maestría sobre el tiempo y el espacio se fundamenta en esa Ley de los Ciclos.

Los cuatro yugas se repiten en ciclos. Se dice que la duración del ciclo de cuatro es de 4.320.000 años. El reino de cada uno de los catorce Manús según Maitreya se calcula en unos 306.720.000 años de duración (71 x 4.320.000), y un día de Brahma dura 4.320.000.000 años.

Aunque estas cifras son de naturaleza exotérica, se dice que se aproximan mucho a los números de las *Obras Secretas*. La duración de estos períodos ha sido protegida celosamente por la Hermandad, porque, como dijo Pitágoras: "Todo es número". En el verdadero conocimiento de las leyes ocultas de los ciclos numéricos reside un gran poder y solo se pueden dar ciertas claves. Es cierto, sin embargo, que las cifras que acabamos de mencionar se refieren a cálculos realizados por los grandes astrónomos Narada y Asuramaya, sobre los cuales en la India se considera que vivieron en la Atlántida y que poseían un conocimiento muy detallado de estos asuntos.

Continuando con el discurso de Maitreya: "En las eras de los Manús, Reyes descendientes del Manú nacen en sucesión. Ermitaños, Dioses, el Rey de Dioses y sus cortesanos nacen simultáneamente. Esta es la creación diaria de Brahma con la cual se hace funcionar a los tres mundos y en la cual pájaros, animales, hombres, pitrs* y Dioses nacen según sus karmas. En las eras de los Manús, el Señor Supremo conserva... y protege el universo encarnando como Manús y manifestándose en otras formas humanas. Al final del día de Brahma... reduce sus poderes y, con todo lo demás retenido dentro de él debido a la fuerza de Kala,† se mantiene en silencio. Cuando cae la noche sin la existencia de luna ni sol, los tres mundos... yacen ocultos en él... A su debido tiempo, con días y noches como se acaba de describir, incluso la larga duración de la vida de cien años de este (Dios Brahma) llega a su fin".[8]

La palabra *año* se refiere a un ciclo cósmico de la vida de Brahma, que dura miles de millones de años. Los cronólogos han basado sus cálculos temporales en configuraciones astronómicas, la posición de las estrellas en el zodíaco con relación a nuestra Tierra. Cien años cósmicos se consideran como un período completo de la era de Brahma, llamado *Maha Kalpa* o *Gran Ciclo*. Es el ciclo más largo que podemos detectar. Nos dicen que tiene una duración de 311.040.000.000.000 años.

Maitreya continúa en el Bhagavata Purana: "La mitad de la vida [del Dios Brahma] se llama *parardha*. El primer parardha [de su vida] ya ha pasado. Ahora transcurre la otra mitad".[9] En nuestro gran ciclo, nuestro Maha Kalpa, ya hemos superado el punto axial del curso del cosmos. Dios ha vuelto a exhalar su aliento de la Vida como fóhat y la larga aspiración ha empezado a devolver todo a la fuente espiritual; el ciclo sin principio y sin fin, en el que todas las cosas emanan y regresan al Uno.

Cuando el hombre exterior entre en congruencia con la

---

*Pitrs: normalmente interpretado como "los espíritus de los ancestros muertos de los hombres". Sin embargo, H. P. Blavatsky explica que se los describe con más exactitud como "los ancestros o creadores de la humanidad". *Theosophical Glossary (Glosario Teosófico)* (1930), Los Angeles: The Theosophy Company.

†*Kala*: el principio del tiempo en desarrollo.

esencia espiritual de su propia Mónada Divina, se convertirá en la gota que se une al océano de Dios. Nuestra personalidad individualizada tuvo un principio en la urdimbre de la manifestación, pero el núcleo del átomo de nuestro ser, nuestra Mónada espiritual, comenzó cuando Dios mismo lo hizo.

La Ley del Karma

La Ley del Karma, la ley de la perfecta retribución, está íntimamente relacionada con la Ley de los Ciclos.

Podemos tener la seguridad de que, si producimos vibraciones negativas o de odio, antes o después estas nos regresarán al completar su ciclo, y tendremos que dedicar energía a cambiar la vibración de nuestra turbia creación.

También podemos estar seguros de que el impulso autogenerado hacia Dios, hacia el Bien, hacia el servicio a nuestro prójimo, también nos regresará, con precisión, para añadirse a nuestro impulso acumulado de Luz y nuestro regreso a la Plenitud. Esta es la Ley del Karma. Es la Ley de los Ciclos predecible matemáticamente. Es la manifestación de la justicia más simple y, sin embargo, más profunda.

Al entrar en congruencia de forma voluntaria con el ciclo de involución, evolución y ascensión, sabemos que, al final de esta ronda, efectivamente veremos el rostro de Dios.

¿Es posible imaginar que la Ley de los Ciclos no existiera, que no tuviéramos forma de saber hacia dónde dirigir nuestros esfuerzos para volver a un estado de plenitud?

Espíritu y Materia

En estas escrituras encontramos constancia de la interminable pulsación rítmica de la creación cósmica llamada en Oriente *Maha Kalpa* o *Gran Ciclo*. Aunque hay infinitos ciclos dentro de otros ciclos, el flujo más grande consiste en una exhalación y una aspiración, un impulso Alfa de creación seguido de un regreso Omega hacia el corazón de Brahma. Al final de cada ciclo creativo está el *pralaya*.* En el mejor de los casos, por tanto, la

---
* *Pralaya* (sánscrito): "período de descanso".

La Ley de los Ciclos 17

teoría del Big Bang se convierte en una tosca afirmación acerca del sublime momento cósmico del nacimiento de los mundos, cuando la onda sinusoidal pasa desde la realidad imperceptible a la perceptible; es decir, desde lo que llamamos *Espíritu* a lo que llamamos *Materia*.

Penetrando más en los misterios de la creación, llegamos a una conciencia de que todo es Espíritu. Todas las formas de la Materia, incluso la sustancia física más densa, son la niebla de fuego cristalizada de la esencia espiritual. Nuestra mente limitada puede concebir las vidas sucesivas de Brahma como inmensos arcos cíclicos de Espíritu puro involucionando hacia los velos de Materia densa y, después, evolucionando para regresar al origen etéreo y espiritual.

La posición relativa que ocupamos en el gran ciclo de nuestro ciclo personal o planetario se puede entender como la proporción entre Espíritu y Materia. Cuando Brahma exhala la red de la creación, se produce una densificación en la que el universo se viste con sus siete túnicas de pieles.

En el ciclo se alcanza un punto axial en el que la exhalación llega a su fin y comienza la aspiración. Este es el punto del más bajo del descenso del arco del Espíritu en la Materia. Es el estado de equilibrio de los polos positivo y negativo del imán cósmico. Es el punto medio en el ciclo que Maitreya dijo que ya hemos superado.

Entonces llega el período de regreso al Espíritu. Todo lo involucrado en la forma material comienza su proceso de eterealización y regreso a la Fuente única —y al período de descanso praláyico— para volver a iniciar un nuevo ciclo del devenir.

Esta es la noche de Brahma, cuando todo ha sido atraído y ha regresado a la Deidad. Durante este período de descanso, todos los patrones de la creación —toda la cadena divina de ADN, si se quiere, los patrones por los que nacerán las estrellas, las nebulosas espirales, sistemas y galaxias enteras— se reúnen en el interior, como una semilla. Se produce una manifestación de inteligencia divina, el avivamiento, la agitación de la inteligencia divina en la semilla, el trazar varios gráficos, patrones y jeroglíficos con los dedos de Dios que se manifestarán en varios sistemas de mundos. Y cuando todo esté completo, una vez más llegará el amanecer de la creación y la exhalación del aliento de Dios.

El sendero de la ascensión es el medio por el que los hijos de Dios conservan una identidad como células individuales en el ser de Brahma a través de los pralayas y a través de la aspiración y la exhalación de Dios. Seguir siendo una célula en la conciencia de Dios cuando Dios está en perfecto descanso significa entrar con él en el ciclo cósmico de nirvana. Para ello uno debe pasar por el nexo del ciclo, al que llamamos la Palabra.

En los Vedas está escrito: "En el principio estaba Brahmán, con quien estaba la Palabra, y la Palabra es Brahmán".[10] Para poder estar en Brahman, debemos estar en la Palabra. "Nadie viene al Padre, sino por mí".[11] Ese *mí* es el supremo YO SOY EL QUE YO SOY manifestado como la Palabra. Por la Ley de los Ciclos, por tanto, se nos pone en nuestro curso volviendo a pasar en espirales por el nexo del ser, siendo el nexo la Palabra misma, y la Ley de los Ciclos es la emanación de la Palabra.

La Ley de la Trascendencia

Al reflexionar sobre la inmensa odisea del Ser de Dios a través de las eternas rondas de principios y finales, podemos hacer la ominosa pregunta: ¿Por qué? ¿Qué propósito tiene todo esto si el universo es simplemente un interminable ciclo de rondas con el hombre flotando sobre una mota de polvo en el espacio, perdido sobre un océano sin orillas? ¿Cuál es la naturaleza de la Deidad cuando esta existe a través de ciclos sin fin en el espacio infinito?

La respuesta, nos dicen, es que la Ley de los Ciclos aplica la Ley de la Trascendencia. Dios es un ser trascendente y con cada nueva exhalación evoluciona hacia un estado mayor de perfección y belleza cósmica.

Los ciclos en realidad no son círculos u ondas sinusoidales, sino espirales, espirales de expansión infinita según la geometría de la razón áurea (1:1,618...). Cada ciclo evolutivo asimila más a Dios. Cada ronda nos envía a esferas más amplias del cuerpo del cosmos Divino.

Las individualidades entramadas en el tejido de la Deidad terminan llegando al punto evolutivo en que abarcan las vidas cíclicas de Brahma. Con cada nueva pulsación, después de cada pralaya sucesivo, la marca de planos superiores de perfección fecunda el Huevo Cósmico en gestación.

Los interminables patrones cíclicos de evolución cósmica serían una abominable injusticia si no fuera por el hecho de que cada nuevo ciclo se inicia en un punto más alto de perfección. Este universo no es un carrusel infernal que gira en el espacio.

Qué aburrimiento sin sentido, qué monotonía infernal sería tener que volver siempre al mismo sitio del ciclo como un disco rayado. Dios y toda su creación se trascienden a sí mismos constantemente, con el límite de la conciencia siempre capaz de entrar en contacto con nuevos panoramas de infinitud y de crear manifestaciones de propósito divino.

¿Cómo encaja el hombre como individuo en este gran plan cósmico de ciclos trascendentes? ¿Cómo podemos aplicar la Ley de los Ciclos con la intención de una mayor aceleración alrededor de los anillos de iniciación?

La Ley de la Correspondencia

En tiempos remotos, Hermes, Mensajero de los Dioses, nos entregó el núcleo de la Ley de los Ciclos: "como Arriba, así abajo".

Todavía conservamos lo que se ha denominado *La Tabla Esmeralda* de Hermes. Esta enseñanza, corta pero concisa, formó el núcleo de las órdenes masónicas y escuelas de la Hermandad más antiguas. Comienza con estas palabras:

> La verdad, sin ningún error;
> cierta, verdadera;
> Aquello que está Arriba,
> es como aquello que está abajo;
> y aquello que está abajo,
> es como Aquello que está Arriba;
> para lograr los Milagros
> del Universo.[12]

Esta es la Ley de la Analogía, la Ley de Correspondencia, y nos proporciona el mismo sentimiento de orden divino que, de hecho, es el sentimiento de justicia.

La Ley de la Correspondencia afirma que la creación corresponde al Creador, que el hombre corresponde a Dios. Por tanto, la Imagen Real del hombre es congruente con su Fuente Divina por diseño, por propósito, por Ley. El diseño es el de ciclos trascendentes, reflejados a través de los velos de la Materia hacia la espiral del átomo más denso.

La intención es que el hombre, el individuo, llegue a ser un cocreador benéfico junto con la Deidad, que abarque los ciclos cósmicos, que sea alguien que exhale sistemas galácticos y proporcione el impulso de amor coherente que una a los átomos como partículas, al crear una plataforma evolutiva. La ley es la Ley de Ciclos recurrentes siempre trascendiendo la ronda anterior. La Ley de la Trascendencia nos ofrece el consuelo de la esperanza más grande.

Tal como los ciclos del cosmos ascienden en espirales hacia dimensiones cada vez mayores, el hombre puede trascender para siempre los velos de la Materia que forman las aulas para la evolución de su alma. La trascendental enseñanza del Cristo revela infinitas posibilidades para Dios y el hombre, destruye la mentira de la condenación eterna, abre la puerta de la oportunidad para el arrepentimiento; y la curación, es justicia absoluta en manifestación.

Al hombre mortal no le es fácil extender la mente más allá de los confines del infinito. Maitreya nos ha enseñado que una vida de Brahma, un universo de billones de años de duración, aparece como un átomo cuando se une al cuerpo del gran Purusha. Los planetas que giran alrededor de nuestro sol son como un átomo en el cuerpo de la Vía Láctea, teniendo la galaxia más de cien mil millones de centros solares, cada cual con su propio sistema de mundos. El Ser que anima la galaxia es consciente de nuestro mundo como un átomo de su cuerpo, rebosante de vida consciente en evolución.

Y entonces está el hombre: súper alma y Dios de un gran universo, su identidad interior. Nosotros somos células del Cuerpo de Dios y nuestro cuerpo está compuesto de cincuenta billones de células. Cada una de ellas tiene inteligencia, tiene una chispa de divinidad. Imagínate. Cada una de nuestras células nos considera como la Deidad de su universo, el originador de sus impulsos vitales. Pablo dijo: "¿No sabéis que sois templo de Dios, y que el Espíritu de Dios mora en vosotros?".[13]

¿Hasta qué punto podemos recorrer la gama vibratoria de la Vida cósmica en cada sentido?

¿Quién puede decir que no haya un complejo sistema de formas de vida que residen sobre la superficie de cada electrón mientras este gira en equilibrio polar con su centro solar nuclear, tal como nuestra esfera terrestre de polvo cósmico gira alrededor de su sol, rebosante de Vida? La mente mortal no puede saberlo. Pero los Seres que tiene una gran conciencia nos han dicho que los ciclos de Dios son infinitos en todas direcciones.

Consideremos al hombre como el microcosmos, siendo también el Macrocosmos, y contemplemos el funcionamiento de la ley cíclica mientras seguimos el curso de la evolución del hombre en la escalera jerárquica del ser.

Consideremos primero al hombre y sus partes indivisibles y definamos con ello qué parte del hombre viaja por los interminables ciclos de la evolución.

El hombre: el microcosmos

El hombre es una creación séptuple. La Gran Hermandad Blanca siempre ha enseñado que el número siete es la cantidad armónica primordial. El hombre está compuesto de siete fundas o cuerpos que le han otorgado los Señores de la Forma, quienes, a su vez, son de naturaleza séptuple.

Pitágoras explicó a sus discípulos internos la teoría de la Mónada eterna. Según el adepto Kuthumi, reencarnación de Pitágoras, la Mónada puede ser considerada como los dos principios superiores del ser séptuple del hombre.

Esta chispa reflectante de divinidad es lo que envía a nuestra alma a atravesar cíclicamente los velos de Maya. Y a través de la llama trina (la llama espiritual dentro del corazón), el alma construye a su alrededor los vehículos inferiores temporales utilizados para asimilar la experiencia de la naturaleza de Dios. Se trata del fuego sagrado que envuelve más y más de sí mismo. Cada uno de los siete cuerpos del hombre tiene una frecuencia distinta y, por tanto, proporciona una oportunidad única de concentrar la individualidad de la conciencia de Dios. Estos siete campos energéticos de percepción son 1. la Presencia YO SOY, también conocida como la Presencia Electrónica de Dios, que contiene el patrón del Yo Real; 2. el Cuerpo Causal del hombre, que rodea a la Presencia YO SOY como cáliz de todo lo Bueno que el individuo ha elegido cualificar en palabra, pensamiento y obra desde el momento de la creación, cuando el diseño original de su identidad se selló en el núcleo ígneo del Yo Divino; 3. el Ser Crístico, punto focal de la manifestación del Cristo Universal dentro del individuo a través de la acción del Espíritu Santo; 4. el cuerpo etérico o de la memoria, vehículo para el alma que contiene el diseño original de la imagen perfecta a ser exteriorizada en el mundo de la forma; 5. el cuerpo mental, vehículo de la Mente de Dios a través del Cristo; 6. el cuerpo emocional, vehículo de los sentimientos de Dios y la energía en movimiento; 7. el cuerpo físico, vehículo del poder de Dios y punto focal de la cristalización de las energías de los otros seis cuerpos en la forma.

Los cuatro cuerpos inferiores son la oportunidad que el hombre tiene de manifestar al Cristo en las dimensiones del tiempo y el espacio. Estos cuerpos son puntos de referencia para que el hombre consiga la maestría sobre sí mismo y su entorno a través de la maestría de las Cuatro Fuerzas Cósmicas, conocidas como tierra, aire, fuego y agua. Estas Fuerzas Cósmicas forman el cuadrado de la base de la Pirámide de la Vida y, a menos que estén en manifestación equilibrada dentro de los cuatro cuerpos inferiores, ni el hombre ni sus creaciones podrán perfeccionarse ni ser permanentes.

El cuerpo etérico o de la memoria corresponde al lado norte de la Ciudad Cuadrangular y de la base de la pirámide. Este es el cuerpo de fuego y, como tal, tiene la vibración más alta de los

La Ley de los Ciclos

ILUSTRACIÓN 2:
Los siete cuerpos del hombre

1	Presencia YO SOY	} La Mónada Divina	ESPÍRITU
2	Cuerpo Causal		
3	Cuerpo Mental Superior/Ser Crístico		
4	Etérico/Memoria	Permanente	
5	Mental	} No permanente	MATERIA
6	Emocional/Astral		
7	Físico		

Los siete cuerpos del hombre son siete campos energéticos de conciencia, cada uno de ellos con una frecuencia distinta, por lo que proporcionan una oportunidad única de concentrar la individualidad de la conciencia de Dios. Estos cuerpos están representados en la Gráfica de tu Yo Divino (página 429).

cuatro cuerpos inferiores. El cuerpo etérico o envoltura etérica es el único cuerpo permanente de los cuatro vehículos inferiores, continuando de una encarnación a otra, mientras que los cuerpos mental, emocional y físico pasan por el proceso de desintegración según las leyes cíclicas de su sustancia. Como toda la sustancia de la Materia, están sujetos a la Ley de los Ciclos que gobiernan la integración y desintegración o la manifestación en la forma y el regreso a lo que no tiene forma. (No obstante, toda virtud y rectitud que el hombre cualifique mediante estos cuerpos se almacena en el Cuerpo Causal de modo que nada que tenga valor o mérito permanente se pierda).

El alma es el átomo aún no permanente del cuerpo de Dios que tiene infundida la semilla germinal para convertirse en gobernante de todo un cosmos. El alma debe hacer esto mediante el ejercicio del libre albedrío.

El alma, como extensión de la Presencia YO SOY y el Cuerpo Causal, es receptora de la oportunidad de tejer el "Cuerpo Solar Inmortal" a partir de las fibras de ákasha.

El círculo

El acertijo de la eternidad y de la evolución está contenido en el símbolo del círculo. El círculo es un corte transversal de la espiral que comienza en el cuadrado de la base de la Pirámide y asciende hasta el ápice de la realización en la Piedra Cúspide de la Vida. Y ahí, en el centro de la Piedra Cúspide, la Ley de la Trascendencia funciona a través del Ojo Omnividente. Porque, cuando la espiral pasa por el Ojo Omnividente, trasciende las dimensiones de la forma y pasa de la Materia al Espíritu. Esto es el cumplimiento de la Ley de los Ciclos que se inicia en el corazón de Dios y culmina en cada creación perfecta.

El Logos eterno es el punto en el centro del círculo, el principio y el fin de los ciclos que están compuestos de círculos, una capa tras otra. La energía que empieza como una espiral en el Espíritu desciende a la Materia, donde se reúne alrededor de la Llama y entonces, en un abrir y cerrar de ojos (el Ojo de Dios), regresa al Espíritu por las espirales descendentes y ascendentes de la conciencia de Dios.

Al contemplar el círculo del amor de Dios, Justinius, Capitán de las Huestes Seráficas, solía exclamar:

> Contemplé el predicamento de Dios, la Primera Causa, impoluto, magnífico en su fulgor, cualificando cada emisión monádica con la brillantísima similitud de lo Divino. Qué deleite de similitud que a nadie defrauda; los celos no habían nacido. Pero el Fuego siguió siendo no diminuto y no finito. Era una creciente espiral de concepto. Desde el punto surgieron los círculos y, como las manecillas de un reloj, tejieron un cono en el espacio que, como una escalera dorada, escaló las alturas, investigó las profundidades y unificó al universo. Entonces, ¿dónde hay división entre nosotros? No existe. Todo lo que divide no está entre nosotros. Todo lo que busca conquistar no está entre nosotros, porque estamos enamorados de su amor; y el rubor de un pétalo de flor es translúcido para nosotros; porque su Luz fluye por la sustancia como una celosía exquisita.[14]

La Ley de los Ciclos

Los cuerpos celestiales están atravesando una evolución cíclica dentro de la infinita espiral más grande del Ser de Dios en el Espíritu, pasando por la manifestación material y regresando al Espíritu. Tanto en el Macrocosmos como en el microcosmos, espirales giratorias provocan el flujo de energía que entra y sale de la forma.

Por todo el universo, el patrón del regreso cíclico se reproduce una y otra vez con precisión infinita, cruzando la eternidad, expandiéndose de acuerdo con la razón áurea. El círculo es un corte transversal de una espiral que no tiene ni principio ni fin, pero que parece finita cuando pasa por el universo físico en forma de planetas, estrellas, soles y galaxias.

Aunque el círculo es sí mismo carece de principio y fin, en cualquier punto de la circunferencia la mano de Dios puede trazar una línea de intersección, creando así un principio y un fin. Así se inician los ciclos y nacen los mundos (torbellinos).

El torbellino de emisión fohática, dirigido por la voluntad directora de un ser libre en Dios, puede enviar vibraciones

ILUSTRACIÓN 3:
El tiempo es un ciclo dentro de una espiral eterna

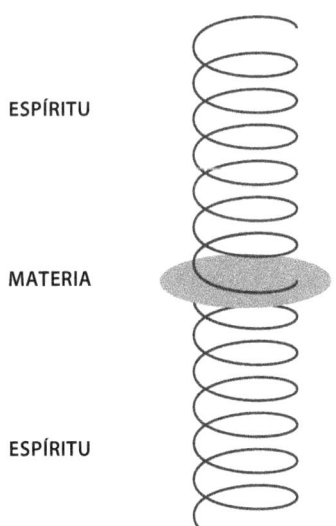

El universo finito es la sección de una espiral infinita. El círculo de este diagrama podría ser una galaxia, un sistema solar, una estrella, un planeta o tú mismo. Allá donde la espiral pase del Espíritu a la Materia, el ciclo se detiene. La evolución de la espiral que va del Espíritu a la Materia, la atraviesa y regresa al Espíritu, ocurre según la razón áurea (1,618…).

resonantes a toda velocidad por el espacio. Tira una piedra a un estanque sereno y observa cómo los patrones cíclicos de las ondas continuarán fluyendo y fluyendo a ritmo suave. Tira una piedra a un estanque agitado y ahí se producirá un complejo intercambio de ondas, pero el ciclo iniciado por la piedra continuará afectando al agua. Lo mismo hacen la mano de Dios y sus emisarios.

Cuando el hombre ha pasado por los ciclos del proceso iniciático —las espirales del destino que abren el patrón total de su identidad—, se gana el derecho a ser congruente con el punto que está en el centro del Gran Círculo de la Vida. Ese punto en el centro del círculo es el punto de equilibrio dinámico existente en toda la creación.

Ese punto central de equilibrio, llamado *centro laya* en la ciencia esotérica hindú, siempre existe. Unirse a ese centro de poder, este punto de equilibrio en el centro del círculo de Dios, significa ser capaz de dirigir el poder del *fóhat* en su curso a lo largo de las vías vibratorias que creamos.

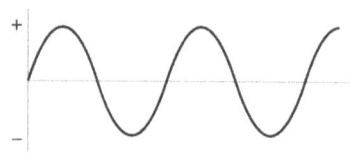

Visualiza una simple onda sinusoidal. Esta representa el ciclo rítmico de una frecuencia en concreto. Hay una curva ascendente, después otra descendente y luego otra curva ascendente, y así sucesivamente. Según la Ley de los Ciclos, debe haber una fuerza que tire de la corriente de energía no diferenciada de Dios hacia la curva ascendente. Y debe haber una fuerza opuesta que atraiga esa corriente de energía (representada por la línea) hacia la curva descendente. Estos son los polos positivo y negativo, activos en el núcleo de todos los ciclos.

Ser el punto en el centro del círculo significa convertirse en la armonía de las fuerzas polares, ser el eje de la esfera giratoria de la fuerza creativa. Es el pivote del flujo cíclico y se alcanza en samadhi. Los adeptos lo utilizan para controlar el fuego del espacio.

Todo el cosmos manifestado es la interacción de vibraciones cíclicas, iniciadas por alguien en alguna parte, de algún modo. Según vamos ascendiendo las escalas evolutivas, se nos confía el poder y la autoridad divina de iniciar ciclos que pueden durar eternamente.

Encontrando el punto de equilibrio en cualquier parte del cosmos, se puede viajar con toda tranquilidad atravesando los sucesivos centros neutrales hasta llegar al centro del Gran Sol Central. Los centros de todos los ciclos son congruentes en la dimensión más alta del cosmos. Encuentra un centro y habrás encontrado los demás. Encuentra tu primer amor y habrás encontrado todos los amores. Permanece en el punto de equilibrio, de amor perfecto, y residirás en el corazón de Dios.

Esta gran vía secreta por los túneles del equilibrio cíclico, diseñados en el tejido de la Vida, es el gran don que Dios le ha dado al hombre. Conviértete en el punto en el centro de su círculo, corresponde con el latido de su corazón, y los horizontes infinitos de belleza y perfeccionamiento llegarán.

Cómo moldear la sustancia

La antigua sabiduría nos enseña que todo lo que es forma se creó a partir de un elemento, una sustancia cósmica: *ákasha*. Su movimiento es fluido, etéreo, y penetra en todas las sustancias. Sin peso, sin color propio, asume las propiedades de los patrones vibratorios que se le imponen, modelos que pueden imprimírsele con el sonido y el pensamiento.

Incluso el Espíritu tiene forma. Cuando nos retiramos hacia las eternas profundidades de la creación y nos elevamos hacia los planos infinitamente superiores de conciencia, la forma aún existe, y todo se conforma según la Ley de los Ciclos.

Toda sustancia, toda forma, todo lo que tiene vida es el resultado de la fuerza causante de que la Materia se mueva. La fuerza puede generarse de manera voluntaria, consciente, por un ser inteligente. La Jerarquía infinita de Seres Ascendidos hace girar las ruedas y los ciclos de los mundos mediante la fuerza de su voluntad. Brahma utiliza esta fuerza para moldear galaxias. Los Maestros la usan para moldear ideas y crear los diversos focos de vida en el universo.

La fuerza también puede ser el impulso del mecanismo inconsciente y meticulosamente exacto que es la fuerza motriz del substrato de los planos materiales. La Materia no puede divorciarse del Espíritu.

ILUSTRACIÓN 4: **El centro laya**

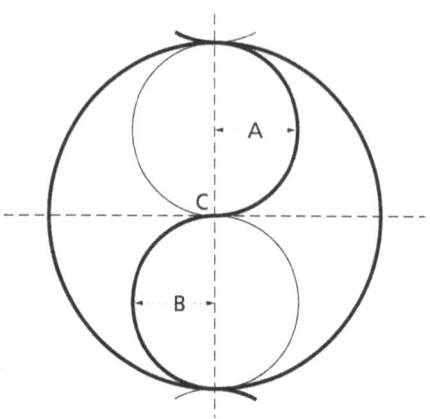

Este diagrama nos ayuda a entender este gran secreto de la Ley de los Ciclos. El punto central del círculo es el *centro laya,* el punto neutral etérico. Este punto se puede describir como la disociación nirvánica de toda la forma uniéndolo todo en el ákasha primordial. El ciclo fluye de arriba hacia abajo en un ciclo regular que forma el patrón conocido como taichí. El punto central del ciclo es el punto latente durante todos los períodos de *pralaya* o descanso. Este es el punto de transición entre el impulso Alfa y el regreso Omega. En *La doctrina secreta* se dice que "todo lo que abandone el estado laya se convierte en vida activa; es atraído hacia el vórtice del movimiento; Espíritu y Materia son los dos estados equilibrados". Todos los átomos surgen del punto central del latido creativo de la deidad y cada uno de esos átomos tiene su propio centro neutral. Como Arriba, así abajo.

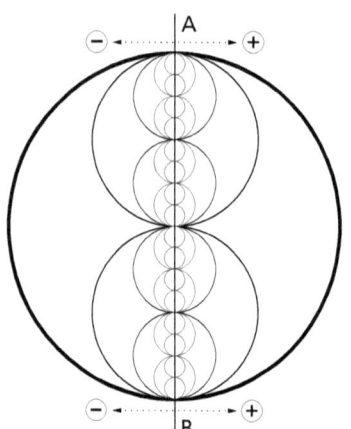

En este diagrama se simbolizan los ciclos dentro de otros ciclos hasta el infinito. La línea vertical central (A-B) representa el centro neutral común a todos los ciclos del cosmos. Es el punto axial en la cámara secreta del corazón creativo de Dios.

Todos los ciclos, todas las vibraciones y, por tanto, toda la Materia, varían según la frecuencia y el ángulo de desviación del centro laya neutral, equilibrado e indiferenciado.

La forma más común de electricidad es el flujo cíclico de una forma de ákasha que vibra sesenta veces por segundo. La magnitud de energía potencial, llamada voltaje, es una función de cuánta distancia se ha hecho recorrer al ciclo de energía desde el centro neutral. Cuanto mayor sea la distancia, mayor será la energía disponible porque hay una mayor polaridad creada entre las crestas más y menos del ciclo. Lo mismo es cierto en el mundo del hombre y el Espíritu. El hombre puede emitir vibraciones de energía mayores o menores desde el centro de poder de su corazón.

Para que exista movimiento debe haber un medio a través del cual puedan producirse vibraciones. La naturaleza fluida de ákasha responde a la fuerza vibratoria con un flujo ondulante y cíclico, como la piedra arrojada al estanque fluido. El movimiento es la alteración de ákasha, que está inherentemente en un estado de armonía, de descanso, de equilibrio. La aplicación de cualquier fuerza en el océano de ákasha dará como resultado ciclos de movimiento.

La miríada de formas que vemos en el universo es un conglomerado de patrones de ondas producido por combinaciones simples o complejas de ondas sinusoidales moviéndose en ciclos. Los días y las noches de Brahma, si se simbolizan en dos dimensiones, serían un flujo constante y rítmico entre los dos polos del imán cósmico. La totalidad del elemento único recibe el impulso de la voluntad de Dios para entrar en movimiento.

ILUSTRACIÓN 5: **Ciclos y espirales**

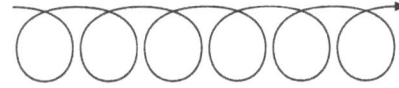

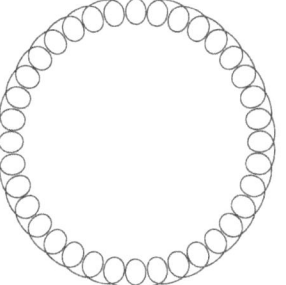

Un ciclo es una espiral de energía que se mueve con un patrón lineal o circular con el fin de transformar frecuencias entre los planos de conciencia. Cada ciclo o revolución dentro de la espiral conduce la energía a través de los planos de fuego, aire, agua y tierra.

El regreso al centro

Dentro del círculo, el misterio del principio y el fin de Dios queda resuelto. Dios mismo es el círculo que no tiene ni principio ni fin de los ciclos. Hasta que el hombre se una a Dios, no será más que un punto en la circunferencia siguiendo los patrones del Infinito y cumpliendo los ciclos finitos de la Vida. Pero una vez que haya pasado por los ciclos de iniciación —las espirales del destino que desencadenan el potencial del patrón total de su identidad— se ganará el derecho de ser congruente con el punto en el centro del Gran Círculo de la Vida. Su ser se habrá convertido en una espiral; por tanto, de acuerdo con la Ley de la Correspondencia, deberá unirse con la Espiral que no tiene principio ni fin, la Espiral que es Dios. Con este fin el hombre ha invertido sus energías en los ciclos recurrentes: para cumplir el mantra de su ser y regresar al centro del círculo.

Dios no tiene ni principio ni fin porque su Ser abarca el universo de ciclos y todo lo que los precede y los sigue en las dimensiones formadas y sin formar del Espíritu. Pero por un breve intervalo, el hombre parece tener un principio y un fin porque él se identifica con una sección de la espiral que tiene su inicio en el Espíritu, evoluciona a través de la Materia y regresa al Espíritu. Cuando el hombre vea sus principios y sus finales como parte de los ciclos sin fin de la percepción que Dios tiene de Sí mismo, comprenderá que, aunque las espirales de su vida se desplazan siguiendo un patrón lineal a través de las limitadas esferas de la manifestación exterior, en realidad la involución y evolución de su conciencia no tienen fin.

Cuando el hombre vuelve a Dios, al alinear las energías que ha acumulado como espirales con la Gran Espiral que el Ser de Dios es, tanto Dios como el hombre trascienden su estado anterior y la Ley de los Ciclos aplica la Ley de la Trascendencia. Dios se trasciende a sí mismo cuando el hombre se trasciende a sí mismo, porque Dios está en el hombre y el hombre está en Dios. A través de la unión de los ciclos, el hombre se hace más Dios y Dios crece en el hombre; por tanto, nuevas creaciones nacen continuamente en espirales, que hacen que se expanda el círculo del Ser Infinito.

Saint Germain ha planteado el gran misterio de la Ley de los Ciclos de esta forma:

> Dios es, y puesto que Él es, el hombre es. Esto se ha dicho antes, vuélvase a decir. Si Dios es (y sabemos que Él es) y si Él es Ley (y sabemos que lo es), entonces esa Ley no es solo la Ley de la Vida, sino también la Ley por la cual la Vida puede ejercerse.
>
> El hombre debería antes que nada desarrollar la costumbre de encenderse con decisión, convirtiéndose en una bujía literal de identificación cósmica. El hombre debería ser feliz de

identificarse con Dios en el presente, porque en el futuro está destinado a ser un Dios en manifestación. Estará unido a Dios, su conciencia se unirá a la de Dios; por tanto, ya no se considerará como un hombre. Por ello antiguamente se dijo: "Ningún hombre puede ver a Dios y vivir como hombre",[15] porque al haber estado frente a frente con la Realidad del Ser de Dios, el hombre debe o bien convertirse en esa Realidad mediante una total identificación con ella o bien ser consumido.

Entonces, ¿por qué mata las horas y se juega a suertes la vida? El verdadero compromiso es la ofrenda más segura y el mejor ejemplo. El verdadero compromiso no permite que el individuo acepte las esferas de la limitación; al contrario, lo capacita para que realice su potencial ilimitado, a que sea un guía y triunfe sobre todas las condiciones exteriores.

Este triunfo se encuentra en la conciencia del adorno cósmico, en el ponerse las vestiduras de inmortalidad. ¿Dios es capaz? Entonces el hombre es capaz. ¿Dios es sabio? Entonces el hombre es sabio. ¿Dios es libre? Entonces el hombre es libre. Al aceptar estos conceptos inmaculados de la divinidad de cada cual y al aplicarlos, el tejido del Ser Interior se convierte en la vestidura sin costuras del Cristo.[16]

Modelos lineales del torbellino finito

Mientras que el círculo es el símbolo de la Mente Infinita, la mente finita es la que percibe al mundo en términos de modelos lineales, teniendo un punto de origen y un desenlace concluyente. El descenso de las energías del Mundo (torbellino) Infinito hacia el mundo (torbellino) finito tiene lugar mediante la espiral que aparece como una línea o un rayo recto. Desde el Centro Solar del Ser el rayo desciende hasta el punto de precipitación y ahí, en el sitio donde el Espíritu se convierte en Materia, una llama nace como foco de la creación.[17]

La pirámide es el símbolo del descenso del Espíritu a la Materia y del ascenso de la Materia al Espíritu. Teniendo al cuadrado como su base en la Materia, que asciende hasta un punto en el Espíritu, la pirámide es la clave de la precipitación en los planos del Espíritu y la Materia. El cuadrado es para lo finito lo que el círculo es para lo Infinito. Así, la cuadratura del Círculo de Identidad Cósmica dentro de la pirámide se logra cuando el Espíritu se convierte en Materia, mientras que la circunferencia del cuadrado de la identidad macrocósmica dentro de la pirámide se produce cuando la Materia se convierte en Espíritu.

El círculo siempre contiene la identidad completa, el diseño original para la manifestación. Por tanto, el cuadrado de la creación física está suspendido dentro del círculo de su equivalente metafísico o etérico, que entran en contacto con él en cuatro puntos equidistantes de la circunferencia. Sin ese contacto, sin la fusión del cuadrado de la Materia y el círculo del Espíritu, la creación no nace.

Los cuatro lados del cuadrado que forman la base de la pirámide representan los cuatro planos de la conciencia de Dios: tierra, aire, fuego y agua. Estas fuerzas cósmicas corresponden a los cuatro cuerpos inferiores del hombre y son necesarias para la precipitación en la forma, en el universo espiritual y también en el material. Los cuatro triángulos equiláteros que componen los lados de la pirámide simbolizan los cuatro cuerpos inferiores que se elevan desde los cuatro planos. Los lados iguales del triángulo representan la acción equilibrada de la llama trina destinada a exteriorizarse dentro de cada uno de los cuatro cuerpos inferiores mediante el logro de la maestría sobre sí mismo bajo las Cuatro Fuerzas Cósmicas.

ILUSTRACIÓN 6: **La cuadratura del círculo**

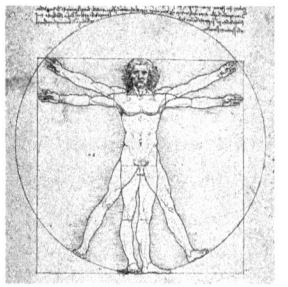
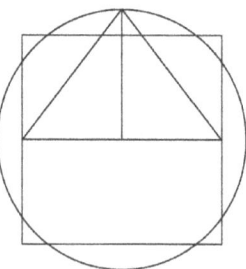

El principio de la cuadratura del círculo está representado en la famosa ilustración de las proporciones del hombre y también en la Gran Pirámide. Un círculo con un radio igual a la altura de la Gran Pirámide tendría la misma circunferencia que la base de la propia pirámide.

La Ley de los Ciclos

ILUSTRACIÓN 7: **Definición de los cuatro cuadrantes**

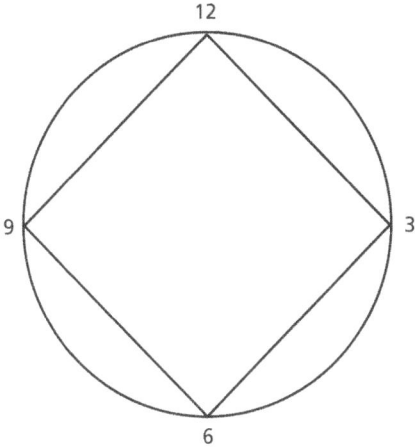

El cuadrado se intercepta con el círculo en cuatro puntos equidistantes, definiendo los cuadrantes.

Utilizando la cara de un reloj, hagamos un diagrama de la sección transversal de la espiral de la materialización, que revelará la Ley de los Ciclos que gobiernan la precipitación en la forma. Al poner el cuadrado sobre el círculo vemos que las cuatro esquinas tocan la circunferencia en cuatro puntos equidistantes, a los que designaremos como las líneas de las 12, 3, 6 y 9.

Cada uno de los cuatro cuadrantes así formados representan un plano de conciencia a través del cual debe pasar la espiral que desciende en sentido horario* —a la que llamaremos mónada— para que el Espíritu se convierta en Materia. Dentro de cada uno de los cuatro planos, gobernados por las Cuatro Fuerzas Cósmicas, hay tres planos secundarios, que crean un total de doce planos o frecuencias que están sustentados por las Doce Jerarquías del Sol.

Los ciclos de precipitación comienzan y terminan en la línea de las 12, y cada revolución de la espiral energética alrededor del reloj es un ciclo completo en el que el Espíritu desciende atravesando los planos de fuego, aire, agua y tierra antes de lograr la integración total en la Materia. Las Doce Jerarquías del Sol

---
*Sentido horario = sentido de las agujas del reloj; sentido antihorario = sentido contrario al de las agujas del reloj. (N. del T.)

gobiernan el proceso de desaceleración que tiene lugar mientras la Mónada pasa por cada una de las doce casas o líneas del reloj. La precipitación se produce cuando las doce frecuencias y sus correspondientes virtudes divinas son absorbidas en sucesión por la Mónada, comenzando con la duodécima casa y volviendo a ella después de pasar por la espiral en sentido horario.

ILUSTRACIÓN 8: Doce planos de conciencia

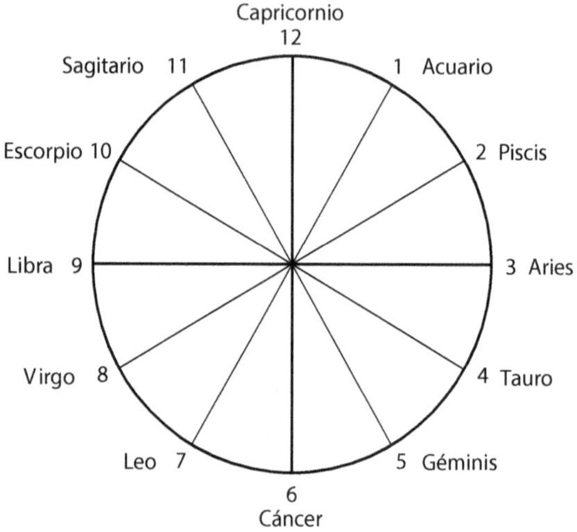

```
                    Capricornio
                        12
        Sagitario  11          1  Acuario

   Escorpio 10                      2 Piscis

   Libra  9                         3 Aries

     Virgo  8                     4 Tauro

           Leo  7          5 Géminis
                    6
                  Cáncer
```

Dentro de cada cuadrante del círculo hay tres planos secundarios. Estos definen doce planos o frecuencias de conciencia que están sustentadas por las Doce Jerarquías del Sol y que son conocidas con el nombre de los doce signos del zodíaco.

Entre las 12 y las 3, la espiral pasa por el plano etérico, donde predomina la acción del elemento fuego. Entre las 3 y las 6, la espiral pasa por el plano mental, donde predomina la acción de elemento aire. Entre las 6 y las 9, la espiral pasa por el plano emocional, donde predomina la acción del elemento agua. Y entre las 9 y las 12, la espiral pasa por plano físico, donde predomina la acción del elemento tierra.

Con el paso de la Mónada por las intersecciones 12, 3, 6 y 9 del reloj se produce una reducción de la velocidad de la espiral para el descenso (un "cambio de marcha", por así decirlo), acompañada de una emisión de poder Crístico. Así, el potencial de la precipitación es mayor: a. donde la tierra se convierte en fuego (en la línea de las 12); b. donde el fuego se convierte en aire (en la línea de las 3); c. donde el aire se convierte en agua (en la línea de las 6); d. donde el agua se convierte en tierra (en la línea de las 9).

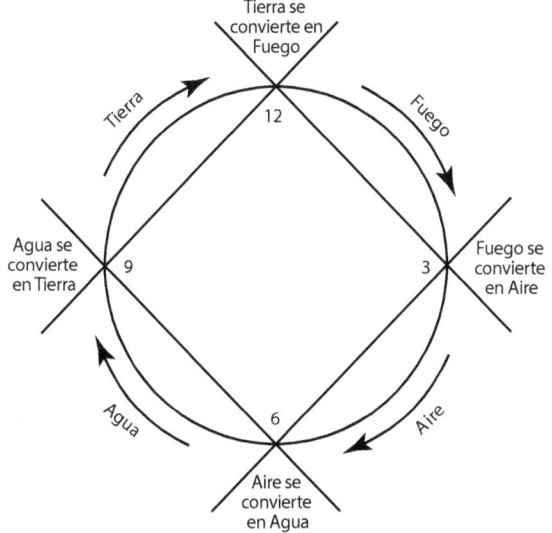

ILUSTRACIÓN 9:
La iniciación de ciclos mediante la cuadratura del círculo

En los cuatro puntos cardinales de transmutación se produce una emisión de poder Crístico gracias a una alquimia divina. Este poder da ímpetu para la rotación o la creación de espirales en el corazón del universo y en el del átomo.

Por tanto, el modelo del círculo es la base de lo que se conoce como la *cristalización de la niebla,* definiéndose la niebla como lo "no formado" y el cristal como lo "formado". Aunque existe la tendencia a equiparar a la Materia con la *forma* y al Espíritu con la *no forma,* debemos comprender que el Espíritu no carece de forma, sino que sus modelos, siendo infinitos, no pueden estar contenidos en las dimensiones de la Materia a no ser que los ciclos que se inician en el Espíritu sean detenidos por los modelos lineales o aquellos asuman a estos, es decir, a menos que el círculo se convierta en un cuadrado. Esto es lo que ocurre cuando "los modelos hechos en el cielo" o cuerpos espirituales que descienden siguiendo la espiral en sentido horario y que cruzan los cuatro cuadrantes para convertirse en "los modelos hechos en la tierra" o cuerpos materiales.[18]

ILUSTRACIÓN 10:
La cuadratura del círculo y la circunferencia del cuadrado

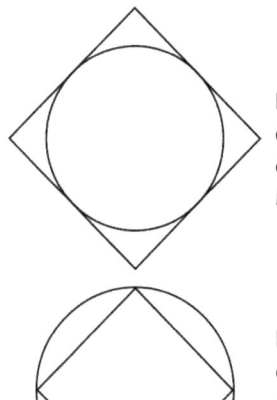

En la cuadratura del círculo, el Espíritu se convierte en Materia cuando el círculo se convierte en un cuadrado, el Espíritu Informe está suspendido en la Materia Formada.

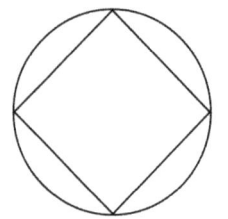

En la circunferencia del cuadrado, la Materia se convierte en Espíritu cuando el cuadrado se convierte en un círculo, la Materia Formada está suspendida en el Espíritu Formado.

Los cuatro rituales sagrados

"En el principio creó Dios los cielos y la tierra. Y la tierra estaba desordenada y vacía, y las tinieblas estaban sobre la faz del abismo, y el Espíritu de Dios se movía sobre la faz de las aguas. Y dijo Dios: Sea la luz; y fue la luz."[19]

El Espíritu de Dios fluye por toda su creación según la Ley de los Ciclos. La acción del fuego sagrado en el hombre y en la naturaleza cumple el fíat de la Luz mediante cuatro rituales alquímicos: 1. El Ritual de la Creación (+); 2. el Ritual de la Preservación (+); 3. el Ritual de la Desintegración (−); 4. el Ritual de la Sublimación (−). Examinemos ahora los modelos de estos rituales.

1. El Ritual de la Creación se realiza cuando las energías de Dios descienden del Espíritu a la Materia por la espiral positiva (en sentido horario), pasando por los planos de fuego, aire, agua y tierra. Este es el ciclo Alfa de la materialización o precipitación, es el proceso evolucionario o de salida, la actividad masculina del fuego sagrado.

ILUSTRACIÓN 11: Los cuatro rituales alquímicos

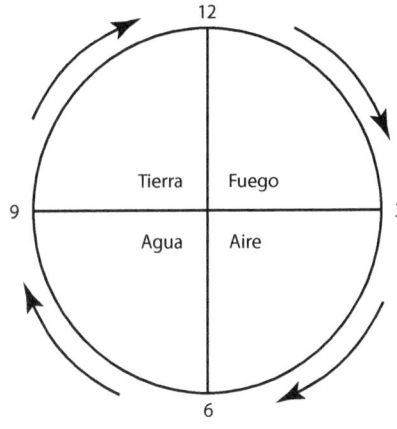

El Ritual de la Creación
Las energías de Dios descienden desde el Espíritu a la Materia por la espiral en sentido horario. Materialización/Precipitación.

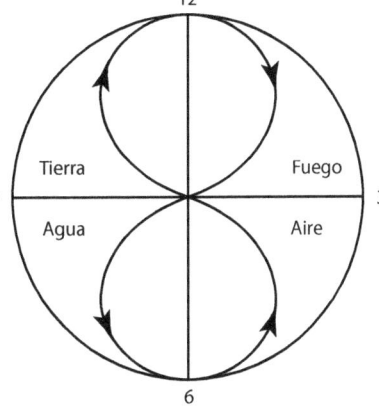

El Ritual de la Preservación
El mantenimiento de la forma en la Materia y el Espíritu se realiza por medio de la figura en forma de ocho en sentido horario.

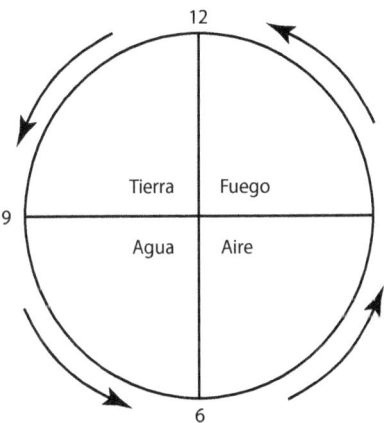

El ritual de la Desintegración
Las energías de Dios regresan desde la Materia al Espíritu por la espiral en sentido antihorario. La energía se libera de los patrones imperfectos

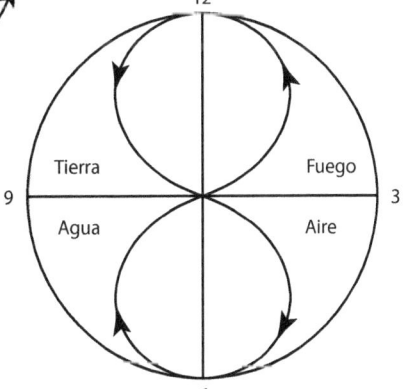

El Ritual de la Sublimación
La espiritualización o ascensión de la forma y conciencia se realiza por medio de la figura en forma de ocho en sentido antihorario. Las obras de Dios y el hombre son inmortalizadas o hechas permanentes.

ILUSTRACIÓN 12:
El flujo de los ciclos

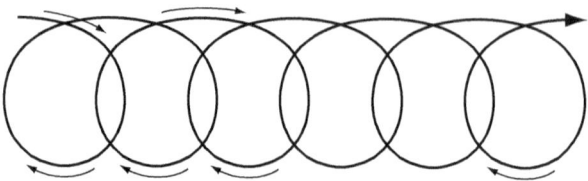

Ritual de la Creación — Espiral en sentido horario

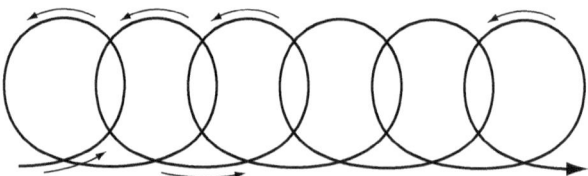

Ritual de la Desintegración — Espiral en sentido antihorario

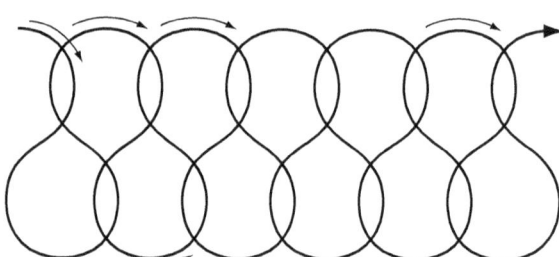

Ritual de la Preservación — Figura en forma de ocho en sentido horario

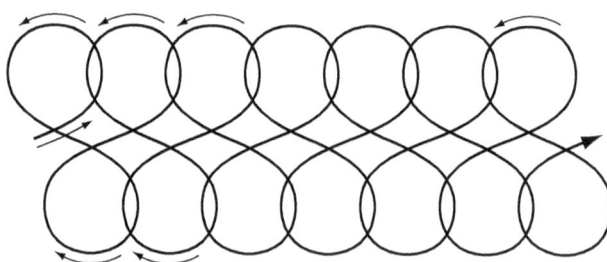

Ritual de la Sublimación — Figura en forma de ocho en sentido antihorario

2. El Ritual de la Preservación, el mantenimiento de la forma en la Materia y en el Espíritu, se realiza por medio de la figura en forma de ocho en sentido horario (desde el punto de origen en la línea de las 12) cuando la energía fluye por los planos de fuego, agua, aire y tierra. Esta es una actividad masculina del fuego sagrado utilizada para sellar la energía en una matriz dada.

3. El Ritual de la Desintegración se realiza cuando las energías de Dios regresan de la Materia al Espíritu pasando por una espiral en sentido antihorario con el fin de anular las creaciones desmerecedoras a través de los planos de tierra, agua, aire y fuego. Este es el ciclo Omega de desintegración o desmaterialización. Es la espiral negativa o involutiva, utilizada para liberar a la energía de los modelos imperfectos de la conciencia humana. Este modelo también se utiliza en el ciclo de *interiorización,* que es la actividad femenina del fuego sagrado.

4. El Ritual de la Sublimación, la espiritualización o ascensión, de la forma y conciencia se realiza por medio de la figura en forma de ocho en sentido antihorario (desde el punto de origen en la línea de las 12) cuando la energía fluye por los planos de tierra, aire, agua y fuego. Esta acción de sublimación (hacer sublime, refinar) se utiliza para inmortalizar o hacer permanentes las obras de Dios y el hombre.

Estos son los ciclos de la Palabra que en el Principio era con Dios, que era Dios, y sin la cual no se hizo nada de lo que fue hecho.[20] La creación de los montes, la Tierra, las estrellas y el hombre —de hecho, la evolución de la Vida en todas partes— sigue los mismos patrones, que están gobernados por la Ley universal de los Ciclos.

La columna del Espíritu

En el libro del Éxodo, las espirales involutivas y evolutivas se describen como "la columna de fuego de noche" y "la columna de nube de día" que guiaron a los hijos de Israel por el desierto y hacia la Tierra Prometida.[21] El significado interno de la palabra *espiral* es "columna del Espíritu". La columna de fuego es la espiral involutiva *que se envuelve a sí misma,* la focalización del núcleo de fuego blanco en el lado nocturno de la Vida. Es la retracción del espíritu del hombre hacia el centro del Ser para absorber las energías de la Deidad como preparación para la expansión que comienza en el amanecer. La *columna de fuego* se convierte en la *columna de nube* cuando las energías concentradas del Cristo se difuminan, creando el efecto nube, y dentro de la nube está el Espíritu de Dios dando testimonio de sí mismo en los planos de la Materia. Así, la espiral evolutiva gobierna el ciclo diurno o yang, cuando las energías del hombre están activas, y la espiral involutiva gobierna el ciclo nocturno o yin, cuando las energías del hombre están pasivas. (Véase Gráfica de las Horas, capítulo 1, libro 9 de la serie Escala la montaña más alta).

La acción de concentración, la expresión del Espíritu o yang de la Deidad, está siempre equilibrada por la acción de difusión, la expresión de la Materia o yin de la Deidad. El Señor del Tercer Rayo, Pablo el Veneciano, describe excelentemente el Yang y el Yin de la vida del siguiente modo:

> Tanto la concentración como la difusión son necesarias para crear a voluntad, pero cada una de ellas necesita su perspectiva propia. A través de la difusión, la conciencia es capaz de expandirse en grados infinitos y asimilar amplios panoramas del universo. A través de la concentración, la conciencia engrandece una parte del Todo para producir en el microcosmos una verdadera representación de la eterna belleza del Macrocosmos. Con el proceso de focalización aprendemos a discernir la miríada de facetas de la creación. Luego, asimilando el milagro de todo eso, expandimos (difuminamos) nuestra conciencia de una gloria a otra, hasta que al fin somos capaces de movernos en la dirección que Dios quiso.[22]

El progreso del hombre en el Espíritu y la Materia se puede trazar gráficamente como una onda sinusoidal, una serie de curvas que suben y bajan. La parte de la onda que sube es la espiral ascendente (involutiva), que el hombre usa para reunir las energías del Espíritu, y la parte que baja es la espiral descendente (evolutiva), que se utiliza para afianzar en la Materia, con la Ley de la Correspondencia, el potencial de lo que el hombre ha reunido.

La gente dice que en la Vida hay altibajos. En realidad, la Vida *es* una serie de ciclos, cada uno de ellos compuesto de una espiral ascendente y otra descendente. Estos ciclos gobiernan todas las facetas de la vida del hombre, así como el desarrollo de su alma. Cuando el hombre domina la Ley de los Ciclos, se convierte en maestro de sí mismo y de su mundo. A través de la Ley de los Ciclos el hombre siempre está trascendiendo su estado anterior, porque cada espiral es un arco que se tensa para alcanzar la diana de un logro mayor.

ILUSTRACIÓN 13: **Gráfico de la conciencia ascendente del hombre**

Las crestas representan el contacto con el Espíritu. Los valles representan la involucración en la Materia con el fin de afianzar el Espíritu en la forma. Los altibajos son en realidad las entradas y salidas de la conciencia del hombre, el dar y recibir, lo activo y lo pasivo.

Modelos en los cielos y modelos en la tierra

Gracias a la Ley de la Correspondencia aplicada a través de la Ley de los Ciclos, los modelos hechos en los cielos se cumplen en los modelos hechos en la tierra. Tanto el hombre como el universo fueron creados por correspondencia con el modelo arquetípico del Logos, y la Palabra fue enviada y la Palabra se hizo carne. El acto mismo de la creación cumple la Ley de la Correspondencia, porque ni Dios ni el hombre pueden crear sin antes tener una idea en mente sobre aquello a lo que su creación debe corresponder.

Cuando el SEÑOR desea extender una parte de su conciencia y dársela a la manifestación individual, encierra el modelo de la individualización dentro de un círculo electrónico de su identidad llamado *Presencia YO SOY*. Este modelo se convierte en el punto focal de la magnetización del Cuerpo Causal alrededor de la Mónada Divina en su viaje a través de las esferas del Gran Sol

Central.* Después, el mismo modelo se imprime sobre el alma y el cuerpo etérico cuando estos pasan por las esferas de la individualización del Cuerpo Causal. A medida que tiene lugar este proceso, el modelo de vida se afianza en los 144 chakras (este proceso se explicará con más detalle en el siguiente capítulo). El modelo de la Imagen Santísima encerrado en su ser da al hombre la capacidad de identificarse con su divinidad; sin él, no tendría nada en común con su Hacedor.

Por decreto cósmico, todos los planos que se manifiestan por debajo del nivel de la Presencia YO SOY deben corresponderse con el modelo arquetípico contenido en el campo energético del Ser Crístico. Este Mediador para la interacción de la Ley de la Correspondencia entre el Yo Divino y el yo humano concentra el concepto inmaculado del modelo de vida en el nexo de la figura ocho, que el alma y los cuatro cuerpos inferiores asimilan cuando tiene lugar la regeneración de las espirales positiva y negativa a través de los chakras.

La cualificación del fuego sagrado a través de los chakras de acuerdo con la Ley de los Ciclos es la clave para la aplicación de la Ley de la Correspondencia. Como ha explicado Saint Germain a los estudiantes de alquimia:

> Como las cuentas de cristal que descienden por un hilo de cristal, las energías de la esencia creativa de la Vida descienden al cáliz de la conciencia. Sin detenerse ni demorarse en su curso designado, continúan cayendo en el repositorio del ser del hombre. Ahí se acumulan para bien o para mal mientras cada ápice de energía universal pasa por el nexo grabador y recibe la impresión del fíat de la creación.
>
> El fíat refleja el propósito de la voluntad de la mónada individual. Cuando el fíat se retiene, el gran horno cósmico pasa a un estado improductivo en que el talento del atesorado momento descendente es rechazado por la conciencia y se convierte en una oportunidad perdida. Cuando no hay cualificación, cuando no hay fíat de un propósito, la energía solo conserva la identificación Divina del talento sin el sello

---

*Este proceso de describe en el capítulo 4, "Jerarquía", del libro 3 de la serie Escala la montaña más alta, *Los Maestros y el sendero espiritual*.

de la individualización. Y así, cae en los cofres del registro de la corriente de vida sin haber recibido ni siquiera un ergio de cualificación.

El proceso creativo, por tanto, cobra muy poca importancia para el individuo que no reconoce el mandato de crear, porque al no reconocerlo, este se pierde la prerrogativa que Dios le ha dado. Como resultado del descuido de su responsabilidad por parte del hombre, el fíat de Dios se pronunció, el cual consta en el libro del Apocalipsis: "Ni eres frío ni caliente. ¡Ojalá fueses frío o caliente! Pero por cuanto eres tibio, y no frío ni caliente, te vomitaré de mi boca".[23]

El fíat para crear ha de escucharse, ¡pero recemos a Dios para que los hombres hagan caso de la soberana responsabilidad que la Vida les ha dado de crear según el modelo de la progenie divina! Bien podrían emular a los Antiguos Dioses de la raza y al Sacerdocio Real de la Orden de Melquisedec en sus empeños creativos, para que puedan transmitir a la cadena energética de la Vida ese peculiar y fascinante aspecto de ingenio cósmico que es la naturaleza del Dios eterno.[24]

Cuando el hombre pone la conciencia humana de imperfección sobre las espirales positivas y negativas de energía que fluyen por sus chakras, obliga al fuego sagrado a asimilar modelos que no son naturales. Mientras que su energía queda de tal forma prisionera en formas imperfectas, al hombre le es imposible cumplir la Ley de la Correspondencia en su ser, y se ve posibilitado a manifestar solo desintegración y muerte porque su energía fluye según los patrones de negación que él mismo ha creado. Debido a su desacertado abuso del libre albedrío, el hombre subvierte la tendencia natural de la Luz a seguir los patrones de las espirales Alfa y Omega emitidas desde su propio Cuerpo Causal.

A través de las malas cualificaciones de las espirales positivas Alfa, el hombre sustenta el mal en la forma. A través de las malas cualificaciones de las espirales negativas de Omega, el hombre es consumido por sus propios impulsos acumulados malvados. Así, el hombre no es libre hasta que los patrones de la conciencia humana no se destruyan y las energías de Alfa y Omega no se liberen para que fluyan según las espirales naturales del Cristo.

La espiral *negativa*

Alguna pregunta ha surgido sobre el hecho de que nos refiramos a una tendencia a la baja o un impulso acumulado de decaimiento como una espiral *negativa*. Tanto Dios como el hombre tienen la exigencia de utilizar la espiral en sentido horario para poder crear. Ya sea que el hombre decida crear el Bien o el Mal, debe utilizar este modelo, porque a menos que la energía-mónada pase por los planos de fuego, aire, agua y tierra, y a no ser que reciba en sucesión las frecuencias de las doce casas, la creación no puede producirse.

El hombre ha recibido el libre albedrío dentro de las limitaciones del tiempo, el espacio y la asignación energética. Dentro de los límites de esos ciclos, Dios no interfiere con las creaciones de los hombres. Por tanto, cuando el hombre elija crear el Mal, estará practicando magia negra. Cuando elija crear el Bien, estará practicando magia blanca. Ambas prácticas necesitan utilizar la espiral en sentido horario para crear la forma y la figura en forma de ocho en sentido horario para preservar la forma. Una vez que los Rituales de la Creación y la Preservación se hayan completado, tendrá lugar la división del camino: la forma o bien se sublimará (espiritualizará) por medio de la figura en forma de ocho en sentido antihorario (si está hecha a imagen del Cristo y sellada en la polaridad perfecta de las espirales Alfa y Omega) o bien se anulará por medio de la espiral en sentido antihorario (si está hecha según las imágenes del Anticristo y sellada en la polaridad imperfecta de la dualidad).

Los ciclos de las creaciones del hombre están limitados por su propia oportunidad tiempo-espacio-energía. Cualquier cosa que el hombre cree puede preservarse solo hasta que la Ley exija que sea inmortalizada o anulada, porque el Todopoderoso no tolerará que sus energías sean crucificadas en conceptos impíos ni permitirá que se utilicen para sustentar formas imperfectas. Un abuso tal del fuego sagrado es la abominación desoladora que está en el lugar santo donde no debe.[25]

Quienes han utilizado las espirales positivas y los modelos en forma de ocho para realizar la belleza y perfección de las esferas superiores, descubren al final de su ciclo de oportunidad que sus creaciones serán inmortalizadas por medio del modelo en forma de ocho en sentido antihorario. Quienes no lo hayan hecho descubrirán al final de su ciclo que sus creaciones serán anuladas por medio de la espiral en sentido antihorario.

La naturaleza del núcleo de fuego blanco es la de polarizarse con la perfección y rechazar los modelos imperfectos que el hombre le ha impuesto. La reacciones violentas en el reino de la naturaleza son ejemplos de una *expulsión* de la discordia de la humanidad y la impureza por parte de los electrones y los propios elementales. Por tanto, los modelos de las costumbres humanas en el hombre y la naturaleza se deshacen por medio de la espiral negativa. La naturaleza detesta el vacío del mal. Por tanto, cuando la denominada vida media del mal se gasta, la espiral positiva y la figura en forma de ocho utilizadas para crearlo y sustentarlo se colapsan en una espiral negativa y de ello resulta el ritual de la desintegración. Se trata de desenrollar las espirales de la mortificación, como se desató el sudario del cuerpo de Lázaro.[26]

Cuando mencionamos las condiciones *negativas* o malvadas dentro de la conciencia del hombre, nos referimos a ellas como espirales negativas. El lector debe entender los dos usos de la palabra *negativa*: 1. En su sentido más puro, *negativa* se refiere al aspecto femenino, yin u Omega de la creación. En su uso más estricto de la palabra, el término *espiral negativa* tiene un significado en dos sentidos: a) una espiral en sentido antihorario gracias a la cual tiene lugar la desintegración; b) una figura en forma de ocho en sentido antihorario gracias a la cual tiene lugar la sublimación. Por otro lado, el término *espiral negativa* también ha llegado a significar 2. la energía mal cualificada o malvada en un estado de decaimiento, porque la espiral femenina es la última fase de la manifestación del mal una vez que la espiral positiva y la figura en forma de ocho en sentido horario se han colapsado formando una espiral negativa con el fin de obtener la desintegración.

Cuando el hombre permite que sus energías fluyan hacia la

creación y preservación de pensamientos, sentimientos y actos discordantes, podrá estar seguro de que después vendrá la enfermedad, la vejez y la muerte, cuando el ciclo de la espiral negativa entre en acción; porque todo lo que esté alineado con impulsos acumulados malvados seguirá el ritual de la desintegración prescrito por la ley cósmica.

El único modo en que el hombre puede evitar el ciclo de desintegración es con la invocación del fuego sagrado para espiritualizar las energías de toda su conciencia, su ser y su mundo. Cuando el fuego violeta haya pasado por sus creaciones imperfectas, los patrones serán transmutados, la Imagen del Cristo será restaurada y las formas puras ascenderán hacia su Cuerpo Causal por medio del modelo de la figura en forma de ocho en sentido antihorario. El Ritual de la Sublimación es la alternativa práctica del ciclo de desintegración que Dios proporciona como salida para el hombre no ascendido, limitado por sus propias energías mal cualificadas y sus espirales negativas.

Cuando el hombre invoca el fuego sagrado según la Ley de los Ciclos, la sedimentación de siglos de sustancia propia mal cualificada es eliminada y el grabado cristalino de su diseño original cósmico queda al descubierto. Como un mandala de perfección, el modelo arquetípico actúa entonces como un imán atrayendo las energías de la Presencia hacia los cuatro cuerpos inferiores, donde la Imagen del Cristo está destinada a nacer en el hombre. A través de la aplicación de la Ley de los Ciclos, el hombre puede descomponer sus impulsos acumulados humanos y desarrollar los divinos, convirtiéndose así en todo lo que Dios quiso que llegara a ser.

Quienes están abandonando malas costumbres en el vivir, al principio tomarán el nuevo vino, las energías puras de Alfa y Omega, y las pondrán en las botellas viejas de sus antiguos impulsos acumulados humanos. Sin embargo, los estudiantes que acaban de empezar su camino en el Sendero no deberían permitir el desánimo si la enorme entrada de Luz desde las alturas —emitida como resultado de su nueva devoción al Cristo— activa impulsos acumulados de deseo carnal a través de la mala cualificación de la energía en los chakras inferiores. Ten la seguridad de que, en el alma que ha renunciado totalmente, la Luz *consumirá* las *malas cualificaciones*, así como aquellos impulsos acumulados humanos que impiden el flujo natural de las espirales Alfa y Omega. Si el estudiante está decidido con intrepidez, "reteniendo lo bueno",[27] lo duradero y lo verdadero, los impulsos acumulados de esos patrones serán destruidos y la energía se revertirá cuando espirales descendentes y ascendentes cumplan en él su destino predeterminado según la Ley de la Correspondencia. Entonces el estudiante conocerá una libertad y una alegría que jamás soñó que fuera posible cuando se encontraba en su anterior estado.

El fíat de perfección

A través de siglos de costumbres esclavizantes, el hombre ha llegado a creer que se corresponde con la imperfección. ¡Ay!, ha convertido la imperfección en la ley de su ser y por consiguiente se ha convertido en una ley para sí mismo. Pero Alfa, el Gran Principio, ha hablado desde el Gran Sol Central:

Quiero exaltar en vosotros un sentimiento sobre el perfeccionamiento de vuestra misión.

En este cuerpo planetario hay gente de todas las condiciones sociales que no conocen mi existencia y eso no me preocupa en cierto sentido de la palabra, pero sí es preocupante solo por mi amor. Porque si conocieran mi existencia, yo les podría dar una paz mayor. Si se sintonizaran conmigo, yo podría otorgarles más beatitud, más tesoros del cielo.

Estoy mirando los registros de vuestras corrientes de vida, oh, benditos. Soy testigo del milagro de vuestro ser. Con dedos de fuego vivo estoy investigando vuestro destino. Aquello que ha sido carece de mucho. Aquello que seréis es vuestra esperanza. No manifiesto ningún desprecio por vosotros, porque sois hijos de mi propio anhelo. Vuestra desgracia es la mía. Estoy identificado con el lazo de nuestro amor. Aunque ha escapado a los sentidos de los hombres, nunca se me ha escapado a mí. Hago retroceder la mismísima sustancia del universo. Atravieso ákasha. Separo el velo. Os envuelvo en mi resplandor.

Los centinelas de Luz que protegen la senda de mis palabras y mi energía toman cada emisión y la reducen. Estos centinelas de Luz están en tensión, amados, para contener la marea. Os digo esto para que os deis cuenta de la expansión que llegará.

No puedo engañaros, oh, hijos míos. No puedo deciros: "Sois la plenitud de Dios", a menos que esta se manifieste en vosotros. Vuestra Presencia es mi Presencia. Vuestras cosas externas son vuestra propia creación. Estas están llegando a ser; están siendo pulidas; están siendo probadas por el fuego sagrado; están siendo probadas por el fuego que pone a prueba la obra de todo hombre para ver de qué clase es.[28] El poder moldeador de la llama Divina dentro de vosotros no es endeble; es poderoso.

Hablando de Omega, su consorte, Alfa dijo entonces:

Ellos [los habitantes de este planeta] son los hijos de nuestro corazón, viajeros en la periferia de la experiencia de la vida; pero percibo en el resplandeciente registro akáshico que tengo ante mí su inmersión en el Sol de Presión Constante en el centro del cuerpo planetario * y su emergencia y progresión en la cadena planetaria a través de los ciclos de los amados Helios y Vesta, la destrucción de los lazos que los han atado a Terra y su liberación mediante el ritual de la ascensión. Los percibo subiendo por la escalera que conduce al servicio en nuestro reino sin fin.

Aquí tenemos, en el corazón de su Presencia Divina individualizada, a futuros Logos Solares. Aquí tenemos a los que animarán sistemas de mundos. ¡Cómo pueden temer! ¡Cómo puede su destino huir de ellos! ¿Qué clase de verdad es esta? ¿Qué falsa expresión ha cautivado las mentes y los corazones? Entonces, que ello deje de existir en las octavas externas de expresión, y que las autoridades gobernantes de todas las Jerarquías emitan los fíats necesarios. ¡Hágase![29]

Con Dios todo es posible.[30] El hombre puede formar nuevas costumbres que hagan que su vida se corresponda con la

---
*el núcleo de fuego blanco, el sol central de la Tierra.

perfección, y puede regocijarse mientras cada espiral de imperfección se deshace y es reemplazada por una espiral de perfección. Los hábitos del yo humano no tienen ningún lazo real con su verdadera naturaleza, pero los del Ser Crístico son naturales de su conciencia, pues se corresponden con el diseño original de su corriente de vida tal como su Creador lo imaginó y lo depositó en su ser más interno a través de los 144 chakras.

En el siguiente capítulo veremos cómo la Ley de la Correspondencia exige la purificación de los planos del Espíritu y la Materia mediante los chakras, porque son semillas de Luz, ciclos de energía, espirales de frecuencia que corresponden a los modelos del Cuerpo Causal. Debido a la Ley de la Atracción, los chakras atraen la energía de la Presencia que desciende a los cuatro cuerpos inferiores para exteriorizar la Imagen del Cristo según la Ley de la Correspondencia. A medida que las energías que fluyen por los chakras son cualificadas por los siete rayos según la Ley de los Ciclos, el equilibrio de la conciencia Crística aparece en el corazón y regula la emisión de Luz, como Arriba en la Presencia, abajo en los planos del Espíritu y la Materia concentrados en el ser del hombre. El yo inferior se vuelve congruente con el Cristo y el Cristo se vuelve congruente con la Presencia YO SOY. En este punto, el hombre se trasciende a sí mismo en Dios y Dios se trasciende a sí mismo en el hombre.

La Ley de la Trascendencia

Antes de ascender, Confucio señaló a sus estudiantes la operación de la Ley de los Ciclos, la cual aplica la Ley de la Trascendencia. Estando en la orilla de un río, dijo: "Todo fluye continuamente como este río, sin pausa, día y noche".[31]

Nuestro conocimiento de las leyes que gobiernan los ciclos debería enseñarnos a considerar lo transitorio como la sección de una espiral, la función necesaria del ciclo cuando pasa por el tiempo y el espacio. Entonces el mundo en que vivimos se ve como un punto de referencia con relación a la Ley de la Trascendencia; no como un fin en sí mismo, sino como parte de la corriente que, cuando está dirigida adecuadamente, lleva al alma a la realización de su destino eterno.

Por tanto, nuestro espíritu debe estar ligado no a lo que está fluyendo, sino a las leyes que nos dan la capacidad de controlar el flujo. Porque mediante la aplicación de esas leyes podemos trascender la sección finita de la espiral y formar dentro de este torbellino cambiante una identidad inmortal que se hará fija como la Estrella Polar y, como ella, avanzará en los ciclos eternamente trascendentes de progresión universal.

El círculo taoísta, el *Taichi tú* (como lo denominaban los cosmólogos confucianos), simboliza la Ley de la Trascendencia, también llamada Ley del Cambio Positivo. Este círculo de la vida está dividido por una *S*, llamada parhilera, en dos partes iguales, una blanca y la otra negra. Las formas creadas se asemejan a dos ballenas que tienen un *ojo* en el centro de la *cabeza* y parecen perseguirse una a la otra. Este *Diagrama de lo Supremo* ilustra cómo, a través del movimiento, se produce el principio yang de la Deidad. Cuando el ciclo del movimiento se completa, la quietud, el principio yin de la Deidad, nace (de la *cola* de la *ballena* blanca). Cuando el ciclo de la quietud se completa, el movimiento vuelve a nacer (de la *cola* de la *ballena* negra). Así, el movimiento y la quietud, los aspectos activo y pasivo de la naturaleza, se hacen surgir mutuamente de manera eterna.

El *ojo* blanco dentro de la *ballena* negra simboliza el alma que ha descendido a la Materia y que está buscando la Luz; mientras que el *ojo* negro en el centro de la *ballena* blanca simboliza el alma que ha conseguido su identidad permanente en el Espíritu. Más adelante, la Luz (Espíritu) se tragará la oscuridad (Materia) como la serpiente se traga su propia cola. Con todo, la oscuridad (Materia) consigue una existencia temporal al tragarse la Luz (Espíritu).

La parhilera representa la unión de la cual emergen los principios de la creación masculino y femenino, lo positivo y lo negativo, el yang y el yin, los cuales también se han denominado lo firme y lo flexible.

La Ley de los Ciclos

ILUSTRACIÓN 14: El Taichi tú: Diagrama de lo Supremo

YIN
MATERIA

La *cabeza* del Espíritu se traga la cola de la Materia y la Materia se transforma.

YANG
ESPÍRITU

La *cabeza* de la Materia se traga la cola del Espíritu y la Materia consigue una existencia temporal.

La parhilera representa la unión de la cual emergen los principios de la creación masculino y femenino, lo positivo y lo negativo, el yang y el yin.

Gracias a la interacción de las energías Alfa (yang) y Omega (yin) de la Vida, la creación aparece y los ciclos se inician. Siendo hallada a semejanza del Dios Padre-Madre, la creación produce según su clase: ciclos de energía producen otros ciclos de energía y todas las cosas continúan en estado de flujo. Así, la transformación y la trascendencia son el cumplimiento de la Ley de los Ciclos, torbellinos sin fin, lo cual observó Confucio en el flujo de un río.

El intercambio equilibrado de las energías de las espirales ascendentes y descendentes en el hombre —del cordón cristalino y el caduceo— por el cual el Espíritu se convierte en Materia y la Materia en Espíritu, produce de manera simultánea la manifestación de la polaridad divina del Dios Padre-Madre, y entonces nace el ritual de la plenitud de la sabiduría Crística, el amor Crístico y el poder Crístico. Cuando la Ley de los Ciclos se cumple en el hombre, este es hallado con el vestido de boda y es invitado a la fiesta de bodas; el Cristo realiza la unión del yo inferior con el Yo Superior.

La trascendencia, por tanto, es la Ley de la Vida, es la progresión del cosmos, de soles, estrellas y galaxias, abarcando medidas más y más grandes de Divinidad según fluye el ser con los modelos de las espirales descendentes y ascendentes,[32] las exhalación y la aspiración de la conciencia Divina. La oportunidad que tiene el hombre de trascender su actual nivel de logro se origina en la naturaleza trascendente de su Creador. Incluso la Mónada Suprema, el Todopoderoso, está continuamente trascendiéndose a sí misma de acuerdo con la Ley de los Ciclos. Si no fuera así, la trascendencia no existiría como oportunidad para la creación.

Vesta nos da un vislumbre de la oportunidad para la trascendencia que los Señores Solares entregan con regularidad para acelerar las espirales en el microcosmos y que estas puedan ser congruentes con las espirales del Macrocosmos.

Los anillos solares están siendo activados para irradiar a la Tierra, a través del sol físico, una nueva efusión de gracia infinita. El efecto del aumento de los modelos de radiación de nuestro Sol hacia los planetas de este sistema será para acortar los días del afán del hombre, si este tan solo acepta el don ofrecido. Cuando la limitación se pone a un lado y la ilimitada Luz de Dios se percibe, la inteligencia ya no está atada a las antiguas matrices de la razón humana, sino que, en cambio, crea nuevos modelos que conducen a la Vida abundante.[33]

Los "anillos solares" de los que habla la Madre Solar son las espirales de la conciencia de Dios que encienden el universo con amor, sabiduría y poder y llevan a la creación más y más alto, hacia una espiral expansiva de perfección que no tiene fin.

Así, la Ley de los Ciclos gobierna el cosmos. Dios mismo involuciona. Al llevar sus energías al centro de la manifestación Macrocósmica, como "un fuego que se envuelve a sí mismo", el pleno potencial de su Ser está concentrado dentro del núcleo de fuego blanco del Gran Sol Central. Todos los ciclos que han de exteriorizarse en los universos no nacidos están ahí, comprimidos, espirales dentro de otras espirales, ruedas dentro de otras ruedas, energías atómicas que implosionan con Luz, lo cual explota en el momento de la Gran Orden de dar nacimiento a una estrella, un sol o un universo. Y así, Dios evoluciona. Y lo que una vez fue un punto dentro del centro del círculo, se convierte en la circunferencia del Macrocosmos.

Nadie puede lograr en la esfera Macrocósmica del Ser aquello que antes no se ha logrado dentro del núcleo microcósmico de su identidad. En momentos de meditación, el hombre debe regresar al núcleo de fuego blanco, su potencial espiritual, su Vida y su única esperanza de inmortalidad. Retirándose de toda conciencia de los sentidos, debe retroceder hacia el núcleo de su ser como un sol involutivo. Moviéndose en una espiral en sentido antihorario,* el hombre siente que está ante la bola de fuego blanco dentro del centro flamígero de su corazón. Ahí todo es quietud, un mar de llama, un grano de Luz dentro del centro del Centro. Aquí, en el Sanctasanctórum, el hombre reúne fuerzas para el nuevo día.

Con este fin tú puedes usar la siguiente técnica de meditación de modo que prepares tu conciencia para la entrada de la pureza, que se sustenta mediante la invocación diaria.

Meditación en la bola de fuego blanco

Comienza poniendo tu atención en la Gráfica de tu Yo Divino (página 429). Cuando estés en paz y en armonía con la vida, centra tu conciencia en el núcleo blanco del Ser, que puedes visualizar como una pequeña bola blanca en la base de la llama trina dentro de tu corazón. Elimina de tus sentidos las percepciones del mundo —tus lazos con otras personas, tus pensamientos sobre cosas externas—, porque solo haciendo eso podrás meter todo tu ser en la bola de fuego blanco.

Conviértete primero en la bola y luego en la llama en el centro de la bola. Imagínate a ti mismo dentro de la bola, ascendiendo por el rayo del cordón cristalino hasta el centro de tu autopercepción Crística. Quédate ahí y absorbe el resplandor del amor puro, la sabiduría pura y el poder puro concentrados en la llama trina de tu Ser Crístico. Al mantener la visión de ti mismo en la bola de fuego blanco, continúa subiendo por el rayo del cordón cristalino hasta el centro de la Mónada Divina, la llama trina en el corazón de tu Presencia YO SOY.

Siente como te unes a Dios, hasta que dejes de estar definido de manera consciente como algo aparte de su Ser, sino siendo consciente solo de tu Yo en Dios, como Dios. Báñate en la dicha de la reunión y comprende que aquí, en el Sanctasanctórum, estás

---

*El hombre no utiliza este ritual de desintegración con el fin de autoaniquilarse, sino para lograr una autorrealización a través de la des-integración de sí mismo de este mundo.

viviendo un fragmento de lo que algún día llegará a través del ritual de la ascensión.

Después de unos momentos, siente cómo vuelves, despacio, bajando por el rayo del cordón cristalino. Concentrando tu autopercepción Divina y tu autopercepción Crística dentro de la bola de fuego blanco, desciende hasta el punto de contacto en la forma, la llama trina dentro de tu corazón. Comprende que aquí, en el cáliz de los cuatro cuerpos inferiores, estás afianzando el potencial del Padre, del Hijo y del Espíritu Santo.

Siempre y cuando permanezcas en la conciencia de la Llama de la Vida, tendrás la autoridad de ordenar y la vida obedecerá. Dios hablará a través de ti, la Palabra (el Cristo) irá y el Espíritu cumplirá tu decreto. Por tanto, consciente del señorío de la Trinidad, con humilde reverencia hacia la Presencia del *Tres en uno*, di esta oración para pedir pureza:

> En el nombre de mi amada, poderosa Presencia YO SOY y mi Santo Ser Crístico, amado Jesucristo y el Espíritu Santo, invoco humildemente la llama de la pureza de Dios:
>
> ¡Abrid la puerta a la Pureza!
> ¡Abrid la puerta a la Pureza!
> Que las brisas soplen y pregonen pureza sobre el mar y sobre la tierra;
> que los hombres comprendan
> la voz del mandato del Cristo Cósmico.
>
> Vengo a abrir de par en par el camino para que los hombres sin miedo
> puedan decir siempre:
> YO SOY la pureza de Dios.
> YO SOY la pureza del amor.
> YO SOY la pureza de la alegría.
> YO SOY la pureza de la gracia.
> YO SOY la pureza de la esperanza.
> YO SOY la pureza de la fe.
> y todo lo que Dios pueda hacer con la alegría y la gracia combinadas.

¡Señor, YO SOY digno de tu pureza! Deseo que tu pureza me atraviese en un gran estallido cósmico para eliminar de la pantalla de mi mente, de mis pensamientos y de mis sentimientos, toda apariencia de acción vibratoria humana y todo lo que sea impuro en substancia, pensamiento o sentimiento.

Sustitúyelo todo ahora mismo por la plenitud de la Mente de Cristo y la Mente de Dios, el poder manifiesto del espíritu de la resurrección y de la llama de la ascensión, para que pueda entrar al Sanctasanctórum de mi ser y hallar que el poder de la transmutación está actuando para liberarme por siempre de toda discordia que se haya manifestado alguna vez en mi mundo.

YO SOY la pureza en acción aquí, YO SOY la pureza de Dios establecida por siempre, y la corriente de Luz desde el mismo corazón de Dios que encarna toda su pureza que fluye a través de mí y establece a mi alrededor el poder de la pureza cósmica invencible que nunca puede volver a ser cualificada por lo humano.

Aquí YO SOY; tómame, oh, Dios de la Pureza. Asimílame y úsame en las matrices de emisión para la humanidad de la Tierra. Haz que invoque la Pureza no solo para mí mismo, sino para toda la Vida. Haz que invoque la pureza no solo para mi familia, sino para toda la familia de Dios bajo la bóveda celeste.

Te agradezco y acepto esto manifestado aquí y ahora mismo con pleno poder como la pureza y la autoridad de tus palabras habladas a través de mí para producir la manifestación instantánea de tu pureza cósmica en mis cuatro cuerpos inferiores, intensificándose a cada hora y acelerando esos cuerpos hasta que alcancen la frecuencia de la llama de la ascensión.

La naturaleza trascendente de Dios

Debido a que el ser del hombre está formando según el modelo de los ciclos infinitos, debe obedecer la Ley de los Ciclos. Hasta que no experimente el núcleo de fuego blanco y se conozca a sí mismo como la esencia del Espíritu, como la niebla, el hombre no podrá realizar el proceso evolutivo que tiene lugar en la periferia de la esfera con la cristalización de la niebla.

Los Maestros nos han mostrado que, aunque los modelos lineales se corresponden con la vida en lo que respecta a la forma, la eternidad está compuesta de ciclos recurrentes e interminables. Estos ciclos o modelos de energía se convierten en espirales sin principio ni fin, totalmente constructivas y en continua ascendencia. Con estos hechos podemos sacar solo una conclusión: la Trascendencia es la Ley de la Vida y, en realidad, no puede haber ninguna otra.

Imbuidos del conocimiento de esta ley, ya no nos sobresalta la gran Verdad de que, incluso el Ser Divino, el Padre Todopoderoso de todos nosotros, está continuamente trascendiéndose a sí mismo, subiendo más y más en espirales hacia octavas ascendentes de perfección. Dios hace involucionar primero esta perfección dentro de su conciencia y después la hace evolucionar en la manifestación. Y si el propio Creador obedece la Ley de los Ciclos, el hombre debe comprender que lo que hace el Padre, también lo debe hacer el hijo; es imposible que este logre fuera de sí mismo lo que no ha logrado dentro. Esta es la Ley de los Ciclos que el Arcángel Gabriel nos ha explicado:

> Benditos, ¿veis la necesidad de que en el radiante plan de Dios haya una expansión progresiva desde el origen cósmico de las cosas y un regreso al mismísimo corazón resplandeciente de Dios? Esto es para que los pralayas puedan manifestarse, para que pueda llegar a suceder que en los manvantaras podamos enviar la Llama Cósmica para expandir y exhalar el universo según los antiguos vedas. Entonces, después de que se haya llevado a cabo la gran exhalación, llevamos todo lo que se ha creado a un período cósmico de descanso nirvánico, de modo que una exhalación más noble y grande pueda tener lugar a medida que el universo en expansión se mueve según la santa voluntad de Dios.[34]

Puede que no captemos este principio en su totalidad con nuestra mente finita, y ello no es necesario, pero lo que hemos averiguado nos ayuda a comprender que la naturaleza de Dios es trascendente. De ser esto cierto, la naturaleza del hombre hecha a su imagen también ha de ser trascendente.

La enseñanza trascendente del Cristo revela infinitas posibilidades para Dios y el hombre. Esta destruye la mentira de la maldición eterna y abre la puerta de la oportunidad al arrepentimiento y la curación. Verdaderamente el hombre puede trascender su estado de conciencia anterior. Abandonando los caminos de la carne, puede aceptar el camino del Espíritu. En verdad, gracias a la Ley de la Trascendencia, la promesa se cumple: "Si vuestros pecados fueren como la grana, vendrán a ser como blanca lana".[35]

"¡Tus pecados te son perdonados!" es una manifestación práctica de la Ley de la Trascendencia en su aplicación para quienes están evolucionando desde un estado de imperfección a otro de perfección. El perdón se representa gráficamente como una espiral ascendente (con un modelo en forma de ocho en sentido antihorario) con el cual el hombre trasciende su anterior estado y comprende el fíat del SEÑOR: "He aquí, yo hago nuevas todas las cosas".[36]

Puesto que Dios se trasciende a sí mismo eternamente, los modelos en los cielos no tienen límite y, por tanto, todos pueden aprovechar el Espíritu de Creatividad Universal para construir el reino de Dios en la tierra. Esto es Vida como siempre debió ser; y así es como el hombre puede llegar a ser un cocreador con Dios tal como Abraham recibió la promesa antiguamente: "Multiplicaré tu descendencia como las estrellas del cielo y como la arena que está a la orilla del mar".[37]

El hombre jamás debe temer el cambio progresivo ni desdeñar la oportunidad de trascenderse a sí mismo, porque cuando el Espíritu del SEÑOR le pida que se eleve, sabrá que, por la ley inmutable, la espiral de la llama Divina se le habrá adelantado para tallar las mismísimas piedras de su destino ígneo; no un sendero solitario que Él mismo no haya recorrido, no un mar cuyo mapa Él no haya trazado, no un escabroso despeñadero que Él mismo no haya escalado. Por doquier, Él ha dejado engramas en los cristales de los elementos con los cuales el hombre puede descifrar y liberar todo el potencial de su ser trascendente.

La revelación de Ezequiel

El profeta Ezequiel, a quien el Señor envió a Judá durante el exilio en Babilonia, está considerado como el padre del judaísmo y el arquitecto del nuevo orden. Acerca de Babilonia, como agente de Jehová para el castigo de los hijos rebeldes de Israel,[38] Ezequiel aceptó el encargo del Señor de ser "atalaya a la casa de Israel",[39] para avisar tanto a los malvados como a los justos.

Antes de ir a proclamar la ley de responsabilidad individual y la fe práctica que aplica el celo religioso mediante las obras y el culto, el Señor preparó a Ezequiel y le dio un encargo. Cuando estaba a orillas del río Quebar, en la tierra de los antiguos caldeos, c. 592 a. C., "los cielos se abrieron" y "vio visiones de Dios... vino allí sobre él la mano del Señor".[40]

Y así, el Profeta escribió: "Y miré, y he aquí venía del norte un viento tempestuoso [torbellino], y una gran nube, con un fuego envolvente, y alrededor de él un resplandor, y en medio del fuego algo que parecía como bronce refulgente".[41]

El viento tempestuoso era la espiral descendente que sale del norte, de la Presencia del YO SOY. La "gran nube" y el "fuego envolvente" eran las espirales evolutivas e involutivas del ser que salieron del núcleo de fuego blanco para reunir la forma en el Espíritu y la Materia. El "resplandor" era la manifestación de la conciencia Crística implosionando/explosionando. En medio de ello había una semilla, no del huevo de la serpiente, sino del Divino Varón, que él describe como un bronce refulgente. Este foco brillante era el rayo de brillo rosa dorado, el amor-sabiduría del Dios Padre-Madre enviado por los Logos Solares, Helios y Vesta, para cumplir en mandato de la creación.

Habiéndose aparecido así, el Señor de los Ejércitos bendijo a Ezequiel con una de las visiones más sublimes jamás presenciadas por el hombre no ascendido. En ella desplegó el misterio de la vida —la individualización de la llama Divina— y respondió a la pregunta del salmista: "¿Qué es el hombre, para que tengas de él memoria?".[42] Dios le mostró la Ley de los Ciclos en funcionamiento en el microcosmos de su ser. Y con esta perspectiva más grande de la vida, Dios dio a Ezequiel, su elegido, el valor de cumplir su misión como atalaya del Señor. La interpretación del relato que citamos a continuación (de Ezequiel 1) explicará con claridad la gloria que él describió:

> Y en medio de ella la figura de cuatro seres vivientes. Y esta era su apariencia: había en ellos semejanza de hombre.

Ezequiel presenció el descenso a la forma de las espirales de Alfa y Omega y su individualización en el cuadrado de las Cuatro Fuerzas Cósmicas que forman la base de la Pirámide del Ser Crístico. Los "cuatro seres vivientes", como veremos, proporcionan el modelo arquetípico para los cuatro cuerpos del hombre. El profeta se cuidó de observar:

> Y los pies de ellos eran derechos, y la planta de sus pies como planta de pie de becerro; y centelleaban a manera de bronce muy bruñido.

Los "pies derechos" simbolizan el descenso de las estrellas de Alfa y Omega, las polaridades positiva y negativa de las energías del Espíritu, descendiendo a la Materia y su distribución por los cuatro cuerpos inferiores. El pie de becerro es una pezuña partida, lo cual indica que dentro de cada espiral positiva y negativa hay un giro positivo y otro negativo. Los pies "centelleaban a manera de bronce muy bruñido" porque en el perfecto equilibrio de la polaridad divina, el brillo del Cristo aparece.

La descripción que hace Ezequiel de los cuatro cuerpos inferiores y la unión de sus frecuencias es magnífica:

> Cada uno tenía cuatro caras y cuatro alas.
> Debajo de sus alas, a sus cuatro lados, tenían manos de hombre; y sus caras y sus alas por los cuatro lados... Y tenían sus alas extendidas por encima, cada uno dos, las cuales se juntaban; y las otras dos cubrían sus cuerpos.

Las alas simbolizan las espirales que realizan la conexión, teniendo cada ala su propia carga electrónica (véase la gráfica de "Frecuencias de individualización" a través de la Jerarquía,

60 El sendero hacia la inmortalidad

ILUSTRACIÓN 15:
Frecuencias de individualización a través de la Jerarquía

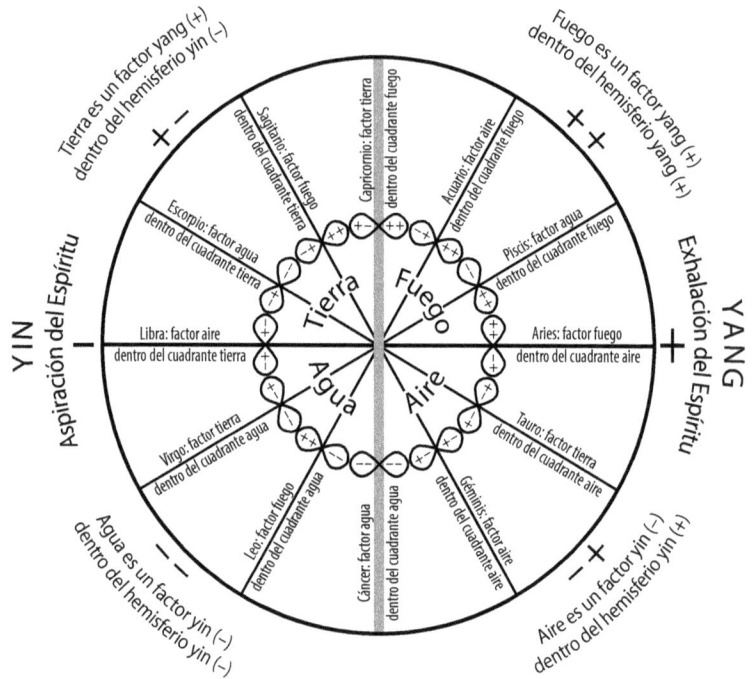

Nota: la anotaciones + +/– +/– –/+ – dentro de los símbolos en forma de ocho que forman el anillo central han de leerse empezando por el centro del círculo. Como se indica alrededor del círculo externo, + + significa fuego, – + aire, – – agua y + – tierra. Estas anotaciones son una representación visual de la información escrita en la línea del reloj que divide la figura en forma de ocho. Por ejemplo, "Libra: factor aire…" muestra – + en la mitad correspondiente del ocho; y "…dentro del cuadrante tierra" muestra + –.

ilustración 15), que unen a los cuatro cuerpos inferiores a través de los planos de tierra, aire, fuego y agua en los cuatro puntos cardinales sobre la circunferencia del círculo.

"Debajo de sus alas, a sus cuatro lados, tenían manos de hombre", las cuales simbolizan la precipitación en la forma de la voluntad de Dios, el principio activador de la Vida. La mano de Dios da a la del hombre el medio de hacer que la manifestación de las Cuatro Fuerzas Cósmicas en la Materia sea congruente con la manifestación en el Espíritu. Así, las dos alas que unen a los seres vivientes están en los puntos cardinales del reloj (es decir, 12, 3, 6 9); y las dos que cubren su cuerpo están en las líneas entre los puntos cardinales (es decir, 1, 2, 4, 7, 8, 10 y 11). La frecuencia de estas espirales que "cubren" establece los campos energéticos de transición entre los puntos cardinales, precediendo a la acción reductora que ocurre en las líneas de las 12, 3, 6 y 9. La simbología de las caras de los seres vivientes refleja la profundidad de la antigua sabiduría que se le dio a conocer al profeta:

> Y el aspecto de sus caras era cara de hombre, y cara de león al lado derecho de los cuatro, y cara de buey a la izquierda en los cuatro; asimismo había en los cuatro cara de águila.

Las cuatro caras de los seres vivientes simbolizan los cuatro elementos afianzados dentro de cada uno de los cuatro cuerpos inferiores. La cara de hombre está relacionada con el elemento fuego, afianzando la imagen del Ser Crístico en el cuerpo etérico. La cara de león está relacionada con el elemento agua, concentrando el potencial del control Divino dentro del cuerpo emocional. La cara de buey está relacionada con el elemento tierra, ligando al cuerpo físico la devoción y fortaleza del Yo Superior. La cara de águila está relacionada con el elemento aire, extrayendo la inteligencia de la Mente de Dios a través del cuerpo mental.

> Y cada uno caminaba derecho hacia adelante; hacia donde el Espíritu les movía que anduviesen, andaban; y cuando andaban, no se volvían.

La simetría de los cuatro cuerpos inferiores, diseñada según el modelo arquetípico del Divino Varón, responde al Espíritu, la Presencia YO SOY, y no se vuelve ni a la derecha ni a la izquierda con respecto a la pura corriente cristalina del agua del Río de la Vida. El cuadrado geométrico sobre el que está construida la Ciudad Cuadrangular encierra las energías de los cuatro cuerpos inferiores en las frecuencias de las Cuatro Fuerzas Cósmicas. El modelo perfecto del cuadrado es la mayor defensa del hombre contra la mala cualificación desde dentro y desde fuera.

Cuanto a la semejanza de los seres vivientes, su aspecto era como de carbones de fuego encendidos, como visión de hachones encendidos que andaba entre los seres vivientes; y el fuego resplandecía, y del fuego salían relámpagos.

De esta manera le reveló el Señor a Ezequiel la acción del fuego sagrado en el hombre, las energías ascendentes del caduceo y la Luz descendente de la Presencia YO SOY por el cordón cristalino, distribuida a través del cáliz del corazón y enviada hacia los 144 puntos de Luz en el ser del hombre por medio de los siete chakras principales y los siete subchakras principales.*

Y los seres vivientes corrían y volvían a semejanza de relámpagos.

La relación de los cuatro cuerpos inferiores con la Mónada Divina es comparable a la de los electrones en movimiento giratorio con el núcleo. En un ser perfeccionado, los electrones se encuentran en un estado de flujo (es decir, las energías que sustentan la forma descienden y ascienden continuamente desde el corazón de la Presencia hacia la creación en la Materia). Ezequiel en realidad vio los electrones cuando "corrían y volvían" de Dios al hombre, produciendo el Canto del Átomo, el perfecto equilibrio de Dios en el hombre y del hombre en Dios.

Mientras yo miraba los seres vivientes, he aquí una rueda sobre la tierra junto a los seres vivientes, a los cuatro lados.

El aspecto de las ruedas y su obra era semejante al color del crisólito. Y las cuatro tenían una misma semejanza; su apariencia y su obra eran como rueda en medio de rueda.

La "rueda sobre la tierra junto a los seres vivientes" es el símbolo que aparece antes de la ascensión del hombre en la base de la Pirámide en lugar de la espiral negativa que formó su cinturón electrónico. Durante la iniciación de la transfiguración, el

---

*Los chakras y los subchakras se describen en el siguiente capítulo.

hombre está, de hecho, en el centro de la rueda que focaliza el modelo del cono de fuego, que se eleva desde la base de la Pirámide en medio de las columnas giratorias de la llama trina que ahora envuelven su forma.

Este símbolo de la victoria del hombre es una sección transversal de la acción de los rayos masculino y femenino del fuego sagrado en él. La rueda interior muestra la acción masculina, las energías de Dios descendiendo desde la Presencia por el cordón cristalino; y la rueda exterior muestra la acción femenina, las energías del Espíritu Santo elevándose desde la base de la columna por el caduceo. Jesús se refirió a estas funciones duales cuando dijo: "YO SOY la vid, vosotros los pámpanos".[43] Primero examinaremos la rueda interior: la vid; después examinaremos la rueda exterior: los pámpanos.

Cuando el Espíritu de la Vida surge de la Presencia YO SOY, aparece como un rayo de Luz descendiendo desde el Corazón del Sol hasta el corazón del hijo, entrando en el cuerpo físico a través de la fontanela que está en el cráneo. Este rayo está compuesto de dos estrellas de seis puntas, las espirales Alfa y Omega del impulso del Espíritu hacia la Materia. Las dos estrellas de esta rueda interior, una girando en positivo (en sentido horario) y la otra en negativo (en sentido antihorario), realizan una rotación contraria para formar las espirales evolutivas e involutivas que surgen como la llama trina del Cristo dentro de la llama del corazón.

La estrella Alfa, con su punto norte en la línea de las 3.30 (en el ciclo Aries-Yin), contiene los triángulos de fuego (más) y aire (menos). La estrella Omega, con su punto norte en la línea de las 12.30 (en el ciclo Capricornio-Yin), contiene los triángulos de tierra (más) y agua (menos). Esta acción descendente del fuego sagrado, aunque equilibrada en sí misma en la polaridad positiva y negativa de Alfa y Omega, imparte una carga positiva (masculina) a los siete chakras principales cuando las energías son distribuidas a través de la llama trina del corazón.

El aspecto de las ruedas y su obra era semejante al color del crisólito. Y las cuatro tenían una misma semejanza; su apariencia y su obra eran como rueda en medio de rueda.

ILUSTRACIÓN 16:
Fases yang y yin de los ciclos

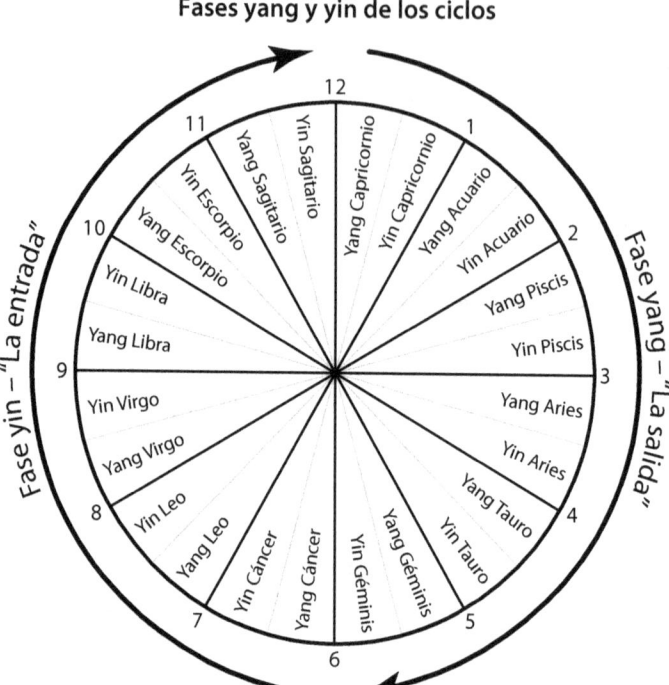

La primera mitad de cualquier ciclo es la fase Alfa/yang/+; la segunda mitad es la fase Omega/yin/-. La fase Alfa, por tanto, va desde las doce a las seis del reloj y cada subdivisión del reloj, a su vez, tiene sus propias fases Alfa y Omega.

Cuando examinamos la rueda exterior, cuyo diagrama representa la acción femenina del fuego sagrado en el hombre, los "pámpanos" del caduceo ascendente, vemos que las estrellas Alfa y Omega dentro de esta espiral negativa están enmarcadas por un hexágono. Mientras que el dodecágono contiene el patrón del ímpetu masculino del cordón cristalino en la rueda interior, los hexágonos enmarcan el ímpetu femenino del Espíritu Santo atraído por el Átomo Semilla. Al considerar el misterio de los modelos celestiales y terrenales recordamos que la línea de las 12 marca el principio de la fase yang o de salida de cada ciclo, mientras que la fase yin o de regreso se inicia en la línea de las 6 mientras la mónada gira en torno al Eje del Ser. Estos números

La Ley de los Ciclos   65

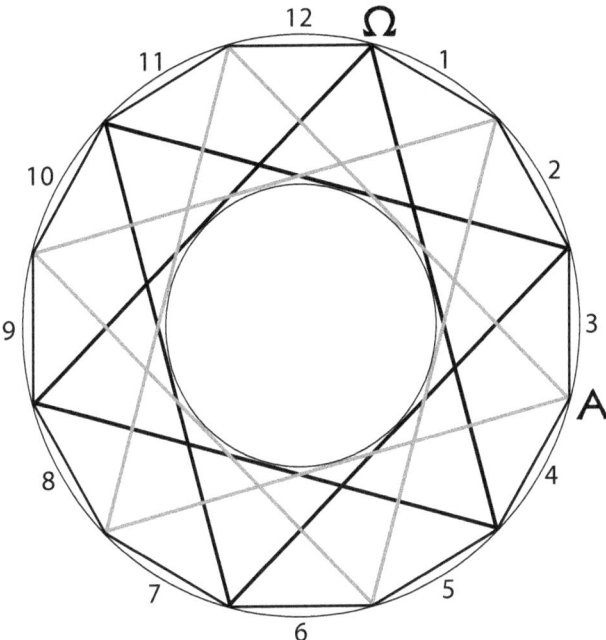

ILUSTRACIÓN 17:
Las estrellas Alfa y Omega en la rueda interior

La estrella Alfa, con su punto norte en la línea de las 3.30 (en el ciclo Aries-Yin), contiene los triángulos de fuego (más) y aire (menos). La estrella Omega, con su punto norte en la línea de las 12.30 (en el ciclo Capricornio-Yin), contiene los triángulos de tierra (más) y agua (menos). Las líneas de estas dos estrellas forman treinta y seis puntos de intersección.

no son solo posiciones sobre el reloj, sino también claves para la precipitación de la conciencia Crística a través de la unión de la acción masculina y femenina que ocurre cada vez que se completa una revolución o ciclo.

El comentario de Ezequiel, "su obra era semejante al color del crisólito"* nos da otra pista sobre el misterio del hexágono. La molécula de berilo ($Be_3Al_2Sl_6O_{18}$) se da en prismas *hexagonales* amarillos, rosas, blancos, verdes y de un verde azulado.† Durante la visión, las facultades del Profeta se intensificaron hasta niveles

---
*Berilo. [N. del T.]
†El berilo amarillo es conocido como *heliodoro,* el rosa como *morganita,* el blanco como *goshenita,* el verde como *esmeralda* y el verde azulado como *aguamarina.*

ILUSTRACIÓN 18:
Las estrellas Alfa y Omega en la rueda exterior

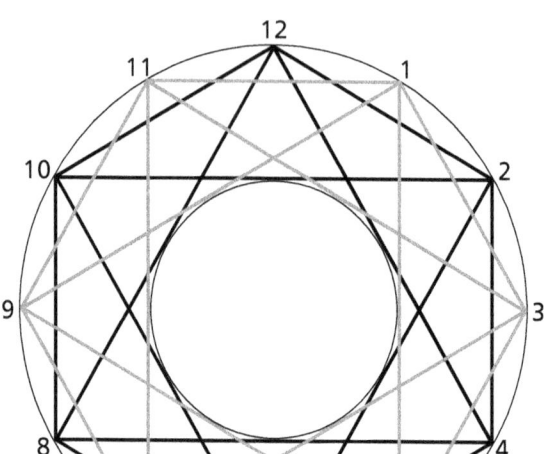

Las estrellas Alfa y Omega dentro de la espiral negativa están enmarcadas por un hexágono. Las líneas de estas dos estrellas forman ochenta y cuatro puntos de intersección.

más allá de lo normal. El registro akáshico muestra que la capacidad de Ezequiel de percibir patrones y energías macrocósmicas dentro de un campo energético microcósmico hizo posible que fuera consciente de las estructuras atómicas. El símil de Ezequiel era de un carácter científico más allá de su época y tenía la finalidad de servir como clave vital para quienes después interpretaran la visión, cuyo relato se escribió en código para que pudiera conservarse intacto durante siglos aun permaneciendo oculta para el profano.

La referencia al *color* del berilo nos ofrece otra clave. En la rueda exterior, la estrella Omega, que contiene los triángulos de tierra (más) y agua (menos), se interseca con el círculo en las líneas de las 12, 4, 8 y 2, 6, 10. La estrella Alfa, que contiene los triángulos de fuego (más) y aire (menos), se interseca con el círculo en las líneas de las 11, 3, 7 y 1, 5, 9. Los rayos que mantienen

ILUSTRACIÓN 19: **La llama trina**

Cuando el rayo masculino descendente y el rayo femenino ascendente se unen en el cáliz del corazón, la niebla de los dos rayos se cristaliza en la llama trina. Esta llama tiene tres *penachos* que encarnan los tres atributos principales de Dios y que corresponden a la Trinidad. El penacho azul (a tu izquierda) encarna el poder de Dios y corresponde al Padre. El penacho amarillo (en el centro) encarna la sabiduría de Dios y corresponde al Hijo. El penacho rosa (a tu derecha) encarna el amor de Dios y corresponde al Espíritu Santo.

el foco del modelo del caduceo y la precipitación de la conciencia Crística en los chakras se consolidan en los *seis* vértices de cada hexágono (que son las *doce* líneas del reloj) y en el centro del círculo en el siguiente orden: el rayo azul berilo (o azul verdoso) en las líneas de las 12 y las 3; el rayo verde berilo en las líneas de las 6 y las 9; el rayo rosa berilo en las líneas de las 10, las 4, las 7 y la 1; y el rayo blanco berilo como el punto central concentrando el potencial del Átomo Semilla en la rueda exterior y el del núcleo de fuego blanco en la rueda interior. La "Gráfica de la cristalización de la Niebla" (ilustración 20) muestra los giros más y menos de la acción positiva en la rueda interior y de la acción negativa en la rueda exterior.

El posicionamiento de los triángulos de las estrellas de la rueda interior en el punto medio entre las líneas del reloj (11.30, 12.30, 1.30, etcétera) significa que las energías de la espiral interior aún no están cristalizadas, porque la cristalización siempre se

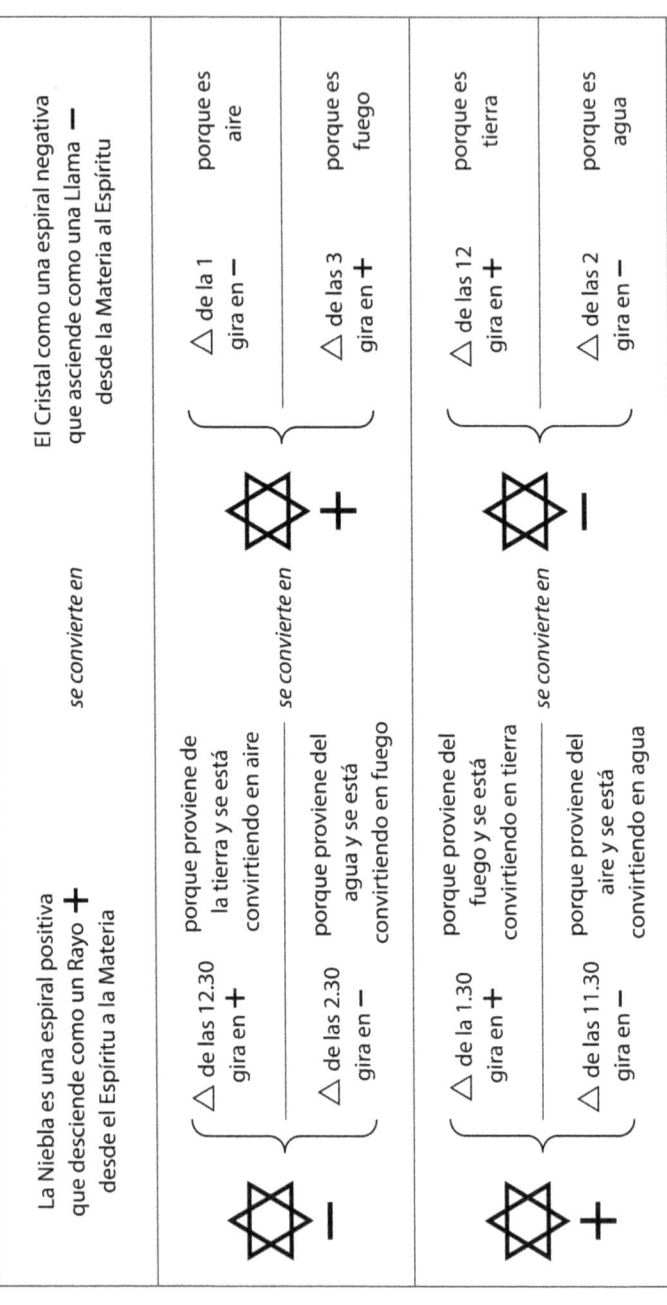

ILUSTRACIÓN 20: La cristalización de la Niebla

La Ley de los Ciclos

produce en las doce líneas del reloj. Cuando el rayo masculino descendente y el rayo femenino ascendente se unen en el cáliz del corazón, la niebla de ambos rayos se cristaliza en la llama trina.

Aunque las energías del cordón cristalino y el caduceo se unen en todos los chakras, la llama "se enciende" solo dentro del plano del Espíritu-Fuego y la Materia-Fuego (o el corazón). (En el capítulo 3 se incluye un diagrama de los planos del Espíritu-Fuego y la Materia-Fuego).

Es esencial que nos detengamos a comprender que la niebla también apareció del cristal, el cristal que se está manifestando en el plano de la Materia en el corazón del Gran Sol Central. Ahí, la cristalización de la niebla se produce a una frecuencia mucho más alta, un plano de conciencia más refinado que la cristalización de la niebla en el plano de la Materia en la que la humanidad evoluciona actualmente. Sin embargo, debemos comprender la Vida como una serie de espirales en las cuales el cristal se convierte en la niebla, la niebla se convierte en el cristal y el cristal se convierte en la niebla, hasta el infinito. Con cada transformación se da una mayor expansión de Luz y una emisión correspondiente de la conciencia Crística. A través de este proceso, el hombre se convierte más en Dios y Dios se convierte más en hombre.

Por tanto, podemos entender que el triángulo que se interseca con la línea de las 12.30 representa la niebla que surge de la cristalización en el plano superior de aire (Acuario) en la línea de la 1, y que se está moviendo hacia la cristalización en el plano inferior de tierra (Capricornio) en la línea de las 12. El triángulo que se interseca con la línea de las 11.30 representa la niebla que surge de la cristalización en el plano superior de fuego (Sagitario) en la línea de las 11 y que se mueve hacia la cristalización en el plano inferior de tierra (Capricornio) en la línea de las 12.

Al girar en sentido contrario las estrellas de Alfa y Omega, tanto en la rueda interior como en la exterior, los vértices de sus triángulos convergen en los doce puntos del reloj. La fusión de las energías del Dios Padre-Madre que ocurre cuando las estrellas son congruentes de este modo, tanto dentro como fuera, produce la cristalización de la llama trina dentro del corazón. Aunque tanto

ILUSTRACIÓN 21:
La rotación de las estrellas Alfa y Omega en la rueda interior

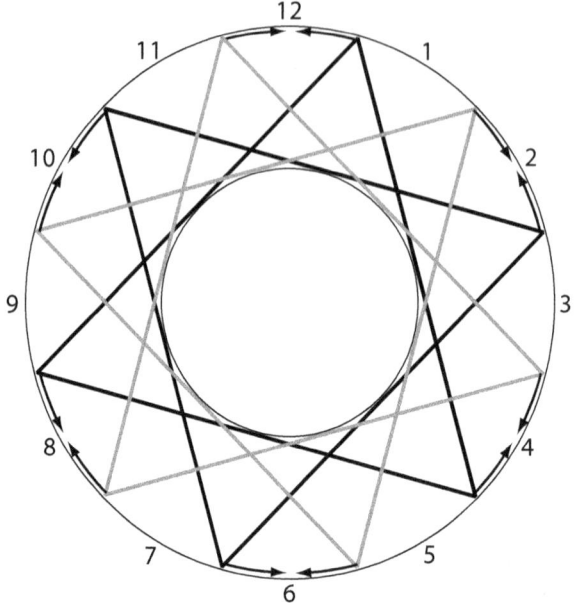

Al girar en sentido contrario las estrellas Alfa y Omega, tanto en la rueda interior como en la exterior, los vértices de sus triángulos convergen en los doce puntos del reloj.

el rayo masculino como el femenino son necesarios para la cristalización, simbólicamente el rayo descendente (Espíritu) representa la niebla y el rayo ascendente (Materia) representa el cristal.

Las estrellas dentro del círculo interior, por tanto, se muestran en un estado de transición. Son la niebla que debe pasar por el núcleo de fuego blanco para convertirse en el cristal. Puesto que están entre rayos o casas (las casas de las Doce Jerarquías Solares), son blancas. Las estrellas dentro del círculo exterior se muestran en un estado de cristalización. Asumen, por tanto, los colores del rayo berilo.

La llama trina dentro del corazón es el fuego que activa los 144 chakras, los cuales concentran los 144 planos de la Conciencia Divina en el ser del hombre. Las treinta y seis (treinta y tres más tres) intersecciones dentro del mandala central (en la rueda interior) que ocurren cuandoquiera que dos líneas se cruzan, representan las treinta y tres iniciaciones que debe pasar el alma gracias a la acción equilibrada de la llama trina antes de la ascensión.

Estas iniciaciones están marcadas por las treinta y tres vértebras en la escalera vertebral,* representando cada vértebra un plano de logro, así como una nota en la escala cósmica. El número treinta y seis indica que las iniciaciones de las Doce Jerarquías del Sol deben superarse logrando la maestría sobre uno mismo bajo los rayos de poder, sabiduría y amor, los penachos de la llama trina.

Las otras doce intersecciones que se producen en los doce vértices del dodecágono forman un total de cuarenta y ocho iniciaciones en la rueda interior, lo cual significa que, bajo el patrocinio del rayo masculino, cada uno de los cuatro cuerpos inferiores también debe concentrar la maestría de la conciencia Crística a través de las Doce Jerarquías del Sol.

En la rueda exterior hay cuarenta y ocho intersecciones que concentran las iniciaciones administradas por las Jerarquías Solares junto con los Elohim, los Arcángeles y los Chohanes de los Rayos, que enseñan la maestría de los doce planos de conciencia solar a través de la cualificación de las virtudes Crísticas de los siete rayos a través de los siete chakras (7 x 12 = 84).

Los rituales iniciáticos también son ruedas dentro de otras ruedas, espirales dentro de otras espirales, triángulos dentro de estrellas, lo cual forma los impulsos acumulados positivos y negativos de logro que forjan el antahkarana de la conciencia ascendente del alma. En el telar de la victoria, la delicada filigrana del Cuerpo Solar Imperecedero se teje.

Nuestras investigaciones acerca de los chakras, el caduceo, la Kundalini y los modelos de flujo de los rayos masculino y femenino se tratan y representan gráficamente en el siguiente capítulo. En este, la interpretación de la visión debe bastar para que el estudiante moderno de misticismo pueda hallar en la revelación

---

*Siete en la región cervical; doce en la región dorsal; cinco en la región lumbar; cinco en la región sacra; cuatro en la región del coxis: un total de treinta y tres.

a Ezequiel la base de las enseñanzas de los Maestros Ascendidos sobre ley cósmica.

> Y sus aros eran altos y espantosos, y llenos de ojos alrededor en las cuatro.
>
> Y cuando los seres vivientes andaban, las ruedas andaban junto a ellos; y cuando los seres vivientes se levantaban de la tierra, las ruedas se levantaban.

Los "aros" de los seres vivientes son los anillos solares, el aura que rodea la manifestación del Cristo, tanto en el microcosmos como en el Macrocosmos. Los fuegos solares eran tan inmensos que Ezequiel los describe como "espantosos". Una vez que se acostumbró a su resplandor, vio que estaban "llenos de ojos".

Los aros [anillos] sellan cada uno de los cuatro cuerpos inferiores en sus planos respectivos. Del mismo modo, cada uno de los cuerpos tiene su propio campo y emanación áuricos. Cada anillo solar contiene los focos de los siete chakras y es un mandala singular gobernado por la emisión de Luz a través de cada chakra. Las líneas que se cruzan en el diseño de los mandalas son puntos para la expansión de la conciencia Crística, porque cuando dos o más rayos o espirales convergen, se produce un estallido de energía. De tal modo las llamas nacen y los ciclos se inician. (Estos fuegos artificiales celestiales pueden tener lugar en el aura del Divino Varón, así como en las estrellas, los soles y las nebulosas espirales dentro de una galaxia). Estos focos de Luz implosionando/explosionando a Ezequiel le parecieron "ojos"; y, en efecto, los 144 chakras son orbes con los que Dios percibe y mantiene contacto con Su cuerpo en el microcosmos y con los que el hombre percibe y mantiene contacto con el Cuerpo de Dios en el Macrocosmos. Son ruedas de la Deidad que focalizan su divinidad en el hombre.

> Hacia donde el espíritu les movía que anduviesen, andaban; hacia donde les movía el espíritu que anduviesen, las ruedas también se levantaban tras ellos; porque el espíritu de los seres vivientes estaba en las ruedas.

"El Espíritu [la Presencia YO SOY] de los seres vivientes estaba en las ruedas". La imagen del Cristo, el diseño original divino de la corriente de vida, está estampado en los chakras. Así, por la Ley de la Atracción, los cuatro cuerpos inferiores siguen al Espíritu, porque están hechos a semejanza del Espíritu: están ligados unos a otros a través de los mandalas de los chakras y a través de las "ruedas" o anillos solares.

Y sobre las cabezas de los seres vivientes aparecía una expansión a manera de cristal maravilloso, extendido encima sobre sus cabezas.

El "cristal maravilloso" sobre la cabeza de las criaturas significa que el mandala del chakra de la coronilla, el loto de mil pétalos, es congruente con el chakra a través de la Calamita de la Presencia. Con la acción del caduceo completada y el Átomo Semilla elevado, el fuego del sol descansa sobre la cabeza de los cuatro cuerpos inferiores.

Y oí el sonido de sus alas cuando andaban, como sonido de muchas aguas, como la voz del Omnipotente, como ruido de muchedumbre, como el ruido de un ejército. Cuando se paraban, bajaban sus alas.

Y cuando se paraban y bajaban sus alas, se oía una voz de arriba de la expansión que había sobre sus cabezas.

Las corrientes descendentes y ascendentes dentro de las alas (engranajes de Luz o espirales de frecuencias que conectan los eslabones entre los planos de conciencia) crean una fricción en la atmósfera que es como el ruido de muchas aguas, la voz del Todopoderoso. El pararse indica una acción ascendente, una integración en la conciencia Crística gracias a la cual ya no hay necesidad de que los "seres vivientes" estén conectados con las alas, porque están unidos en el centro del núcleo de fuego blanco. La voz del firmamento es la voz del Yo Real, el Ser Crístico del hombre.

Y sobre la expansión que había sobre sus cabezas se veía la figura de un trono que parecía de piedra de zafiro; y sobre la figura del trono había una semejanza que parecía de hombre sentado sobre él.

El trono de piedra de zafiro es el asiento del Todopoderoso, la Presencia YO SOY. El azul simboliza la Paternidad de Dios que está individualizada en la Presencia Divina.

Y vi apariencia como de bronce refulgente, como apariencia de fuego dentro de ella en derredor, desde el aspecto de sus lomos para arriba; y desde sus lomos para abajo, vi que parecía como fuego, y que tenía resplandor alrededor.

Como parece el arco iris que está en las nubes el día que llueve, así era el parecer del resplandor alrededor. Esta fue la visión de la semejanza de la gloria del Señor. Y cuando yo la vi, me postré sobre mi rostro, y oí la voz de uno que hablaba.

En esta visión, la más sublime, Ezequiel vio el Cuerpo Causal del hombre como un arcoíris alrededor de la Presencia YO SOY, cuyo brillo resplandecía en todas direcciones. El color de bronce refulgente sugiere la semejanza de la Presencia con el sol. Así, hace más de veinticinco siglos, Ezequiel percibió a través de la Ley de los Ciclos la visión de la Presencia YO SOY, el Ser Crístico y los cuatro cuerpos inferiores del hombre, de modo parecido a como esto está representado en la Gráfica de tu Yo Divino (página 429).

Al haber alcanzado el plano del Dios Todopoderoso, su conciencia, congruente con su Presencia ("entró el Espíritu en mí y me dijo"), Ezequiel oyó la voz del Todopoderoso que le hablaba diciendo: "Hijo de hombre, yo te envío a los hijos de Israel…".

El profeta recibió este encargo esencial del Señor, que jamás ha dado al hombre un mandamiento sin proporcionarle también la sabiduría y la fortaleza para obedecerlo. Ezequiel fue con muchas señales y visiones que llegaron después de la revelación inicial sobre su propia Individualidad Divina.

La individualización de la llama Divina en la Presencia aparece como la semejanza de un hombre, porque este aspecto de la identidad del Creador es la que Él mantiene en el Espíritu como foco para la manifestación de sí mismo en la Materia. La Presencia YO SOY proporciona el modelo electrónico del Ser Crístico y los cuatro cuerpos inferiores. Esto no significa que Dios

ILUSTRACIÓN 22:
La visión de Ezequiel, según interpretación de la Biblia del oso, 1596

mantenga la apariencia de un hombre en todos los planos de la percepción que tiene de Sí mismo, pues Dios es amor universal, omnipresente, omnisciente y omnipotente. Dios se manifiesta con y sin forma o correlación con los modelos infinitos.

Quienes le rinden culto como la *Impersonalidad Impersonal* (+ +) lo describen como un poderoso Espíritu que todo lo impregna y que no está proscrito ni por la forma ni por la dimensión. Ellos afirman que "Dios es Espíritu; y los que lo adoran, en espíritu y en verdad es necesario que adoren".[44]

Quienes le rinden culto como la *Personalidad Personal* (- -) ven Su rostro sonriéndoles desde arriba, reflejado en el estanque de su ser tal como Adán oyó "…la voz del Señor Dios que se pascaba en el huerto, al aire del día".[45]

Quienes le rinden culto como la *Personalidad Impersonal* (+ -) reconocen a Dios como la niebla, así como el cristal. Lo ven primero como la esencia del Espíritu Universal y después como el Espíritu uniéndose a su individualización. Ellos proclaman con Job: "De oídas te había oído; mas ahora mis ojos te ven".[46]

Quienes lo ven como la *Impersonalidad Personal* (- +) esperan al Señor con la suprema esperanza en que, "después de deshecha esta mi piel, en mi carne he de ver a Dios".[47] Ellos saben que el cuerpo es el templo del Dios vivo y que, si Él es en efecto el Dios del universo, las aguas de su mente deberán finalmente convertirse en la Palabra hecha carne. Ellos saben que, aunque la Tierra es del Señor y toda su plenitud, el Señor es la plenitud de la Tierra manifiesta.*

El hombre es una espiral

Ha de entenderse que el hombre mismo es una espiral, una espiral de glorioso milagro y complejidad que desafía la excesiva simplicidad; una espiral de simetría tan pura como para retar las complejidades imaginadas por los mortales.

El hombre es una espiral que comienza como un punto en el centro del Ser de Dios, evoluciona hasta la periferia y vuelve al centro. El hombre es un reloj de arena. En el nexo de su conciencia, la eternidad se convierte en tiempo y espacio, los ciclos se cruzan, lo finito se encuentra con lo Infinito y los triángulos de Dios ▽ (descendiendo a la manifestación) y el hombre △ (ascendiendo a la deificación) convergen en la estrella del destino ✡. Ahí los fuegos del Espíritu y la Materia se unen en el resplandor del Cristo, ¡como Arriba, así abajo!

El hombre es una figura en forma de ocho de maravilla macrocósmica-microcósmica, haciendo espirales dentro y fuera. Es la coordenada del Eje de la Creación. En él nacen torbellinos, a través de él torbellinos que trascienden otros torbellinos buscan el Sol que se retira. Escapándose a lo finito, se une al Infinito. El

---

*Al lector pudiera interesarle estudiar más en profundidad esta sección sobre la revelación de Ezequiel después de leer la sección sobre los chakras y el caduceo en el capítulo 2.

La Ley de los Ciclos

ILUSTRACIÓN 23:
Las cuatro personalidades de Dios

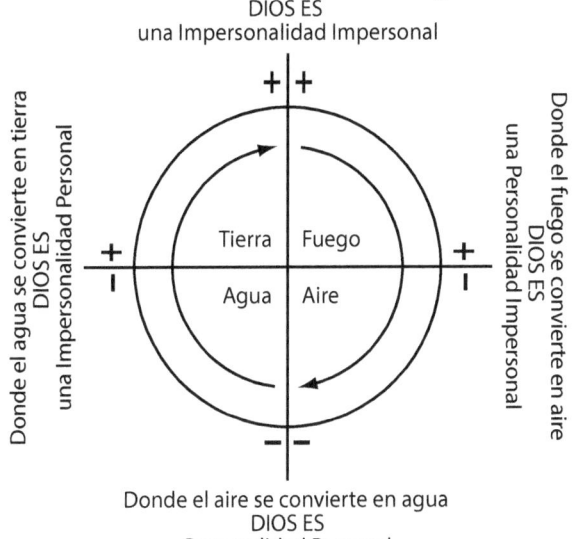

hombre es la espiral interminable a través de la cual Dios mismo evoluciona. Es el punto focal para las configuraciones de la ley cósmica en la Materia y el Espíritu.

Los cuatro cuerpos inferiores del hombre son, de hecho, cuatro espirales descendentes que se unen como una gran espiral. Sus cuerpos etérico y mental son las espirales (triángulos) positivas y negativas de la Estrella Alfa o rayo masculino; sus cuerpos físico y emocional son las espirales (triángulos) positivas y negativas de la Estrella Omega o rayo femenino.

Las cuatro espirales son necesarias para toda precipitación alquímica en el hombre y la naturaleza. Sin estas piezas fundamentales, el Ritual de la Creación no puede tener lugar. Las espirales son de hecho transformadores para convertir la energía de los planos del Espíritu a los planos de la Materia. La velocidad de las espirales está gobernada por las Cuatro Fuerzas Cósmicas con las cuales se corresponden. A través de la interacción de estos campos energéticos se hace la transición entre el Espíritu y la Materia.

Los cuatro cuerpos inferiores del hombre son las espirales que soportan los cuatro lados de la Pirámide de su ser. Sin ser la conciencia del alma que evoluciona a través de ellos ni la Identidad Real del hombre, estas ruedas dentro de otras ruedas proporcionan vehículos para la Llama que arde dentro de los cuatro cuadrantes del Cubo Cósmico, formando la base de la Pirámide donde cielo y tierra convergen para trascenderse mutuamente a través de la Ley de los Ciclos.

La Ley de los Ciclos gobierna la entrega de energía de Dios al hombre, desde el mismísimo Eje de la percepción que tiene de Sí mismo hasta la avanzada más remota de la realización de Sí mismo en la forma. Los ciclos de las encarnaciones del hombre, sus oportunidades para conseguir la maestría sobre sí mismo, el viaje del alma por las esferas del Cuerpo Causal, todo ello está gobernado por la ley cósmica, la Ley de los Ciclos. La Vida es una serie de espirales que tiene la finalidad de hacer que el alma avance de manera progresiva, elevándose más en la cadena evolutiva. Dentro de la espiral gigantesca que constituye el ser total del hombre y el plan de su vida hay muchos ciclos menores, cuya velocidad y ritmo están gobernados por su relación con el todo.

Un día es el ciclo de una llama que se mueve en espiral por las doce casas del sol en las fases yin y yang. Una semana, un mes o un año es un ciclo de los rayos del Cuerpo Causal gobernado por la interacción de las energías del núcleo de fuego blanco de la Tierra y el Sol que, a su vez, guardan relación con otros cuerpos celestiales. Estos ciclos tienen lugar de forma simultánea dentro del hombre y ordenan su mundo tanto interior como exteriormente. Incluso los científicos modernos están empezando a darse cuenta del ritmo circadiano del reloj biológico del hombre.

Tal como hay ciclos que gobiernan la existencia de átomos y células cuya duración se mide en microsegundos, también hay ciclos que se cumplen anualmente, cada década o cada siglo. El movimiento de los ciclos cósmicos a través del hombre está gobernado por el modelo electrónico de su Presencia YO SOY, por el alcance de su conciencia solar y por su karma personal invocado con su libre albedrío, todo lo cual determina la frecuencia de sus espirales y su correspondencia con las espirales del Macrocosmos. En cada foco individualizado de la llama Divina hay espacio para una expansión de facultades solares (el potencial del alma nacida del Sol). Esta expansión, aplicada por medio de la espiral ascendente, es la parte más maravillosa del plan divino. Como un niño en el jardín de infancia a menudo mira a los estudiantes de sexto curso con envidia y admiración, como un estudiante de último curso de la escuela secundaria mira a los nuevos universitarios con ojos de anhelo, los discípulos no ascendidos pueden ver a sus Maestros Ascendidos con asombro y con la santa expectativa de poder también seguir los pasos de los Elegidos de Dios. Es del todo natural que el hombre aspire a llegar más allá de su nivel actual, porque como una vez dijo Saint Germain: "En un sentido muy real, la Mente de Dios es la mente del hombre; y la mente del hombre es la Mente de Dios. La Mente de Dios proporciona el eslabón entre la mente del hombre y Él mismo y, tal como una computadora más pequeña es capaz de ejercitarse vinculándose a una computadora más grande, el hombre asimila las madejas del destino y descubre que, con el tiempo, mediante el ejercicio de las ideas Divinas, llega a ser un hombre pío".[48]

Las posibilidades de progreso son siempre estimulantes para el individuo, porque el entusiasta, fresco y juvenil deseo de aprender, de servir y de "subir más alto" está enraizado en el alma forjada según la naturaleza de Dios, que siempre está expandiendo eternamente su Espíritu. El ser y la persona del hombre, en realidad, son un fragmento de la llama Divina, una encantadora chispa que puede reunir continuamente más fuego divino en la espiral del yo y expandir así el diámetro del ser a medida que se carga más y más de la ilimitada Luz de la Gran Fuente.

Acortar los días para los escogidos

Jesús profetizó que los días se acortarían para los elegidos.[49] Algunos preguntarán: "¿Cómo puede ser? ¿Quién puede alterar los ciclos universales? (¿En el hombre?)". Con Dios todo es posible. Utilizando la plomada de la Verdad, el Gran Geómetra puede bisecar los ciclos del afán del hombre cuando el hombre mismo decide acelerar las espirales de su Ser, intensificando la acción del fuego sagrado dentro de Él. Puesto que el tiempo y el espacio son espirales de energía en movimiento, cuanto mayor sea el movimiento de energía que el hombre pueda controlar en su campo energético, cualificada con la virtud Crística, mayor será el cociente de tiempo y espacio que tendrá a sus órdenes, comprimido en un ciclo de oportunidad dado.

El hombre debe primero aprender a magnetizar el fuego violeta en el centro de sus espirales, porque es necesario eliminar la escoria que impide el flujo de la Luz alrededor de las espirales de su conciencia. Entonces el hombre será libre de invocar los siete rayos con el fin de establecer la acción de la Luz en sus cuatro cuerpos inferiores. Los ciclos de sus iniciaciones, de saldar su karma, de su plan divino e incluso de su ascensión, se pueden acelerar cuando él santifica el espacio dentro de sus espirales con la Presencia del Espíritu Santo, cuyo poder le da la capacidad de lograr en unos pocos años aquello que, de otro modo, necesitaría varias encarnaciones para su realización. Ahí está el ministerio de Jesús y Pablo. En efecto, los días se acortaron para estos escogidos de Dios.

¿Qué les ocurre a quienes no invocan el fuego sagrado y, además, no pasan las pruebas de la vida que les llegan tanto a ricos como a pobres con regularidad cíclica? Las respuesta es obvia: los días para resolver su karma se alargan. En vez de elevarse cuando su espiral completa el círculo, se quedan en la misma rutina, repitiendo la ronda una y otra vez o descienden en una espiral negativa de desintegración sin haber jamás cumplido los ciclos de la creación, preservación y sublimación.

El siguiente decreto puede utilizarse para invocar la llama violeta con el fin de limpiar los chakras y los cuatro cuerpos inferiores:

¡Radiante espiral de la llama violeta,
 desciende y destella a través de mí!
¡Radiante espiral de la llama violeta,
 libera, libera, libera!

¡Radiante llama violeta, oh ven,
 impulsa y destella tu Luz en mí!

¡Radiante llama violeta, oh ven,
revela el poder de Dios para todos!
¡Radiante llama violeta, oh ven,
despierta la Tierra y libérala!
¡Resplandor de la llama violeta, ven,
estalla y bulle a través de mí!
¡Resplandor de la llama violeta, ven,
que todos te vean, expándete!
¡Resplandor de la llama violeta, ven,
establece tu Misericordia aquí!
¡Resplandor de la llama violeta, ven,
transmuta ahora todo temor!

Todos han de afrontar pruebas a diario. San Pablo dijo: "Cada día muero",[50] queriendo decir que hay que renunciar al ego por el Ser Crístico. Cada espiral sucesiva es una iniciación, una oportunidad de elegir entre el ego y el Cristo. Hay pruebas que llegan una vez en la vida, y de la decisión de un hombre puede depender la vida de millones de personas, especialmente la suya. La decisión correcta tomada en el momento adecuado puede ser la clave para la victoria. Saint Germain ha dicho que él consiguió ascender tomando ¡dos millones de decisiones correctas! Y bien sabemos que la decisión equivocada de una única corriente de vida ha ocasionado que caigan continentes y se derrumben mundos enteros.

Pruebas así no se pueden afrontar al día siguiente ni siquiera en la siguiente encarnación, porque la Ley exige que la historia termine su ciclo. Quizá antes de que vuelva la oportunidad se deba consumir una espiral de energía de diez mil años. Si el Maestro Jesús hubiera fallado su prueba suprema, los ciclos del planeta y de todo el sistema solar se habrían interrumpido y el programa cósmico para la acción manifiesta de la conciencia Crística se habría retrasado indefinidamente. Todos tenemos nuestros momentos cósmicos, momentos en la eternidad cuando el escenario está preparado, se bajan las luces, se sube el telón y ahí estamos, solos, con el mundo entero esperando a que nazca una estrella.

Uno nunca sabe cuándo el fracaso de uno, aparentemente insignificante, afectará al progreso de todo un planeta o una estrella. En un análisis final, ¿acaso el valor de una vida arruinada por un mal ejemplo o una decisión equivocada no es como el de un sol o una galaxia? Allá donde vayamos dejaremos un impulso acumulado de nuestra espiral como huellas en la arena, huellas que millones de personas seguirán, y cuyas espirales se adaptarán a las nuestras. Aunque muchas veces nuestra vida parezca inútil y que no merezca la pena vivirse, debemos considerar el valor de las muchas almas que vendrán después. Por ellas seguimos adelante, porque si rompemos el ciclo ellas no tendrán ninguna espiral que seguir, y seguramente se perderán. Este es el significado de Jerarquía.

A medida que el hombre intensifica la velocidad de sus espirales, también intensifica su percepción de la eternidad, porque todo lo que hay entre el hombre, que está fijo en un punto del tiempo y el espacio, y su Identidad Real, que se postula en la eternidad, es el impulso acumulado que fluye a través de sus espirales, la acción del torbellino del fuego sagrado que está gobernada por la Ley de los Ciclos.

Cuanto mayor sea el logro de la conciencia cósmica, mayor será el diámetro de sus espirales, porque estas son una función de su aura. Las emanaciones áuricas de una corriente de vida se miden por la calidad y la intensidad de las espirales que el hombre emite a través de sus chakras. Las espirales de un Buda envuelven con facilidad a un planeta, las espirales de los Elohim contienen galaxias y las de los Logos Solares forman el antahkarana del universo. En contraste, las corrientes de vida no desarrolladas puede que ni siquiera conserven su asignación diaria de Luz, empleando la energía de Dios de una forma común, de una forma provinciana, simplemente para dominar a otras personas del planeta con su conciencia a menudo vaga y mundanal.

Y así, el mundo está sumergido en un mar de energía en movimiento, donde tenemos espirales de Luz dentro de espirales de Oscuridad, campos energéticos de Bien penetrando y siendo penetrados por campos energéticos de Mal, conceptos lineales reforzando redes de mediocridad. Son el trigo y la cizaña que solo pueden separarse en el momento de la cosecha. Mientras los hombres duermen, el enemigo planta la mala semilla en su mente subconsciente y cuando se despiertan, sus pensamientos y sentimientos ya no les pertenecen, porque sus energías siguen el modelo del huevo de la serpiente. Estas semillas se multiplican para producir el mínimo común denominador de la conciencia de masas. Pero solo cuando terminan sus ciclos pueden recogerse en manojos y quemadas en el fuego sagrado.

La espiral negativa que forma el cinturón electrónico del hombre siempre revocará los fíats de Luz que circulan desde su chakra del corazón. Como anillos enrollados alrededor de un imán, las espirales de negación alojadas en el cinturón electrónico deben deshacerse de forma metódica hasta que la fuerza del hábito erróneo se rompa. La utilización del Ritual de la Sublimación para revertir las tendencias de las espirales negativas de uno mismo puede ser una experiencia totalmente feliz si uno puede despersonalizar las impresiones del mal impresas sobre su conciencia al tiempo que personaliza la Imagen del Cristo apoderándose de ella.

Según la Ley de la Correspondencia, la manifestación inferior está destinada a conformarse de acuerdo con la manifestación superior de Dios, pero con frecuencia los impulsos acumulados del mal de la humanidad son tan grandes que los niños de Dios, al no haber invocado los ciclos de su propia divinidad, se conforman, en cambio, según las espirales negativas del mundo. ¡Ay!, el imán de su Luz no basta para contrarrestar los vórtices de Oscuridad y cuando se ven enfrentados a las pruebas de la vida, se los encuentra deficientes. Los niños de Dios pueden invocar la Presencia Electrónica de cualquier Ser Ascendido o Cósmico para que se afiance dentro del campo energético las veinticuatro horas del día, hasta que logren su victoria sobre todas las condiciones externas.

Cuando un Maestro Ascendido pone su Presencia Electrónica sobre el aura de un devoto no ascendido, las espirales áuricas de este se expanden gracias al principio de magnetización cósmica.

Por la Ley de la Correspondencia, la llama trina y las espirales de la conciencia del Maestro Ascendido impulsan todas las expresiones inferiores dentro del devoto a ajustarse con la perfección de la Presencia del Maestro. Esta dispensación es una entre muchas oportunidades que tienen a su disposición quienes conocen la Ley y están recorriendo el Sendero en el orden de la Jerarquía.[51]

Quienes respondan a la llamada de apartarse y permanecer separados de las espirales mundanales han de estar preparados para superar al dragón del deseo mundanal. Y una vez que este tenga la espalda rota, los niños de Dios danzarán alrededor del Imán Divino —la Calamita de la Presencia— y sus espirales se magnetizarán hacia la columna del Cristo.

Compréndase que las leyes que gobiernan el flujo de la energía y el proceso alquímico no fallan ni en el universo espiritual ni en el físico. Como hemos visto, estas mismas leyes gobiernan los ciclos de la ascensión del hombre. Esta es la ciencia de la salvación, esencial para que el hombre venza. Lo que determina la salvación del hombre no es la doctrina en la que él crea, sino las leyes que practique. La predestinación del hombre hacia la inmortalidad, por tanto, está condicionada por la aplicación que él haga de las leyes cósmicas, y su voluntad soberana le permite elegir si aceptará su destino, que prestablecieron en el principio los matemáticos del Maestro Lógico.

El Ciclo Oscuro

El Gran Director Divino dijo una vez: "La obstinación de la naturaleza humana ha ido acumulándose a lo largo de siglos de descuido de la oportunidad espiritual por parte de los hombres. Su mirada se ha concentrado en lo exterior y, mientras que toda la vida a su alrededor avanza de forma cíclica, como las hojas que caen al suelo y mueren, ellos no parecen querer descubrir de buena gana, con grandes deseos y esperanzas, los propósitos internos de la Vida… Por lo general, el hombre va avanzando y subiendo en espirales, pero algunos, debido a violaciones kármicas, suben solo para caer y retroceder hacia un decaimiento descuidado".[52]

El mundo y sus espirales de discordia han invocado al flautista de Hamelín, que está seduciendo a jóvenes y mayores por igual hacia la vía del olvido espiritual. Nosotros que comprendemos las tendencias destructivas de nuestro tiempo, debemos levantarnos y ser considerados parte de los hombres y mujeres incondicionales del pasado, que se resistieron hasta la muerte ante las correspondencias negativas de sus tiempos y así aseguraron las bases de una era futura.

Es impensable que la antorcha que se ha entregado a esta generación vaya a ser pisoteada por las hordas de la noche, que los fuegos del corazón se vayan a apagar en un superestado donde se niega a Dios y donde el hombre se convierte en el instrumento para librar guerras de conquista material y la matanza de los inocentes. Es impensable que las iglesias del mundo se vayan a poner en contra de los profetas y los santos, al desafiar las Leyes de Dios en el nombre de la reforma, social moral o política. Pero todo esto y más, predicho por María en Fátima, llegará a suceder con seguridad si el hombre no exclama para dar el alto a las incontroladas perversiones de la ley cíclica a escala mundial. Eso llegará a suceder si la humanidad continúa distorsionando la Imagen del Cristo e invirtiendo la Luz de la Presencia.

Como en los últimos días de las ciudades del llano, cuando el SEÑOR dijo: "Por cuanto el clamor contra Sodoma y Gomorra se aumenta más y más, y el pecado de ellos se ha agravado en extremo, descenderé ahora, y veré si han consumado su obra según el clamor que ha venido hasta mí; y si no, lo sabré",[54] en 1969 la Hermandad envió a siete investigadores cósmicos para observar los problemas de la época, para hacer una investigación sistemática y después informar de sus conclusiones y recomendaciones a los Señores del Karma y las Jerarquías Solares.

Estos Grandes Seres de Luz simularon cuerpos físicos, se vistieron según la moda de la época y se movieron por las grandes ciudades y lugares de mayor concentración de karma y efluvios humanos. De forma parecida envió el SEÑOR a sus ángeles a investigar Sodoma antes de que se pronunciara el decreto final de su destrucción. Estos "ángeles" se alojaron en la casa de Lot, y la muchedumbre que se amontonaba afuera los tomó por hombres corrientes. En base a su informe —no encontraron a diez hombres justos en Sodoma— la ciudad fue destruida.[54]

Así ha sido siempre antes del cataclismo; y así es hoy día. La venida de los investigadores cósmicos es una indicación del avance del ciclo. Con eso sabemos que queda poco tiempo. Su aparición marca el fin de una era. Ahora mismo el cuerpo planetario está pasando por lo que se conoce como un ciclo oscuro debido a que la humanidad, colectivamente, no ha desafiado las espirales negativas que han ido acumulándose durante siglos.

Nos han avisado de un inminente ciclo oscuro en varios dictados, uno de ellos muy reciente, de octubre de 1967, del Dios y la Diosa Merú, quienes dijeron que, a no ser que la humanidad abandone sus trasgresiones, la señal del ciclo oscuro daría comienzo el 18 de enero de 1969. Varios Seres Cósmicos, incluyendo al Gran Director Divino, se pronunciaron y dieron su aprobación a las recomendaciones de los Señores Solares, pues declararon que ya no era un acto de misericordia el permitir que la humanidad creyera que podía despreciar la Ley y escapar a las consecuencias de sus actos. Esos Grandes Seres señalaron que (debido a la gran misericordia de la Ley) muchas personas eran incapaces de ver en el ciclo de una encarnación el regreso de su karma. Por tanto, en vez de amar más a Dios por su gran amor y paciencia con ellos, algunos llegaron a despreciarlo, mientras que otros se convencieron de que no existía.

Como resultado de sus deliberaciones, se pronunció el decreto de que la humanidad debía llevar su carga kármica si no revertía sus impulsos acumulados y empezaba a servir a la Luz antes del 18 de enero de 1969. Las Inteligencias que quisieron guiar a la raza hacia espirales ascendentes de maestría propia antes de exigir que las energías mal cualificadas en ignorancia se equilibraran, habían mantenido en suspenso su karma por mucho tiempo. Ahora el individuo y la raza como un todo tendrían la exigencia de permanecer, afrontar y conquistar los abusos de la Ley registrados en su cinturón electrónico. Esto sería una época de gran afán, "el llanto y crujir de dientes", como dijo Jesús. De ahí el término de "ciclo oscuro".[55]

El 31 de diciembre de 1968, en el mensaje de Año Nuevo del Señor del Mundo, Gautama Buda pidió a los Señores del Karma "medio tiempo", otro ciclo de seis meses, una última oportunidad para que la humanidad "arreglara sus relaciones, preparara sus defensas y se apartara del materialismo hacia un camino de paz". El Consejo Kármico concedió la petición del Señor del Mundo, posponiendo la fecha del ajuste de cuentas al 18 de julio de 1969, pero bajo la condición de que Israel y los estados árabes detuvieran sus agresiones. Al anunciar esta acción, Gautama dijo: "Las manifestaciones de guerra que se están dando actualmente en Tierra Santa representan para nosotros el factor más peligroso que se ha calculado para lanzar a la humanidad de cabeza hacia un holocausto de destructividad planetaria".[56]

En el mes de abril de ese año, la crisis de Oriente Próximo aún estaba en un punto muerto y ningún bando estaba dispuesto a hacer concesiones por la paz mundial. Con la guerra global como una amenaza cada vez mayor, hubo consenso entre los Señores del Karma para utilizar el karma de la humanidad como medio de evitar una calamidad mundial. Los Señores del Karma pensaron que, con la aceleración del retorno del karma, podrían acelerar las lecciones del karma con la esperanza de producir cierto grado de cordura en la comunidad mundial y prevenir así la autoaniquilación de la humanidad. Por tanto, el martillo kármico cayó y el Ciclo Oscuro comenzó el 23 de abril de 1969.

Debido a que la gente del mundo no llegó al conocimiento de la Verdad por amor y gratitud hacia el Creador, ahora se vería forzada a presenciar un retorno más rápido de sus propias energías mal cualificadas. El impacto de esas energías tenía el propósito de dar un escarmiento, con la esperanza de que la humanidad comprendiera el poder, la sabiduría y el amor infinitos de Dios además de comprender su propio destino supremo. Aunque mucha gente sufriría grandes dificultades durante esa época, todo el Espíritu de la Gran Hermandad Blanca tenía la esperanza de que muchos saldrían de su letargo para servir a la Luz, de que serían atraídos a las Enseñanzas de los Maestros Ascendidos y encontrarían el camino para volver a Dios. Los Maestros también sabían que este sería un periodo de trilla para el cristianismo organizado, en el que las antiguas iglesias entrarían en una era de mayor apostasía y desvío de la Realidad del Cristo vivo. En esta era la capacitación para la sensibilización, las reformas sociales, las protestas y mucha oscuridad se convertirán en sustitutos de la Luz y el Cristo real. La Iglesia con frecuencia sería utilizada por el Malvado como instrumento para desviar más a la humanidad hacia las cenizas de Sodoma y los cultos de la oscuridad.

Como dijo Vesta: "El cielo no desea transmitirle a la humanidad el concepto del día del juicio. Pero una y otra vez la Ley de los Ciclos ha proclamado el fin de una era, cuando la firmeza de los Señores Kármicos resonó con claridad: '¡Detened las acciones que propagan el dolor y el daño entre los hombres, que no veneran la Vida y la oportunidad, que son el resultado de viejos conceptos incrustados basados en la despiadada codicia humana! ¡Sustituid todo lo que sea oscuridad con la Luz vibrante de la Omnipresencia Cósmica!'".[57]

El 17 de agosto de 1969 el Maestro Ascendido El Morya anunció el decreto pronunciado por los Señores Kármicos con relación al inminente cataclismo, que la propia humanidad ha invocado con su desobediencia:

> La belleza de la Realidad llama a la puerta, el aliento de la Realidad es aspirado por el alma hambrienta y la fortaleza de diez mil brazos es inyectada en la conciencia. Millones de corazones laten; los sostiene un aliento de Su amor. Sí, Él sostiene todas las cosas y nada se sostiene sin Él. Su misericordia perdura eternamente, pero el mundo, con su palidez ignorante, continúa bebiendo los sedimentos del cáliz de la ira.
>
> Por tanto, vengo para advertiros esta noche que los Señores del Karma también han lidiado enormemente por el tema del destino de la generación actual. Y ahora llega el decreto que para la humanidad es una incógnita. Pero nosotros, que hemos leído el registro, advertimos que el decreto bien podría significar un cataclismo menor o una serie de acciones

de cataclismo menor —que podemos denominar "cataclismo social" y una "rebelión de la naturaleza"— a medida que los elementos mismos buscan deshacerse de la imposición de injusticia que los hombres han fomentado continuamente en la naturaleza.

Por tanto, decimos que el mundo podría temblar, porque este decreto es un intento de la mano de Dios en interacción kármica de hacer que un mundo enloquecido y que se tambalea comprenda que la vida no siempre puede continuar en un estado de degradación o de calma fraudulenta. Al contrario, yo digo que los Señores del Karma se han levantado, el cáliz de la ira tiembla en sus manos y al mundo más le valdría hacer caso.

Por tanto, yo, El Morya, nacido del corazón del amor para la voluntad de Dios, os traigo el conocimiento de la Naturaleza Divina que quiere purificar la Tierra con el poder purificador de la Luz, que quiere producir el fruto de la Imagen Divina en todo, que anhela secar las lágrimas de los ojos de los hombres, pero entiende que el mastodonte kármico se echará a rodar si la humanidad no hace nada para detener su marcha; y a su paso aplastará a muchos bajo sus ruedas de lacerante Realidad.

Ellos lo han creado. Ellos lo han sembrado. Ellos lo cosecharán. Hemos intentado por mucho tiempo detener estas acciones, pero ahora el Consejo Kármico ha dicho: ¡Ya basta! Solo una acción valiente por parte de la humanidad o la interferencia de quienes están por encima de los Señores Kármicos pueden detenerlas. Solo ellos pueden detener la acción. Y os decimos esto para que estéis advertidos, para que podáis entender que los funestos desastres que bien pueden ocurrir en el mundo los habrá producido la propia humanidad; los habrá producido la propia humanidad, prueba de su actividad sin sentido.

Cuando llegue, como tiene que llegar, si no cambian, os digo que, cuando llegue, rezad para que produzca buen fruto, porque somos bien conscientes de que el escarmiento, así como el amor, ha vivificado la percepción de los hombres. Somos conscientes de que la firmeza divina y la gracia divina, que se manifiestan como una cesión a la humanidad del estandarte de la libertad para el individuo, también producen según su clase. Pero lo último es un don, con frecuencia, de lo anterior, porque muchas veces de la severidad surge una comprensión de la Realidad de Dios. Y cuando esto se produce, el individuo es capaz de cosechar el dulce fruto de la razón divina.

Y así, esta noche, a vosotros a quienes amamos, a aquellos que han dado tanta esperanza a la Tierra, os decimos, no temáis por vosotros, "no lloréis por vosotros y por vuestros hijos",[58] llorad en cambio por los hijos de la Tierra que han sembrado en oscuridad y que ahora cosecharán en oscuridad. Actuaremos para diseminar la Luz por doquier, para continuar ondeando el estandarte del Señor del Viento del Este. Y este Viento secará los aceites malignos que los hombres han vertido sobre la Tierra para echarle fuego y quemarla.

Nosotros decimos, detengamos la mano allá donde podamos, incluso la del karma. Pero comprendamos que no se puede detener todo. Y esto también es la misericordia de Dios. ¡Esto también es su gracia! Esto también sirve para la interacción de vidas para que el poder moldeador del Espíritu pueda producir un fruto tal de plenitud y belleza en la Era del Oro, formándose ahora entre las cenizas de la confusión, que el mundo vuelva, esperemos, al lugar anterior, a la excelencia de la Imagen Divina, que nosotros mantenemos sin mancillar en la Llama.[59]

Sobre la penuria planetaria, Gautama aconsejó sabiamente:

Los tiempos de lucha y oscuridad no son reales, pero a los que están mezclados en ellos así les parece. Y el mismo reconocimiento de que el hombre puede atravesar los velos de ilusión y hallar un camino interior de paz ante las condiciones más perturbadoras, debería ayudarle a entender que esto no se obtiene tanto con luchas como con fe. Porque, si los hombres desean detener las luchas a cambio de paz y simplemente lo manifestaran, los problemas del mundo se desvanecerían.

No buscamos vendar las heridas del mundo con tópicos, sino enviar el impulso de nuestro Espíritu envolviendo la

Tierra en los esfuerzos del Cristo Cósmico de nuestras octavas de Luz. Vosotros podéis ayudarnos valientemente en lo que estamos haciendo si mantenéis la armonía en vuestro mundo de los sentimientos, os negáis a aceptar cualquier condición inferior a la perfección y comprendéis que la forma de pensar que hace que las condiciones sean como son, siempre puede dirigirse o incluso desviarse hacia canales de Plenitud. Jamás debéis rendiros ni dejar de amar a la humanidad, porque así aprenderéis a amar a vuestro Creador. Pero la mayor sabiduría de las alturas siempre revela que existen responsabilidades que interactúan y que se asignan al registro del individuo. Así, muchos quieren que les quiten la responsabilidad. Quieren que alguien actúe en su lugar. Nosotros, como Seres Ascendidos, actuamos por millones de corrientes de vidas, pero también creemos que las personas pueden aprender a pensar y actuar por sí mismas. Claro está que deben tener cuidado, estudiar el Camino aprobado y reunir el fuego del alma para producir de forma automática su perfección en su mundo.[60]

En otra ocasión, el Señor del Primer Rayo hizo un comentario sobre un dictado del Anciano de Días acerca de la Ley de los Ciclos Recurrentes y la parábola de los talentos:

Sanat Kumara enfatiza que quienes no hacen uso de las gracias y dones espirituales que se les dan, descubrirán aquello que se les ha quitado; y quienes multiplican los talentos que Dios les ha dado descubrirán que se les ha dado más; y quienes buscan el egoísmo serán echados a la oscuridad exterior de su propia creación humana, donde "será el lloro y el crujir de dientes".[61]

El echar al hombre a la oscuridad exterior donde su propia infelicidad hará que muchos exclamen "...a los montes: Caed sobre nosotros; y a los collados: Cubridnos"[62] producirá, en el terror de la oscuridad exterior, un mayor anhelo por la Luz y una búsqueda más diligente. Las legiones servidoras del cielo algunas veces han pensado que la misericordia de Dios casi ha parecido mimar las indignidades que el hombre ha infligido a Su santidad. Ha parecido casi como si el amor universal e infinito de Dios, en su derramamiento de gracia, haya sido demasiado indulgente con el hombre y sus desarmonías. En realidad, el tiempo asignado al período de misericordia y gracia infinita no ha sido tan largo como algunos puedan pensar. Porque la Ley funciona de acuerdo con la exacta Ley de los Ciclos Recurrentes. En eras pasadas, los mismos eventos se produjeron. Por tanto, lo que está ocurriendo ahora no es más que una recurrencia de la Ley eterna, habiendo regresado la rueda a esta marca. Tengo la esperanza, por tanto, de que aquellos de vosotros que tenéis entendimiento busquéis expandirlo aún más; que aquellos que aún no son diestros en las leyes cósmicas estudien y esperen con paciencia y diligencia el despliegue de una Luz más grande de las alturas, cuando Dios dispense sus generosidades a través de muchas manos. Como se ha dicho, el Señor al que ama, disciplina.[63] Por tanto, la disciplina de la oscuridad exterior y el crujir de dientes está diseñado para despertar a los hombres hacia las hambres ocultas de su alma y los peligros que acechan su continua desobediencia y desafío a la Ley.[64]

Por el uso inepto de las Leyes de los Ciclos se puede perder una era, mientras que con el ejercicio inteligente de sus preceptos se puede forjar una Era de Oro. Mediante la excelencia en la Ley y la entereza Crística, el hombre puede salvarse a sí mismo y al planeta, y después avanzar hacia mundos y conquistas superiores. ¿Qué aprovechará al hombre si ganare todo el mundo, y perdiere su alma?[65]

Aprestemos toda nuestra conciencia para el Armagedón que todo hombre ha de pelear y ganar.* Decidamos como nunca que dedicaremos todas nuestras energías a la salvación de este planeta y sus gentes. Esta noble causa no la propuso la mente del hombre, sino la Mente del Creador. Porque esto es el único medio por el cual el hombre puede ganarse el derecho a subir más alto. La victoria es un requisito previo a la salvación, porque la victoria cumple la Ley de la Trascendencia.

No hace falta que las espirales descendentes de la vida

---

*Para encontrar un análisis sobre la batalla interior y exterior de Armagedón, véase el capítulo 3 de *Senderos de Luz y Oscuridad*, libro 6 de la serie Escala la montaña más alta.

continúen. Estas puedes desafiarse, deben desafiarse. Elevemos al hombre y la naturaleza hará lo mismo. Aceleremos los ascendentes ciclos de la conciencia del hombre y la regeneración de la verdadera felicidad llenará sus espirales giratorias con el murmullo de la alegría cósmica. La noche de las oportunidades perdidas hace mucho que se gastó y el día del entendimiento está cerca. La antorcha se ha entregado. No la soltemos nunca. Sostengámosla en alto para que los ciclos puedan producir en nuestra época una aguerrida victoria para nosotros y todo el futuro por venir. *¡E Pluribus Unum!* Una gigantesca espiral de victoria procedente de muchos corazones unidos en la ley del amor.

Mundos Ascendidos

Cuando los ciclos oscuros se revierten en el hombre y el universo, los mundos ascienden. Las leyes que gobiernan la ascensión de los hijos y las hijas de Dios se aplican a los planetas, sistemas solares y galaxias de igual forma. Cuando una esfera ha completado su ciclo y sus evoluciones han ascendido, habrá cumplido su función como laboratorio cósmico para dioses en embrión, que ahora han avanzado hacia otros mundos queriendo conquistar allá.

La idea puede parecer devastadora para quienes llaman al planeta *su hogar*, pero si se considera a la Tierra en el contexto del propósito para el que se fabricó en los grandes laboratorios solares de la naturaleza, su duración puede estimarse en miles de millones de años. La duración de la vida de un planeta abarca un diseño tan grande que desafía las ecuaciones de la mente del hombre. Así, para el hombre no ascendido cuyos ciclos de evolución espiritual ofrecen una amplia oportunidad para su libertad progresiva, la Tierra bien puede "durar para siempre".

La inmortalización de una esfera como nuestra Tierra, o un cúmulo de mundos como nuestro sistema solar, se produce mediante la eterealización gradual de los planos de tierra, aire, agua y fuego por medio de la espiral en forma de ocho con movimiento antihorario. Esto tiene lugar cuando todas las energías mal cualificadas que jamás hayan producido las evoluciones del planeta son transmutadas por la invocación de los fuegos del corazón de Dios por parte de la humanidad, con oraciones, decretos y servicio. A medida que las corrientes de vida asignadas a la esfera cumplen sus ciclos individuales a través de la ascensión, el torbellino energético en el que se encuentran también se acelera hacia esa meta.

Cuando el 51 por ciento del karma del mundo está saldado (la energía mal cualificada como responsabilidad colectiva de todos quienes hayan encarnado en el planeta), se precipita una bola dorada alrededor de la esfera. Esta bola es una manifestación de la conciencia Crística de todos lo que han logrado la maestría sobre sí mismos en ese mundo. La bola estará suspendida dentro del Cubo Cósmico precipitado por los representantes de las Cuatro Fuerzas Cósmicas. Mantienen el equilibrio de la Ciudad Cuadrangular en los cuatro cuerpos inferiores de la Tierra Orómasis y Diana, Aries y Thor, Neptuno y Luara, Virgo y Pelleur. Su conciencia del Cristo es lo que mantiene el flujo de las Cuatro Fuerzas Cósmicas en la naturaleza y lo que concentra en el Cubo el patrón planetario de la ascensión.

Este ritual de torbellinos ascendentes tiene lugar por todo el universo, cumpliendo la Ley de la Transcendencia. La amada Vesta, la Diosa Solar de nuestro sistema, habló recientemente del destino ígneo de los hijos y las hijas de Dios, así como de los planetas:

> Queridos corazones de Luz, me arrodillo ante la divinidad en vosotros. Me siento humilde ante la Luz y la potencial expansión de la Luz que Dios ha ordenado en vosotros; de que vosotros, amados, y vuestra llama gemela estéis destinados a ser jerarquías solares, dioses y diosas de soles y sistemas de mundos, porque un día estaréis donde yo estoy, en el corazón del Sol. Extenderéis la mirada hacia el universo y veréis cómo el resplandor de la Luz que habréis emitido habrá sido directamente responsable de la ascensión no solo de individuos, sino también de cuerpos planetarios. Porque los planetas ascienden, amados, después de haber cumplido su destino cósmico; después de que los cuatro cuerpos inferiores de un planeta han sido purificados y todas sus evoluciones han ascendido, el planeta también asciende a la conciencia del

Cristo, que lo predeterminó en el principio.*

Y así, existen sistemas solares enteros en el estado ascendido, cuyos componentes se están expandiendo juntos en este universo como un gran acorde. Estos mantienen un patrón de perfección que vosotros podéis invocar para elevar vuestro propio sistema solar. Podéis pedir que vuestro mundo no ascendido sea cargado con el impulso acumulado del Campo Electrónico de mundos ascendidos y que este lleve a todo este sistema solar hacia su destino Divino que se ordenó en el Principio.

Queridos corazones de Luz, ¿no veis que, al contemplar las inmensas distancias de vuestro universo, al estudiar las estrellas y pensar en los grandes alcances del espacio, acaso no podéis ajustar vuestra conciencia y sentir cómo os unís a toda la galaxia y el universo, con planetas, estrellas y nebulosas espirales girando dentro de vuestro campo energético? ¿No comprendéis que esto está teniendo lugar de verdad en el microcosmos y vosotros ya sois dioses y diosas de vuestro propio sistema de mundo?[66]

Cada una de las siete razas raíz destinadas a cumplir el plan de su vida en el planeta Tierra aportan una contribución única al mandala solar del planeta. Este mandala, compuesto de los aspectos multifacéticos del Ser Crístico de esas oleadas de vida, es en realidad el foco del alma, o la conciencia solar, de la Tierra. Este mandala atrae las energías del Gran Sol Central para la precipitación del plan divino de la Tierra. Cada Cuerpo Causal individual de las evoluciones de la Tierra actúa como un único electrodo gigante para elevar el cuerpo planetario.

De manera apropiada, la forma de pensamiento para el año 1971, entregada por el Señor del Mundo la víspera de Año Nuevo, fue un gran anillo dorado alrededor de la Tierra con la figura superior de la Gráfica de tu Yo Divino, la Presencia YO SOY y el Cuerpo Causal, sobre todo el planeta.

---

*Los impulsos acumulados combinados de las primeras razas raíz, que completaron su ronda con victoria en la Tierra, también pueden invocarse para los impulsos de la 4ª, 5ª, 6ª y 7ª razas raíz, que aún deben salir triunfantes.

Avanzando con los ciclos de la Vida

El Gran Director Divino habla de la importancia que tiene avanzar con los ciclos de la Vida:

> Cada vida tiene un ciclo y cada ciclo, una vida. Existe una espiral de energía en la cual nacéis; una espiral de energía que Dios da, como una fuente llameante de Luz, para llevar al alma hacia los brazos del Padre Supremo. Esta es la espiral de Luz como la ola que, aprovechada en su cresta, conduce a la victoria.[67] Es una marea del Gran Sol Central, una marea más grande que los asuntos de los hombres. Es una marea de destino ígneo.
>
> Al representar gráficamente el curso de vuestra ascensión, debéis tomar en consideración que todas las cosas en el cielo y en la tierra deben obedecer a la Ley de los Ciclos. Como está escrito: "Tiempo de plantar, y tiempo de arrancar lo plantado; tiempo de nacer, y tiempo de morir; tiempo de reír, y tiempo de llorar".[68] Y eso mismo han aconsejado los grandes hombres cultos a sus discípulos acerca de los ciclos de la Vida.
>
> Las corrientes ondulantes de Alfa y Omega representan el impulso positivo y el regreso Omega siguiendo la línea del destino individual. Muchos no consiguen el éxito en la Vida porque cuando deberían cabalgar sobre la cresta de la ola, están en la pleamar y cuando deberían estar en las suaves aguas envolventes, se encuentran en alta mar.
>
> Es una cuestión de elegir el momento justo, de ritmo y de moverse según el ritmo del latido del corazón de Dios. Como el yogui calcula el tiempo de la aspiración y la exhalación de acuerdo con su pulso, el devoto de la Hermandad debería medir sus idas y venidas de acuerdo con los grandes ciclos del Gran Sol Central...
>
> Y así, por tanto, la clave para planificar vuestra ascensión (y quisiera que planificarais vuestra ascensión y lo hicierais detalladamente y mirarais en el calendario las décadas futuras) [es que] debéis aseguraros de que cada comunión elevada, cada experiencia exaltada, sirva para el impulso en la Materia, para que podáis transmutar karma en esos niveles de existencia, para que podáis afianzar el fuego y así ganaros mediante la iniciación

La Ley de los Ciclos

el impulso de una nueva subida en el Sanctasanctórum.

Confío en haber dejado claro este diagrama y confío en que os sentaréis a considerar los grandes puntos álgidos que hayáis tenido en vuestra vida. Recordad esos momentos en que durante una meditación tocasteis el borde de la vestidura de los emisarios de Dios y, después, tratasteis de recordar. ¿Qué hicisteis durante las horas después? ¿Qué hicisteis al día o la semana siguientes? ¿No os visteis totalmente rodeados de circunstancias pesadas, enredos y confusión? Y quizá no mantuvisteis la sintonización porque no conocíais la Ley de los Ciclos...

Ahora bien, esta es una técnica que debéis utilizar. Sabiendo bien que os estáis preparando para caer en picada en los niveles más bajos de la conciencia humana, tenéis que hacer lo que hace un pájaro cuando debe hacer lo mismo. Debéis replegar las alas, meter la cabeza entre los hombros, reunir esa energía en una espiral de involución dentro del corazón, y luego os lanzáis.

No debéis dejar las alas ni la cabeza ni los pies fuera. No permitáis que vuestra energía se disperse en una gran aura, porque eso es más difícil de controlar. Cuando más atenuéis la Luz, más responsabilidad tendréis de ser conscientes de cada partícula de esa Luz. Esta es la diferencia entre estar yang y estar yin, masculino o femenino, concentrados o atenuados.

Por tanto, cuando vais a pasar una prueba, debéis tomar toda esa energía, la encerráis en el corazón y luego ningún hombre puede llevarse la corona de la Vida, ningún hombre puede robar esa energía de vuestra vida. Y así, os mantenéis bien recogidos, os metéis en la batalla, os lanzáis a ello, hacéis contacto, emitís la Luz necesaria para las evoluciones que esperan alimentarse, que esperan que las alimentéis vosotros, y volvéis a ascender.

Y cuando entráis en las grandes y exaltadas alturas, entonces desplegáis vuestras vestiduras, abrís bien los brazos. Porque estáis ante la presencia de las Huestes Ascendidas otra vez y en ellas confiáis, abrís los chakras, recibís la Luz, reunís la Luz y estáis listos para el siguiente ciclo en el que recogeros en el interior...

Bien, ahora que conocéis la Ley de los Ciclos, espero que os volváis expertos en el tobogán de la vida y aprendáis a subir y bajar por los montes y a dar cera a los trineos para un mejor desempeño, una mayor destreza y velocidad. Porque sabéis que una diana en movimiento es la más difícil de atrapar. Y, por tanto, si tenéis inercia, sea la inercia del movimiento perpetuo antes que la inercia del descanso, a menos que, claro está, ese descanso sea vuestro descanso en movimiento...

Ahora bien, amados, si tomáis estas claves, todas y cada una de ellas, y las usáis, sé que seréis más victoriosos, estaréis más alerta y, por tanto, seréis más victoriosos. Pasaréis iniciaciones cada vez mayores y, por tanto, os ganaréis la oportunidad de afrontar iniciaciones cada vez mayores.

Tomad, pues, vuestro calendario, tomad nota de la subida y la bajada. Haced uso de la marea cósmica y llegaréis a la orilla de vuestra divinidad.[69]

El regreso al centro

Hemos visto que al hombre le resulta imposible conseguir la maestría sobre sí mismo mientras su perspectiva está confinada a los modelos del pensamiento lineal; porque la conciencia humana, no viendo el principio ni el fin de la espiral, se queda atrapada en el ciclo frenado de su propio sentido finito de la existencia. A oriente del Edén, donde la conciencia Divina se ha destronado, el culto al éxito material compensa las frustraciones y temores de los que la mente carnal está plagada. Faltándole la visión del plan total, lo humano compite por el reconocimiento en las cosas del mundo, haciendo del engrandecimiento personal su método de logro.

Mientras que la conciencia Crística se perdió con la herencia divina, lo humano se pone a agrandar el ego para desarrollar más seguridad. Por eso se encuentra más y más desfasado con respecto a la espiral de su propia identidad verdadera; solo es "como abajo", no "como Arriba".

Para ser "como Arriba" el hombre debe aprender a deshacerse de la piel de serpiente de la conciencia lineal que se arrastra sobre su vientre. Debe aprender a reemplazarla con la conciencia esférica de quienes han regresado al centro de la Mónada Divina: los Maestros Ascendidos y Seres Cósmicos que son la encarnación del amor universal. Solo entonces encontrará el alivio del estrés y las tensiones de la lucha exterior, la confusión que siempre se manifiesta cuando los cuatro "seres vivientes" (los cuatro cuerpos inferiores) están desalineados con respecto al cuadrado dentro del círculo y, por consiguiente, son incapaces de funcionar como cálices de la conciencia Crística, de la trinidad de la llama trina de la Vida.

El regreso al centro del Ser esférico por medio de la Ley de los Ciclos revela el vivir según la Regla de Oro como el orden natural del universo, porque esto realiza el intercambio de Luz recíproco entre quienes comparten la carga de Luz emitida en las líneas del mandala que se intersecan. El intercambio de espirales entre el Macrocosmos y el microcosmos se basa en el indispensable principio científico de hacer a los demás lo que quisieras que te hicieran a ti. En esta Ley de Oro se basa el flujo y reflujo de la marea de Luz en el ser del hombre. Tal como veremos en nuestro estudio de los chakras, solo cosechando y sembrando de acuerdo con el diseño del amor es que uno puede sobrevivir permanentemente en un universo que es una sección transversal de la espiral incesante y continua del Ser de Dios.

Cuando el hombre haya cumplido su destino cósmico según la Ley de los Ciclos, será capaz de comprender en el centro del Sol Dorado de la Iluminación lo que es Real y lo que es irreal. Involucionando hacia el núcleo de fuego blanco, la estrella que una vez fue el hombre se convierte en una esfera. Evolucionando como un sol del ser en miniatura, su conciencia se une al cosmos.

Cuando los patrones del hombre finito se vuelven congruentes con el Hombre Infinito, el microcosmos se convierte en el Macrocosmos, y viajando sobre los grandes ciclos de la Vida, elevándose en espirales de sabiduría, amor y poder infinitos, él experimenta estallidos de comprensión imprevistos, nuevas ideas de hermosura y la aplicación de su ser total en un éxtasis que desafía toda descripción.

El punto de la paz

A medida que el hombre evoluciona por los pliegues del tiempo y el espacio, la clave para el paso seguro por las pruebas iniciáticas es la armonía y el equilibrio. Todas las vicisitudes de la vida pueden considerarse con objetividad desde el punto de equilibrio en el centro de tu corazón, que es congruente con el centro del corazón de Dios. Podemos movernos por todos los ciclos sin apartarnos de este punto estable si tan solo aplicamos esta ciencia de los ciclos.

Para ilustrarlo, visualicemos un subibaja normal y corriente de un parque, que es una tabla que descansa sobre un punto central que hace de pivote. Cuando los niños se montan en cada extremo de la tabla, crean un movimiento cíclico semejante a una onda sinusoidal, si se representara gráficamente. Pero obsérvese que el centro de la tabla, el centro del ciclo, está absolutamente inmóvil. Los niños podrán moverse incontrolada, salvajemente en los extremos, y el centro siempre estará en equilibrio y estable.

Eso mismo ocurre con todos los ciclos y lo mismo puede ser cierto durante toda la vida. Este centro cíclico en el hombre es el chakra del corazón, como veremos en la ilustración 24.

El cuerpo del hombre es un imán, algo que ha sido demostrado tanto por científicos como por sanadores espirituales. Recordemos que todos los imanes crean ciclos de flujo positivo y negativo. El corazón es el punto de equilibrio del flujo de prana por nuestro cuerpo. Ahí está el sitio de armonía perfecta, en la cámara secreta del corazón, que se encuentra más allá del corazón físico, latiendo con ritmo cíclico setenta y dos veces por minuto todos los días de nuestra vida.

Por este motivo los Maestros nos dicen que acudamos a ese sitio, que vayamos a ese punto de equilibrio de nuestro corazón, porque ahí está el punto de la paz, que también es el punto de poder.

El regreso mediante la Palabra

El sendero de la ascensión es el medio por el cual los hijos de Dios conservan una identidad como una única célula en el ser de Brahma a través de los pralayas y a través de la aspiración y exhalación de Dios.

Como observamos antes, en cada yuga el hombre recibe herramientas espirituales específicas como ayuda a su evolución. Se dice que actualmente nos encontramos en un Kali Yuga, un ciclo de retorno kármico, el más oscuro de todos los ciclos. Sanat Kumara, el Gran Gurú, asigna formas de comunión con Dios adecuadas a las evoluciones del hombre dentro de los yugas.

Sanat Kumara nos ha dicho que en este yuga, la clave para entrar en contacto con Dios es la ciencia de la Palabra hablada. Al practicar esta ciencia que los adeptos de Oriente y Occidente han utilizado durante miles de años, podemos enviar emanaciones áuricas desde el punto de poder en el centro de nuestro corazón para sanar nuestro microcosmos personal y el mundo fuera de las fronteras de nuestra piel.

Perdurar como una célula en la conciencia de Dios estando ese Dios en perfecto descanso significa entrar con él en el ciclo cósmico de nirvana. Para ello, uno debe pasar por el nexo del ciclo: la Palabra.

**ILUSTRACIÓN 24:
Los siete chakras**

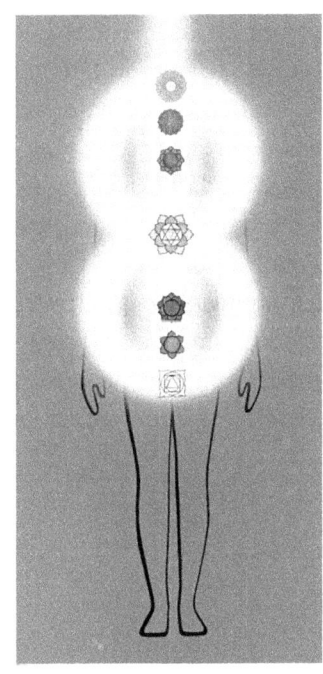

Los científicos y sanadores espirituales han demostrado que el cuerpo del hombre es un imán. Todos los imanes crean ciclos de flujo positivo y negativo, pero siempre existe un punto de equilibrio perfecto entre las dos polaridades. A medida que el prana fluye por nuestro cuerpo, el corazón es el punto de equilibrio. Pero el punto de armonía perfecta está más allá de corazón físico, en la cámara secreta del corazón. Desde este punto de paz y poder podemos enviar las emanaciones áuricas para sanar nuestro microcosmos personal y el mundo fuera de las fronteras de nuestra piel.

El Logos eterno es el punto en el centro del círculo, el principio y el fin de los ciclos que están compuestos de círculos, capa sobre capa.

En el principio era Brahmán, y la Palabra estaba con Brahmán, y la Palabra estaba con Brahmán en el principio. Por tanto, para poder estar en Brahmán, debemos estar en la Palabra. "Nadie viene al Padre, sino por mí".[70] Ese *mí* es el supremo YO SOY EL QUE YO SOY manifestado como la Palabra.

Es una mantilla envuelta alrededor de la Tierra. Las corrientes de la superficie terrestre, las emanaciones provenientes de su centro solar, la Ley de los Ciclos, la llama del consuelo, el murmullo justo por debajo del nivel auditivo, nos transfiere ese consuelo de la ley cíclica del sonar la Palabra de Dios.

La vida es continua y la Ley de los Ciclos nos promete que la Vida seguirá. El corazón de Dios continuará latiendo. La rueda del retorno cíclico rotará otra vez pasando por el nexo del ser, siendo el nexo la Palabra misma, siendo la Ley de los Ciclos la emanación de la Palabra. Al volvernos congruentes con el punto en el centro del círculo de Dios, se nos concede el poder de imprimir en las energías cíclicas de Dios el modelo de nuestra idea o deseo orientado Divinamente.

Esta es la forma de regresar a Dios como átomo permanente en su Ser: a través de su Palabra, que ha encarnado en los Avatares con la Ley cíclica de la Manifestación. Los grandes Manús, los legisladores de las eras y sus razas, defendieron el ciclo de la Palabra por el cual toda semilla que saliera del gran Árbol de la Vida pudo volver a través de la Palabra como Ley de los Ciclos.

En esta Ley de los Ciclos existe la alegría. Y la alegría de este matrimonio de ciencia y religión eres *tú* en el nexo del infinito, *tú* convergiendo con la Palabra viva.

Un círculo hecho de espiral
de Gautama Buda

La espiral puede ondular,
 la espiral puede elevarse
  o la espiral puede caer;

pero, al final,
 la Luz que hay en ti
  debe responder a la llamada.

La identidad resuena
 lejos, por el mar,
  te llama a ti
   y me llama a mí:

Sé tu propio Yo,
 el Dios de la Verdad;
  vive tu propia vida
   en la juventud de la demostración real.

YO SOY es Identidad
 para enciende al mundo,
  el Espíritu de Dios,
   el don de su nombre;

el Maravilloso Consejero,
 el Príncipe de la Paz,
  por inscripción Divina,
   ¡cese la vanidad!

Revela lo que está oculto
 y sostén lo correcto,
  ahora vemos adelante
   una emisión del poder de Dios.

Porque la unión debe vivir
 en los actos que hagan los hombres
  que serán pruebas certeras
   en el corazón de unos pocos,

que se harán muchos
 como el reino renacido
  en ese día de esperanza Crística
   que bendice la dorada mañana.

Dulces Hijos del Padre,
 sostened el estandarte,
  con pensamiento, palabra y obra
   esta Gran Ley desplegad.

Todo tiene su tiempo,
  y todo lo que se quiere debajo del cielo tiene su hora.
Tiempo de nacer, y tiempo de morir;
  tiempo de plantar,
    y tiempo de arrancar lo plantado;
tiempo de matar, y tiempo de curar;
  tiempo de destruir, y tiempo de edificar;
tiempo de llorar, y tiempo de reír;
  tiempo de endechar, y tiempo de bailar;
tiempo de esparcir piedras,
  y tiempo de juntar piedras;
tiempo de abrazar,
  y tiempo de abstenerse de abrazar;
tiempo de buscar, y tiempo de perder;
  tiempo de guardar, y tiempo de desechar;
tiempo de romper, y tiempo de coser;
  tiempo de callar, y tiempo de hablar;
tiempo de amar, y tiempo de aborrecer;
  tiempo de guerra, y tiempo de paz.
¿Qué provecho tiene el que trabaja,
  de aquello en que se afana?
Yo he visto el trabajo que Dios ha dado
  a los hijos de los hombres para que se ocupen en él.
Todo lo hizo hermoso en su tiempo;
  y ha puesto eternidad en el corazón de ellos,
    sin que alcance el hombre a entender la obra que ha
    hecho Dios desde el principio hasta el fin.

ECLESIASTÉS 3

Capítulo 2
Planos de conciencia

*Si tu ojo es bueno,
todo tu cuerpo estará
lleno de luz.*

MATEO 6:22-23

 Planos de conciencia

Los cálices cristalinos

ESPIRALES DE ENERGÍA CÓSMICAS DE LA conciencia de Dios, cayendo en cascada desde el Gran Sol Central por el cordón cristalino, pasan por la Presencia YO SOY individualizada y el Ser Crístico y brotan como una fuente de llama trina dentro del cáliz del corazón, desde donde fluyen hacia una miríada de estanques de Luz en el ser del hombre. Estos estanques o centros radiantes, llamados *chakras,* son el foco para la distribución de las espirales de energía cósmicas hacia los cuatro cuerpos inferiores del hombre.

Los términos *chakra* y *cáliz* se utilizan con el mismo significado porque es importante que los estudiantes desarrollen la "conciencia del grial" cuando mediten en los centros, incluso cuando visualicen la acción de torbellino de las ruedas de fuego sagrado. Los centros, por tanto, deben considerarse primero como cálices consagrados a contener la esencia pura del Espíritu Santo, luego como ruedas dentro de otras ruedas concentrando el poder del Imán del Gran Sol Central en el mundo microcósmico del hombre.

En este capítulo se incluye una Gráfica de los cálices cristalinos (ilustración 25). La primera columna de esta gráfica ofrece los nombres en español y en sánscrito de los siete cálices principales afianzados en el cuerpo etérico en línea recta, paralela a la columna vertebral. Los chakras *florecen* sobre la superficie del cuerpo físico frente a los órganos que se nombran en la segunda columna. Estos órganos sirven como puntos focales en el cuerpo

ILUSTRACIÓN 25: Cálices cristalinos (chakras) en el ser del hombre

Siete cálices principales	Foco en el cuerpo físico	Rayos de colores y núm. de pétalos correspondientes	Perversiones de los rayos de colores	Siete cuerpos del hombre		Siete subchakras principales y sus rayos de colores
Coronilla *Sahasrara*	Pineal	2º rayo Amarillo 972 pétalos	Verde amarillento o anaranjado	Presencia YO SOY	⎫ Plano del Espíritu	*Lalna* Entre el *Ajna* y la coronilla Amarillo pálido
Tercer Ojo *Ajna*	Pituitaria	5º rayo Verde 96 pétalos	Blanco hueso	Cuerpo Causal	⎬	
Garganta *Vishuddha*	Tiroides	1er rayo Azul 16 pétalos	Plateado	Etérico	⎭	Timo A la izquierda del corazón Amarillo
Corazón *Anahata*	Corazón	3er rayo Rosa 12 pétalos	Gris oscuro o anaranjado pálido	Ser Crístico	Mediador entre Espíritu y Materia	Bazo Rosa dorado
Plexo Solar *Manipura*	Páncreas	6º rayo Morado y oro 10 pétalos	Gris, granate	Emocional	⎫ Plano de la Materia	Manos (2) Amarillo con aura rosa
Sede del alma *Svadhishthana*	Ovarios o testículos	7º rayo Violeta 6 pétalos	Rojo oscuro	Mental	⎬	
Base de la Columna *Muladhara*	Perineo	4º rayo Blanco 4 pétalos	Rojo y anaranjado	Físico	⎭	Pies (2) Amarillo

físico para la función especializada de cada uno de los chakras. La tercera columna muestra los siete rayos que están destinados a emitirse a través de los cálices y el número de sus pétalos u ondas, un factor determinado por el rayo, la frecuencia y el plano en el que se encuentra el cáliz.

La cuarta columna muestra las perversiones de los rayos de colores a través de los cálices producidas por la acumulación de sustancia astral sobre los centros. Estos colores pueden variar según las malas cualificaciones que se hayan emitido a través de ellos. Algunos clarividentes han visto estos colores astrales emanar de los chakras de corrientes de vida no ascendidas y han creído erróneamente que se trataba de las emanaciones naturales de los cálices. Quienes deseen verificar el color de los chakras deberían pedir que la Presencia Electrónica de Jesucristo les muestre el resplandor cósmico de los cálices según aparecen en su Cuerpo de Luz Ascendido.

La quinta columna enumera los siete cuerpos del hombre, cuyos modelos se cumplen en los planos del Espíritu y la Materia a través de los siete cálices. La sexta columna enumera los siete subchakras principales y sus colores.

En el cuerpo del hombre hay 144 chakras. No trataremos de enumerar los 130 centros restantes. Baste decir que están distribuidos por el cuerpo etérico como puntos de anclaje para la emisión de las 144.000 virtudes que irradian del Gran Sol Central. En cambio, volvamos nuestra atención a las funciones vitales de los siete cálices cristalinos principales.

Los chakras sirven primero como transformadores para reducir las frecuencias de la energía de Dios y para emitir las Cuatro Fuerzas Cósmicas —tierra, aire, fuego y agua— en los planos del Espíritu y la Materia. Los siete chakras principales son conductores del flujo de la energía hacia los siete subcentros y los 130 chakras restantes, que afianzan la Luz de Dios como estrellas en el firmamento del ser del hombre.

Además, Dios diseñó los cálices cristalinos como puertas abiertas a través de las cuales han de fluir del ser del hombre los siete rayos, iluminando su mundo, tejiendo la vestidura sin costuras y formando el antahkarana entre Dios y el hombre y entre el hombre y Dios.

Como cristales, los siete cálices principales concentran en el cuerpo etérico los intricados patrones del alma que han de tejerse en el vehículo mental, emocional y físico. Como recipientes, contienen la pura Luz blanca que sustenta el modelo de la vida en el hombre. Así, a través de estas funciones —varias de las que ahora trataremos y que representaremos gráficamente—, los chakras sirven como puntos focales de la interacción de las espirales de energía cósmicas entre el Macrocosmos y el microcosmos.

La Ley de Dar y Recibir

A través de los cálices, la Ley de Dar y Recibir se cumple en el hombre. El propósito divino quiere que el hombre cualifique, con virtudes Crísticas coloreadas de los siete rayos y vibrando en consonancia con el Logos eterno, la Luz blanca emitida desde su llama del corazón a través de los siete chakras.

Simultáneamente, el hombre debe captar a través de los cálices la esencia del Espíritu Santo (prana), que acontece universalmente como partículas de Luz cargadas electrónicamente. Así, las actividades de equilibrio de Alfa y Omega (de dar y recibir) han de realizarse en la exhalación y la aspiración de Luz a través de los cálices.

Los cálices emiten la energía en espirales positivas evolutivas (en sentido horario). La energía captada en los cálices entra en espirales negativas involutivas (en sentido antihorario). La acción centrífuga (positiva) y centrípeta (negativa) que se produce cuando estos procesos duales funcionan a un rendimiento máximo hace que los cálices se abran como flores desplegando sus pétalos y que giren como soles resplandecientes en miniatura. Destellando como diamantes a medida que giran, los cristales desprenden una carga eléctrica que vivifica todo el ser del hombre, convirtiéndolo en una verdadera estrella polar en el mundo transitorio.

El número de pétalos (u ondas) en cada chakra está determinado por el rayo, el plano y la frecuencia de la acción centrífuga y centrípeta de las energías entrelazadas más y menos. Estos factores también producen el efecto que se ha observado en los cálices, como si tuvieran una armadura de cesta.

Cuando los cálices cumplen los propósitos que Dios ha querido en el hombre iluminado, son convexos. En el hombre iluminado, que aún funciona como parte de la conciencia de las masas, los cálices están sumergidos en un mar de sustancia astral que les impide o bien irradiar la Luz de la Presencia YO SOY o bien captar la esencia del Espíritu Santo para alimentar a los cuatro cuerpos inferiores.

En este estado de no realización, los centros ni siquiera se pueden llamar cálices; están apagados y son lentos, plateados en vez de cristalinos, y parecen como lunas bajo el mar en vez de estrellas en el firmamento. Son cóncavos y sus pétalos no están totalmente abiertos.

Sujetos al ir y venir de las mareas de la emoción humana y sin saber cómo *exhalar* la Luz de la Presencia ni *aspirar* la esencia del Espíritu Santo, el hombre no iluminado busca los estímulos del mundo para mantener sus centros y sus cuatro cuerpos inferiores energizados. Al utilizar mal la espiral negativa en los chakras, sustituye la captación de la esencia del Espíritu Santo con la absorción de energías astrales. Al utilizar mal la espiral positiva, expulsa de sus chakras las perversiones de los siete rayos y las virtudes Crísticas, que decoloran su aura y contaminan el hogar planetario.

Secretos del Cuerpo Causal

Las líneas de fuerza se sostienen como vías de Luz entre el hombre y su Presencia Divina cuando este permite que los siete rayos y sus virtudes Crísticas fluyan por los cálices cristalinos.

Por ejemplo, al seguir el rastro del rayo dorado de la iluminación después de ser emitido por el cáliz de la coronilla, vemos que da la vuelta a la Tierra en una espiral en sentido horario siguiendo el Ritual de la Creación. Cuando el hombre cualifica la corriente energética que fluye por su chakra de la coronilla con la pureza del rayo de la sabiduría, esta se amplifica de acuerdo con la intensidad de su devoción por la llama.

Al dar la vuelta a la Tierra, esta espiral de energía realiza un ciclo completo a través de los cuatro cuerpos inferiores del planeta, pasando por los planos de fuego (etérico), aire (mental), agua (emocional) y tierra (físico), reuniendo por la Ley de la Atracción energías de vibración parecida. Después asciende a la franja dorada o amarilla, a la cual corresponde en color y virtud, por medio de un patrón en forma de ocho en sentido antihorario de acuerdo con el Ritual de la Sublimación.

Las energías emitidas desde los otros seis chakras siguen los mismos rituales de creación y sublimación, al dar la vuelta a la Tierra, circular por los cuatro planos y después ascender al Cuerpo Causal.

El brillante rayo verde esmeralda de la precipitación se emite por el tercer ojo como la visión y vitalidad de las creaciones abundantes del hombre. El rayo azul zafiro de la voluntad de Dios se emite por el chakra de la garganta como el poder de la Palabra hablada de traer a la forma el diseño original del patrón de la vida contenido en el cuerpo etérico. El rayo rosa del amor divino se emite por el cáliz del corazón como el fuego del amor que une a la creación a través de la conciencia del Ser Crístico.

El rayo morado y oro de la ayuda y el servicio se emite a través del plexo solar como el flujo de la paz que teje los patrones etéricos en el cuerpo emocional. El rayo violeta de la libertad, la transmutación y el perdón se emite a través de la sede del alma, al afianzar la imagen de la Mente Crística en el cuerpo mental. Y la llama blanca de la pureza y la disciplina se emite por el cáliz de la base como el poder creativo de la Presencia YO SOY afianzado en el cuerpo físico.

El Eje de la Vida

Existe una razón muy especial por la cual los siete rayos del arco iris emitidos por el prisma de la conciencia Crística de cada hombre se distribuyen por los siete cálices cristalinos. Existe un motivo por el cual el color, la frecuencia y las virtudes Crísticas de estas emanaciones corresponden a las siete franjas del Cuerpo Causal. Para entender las leyes que gobiernan las actividades de los siete rayos en los siete cuerpos del hombre debemos retrotraernos a la creación del hombre en el mismísimo centro de la conciencia andrógina de Dios, el núcleo de fuego blanco del Gran Sol Central. Este Sol Espiritual detrás del sol físico en el centro del universo no está, como pudiera parecer, detrás del sol físico; es congruente con él o esta superpuesto a él, pero en otra dimensión. El propio Cuerpo Causal del hombre es una réplica en miniatura del Gran Sol Central. Además, cada átomo en manifestación está hecho según este mismo patrón de espirales de energía haciendo evolucionar a esferas dentro de otras esferas.

Las franjas de colores del Gran Sol Central, así como del átomo, son planos de conciencia de Dios diferenciados solo por su frecuencia o vibración; y el núcleo de fuego blanco es el foco del Espíritu convirtiéndose en Materia y de la Materia convirtiéndose en Espíritu. Por tanto, en el Eje (el centro del cosmos Espiritual-Material) y en el centro de todo átomo, el Sol Espiritual y el sol físico coexisten. Aquí, en el núcleo de fuego blanco, la manifestación simultánea de Espíritu y Materia proporciona los componentes necesarios para la creación. Aquí y solo aquí puede nacer la creación.

Alrededor del Ser de Dios hay once anillos concéntricos. Estos, junto con el centro, forman los doce planos de conciencia que tiene el Átomo de Dios, siete rayos exteriores y cinco rayos *secretos*.

Los anillos de los cinco rayos secretos se encuentran entre el núcleo de fuego blanco y la franja amarilla. Estos planos no pertenecen a la existencia tal como la conocemos en la Tierra, sino más bien a la divinidad latente del hombre, que permanece sin realizarse excepto en unos cuantos Avatares que se han elevado por encima de los niveles iniciáticos que se requieren para el logro de la Cristeidad.

El pleno conocimiento y uso de los rayos secretos por parte de las evoluciones de este mundo no ha sido autorizado por los Señores Solares, que exigen la maestría planetaria de los siete planos de la conciencia Crística a través de los siete rayos de colores antes de que los poderes de los rayos secretos sean conferidos a la humanidad en evolución.* Por tanto, el núcleo de fuego blanco

---

*Sin embargo, sí podemos invocar al Maestro Ascendido conocido como el Poderoso Cosmos para que emita la acción de los rayos secretos por nosotros y estos espiritualicen la conciencia en los planos de la Materia.

ILUSTRACIÓN 26: Las doce esferas del Cuerpo Causal

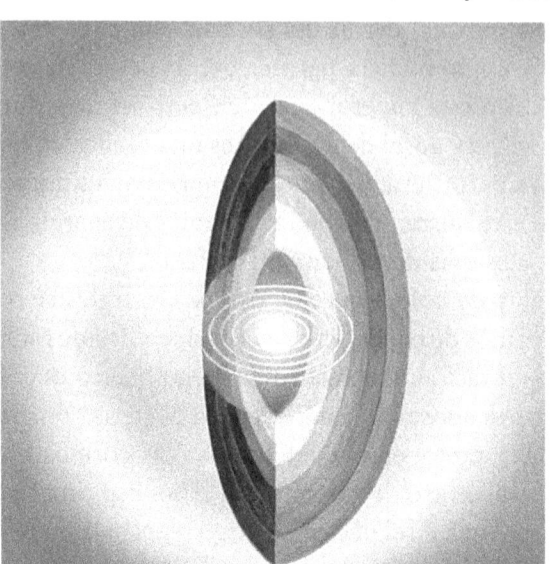

Los cinco rayos secretos, entre la franja blanca y la amarilla del Cuerpo Causal, son perpendiculares (ortogonales) a los siete rayos.

y las seis esferas que hay después de los cinco rayos secretos son los planos que guardan relación con la evolución de la conciencia de Dios tal como la humanidad, en su actual estado evolutivo, es capaz de experimentarla y expresarla.

Los planos de los rayos secretos son de hecho perpendiculares al plano de los siete rayos, razón por la cual no se muestran en el Cuerpo Causal de la Gráfica de tu Yo Divino, aunque existan como potencial en el Cuerpo Causal de todos los hijos y las hijas de Dios creados según la imagen divina.

La individualización de la Llama Divina

El gran milagro de la Vida es que el Dios Universal puede individualizarse dentro del núcleo de fuego blanco del Ser en cualquier punto del espacio que él desee. La creación de la Mónada Divina, la Presencia YO SOY individualizada, tiene lugar cuando el Espíritu de Dios proyecta la semilla luminosa [de Luz] de su imagen en el ovoide de la Materia* en el Eje del Gran Sol Central. Mediante la unión resultante de la esencia del Espíritu y la Materia, del Yang y el Yin, en el plano de la Materia-Tierra, se forma un núcleo de fuego blanco en miniatura en el corazón del Sol.

Este es el momento de la individualización de la Llama Divina. Este es el nacimiento de la esfera andrógina del Ser de la cual proceden las llamas gemelas que representan al Dios Padre-Madre. Cada una de estas llamas gemelas forma el núcleo de una Presencia YO SOY individualizada. A continuación, en el corazón de cada Presencia YO SOY (que conserva el equilibrio de los aspectos yin y yang de la Deidad) se sella la semilla del Ser Crístico, nacido de la unión de las espirales Alfa y Omega en el núcleo de fuego blanco.

Para evolucionar como una réplica del Ser de Dios, cada Mónada Divina, "cuya semilla está dentro de sí misma", debe pasar por los doce planos de la conciencia solar de Dios, que constituyen las doce esferas del Gran Sol Central. Lo que la Mónada absorba del Sol está prestablecido por su destino ígneo, el diseño original de su evolución impreso en el núcleo de fuego blanco de la Presencia YO SOY. La singularidad de las llamas gemelas radica en el patrón de su destino ígneo, que jamás se duplica. Aunque en el momento de nacer los Cuerpos Causales de las llamas gemelas son idénticos (aunque guardando una polaridad), la consiguiente evolución de las llamas gemelas en el mundo de la forma determina qué impulsos se acumularán en su Cuerpo Causal individual. Aunque puede que busquen seguir caminos divergentes de creatividad, su modelo electrónico seguirá siendo el mismo.

En la Gráfica de los Cálices en el Cuerpo Causal (ilustración 28) hemos puesto nombre a los planos de la Conciencia de Dios,

---

*El término *Materia*, cuando se refiere a los planos de la conciencia Divina, no implica la densidad de la tierra, terrenal, sino un nivel de frecuencia que se manifiesta como la coordenada del Espíritu en el núcleo de fuego blanco y en la esfera morada, violeta y rosa del Gran Sol Central.

ILUSTRACIÓN 27: La creación de las llamas gemelas

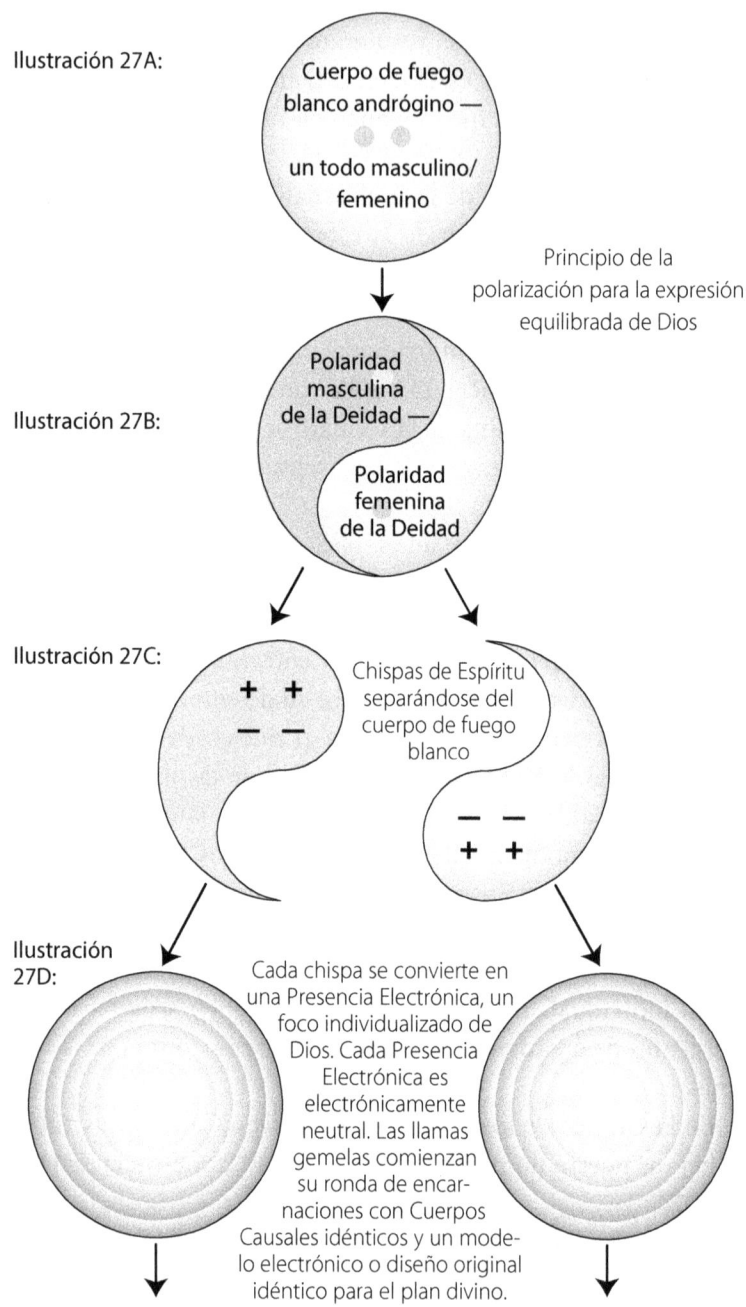

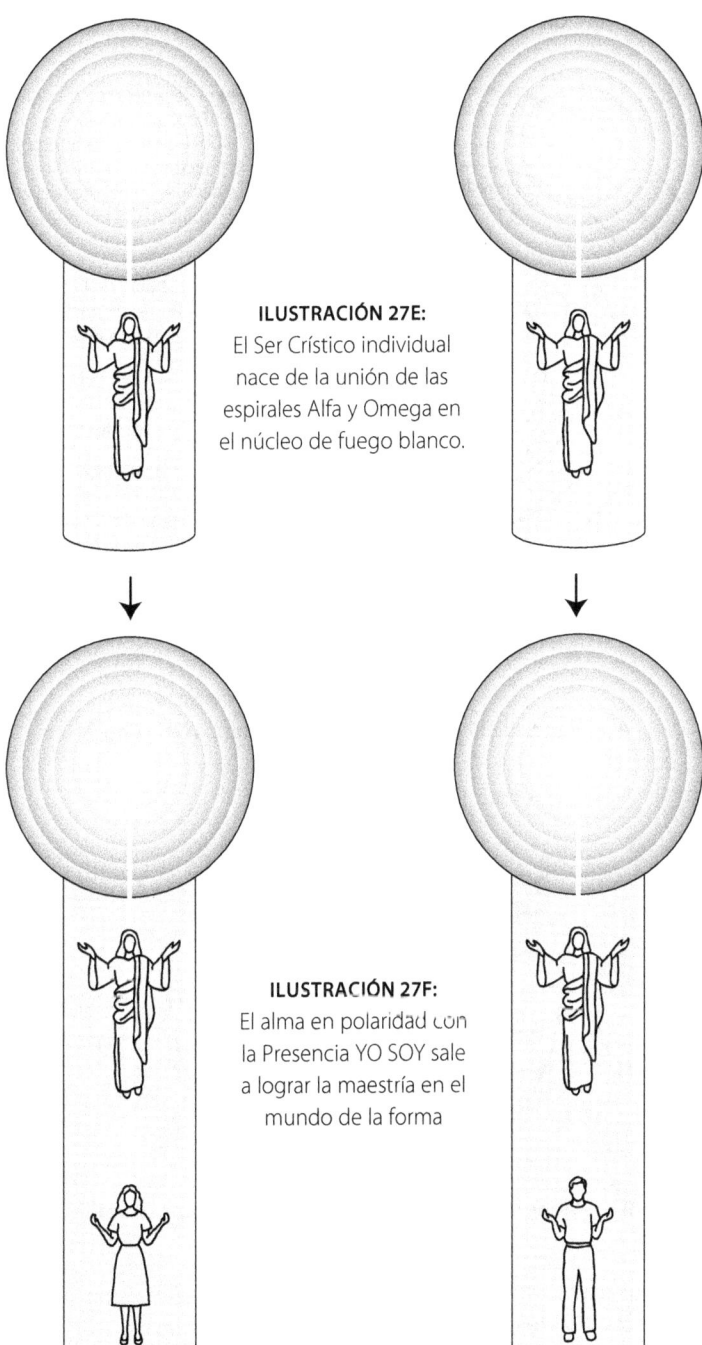

ILUSTRACIÓN 27E:
El Ser Crístico individual nace de la unión de las espirales Alfa y Omega en el núcleo de fuego blanco.

ILUSTRACIÓN 27F:
El alma en polaridad con la Presencia YO SOY sale a lograr la maestría en el mundo de la forma

ILUSTRACIÓN 28: **Gráfica de los Cálices en el Cuerpo Causal**

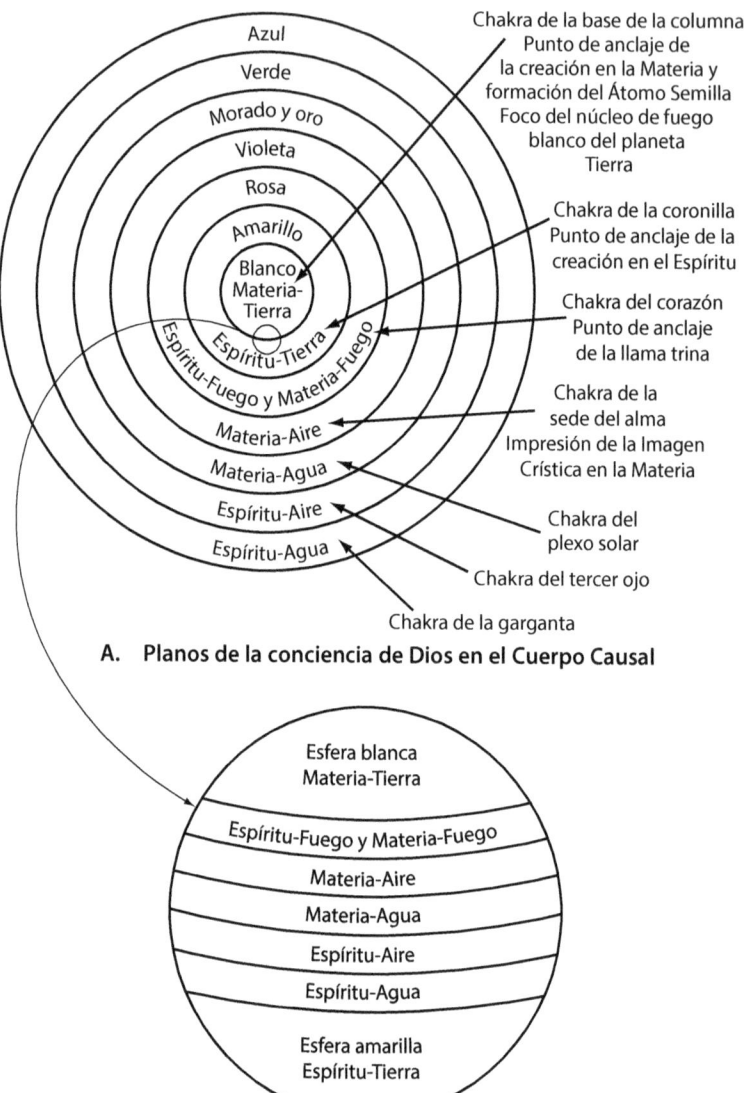

A. Planos de la conciencia de Dios en el Cuerpo Causal

B. Planos de la conciencia de Dios en los rayos secretos

El diagrama muestra cómo los chakras se desarrollan en el cuerpo etérico a medida que el alma circula por cada una de las doce esferas del Cuerpo Causal antes de encarnar físicamente.

mostrando cómo las cuatro fuerzas cósmicas corresponden a los siete rayos de colores en los planos de la Materia y el Espíritu. En cada Mónada, ya se trate de un sol, una estrella o un átomo, el núcleo de fuego blanco es el plano de la Materia-Tierra. La segunda esfera, la franja amarilla, es el plano del Espíritu-Tierra. La tercera esfera, la franja rosa, es el plano del Espíritu-Fuego y la Materia-Fuego. La cuarta esfera, la franja violeta, es el plano de la Materia-Aire. La quinta esfera, la franja morada, es el plano de la Materia-Agua. La sexta esfera, la franja verde, es el plano del Espíritu-Aire. Y la séptima esfera, la franja azul, es el plano del Espíritu-Agua.

Entre los planos de la Materia-Tierra (el núcleo de fuego blanco) y el Espíritu-Tierra (la franja amarilla) están localizadas las esferas de los cinco rayos secretos. El orden de los planos de la conciencia de Dios concentrados dentro de estos cinco rayos secretos es el mismo que el de las cinco esferas exteriores del Cuerpo Causal; es decir, el primer rayo secreto es el plano de la Materia-Fuego y el Espíritu-Fuego, el segundo rayo secreto es el plano de la Materia-Aire, el tercer rayo secreto es el plano de la Materia-Agua, el cuarto rayo secreto es el plano del Espíritu-Aire, y el quinto rayo secreto es el plano del Espíritu-Agua.

La relación entre los cinco rayos secretos y los siete rayos de colores es parecida a la que hay entre las notas correspondientes a las teclas negras y las blancas de un piano. El tono, el color, la frecuencia y la dimensión cósmica de los rayos secretos está, por así decirlo, a mitad de camino entre los rayos de colores, pero en cuanto a posición, son perpendiculares a los planos de la Materia-Tierra y el Espíritu-Tierra. Debido a que los planos de la Materia-Tierra y el Espíritu-Tierra son necesarios para la creación de la forma tanto en el Espíritu como en la Materia, los cinco rayos secretos están incompletos sin los siete rayos de colores, tal como las cinco notas correspondientes a las teclas negras del piano están incompletas sin las siete notas correspondientes a las teclas blancas.

Se observará en la gráfica de los planos de la conciencia de Dios afianzados en los chakras (ilustración 29) que el ser del

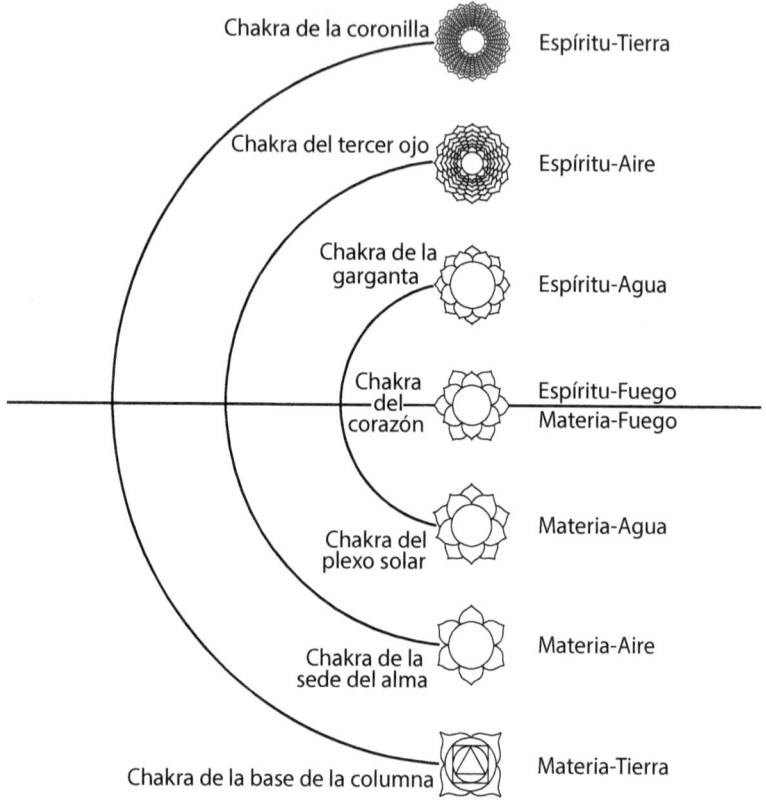

ILUSTRACIÓN 29:
Las Cuatro Fuerzas Cósmicas distribuidas en polaridad por los chakras superiores e inferiores

hombre está suspendido entre el Espíritu-Tierra (chakra de la coronilla) y la Materia-Tierra (chakra de la base de la columna). A través de la polaridad del Dios Padre-Madre, afianzada en estos chakras en la Calamita de la Presencia (coronilla +) y el Átomo Semilla (base −), el ser del hombre se sustenta en la forma, tanto en el Espíritu como en la Materia.

Es precisamente debido a que los planos de Tierra no están representados en los cinco rayos secretos que estos rayos representan el aspecto sin forma de la conciencia de Dios. Este hecho también explica su ubicación entre la esfera blanca y amarilla, haciendo que los rayos estén apuntalados entre los planos de la

Materia-Tierra y el Espíritu-Tierra en el Cuerpo Causal y posibilitando su integración con las espirales energéticas de la creación de la forma cuando sea necesario.

La creación del Cuerpo Causal

El Cuerpo Causal individual de las llamas gemelas se forma cuando cada Presencia YO SOY individualizada, encerrada en su propio Cuerpo de Fuego Blanco, gira en torno a las doce esferas del Gran Sol Central, atesorando en sí misma el impulso acumulado de cada esfera según el modelo de su destino ígneo. Así, capa tras capa, a medida que la Mónada Divina se mueve en espirales por los doce anillos del Cuerpo Causal de Dios según los ciclos prestablecidos, el mundo microcósmico de la Mónada Divina nace en el Macrocosmos.

En la ilustración 30, El viaje del alma a través de las Doce Casas en el Cuerpo Causal, hemos mostrado cómo la Mónada, en su circulación por las doce esferas del Sol, pasa por las Doce Jerarquías Solares y pasa a estar bajo su influencia, añadiendo a su Cuerpo Causal una esfera con cada revolución. Las doce llamas de las Doce Jerarquías, junto con las semillas de las virtudes Divinas, son atraídas a cada esfera para que sirvan como focos para futuras iniciaciones por las que el alma deberá pasar en el mundo de la forma bajo sus casas respectivas. Cada uno de estos doce focos también contiene el modelo de uno de los 144 chakras.

Después de realizar una rotación completa por el reloj dentro de la primera esfera, el plano de la Materia-Tierra (con el origen y el cumplimiento de los ciclos en la casa doce), la Mónada pasa por la línea de las doce hacia la siguiente esfera, que es el plano del primer rayo secreto. Después de circular por las esferas de los cinco rayos secretos, un ciclo dentro de cada esfera y reuniendo sistemáticamente los rayos de las esferas y las llamas de las casas, la Mónada sigue adelante pasando por las restantes esferas de los seis rayos de colores. Al haber completado su viaje en la línea de las doce de la esfera azul y con sus doce ciclos cumplidos, la creación del Cuerpo Causal está terminada y la Mónada Divina

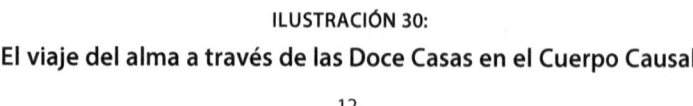

ILUSTRACIÓN 30:
El viaje del alma a través de las Doce Casas en el Cuerpo Causal

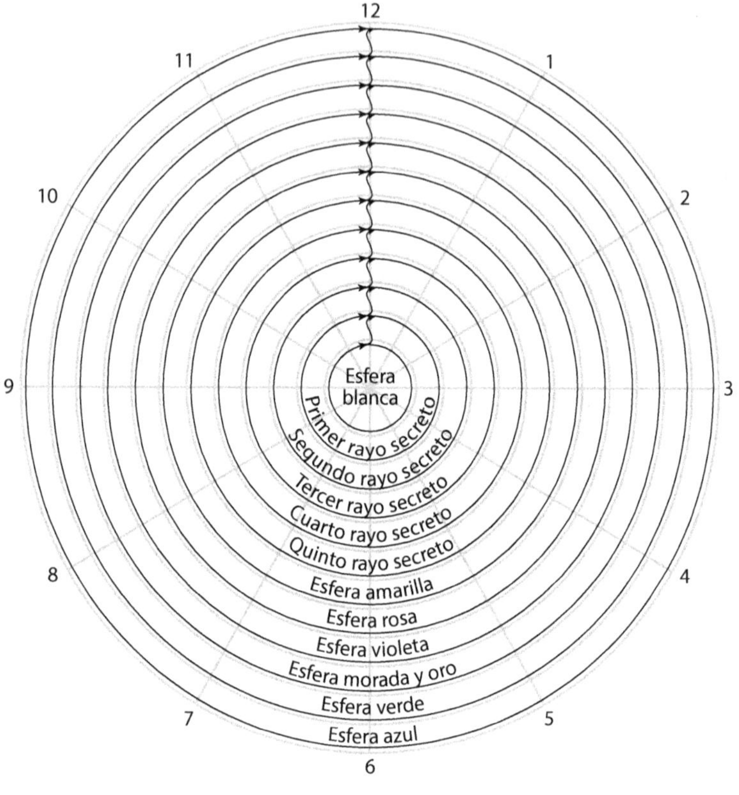

es proyectada fuera del Sol para que expanda la gloria de la Vida como una estrella en el Cuerpo Macrocósmico de Dios.

El viaje del alma y la creación de los cálices cristalinos

Simultáneamente, a medida que la Presencia YO SOY individualizada circula por las esferas del Gran Sol Central, la conciencia del alma (es decir, la imagen de la Presencia YO SOY que se imprime sobre la sustancia de la Materia-Tierra)* circula

---

*Tal como el Espíritu es yang y la Materia es yin, nos referimos al alma que desciende a la Materia en femenino y a la Presencia YO SOY que contiene el foco de la identidad Divina en el Espíritu en masculino. Maleable y en evolución, el alma es esa parte femenina de Dios que ha de pasar por la experiencia del mundo transitorio para poder regresar al Espíritu masculino de la Presencia YO SOY que nunca cambia, pero es trascendente

por las esferas del Cuerpo Causal individualizado que se están formando. Durante el viaje del alma por el mundo de la Mónada Divina se teje el cuerpo etérico y en él se afianzan los 144 cálices cristalinos.

A través de los siete chakras principales, los siete subchakras y los 130 chakras secundarios que están bajo su influencia, los doce planos de la conciencia de Dios se afianzan en el alma y su envoltura etérica. Este afianzamiento de la conciencia de Dios en el hombre es necesario para que este funcione como un ser integrado en los planos del Espíritu y la Materia y para que pueda llegar a ser un cocreador con Dios, bajando al plano de la Materia el destino ígneo encerrado dentro de su Cuerpo Causal. La meta de la Vida es que el hombre llegue a ser "como Arriba, así abajo". El hombre debe precipitar *abajo*, en sus cuatro cuerpos inferiores, todo lo que Dios ha puesto como potencial *Arriba*, en sus tres cuerpos superiores (en la Presencia YO SOY, el Cuerpo Causal y el Ser Crístico). Al seguir la pista del viaje del alma por el Cuerpo Causal individualizado veremos cómo los 144 chakras están colocados en el cuerpo etérico, recibiendo el alma un chakra cada vez que entra en una de las Doce Casas en cada una de las doce esferas.

Comenzando con la esfera blanca de la Materia-Tierra, el alma recibe el chakra de la base de la columna más los once chakras menores que están bajo su influencia. El Átomo Semilla, que contiene la imagen del Cristo, el modelo electrónico de la Mónada que se estampará sobre los vehículos inferiores, se suspende dentro del chakra de la base de la columna. El Átomo Semilla, a su vez, es el núcleo de fuego blanco de un Cuerpo Causal en miniatura que se forma alrededor del Átomo Semilla y que concentra los doce planos de la conciencia de Dios en el plano de la Materia. El Átomo Semilla es el foco de la Madre Divina, del Rayo Femenino de la Deidad, que afianza en la Materia las energías del Espíritu.

Al pasar por las esferas de los cinco rayos secretos, el alma y su envoltura etérica reciben los focos de los siete principales chakras secundarios y los cincuenta y tres chakras secundarios bajo la influencia de los rayos secretos.* Procediendo hacia la segunda esfera, la franja amarilla, el alma y la envoltura etérica reciben el chakra de la coronilla, el foco del Espíritu-Tierra y los siete chakras secundarios que están bajo su influencia. Aquí, en el plano del Espíritu, está afianzada la Calamita de la Presencia. Siendo una réplica en miniatura del núcleo de fuego blanco de la Presencia YO SOY, este es el foco del Padre Divino. Y así, la polaridad divina del Dios Padre-Madre concentrada en la parte superior de la cabeza y la base de la columna le asegura al hombre que él también tiene la oportunidad de ser andrógino.

El poder-sabiduría del Padre al infundir el amor-pureza de la Madre produce la conciencia Crística en el cáliz del corazón, que está afianzado en el cuerpo etérico junto con los correspondientes once chakras secundarios durante el viaje del alma a través de la tercera esfera, la franja rosa del Cuerpo Causal. Ahí, el Espíritu-Fuego y la Materia-Fuego funcionan como coeficientes del Espíritu-Tierra y la Materia-Tierra. Estos fuegos sagrados producen la llama trina, la acción equilibrada de amor, sabiduría y poder, coordenadas de Padre, Hijo y Espíritu Santo. Ahí, en el centro del ser, se coloca el mandala de la corriente de vida, cristal flamígero del Ser Crístico, sobre el chakra del corazón, para magnificar las energías de la Llama de la Vida.

A continuación, el alma con su cuerpo etérico pasa por la cuarta esfera, la franja violeta, donde recibe el chakra de la sede del alma, foco de la Materia-Aire, junto con los once chakras secundarios bajo su influencia. Mediante este cáliz se afianza la imagen de la Mente de Cristo en el cuerpo mental con el fin de que pueda estamparse sobre la semilla tanto del hombre como de la mujer (el esperma y el óvulo), conteniendo así el patrón de la vida para las almas que vayan a nacer. Ahí está afianzado el

---

*Las manos concentran las espirales más y menos de un rayo secreto; los pies concentran las espirales más y menos de otro. De esta forma están afianzados los cinco rayos secretos en los siete subchakras principales. Diez chakras secundarios están bajo la influencia de las manos; diez, bajo la de los pies, y once, bajo cada uno de los otros tres subchakras, sumando cincuenta y tres chakras secundarios bajo los siete subchakras principales, un total de sesenta focos de los rayos secretos en el cuerpo del hombre. Los ochenta y cuatro restantes son focos de los rayos de colores.

resplandor solar para que el diseño original divino pueda manifestarse en la Materia, "como Arriba, así abajo". Ahí la llama de la libertad da al alma a elegir entre la voluntad humana y la Voluntad Divina. La elección de la Voluntad Divina hará que la Mente que había en Jesucristo se manifieste en las creaciones de cada hijo e hija de Dios.

En la quinta esfera, la franja morada con tintes de oro, el alma y el cuerpo etérico reciben el cáliz solar o plexo solar, punto focal de la emisión de la radiación solar en el plano de la Materia, junto con los once chakras secundarios bajo su influencia. A través de este chakra, el cuerpo emocional desarrolla el destino ígneo del alma en el plano de la Materia-Agua. En este plano existe una gran oportunidad para expandir los fuegos del alma, porque cuando están gobernadas adecuadamente, las emociones del hombre (sus energías en movimiento) pueden dar un enorme ímpetu hacia el bien en el mundo de la forma. No hace falta decir que, cuando no están gobernadas, causan la ruina del hombre.

En la sexta esfera, la franja verde, el alma y el cuerpo etérico reciben el cáliz del tercer ojo, foco del Espíritu-Aire. Mediante la visión del Ojo Omnividente de Dios afianzado en este chakra, el hombre es capaz de bajar a los planos del Espíritu y la Materia los modelos de su Cuerpo Causal. Aunque estos modelos se emiten en el plano de la Materia a través del chakra de la sede del alma y el cuerpo mental inferior, aparecen en el plano del Espíritu a través del tercer ojo cuando la conciencia ha vuelto a la visión de un solo ojo del estado edénico.

Durante su viaje por la séptima esfera, la franja azul, el alma y el cuerpo etérico reciben el chakra de la garganta, foco del Espíritu-Agua. Cuando el poder de la Palabra hablada se emite por este chakra, los modelos del cuerpo etérico se convierten en la Palabra hecha carne. Cuando el alma ha completado sus ciclos por las doce franjas del Cuerpo Causal individual y acepta el mandato divino de descender a la forma, el poder de la Palabra hablada es lo que hace que la esencia de fuego líquido (Espíritu-Agua) manifieste la forma de los tres cuerpos inferiores de acuerdo con el modelo electrónico de la corriente de vida: y la Palabra se hace carne.

La ilustración 29 (página 122) ofrece una visión frontal de cómo están distribuidas en polaridad las Cuatro Fuerzas Cósmicas a través de los chakras superiores e inferiores. El Ser Crístico, al actuar como Mediador entre Espíritu y Materia, concentra los planos tanto del Espíritu-Fuego como de la Materia-Fuego en el chakra del corazón. Nacido en el núcleo de fuego blanco del Ser de Dios, el Cristo se convierte en el Eje del microcosmos. Al guardar la llama entre el Ser Superior y el yo inferior, el Cristo es el integrador de la Vida donde el Espíritu se convierte en Materia y la Materia se convierte en Espíritu.

El alma asume forma

El descenso del alma para encarnar obedece al mismo ciclo del reloj tal como lo hacen soles, estrellas y átomos. En el Ritual de la Creación, la formación del cuerpo etérico se lleva a cabo en el cuadrante de fuego bajo la dirección de las Jerarquías de las líneas de las doce, la una y las dos. Este ritual, que es una actividad de los planos del Espíritu-Fuego y la Materia-Fuego, se inicia en el cáliz del corazón de la Presencia YO SOY individualizada y el Ser Crístico cuando se forma el alma, y se termina cuando el alma realiza su duodécima ronda por el Cuerpo Causal.

La concepción inmaculada del alma —el mandato divino para que descienda a la forma— y la concepción del cuerpo físico tienen lugar bajo la dirección de la Jerarquía de la línea de las tres. La formación del cuerpo mental se produce en el cuadrante mental bajo la dirección de las Jerarquías de la línea de las tres, las cuatro y las cinco. Este ritual, que es una actividad de los planos del Espíritu-Aire y la Materia-Aire, se realiza mediante los cálices del tercer ojo y la sede del alma durante el primer trimestre de gestación en el vientre.

Para la precipitación del cuerpo emocional, la radiación solar se concentra en el cuadrante de agua bajo la dirección de las Jerarquías de la línea de las seis, las siete y las ocho. Este ritual, que es una actividad de los planos del Espíritu-Agua y la Materia-Agua, se realiza mediante los chakras de la garganta y el plexo solar durante el segundo trimestre de gestación.

El cuerpo físico se termina en el cuadrante de tierra bajo la dirección de las Jerarquías de la línea de las nueve, las diez y las once. Este ritual, que es una actividad de los planos del Espíritu-Tierra y la Materia-Tierra, se realiza mediante el chakra de la coronilla y la base durante el último trimestre de gestación.

Aunque los modelos de los tres cuerpos inferiores se realizan por completo de la manera descrita, se van desarrollando de forma simultánea durante el período de nueve meses de gestación. Uno solo ha de observar la posición de las Doce Jerarquías y las fuerzas cósmicas que estas representan en cada línea del reloj para darse cuenta de cómo están tejidos en el material del alma los cuatro planos de la conciencia de Dios para el engranaje mutuo de los cuatro cuerpos inferiores. Por ejemplo, durante el primer mes de gestación, la Jerarquía de Aries en la línea de las tres concentra el elemento fuego en el cuerpo mental. Durante el segundo mes de gestación, la Jerarquía de Tauro en la línea de las cuatro concentra el elemento tierra en el cuerpo mental. Durante el tercer mes, la Jerarquía de Géminis concentra el elemento aire en el cuerpo mental; y así sucesivamente por el reloj, hasta el momento de nacer, cuando el alma comienza un nuevo ciclo de oportunidad en la forma. Las Doce Jerarquías del Sol concentran su impulso acumulado de servicio al alma entrante dirigiéndolo hacia la Jerarquía a cargo del ciclo y el ritual del mes.

Desde el momento de la concepción, el alma del niño participa en la formación del cuerpo que la albergará para cumplir su misión en la vida. A lo largo de los nueve meses de gestación, el alma puede entrar y salir de su cuerpo en el vientre, yendo a planos de existencia superiores en el mundo celestial. Cada vez que el alma entra en su cuerpo afianza más sustancia anímica en él. A medida que la gestación avanza, el espíritu o esencia del alma se va volviendo parte de la sangre y las células, del cerebro, el corazón y todos los órganos.

Al nacer (siendo el instante del nacimiento fundamental para la misión del alma), bajo la dirección de la Jerarquía de la línea de las doce, el alma baja por el canal espiritual del nacimiento, que es como un gran embudo, y la llama trina se afianza en el cáliz del corazón. Antes de nacer, la llama trina de la madre sustenta el corazón y las funciones necesarias del feto a través de la placenta y el cordón umbilical, que tienen un parecido sorprendente con el Cuerpo Causal y el cordón cristalino.

El alma se integra completamente con el cuerpo en el momento de nacer; y en ese momento una cortina de olvido se corre sobre el cuerpo de la memoria del alma. Entonces esta ya no tiene todo el recuerdo de su preexistencia en el mundo celestial o vidas anteriores.

Como funda o manto del alma, el cuerpo etérico permanece intacto de una encarnación a otra, conservando las impresiones que hay estampadas sobre él por la cualificación de la energía que tiene lugar en los tres cuerpos inferiores. Cada vez que el alma asume forma, el cuerpo mental, emocional y físico se vuelven a formar, de acuerdo con los modelos guardados en el cuerpo etérico.

El engranaje de los cuatro cuerpos inferiores

Los cuatro cuadrantes del círculo representan fases de la Materia, niveles de energía a través de los cuales la llama Divina se va formando de modo progresivo, comenzando por el fuego y culminando en la precipitación física. Estas fases de la Materia constituyen la sustancia de los cuatro cuerpos inferiores.

Los trígonos (ilustración 31) son los triángulos que se forman al conectarse las líneas de este reloj que pertenecen al mismo elemento. Por tanto, hay cuatro trígonos que se corresponden con el fuego, el aire, el agua y la tierra. Estos representan la actividad de la llama trina cuando cualifica los niveles de la Materia. Los trígonos se engranan unos con otros para afianzar los elementos de la conciencia del hombre como memoria, pensamientos, sentimientos y forma física.*

A través de esta actividad, el cuerpo de fuego se vincula directamente con cada uno de los tres cuerpos restantes. Lo mismo ocurre con el cuerpo físico. Porque todos los cuerpos inferiores del hombre

---

*Para obtener más información sobre las Doce Jerarquías del Sol y las doce líneas del reloj, véase Elizabeth Clare Prophet, (*Predice tu futuro: Astrología de la Madre Divina,* Porcia Ediciones.).

Planos de conciencia

ILUSTRACIÓN 31:
El engranaje de los cuatro cuerpos inferiores

El cuerpo etérico está afianzado en el cuerpo mental (3), el emocional (7) y el físico (11) a través del trígono de fuego.

El cuerpo mental está afianzado en el cuerpo etérico (1), el mental (5) y el físico (9) a través del trígono de aire.

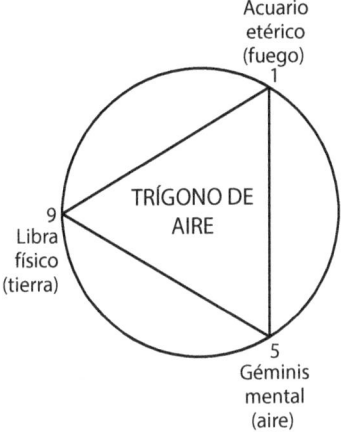

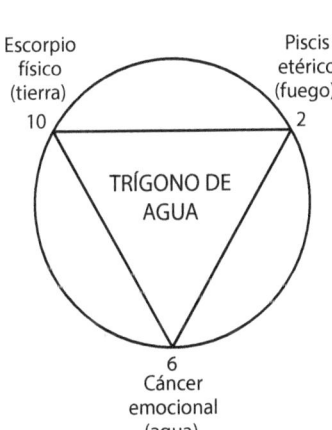

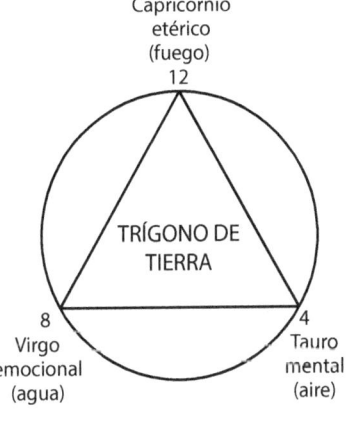

El cuerpo emocional está afianzado en el cuerpo etérico (2), el emocional (6) y el físico (10) a través del trígono de agua.

El cuerpo físico está afianzado en el cuerpo etérico (12), el mental (4) y el emocional (8) a través del trígono de tierra.

deben tomar del fuego de Dios, y todos existen en el reino de la Materia; por tanto, todos asumen forma física en cierto grado.

Los cuerpos mental, emocional y físico afianzan el cuerpo de fuego para proporcionarle al hombre la memoria y un cáliz para el plan divino, la esencia ígnea de su identidad Divina. Los cuerpos etérico, mental y emocional afianzan el cuerpo físico para proporcionarle al hombre la forma física a través de la cual él pueda cristalizar singulares flores ígneas de amor.

Pero los pensamientos y los sentimientos pueden actuar de forma independiente. Por tanto, el cuerpo mental y el cuerpo emocional no se engranan directamente uno con otro, aunque con frecuencia de manera externa se influyen mutuamente. Los cuerpos etérico, mental y físico (pero no el cuerpo emocional) afianzan el cuerpo mental, formas de pensamiento que son cálices vivos, agentes de la Mente ígnea de Dios. Los cuerpos etérico, emocional y físico (pero no el cuerpo mental) afianzan el cuerpo emocional para proporcionarle al hombre sentimientos y derribar las barreras de la dualidad. Puesto que el cuerpo mental carece del lazo emocional y el emocional carece del lazo mental, el contacto mutuo se logra mediante el etérico (contacto mental con el emocional) o mediante el físico (contacto emocional con el mental).

Patrones para la distribución de la energía en el hombre

Con el afianzamiento de la llama trina en el cáliz del corazón se inicia la distribución de la energía a través de los chakras. El envío de la energía de Dios al hombre es una actividad del rayo masculino, del Espíritu que proyecta el fuego sagrado hacia los planos de la Materia con el fin de que el alma evolucione en la forma. El regreso de la energía del hombre a Dios es una actividad del rayo femenino, de la Materia que vuelve al Espíritu en la espiral involutiva. La ilustración 32 muestra la acción masculina del fuego sagrado en el hombre. La ilustración 33 del caduceo o ciclo de regreso de la energía desde el chakra de la base al de la coronilla muestra la acción femenina del fuego sagrado en el hombre. Consideremos primero la actividad del rayo masculino.

Planos de conciencia

ILUSTRACIÓN 32:
El modelo de distribución de la energía a través del corazón con el fin de crear en los chakras superiores e inferiores.
Acción masculina del fuego sagrado en el hombre.

Padre Divino
Calamita de la Presencia

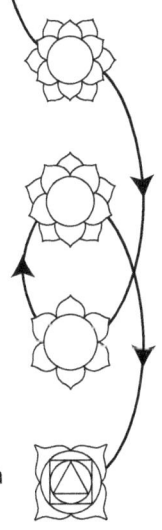

Chakra de la coronilla
Espíritu-Tierra

Chakra del tercer ojo
Espíritu-Aire

Chakra de la garganta
Espíritu-Agua

Chakra del corazón
Espíritu-Fuego/Materia-Fuego

Chakra del plexo solar
Materia-Agua

Chakra de la sede del alma
Materia-Aire

Chakra de la base de la columna
Materia-Tierra

El fuego blanco que desciende al corazón se distribuye a los chakras superiores e inferiores de acuerdo con el Ritual de la Creación (espiral en sentido horario), pasando por los planos de fuego, aire, agua y tierra.

Madre Divina
Átomo Semilla
(Kundalini)

ILUSTRACIÓN 33: El modelo del caduceo
Acción femenina del fuego sagrado en el hombre

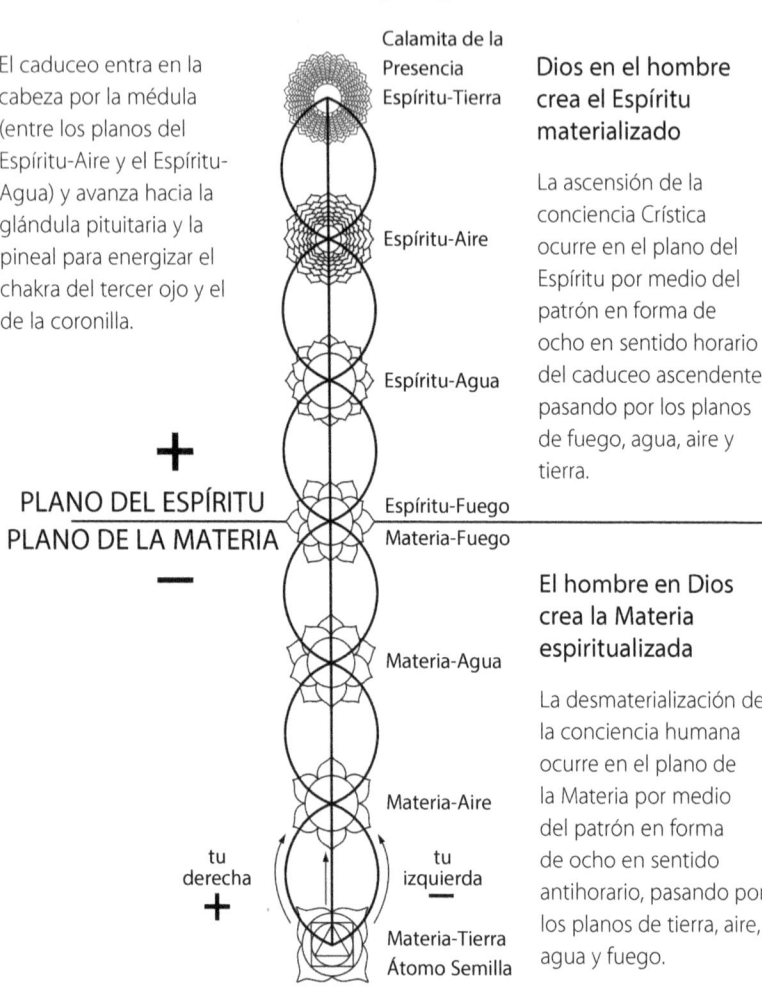

El caduceo entra en la cabeza por la médula (entre los planos del Espíritu-Aire y el Espíritu-Agua) y avanza hacia la glándula pituitaria y la pineal para energizar el chakra del tercer ojo y el de la coronilla.

Calamita de la Presencia
Espíritu-Tierra

Espíritu-Aire

Espíritu-Agua

PLANO DEL ESPÍRITU
PLANO DE LA MATERIA

Espíritu-Fuego
Materia-Fuego

Materia-Agua

Materia-Aire

tu derecha
tu izquierda

Materia-Tierra
Átomo Semilla

Dios en el hombre crea el Espíritu materializado

La ascensión de la conciencia Crística ocurre en el plano del Espíritu por medio del patrón en forma de ocho en sentido horario del caduceo ascendente, pasando por los planos de fuego, agua, aire y tierra.

El hombre en Dios crea la Materia espiritualizada

La desmaterialización de la conciencia humana ocurre en el plano de la Materia por medio del patrón en forma de ocho en sentido antihorario, pasando por los planos de tierra, aire, agua y fuego.

Pingala azul △
Omega +

Sushumna amarillo ✡
Alfa +
alfa –

Ida rosa ▽
Omega–+

La elevación de pingala indica grados de maestría sobre el cuerpo físico y el elemento tierra.

La elevación de sushumna indica grados de maestría sobre el cuerpo etérico, el mental y los elementos fuego y aire.

La elevación de ida indica grados de maestría sobre el cuerpo emocional y el elemento agua.

Las espirales cósmicas de energía, que descienden desde el Corazón del Sol hasta el corazón del hijo, brotan como la trinidad de la llama trina en el corazón, desde donde son distribuidas a los chakras superiores e inferiores de acuerdo con los modelos que se muestran en la ilustración 32. El corazón es el prisma a través del cual pasan las espirales de Alfa y Omega de pura Luz blanca para energizar los cuatro cuerpos inferiores según sus respectivos planos de conciencia. En el corazón, donde convergen los planos del Espíritu y la Materia, la llama trina estalla para aparecer "como Arriba, así abajo".

La ilustración 34 muestra la acción de la llama trina con un modelo en forma de ocho que se mueve en espiral, que asciende al trono del corazón y desciende de él. En el plano del Espíritu, *Arriba*, los penachos son ascendentes: el azul a la izquierda de uno, el rosa a la derecha y el amarillo en el centro. En el plano de la Materia, *abajo*, los penachos son descendentes: el azul a la derecha de uno, el rosa a la izquierda y el amarillo que permanece en el centro.

La flor de lis es el símbolo de la acción de la llama trina, "como Arriba, así abajo". La acción triple de la llama baja en espirales por debajo del corazón para la precipitación de la virtud Crística en los planos de la Materia. El hecho de que la llama sea más grande en los planos del Espíritu que en los de la Materia significa que la preponderancia de la energía del hombre ya está del lado de su divinidad. Si la gente entendiera esta ley, descubriría que de hecho es más fácil cualificar la energía de Dios espiritualmente por encima del corazón que cualificarla mal materialmente por debajo del corazón.

En el plano del Espíritu, el hombre y la mujer reciben a su izquierda el poder de Dios como el aspecto negativo (femenino) del rayo azul, que se manifiesta en el plano de la Materia a la derecha como el aspecto positivo (masculino) del rayo azul. En el plano de la Materia, el hombre y la mujer reciben a su izquierda el amor de Dios como el aspecto negativo del rayo rosa, que se manifiesta en el plano del Espíritu a la derecha como el aspecto positivo del rayo. Así, el lado izquierdo del hombre y la mujer es predominantemente femenino (receptor) y su lado derecho es predominantemente masculino (dador).

ILUSTRACIÓN 34: La llama trina en el Espíritu y la Materia

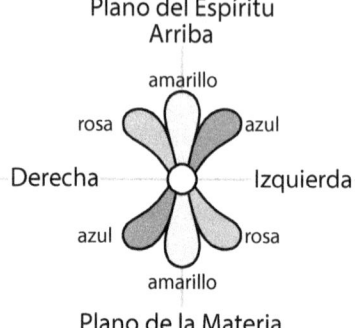

La llama trina se invierte para alimentar a los chakras inferiores. En el plano del Espíritu, el penacho rosa tiene la polaridad + / Padre / masculina, el penacho azul tiene la polaridad − / Madre / femenina. En el plano de la Materia, el penacho azul tiene la polaridad + / Padre / masculina, el penacho rosa tiene la polaridad − / Madre / femenina.

La flor de lis es el símbolo de la acción de la llama trina, "como Arriba, así abajo". La acción triple de la llama baja en espirales por debajo del corazón para la precipitación de la virtud Crística en los planos de la Materia. El hecho de que la llama sea más grande en los planos del Espíritu que en los de la Materia significa que la preponderancia de la energía del hombre ya está del lado de su divinidad.

La relación entre el modelo del caduceo y la acción de la llama trina en el hombre y la mujer determina su polaridad respectiva en los planos del Espíritu y la Materia:

En el hombre, pingala (azul) se eleva desde su derecha e ida (rosa) desde su izquierda. Estas posiciones corresponden a la acción de la llama trina debajo del corazón en el plano de la Materia. Así, debido a la Ley de la Atracción, el hombre está orientado hacia el universo físico y concreto; y debido a la Ley de la Polaridad, se siente atraído por el aspecto femenino de su naturaleza en el plano del Espíritu.

En la mujer, pingala (azul) se eleva desde su izquierda e ida (rosa) desde su derecha. Estas posiciones corresponden a la acción de la llama trina por encima del corazón en el plano del Espíritu. Así, debido a la Ley de la Atracción, la mujer está orientada hacia el universo espiritual; y debido a la Ley de la Polaridad, se siente atraída por el aspecto masculino de su naturaleza en el plano de la Materia.

Lo que determina que el alma tenga una encarnación masculina o femenina es la acción del caduceo elevándose desde el Átomo Semilla. Y lo que pone en movimiento las energías del caduceo en el momento de la concepción es el impulso de la Presencia YO SOY transmitido desde el Cuerpo Causal individualizado al Cuerpo Causal microcósmico.

La acción de la llama por encima y por debajo del corazón determina la cualificación de las energías que ascienden al corazón y descienden de él hacia los seis chakras principales en los planos del Espíritu y la Materia, y de ahí a los siete subchakras principales y los 130 restantes. Ahora vamos a explicar cómo las estrellas Alfa y Omega, mediante los modelos de distribución, se convierten en triángulos en el firmamento del ser del hombre.

Las espirales de energía cósmica que descienden por el cordón cristalino están compuestas por dos espirales o estrellas descendentes, una de Alfa, con giro positivo, y otra de Omega, con giro negativo. En cada estrella hay dos triángulos, con giro positivo y negativo. La estrella Alfa contiene los triángulos de fuego (Alfa-más) y de aire (Alfa-menos); la estrella Omega contiene los triángulos de agua (Omega-menos) y de tierra (Omega-más). Estos cuatro triángulos, portadores de la frecuencia de las cuatro fuerzas cósmicas, buscan su propio plano y su propia vibración en los chakras del hombre.

La Ley de la Atracción (las cosas parecidas se atraen mutuamente) y la Ley de la Polaridad (las cosas opuestas se polarizan) operan en la distribución y el control de la energía en el hombre. El plano del Espíritu (+) y el de la Materia (−) están en polaridad. Por tanto, los tres chakras por encima del corazón están en polaridad con los tres por debajo del corazón. Los chakras de la garganta, el tercer ojo y la coronilla tienen una carga A (Alfa) o positiva y los chakras del plexo solar, la sede del alma y la base de la columna tienen una carga Ω (Omega) o negativa. El corazón, siendo el nexo entre los planos de la Materia y el Espíritu, tiene tanto la carga positiva como la negativa.

Ahora veamos cómo la Ley de la Atracción opera en la distribución de la energía por los chakras superiores e inferiores cuando la niebla se convierte en el cristal en cada uno de los chakras que gobiernan la emisión de energía en sus planos respectivos. Los triángulos de las espirales Alfa y Omega se distribuyen a los chakras mediante el Ritual de la Creación (espiral en sentido horario), pasando por los planos (chakras) de fuego, aire, agua y tierra.

Si nos imaginamos a las estrellas que descienden más y menos por el cordón cristalino como si fueran tranvías y a sus triángulos como cuatro pasajeros que se bajan en las cuatro paradas (en el chakra del corazón y los tres chakras por encima y por debajo de él), entenderemos cómo la energía se distribuye en los cuatro planos de la Materia y en los cuatro planos del Espíritu según la Ley de la Atracción. El triángulo de fuego baja en el corazón; el triángulo de aire, en la sede del alma y el tercer ojo; el triángulo de agua desciende en el plexo solar y la garganta, y el triángulo de tierra baja en la base y en la coronilla. Cada vez que un triángulo baja, las cargas combinadas de los triángulos restantes determinan, por la Ley de la Atracción, dónde será la siguiente *parada*.

Examinemos la espiral en sentido horario que desciende desde el corazón por los planos de la Materia. Cuando el triángulo Alfa-más (fuego) se baja en el chakra del corazón (fuego), quedan tres pasajeros: los triángulos Alfa-menos, Omega-menos y Omega-más. Viajando juntos en el tranvía, como una unidad, todos avanzan hacia la sede del alma, impulsados por la atracción entre el triángulo Alfa-menos (aire) y la carga Alfa-menos de este chakra (aire). Después de que el triángulo Alfa-menos se baja, los pasajeros que quedan son los triángulos Omega-menos (agua) y Omega-más (tierra). Al funcionar como una estrella menos (–), los dos son atraídos hacia el chakra con una polaridad negativa (–) más fuerte, el plexo solar (el agua es más yin que la tierra). En esta parada Omega-menos (agua) se baja el triángulo Omega-menos, y el último pasajero, el triángulo Omega-más es atraído hacia la base de la columna, la parada Omega-más (tierra). Un proceso idéntico ocurre por encima del corazón a lo largo de la espiral ascendente en sentido horario para la distribución de la energía por los planos del Espíritu. La energía así distribuida debe cualificarse de acuerdo con los siete rayos, que corresponden en frecuencia a los planos del Espíritu y la Materia focalizados a través de los siete chakras.

Cuando no se produce ninguna mala cualificación de la energía a través de los chakras, solo el diez por ciento de la asignación diaria que tiene el hombre es necesario para sustentar a sus cuatro cuerpos inferiores. Otro diez por ciento está destinado a volver por el cáliz del corazón a la Fuente de donde vino, como un diezmo amoroso para el Todopoderoso. Este flujo de gratitud sustenta el antahkarana entre el hombre y Dios, tejiendo la "escalera a las estrellas" por la que el hombre subirá un día hacia su libertad inmortal.* El 80% restante de la asignación diaria que tiene el hombre se puede cualificar con la más alta inteligencia creativa y el más alto propósito para la precipitación de los modelos hechos en los cielos a través de los modelos hechos en la tierra en los siete chakras.

Mediante un acto de voluntad divina, el individuo tiene la opción de devolver al cáliz del corazón las energías que se han distribuido a los chakras superiores e inferiores en exceso, según la necesidad que tenían. Su devolución se produce en el orden inverso al de su distribución, como se muestra en el gráfico. Al pasar por los planos (chakras) de tierra, agua, aire y fuego, los triángulos siguen el patrón del Ritual de la Desintegración. Esto significa simplemente que los triángulos regresan al corazón, donde se reagrupan en las formaciones de estrellas Alfa-Omega para la cualificación mediante el prisma de la conciencia Crística.

El propósito de devolver al corazón las energías que uno tiene de más es para engrandecer la producción creativa del alma con las energías combinadas (triángulos) de las espirales Alfa y Omega a través del impulso acumulado del Cristo afianzado en la llama trina y a través de los aspectos del fuego sagrado del Espíritu y la Materia que se expresan de manera única en el corazón. En el corazón nacen las obras más grandes y nobles del hombre.

---
*La Ley del Diezmo se tratará en el libro 9 de la serie Escala la montaña más alta.

En el corazón está el principio de la sabiduría. En el corazón se da el conocimiento del amor, y en el corazón se siente y se comparte el poder del Espíritu.

La opción que tiene el hombre de devolver el exceso de energías al cáliz del corazón se elige por la autoridad de la conciencia Divina, la conciencia Crística o la conciencia Solar afianzada en el chakra del tercer ojo, el corazón y la sede del alma respectivamente. Estas facultades de tomar decisiones determinan, a través de los planos de fuego y aire, cómo se utilizarán las energías de Dios para crear en el Espíritu y la Materia.

La sabiduría, el amor y el poder de la llama trina quedan así afianzadas en el cuerpo mental 1. mediante el tercer ojo, foco de la Mente Divina (amarillo), que le asegura al hombre el conocimiento correcto y la visión y propósito únicos del Ojo Omnividente de Dios; 2. mediante el corazón (rosa), que emite el conocimiento intuitivo del Ser Crístico; y 3. mediante la sede del alma (azul), que imprime en la mente externa la decisión del alma de producir el plan divino según su destino ígneo.

Estas facultades de corazón, cabeza y mano reciben oposición por parte de la conciencia de la dualidad mediante 1. el intelecto humano, que proclama la sabiduría del mundo como algo superior a la de Dios; 2. el ego humano, que usurpa la autoridad del Cristo; y 3. la voluntad humana, que desdeña la voluntad divina y las Leyes de Dios, justificando con códigos humanos su desenfrenado uso de la energía de Dios (ilustración 35).

Mi corazón es el corazón de Dios

El cáliz del corazón proporciona el mayor potencial para la precipitación equilibrada en los planos del Espíritu y la Materia porque es el foco del fuego sagrado: la llama trina. Aquí, la unión de Espíritu-Fuego y Materia-Fuego, concentrando el poder de la polaridad masculina y femenina de la Deidad, produce en el hombre un resplandor de la conciencia Crística como un orbe. Como eje central entre los chakras superiores e inferiores, el cáliz del corazón recibe en el ciclo de regreso las energías perfectamente

Planos de conciencia

ILUSTRACIÓN 35:
Las facultades del hombre de tomar decisiones como una trinidad afianzada a través de los planos de fuego y aire

A través de los planos de fuego y aire, el hombre decide cómo empleará sus energías en los planos de agua y tierra.

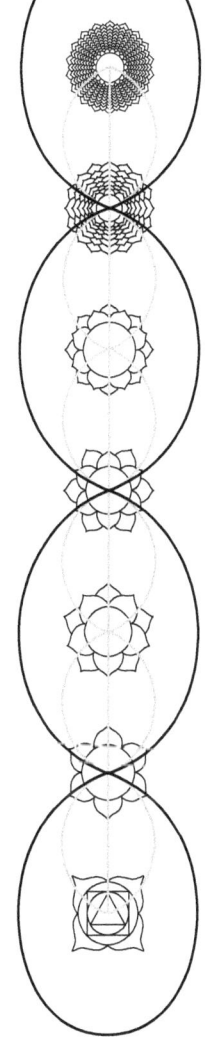

Espíritu-Aire
Tercer ojo

En la corriente de vida no desarrollada, la omnisciencia (sabiduría) de la conciencia Divina del hombre queda eclipsada por el intelecto humano (la mente carnal).

Espíritu-Fuego
Corazón
Materia-Fuego

En la corriente de vida no desarrollada, la omnipresencia (amor) de la conciencia Crística del hombre queda eclipsada por el ego humano.

Materia-Aire
Sede del alma

En la corriente de vida no desarrollada, la omnipotencia (poder) de la conciencia solar (alma) del hombre queda eclipsada por la voluntad humana.

equilibradas del Espíritu-Tierra, la Materia-Tierra, del Espíritu-Agua, la Materia-Agua, y del Espíritu-Aire, la Materia-Aire. Estas energías son refinadas por los fuegos celestiales del corazón, moldeadas por la acción vivificante de la llama trina y emitidas a través del prisma de la conciencia Crística para bendición de todo lo que tiene Vida.

A través del cordón cristalino, el sustento de la Presencia, el corazón del hombre se conecta directamente con el corazón de Dios. Cuando se sintoniza adecuadamente con la trinidad de la conciencia del Creador, el hombre se convierte en un cocreador junto con Él, el latido de su corazón unido a la pulsación del latido del corazón divino, su mente que fluye con el propósito creativo, su alma que murmura con el ritmo de las esferas.

Aunque la llama trina nunca puede contaminarse con los abusos de los hombres, cuando el hombre no la adora puede ver reducido su tamaño de manera importante. Cuando el hombre no la invoca con una acción equilibrada, sus tres penachos pueden adquirir distintas alturas. Y cuando el hombre no purifica sus pensamientos y sentimientos, sus motivos y propósitos, la llama trina puede quedar enterrada en los desechos astrales. Sin embargo, la llama en sí sigue ardiendo para sustentar la vida en los cuatro cuerpos inferiores hasta que el cordón cristalino sea retirado por el Ser Crístico y la oportunidad desaparezca hasta otra ronda.

La purificación del chakra del corazón y el equilibrio de la llama trina son algo esencial si el hombre ha de llegar a ser un cocreador con Dios. La llama trina debe cultivarse, regarse y alimentarse con oración, meditación y decretos, y con el servicio a la Vida. Si el hombre desea progresar en lo espiritual, debe invocar el fuego sagrado para eliminar los desechos que acumula alrededor del chakra del corazón. Hasta que no lo haga, su evolución estará en un punto muerto. El corazón ha de bañarse a diario en el fuego violeta, el relámpago azul y la llama del Espíritu Santo si el hombre quiere expandir y equilibrar la llama trina y liberarse de la esclavitud de los sentidos que esclavizan al corazón. En verdad, aquel cuyo corazón permanezca enterrado en una tumba de

Planos de conciencia

ILUSTRACIÓN 36:
Cuatro planos del ego se oponen a la maestría sobre los cuatro elementos en los ciclos de Materia y Espíritu de la emisión de la energía a través de los chakras

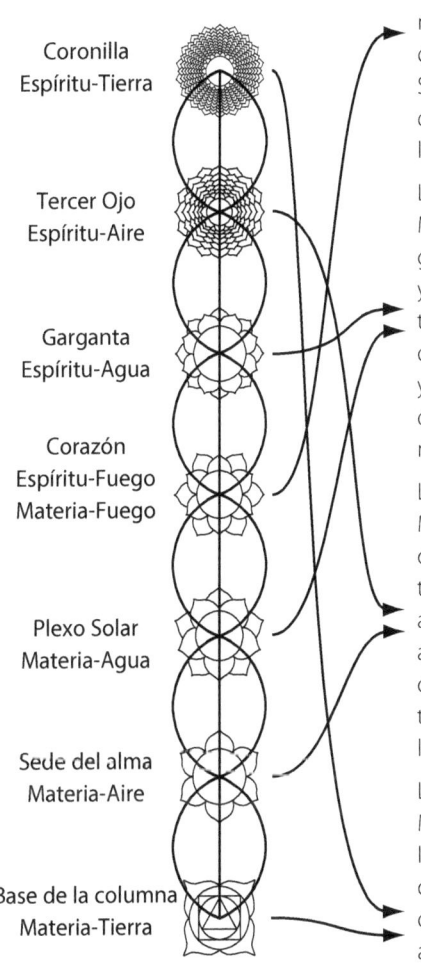

Coronilla
Espíritu-Tierra

Tercer Ojo
Espíritu-Aire

Garganta
Espíritu-Agua

Corazón
Espíritu-Fuego
Materia-Fuego

Plexo Solar
Materia-Agua

Sede del alma
Materia-Aire

Base de la columna
Materia-Tierra

La maestría del Espíritu-Fuego y la Materia-Fuego mediante el chakra del corazón (rosa) recibe la oposición del magnetismo animal malicioso; abuso del elemento fuego bajo Aries, Leo y Sagitario y la consiguiente perversión de la llama trina en el cuerpo etérico en la línea de las 12, la 1 y las 2.

La maestría del Espíritu-Agua y la Materia-Agua mediante el chakra de la garganta (azul) y el plexo solar (morado y oro) recibe la oposición del magnetismo animal complaciente; el abuso del elemento agua bajo Piscis, Cáncer y Escorpio y la consiguiente perversión de la llama trina en el cuerpo emocional en la línea de las 6, las 7 y las 8.

La maestría del Espíritu-Aire y la Materia-Aire mediante el chakra del tercer ojo (verde) y la sede del alma (violeta) recibe la oposición del magnetismo animal ignorante; abuso del elemento aire bajo Acuario, Géminis y Libra y la consiguiente perversión de la llama trina en el cuerpo mental en la línea de las 3, las 4 y las 5.

La maestría del Espíritu-Tierra y la Materia-Tierra mediante el chakra de la coronilla (amarillo) y la base de la columna (blanco) recibe la oposición del magnetismo animal placentero; abuso del elemento tierra bajo Capricornio, Tauro y Virgo y la consiguiente perversión de la llama trina en el cuerpo físico en la línea de las 9, las 10 y las 11.

materia no es vivificado de entre los muertos.

Se ha dicho: "Porque cual es su pensamiento en su corazón, tal es él".[1] El corazón es la fuente del ser del hombre. Por tanto, si el motivo del corazón es puro, las energías del hombre fluirán desde el corazón con una corriente pura y regresarán a él del mismo modo. Si el motivo del corazón es impuro, las energías que fluyan del corazón y los otros chakras serán igualmente impuras.

Los de limpio corazón verán a Dios[2] porque una ininterrumpida corriente de Luz fluye desde el corazón puro al corazón de la Única Fuente de la Vida. La fuerza de Galahad era como de diez hombres porque su llama pura del corazón hizo posible el engrandecimiento de todo el potencial del Cristo. Para realizarse en Dios, el hombre debe proteger el corazón, adorar la llama y purificar su conciencia. Entonces podrá decir con Jesús:

Mi corazón es el corazón de Dios.
Mi corazón es el corazón del mundo.
Mi corazón en el corazón de Cristo en acción curativa.

El caduceo

Al haber examinado el descenso de las energías Alfa y Omega y el patrón de su distribución en el hombre, dirijámonos ahora a la acción del caduceo, las espirales en forma de ocho por las cuales asciende la energía de Dios a través de los planos de la Materia y el Espíritu desde el Átomo Semilla en la base de la columna a la Calamita de la Presencia en la coronilla (ilustración 33, página 134). Solo con un conocimiento correcto del caduceo se puede lograr con éxito la maestría sobre las energías sagradas de la Vida, porque solo con la victoria del caduceo puede el hombre vencer al último enemigo, que es la muerte.[3]

El descenso de la energía de Dios al hombre, siendo una actividad masculina del fuego sagrado, infunde en los chakras la carga masculina (positiva). El ascenso del fuego sagrado del hombre a Dios por el caduceo, siendo una actividad femenina, infunde en los chakras la carga femenina (negativa) de la Deidad.

En nuestro estudio del caduceo veremos cómo se combinan estas funciones para producir la conciencia Crística en los planos del Espíritu y la Materia.

La vara alada, símbolo de la profesión médica, ilustra los rayos masculino (azul) y femenino (rosa) entrelazados en una acción centrípeta y centrífuga alrededor de la vara del Cristo (amarillo) concentrada en la columna vertebral. Tal como se muestra en la ilustración 33 (página 134), "El modelo del caduceo en el hombre", las energías del Átomo Semilla, que se elevan desde la base de la columna al chakra de la coronilla con una acción triple del fuego sagrado, en sánscrito son *pingala* (azul), *sushumna* (amarillo) e *ida* (rosa).

La triple espiral del caduceo que asciende por la escalera de la columna tiene su origen en el núcleo de fuego blanco del Átomo Semilla y en el foco del Cuerpo Causal microcósmico alrededor del Átomo Semilla. Este foco de la Madre del Mundo y de la acción del rayo femenino en el hombre atrae las energías del Espíritu Santo, que están activas en un mayor o menor grado en todos.

En la corriente de vida que no está despierta, solo están activas las energías de la esfera exterior (la franja azul) del Cuerpo Causal microcósmico para producir las espirales del caduceo. Los fuegos del Átomo Semilla permanecen latentes, sellados en el núcleo de fuego blanco. Sin embargo, las energías de la esfera exterior bastan para mantener el flujo de ida, pingala y sushumna desde la base de la columna hasta la coronilla. Así, al hombre nunca le falta el flujo del rayo femenino que asciende por el altar de la columna, tal como nunca carece de las corrientes descendentes del rayo masculino depositadas en la llama trina dentro del corazón.

Quede claro, por tanto, que los ciclos descendentes de las corrientes Alfa-Omega aparecen desde el aspecto Paterno concentrado en la Presencia YO SOY individualizada y en la Calamita de la Presencia localizada en el chakra de la coronilla, mientas que los ciclos ascendentes de las corrientes Alfa-Omega aparecen desde el aspecto Materno de la Deidad concentrado a través del Átomo Semilla y el Cuerpo Causal microcósmico a su alrededor en el chakra de la base de la columna.*

De esta manera se cumple la promesa que recibió David: "El Señor guardará tu salida y tu entrada desde ahora y para siempre".[4] El significado interno de la promesa es que el Señor conservará la salida de Sus energías sagradas del Sanctasanctórum —la Presencia YO SOY— hacia el templo corporal mediante los rayos masculino y femenino, y su regreso seguro al Cuerpo Causal con el poder de la Luz Crística emitida por los chakras.

El misterio se le reveló a Jacob en un sueño: "… y he aquí una escalera [la escalera de la columna] que estaba apoyada en tierra [en el chakra de la base de la columna, el plano de la Materia-Tierra], y su extremo tocaba en el cielo [el chakra de la coronilla, el plano del Espíritu-Tierra]; y he aquí ángeles de Dios que subían y descendían por ella".[5] Aquí el término *ángeles* simboliza las partículas de energía (electrones) o triángulos, como los hemos mostrado, que se mueven con un flujo continuo, subiendo y bajando por la columna.

Como punto focal del fuego sagrado en el hombre, la columna es el verdadero eje de la creación. Se la ha llamado *la vara de Meru o Merudanda* y con razón, porque el Dios y la Diosa Merú mantienen el foco del rayo femenino para la Tierra y la columna como punto focal de la precipitación de los cuatro cuerpos inferiores, representa la Madre o el lado Material de la creación.

Nuestro examen de una sección transversal de la columna vertebral en el nivel etérico revela tres anillos —otra acción de la trinidad—, que en realidad son canales para el flujo del fuego sagrado: 1. el canal central (azul), llamado *chitrini,* es el pasaje

---

*Tanto en el descenso como en el ascenso de las espirales de energía, las Cuatro Fuerzas Cósmicas de las dos estrellas están en perfecto equilibrio. Lo que es masculino o femenino es el ciclo en sí, poniendo una carga + como coeficiente de las estrellas descendentes + (− + + −) y una carga − como coeficiente de las estrellas ascendentes − (+ − − +).

para la elevación del Átomo Semilla; 2. el segundo anillo (rosa), llamado *vajrini,* es el pasaje para la distribución de las energías de la Presencia YO SOY a los chakras a través del corazón; 3. el tercer anillo más hacia el exterior (amarillo), llamado *sushumna,* es el pasaje para la llama amarilla del caduceo (ilustración 37).

Los siete chakras están conectados unos con otros, con los siete subchakras principales y con los 130 chakras restantes mediante tubos etéricos llamados *nadis,* término sánscrito que significa "movimiento", lo cual sugiere el concepto de flujo de la energía tal como lo enseñan los Maestros Ascendidos. Estos nadis son en realidad campos energéticos que dirigen las corrientes hacia su nivel correcto, llevando las energías del fuego sagrado desde y hasta el cáliz del corazón. Por estos mismos caminos ascienden a través de la escalera de la columna las energías trinas.

Ida, pingala y sushumna también son consideradas nadis; por tanto, el flujo de energía, así como las *pistas* que sigue se denominan de la misma manera. Estos nadis son los equivalentes etéricos de los sistemas nerviosos central y simpático. Al comenzar en la base de la columna, ida y pingala (que corresponden al sistema

**ILUSTRACIÓN 37:
El canal central del caduceo**

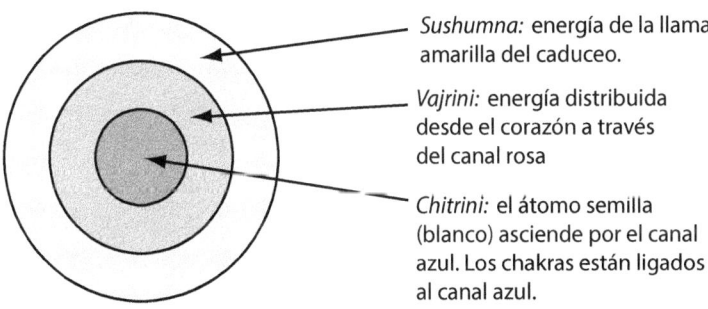

Sushumna: energía de la llama amarilla del caduceo.

Vajrini: energía distribuida desde el corazón a través del canal rosa

Chitrini: el átomo semilla (blanco) asciende por el canal azul. Los chakras están ligados al canal azul.

Las personas pueden utilizar la fuerza o voluntad (azul) para activar los chakras. Utilizando este método, la moralidad y la virtud Crística no acompañarán necesariamente a la "apertura" de los chakras. Cuando se usa el amor para abrir los chakras, estos se despliegan de manera natural como los pétalos de una flor, emitiendo las frecuencias apropiadas de los rayos destinadas a cada centro y desarrollando simultáneamente los atributos de la Deidad. Algunos ejercicios yóguicos utilizan solo la pluma azul.

nervioso simpático) tejen un modelo en forma de ocho, encontrándose con sushumna (que corresponde al sistema nervioso central) en cada uno de los siete centros. El caduceo sigue el camino de la columna vertebral, entrando en la cabeza por el bulbo raquídeo y avanzando hacia los centros pineal y pituitario haciendo forma de cayado.

Pingala es el triángulo Omega-más, representando al elemento tierra; ida es el triángulo Omega-menos, representando al elemento agua; mientras que sushumna es la estrella Alfa, que contiene el triángulo (fuego) Alfa-más (descendente) y el triángulo (aire) Alfa-menos (ascendente). La maestría que uno mismo tenga en los planos de tierra, agua, fuego y aire determina la intensidad del color y el flujo en las energías de pingala, ida y sushumna. Así como la llama trina puede estar desequilibrada según el nivel de logro que uno tenga, los miembros del caduceo no tienen por qué ser iguales.

Cuando la trinidad del rayo de la madre (el caduceo ascendente) y las energías del rayo del padre (las espirales descendentes del cordón cristalino) convergen en los siete chakras, la fusión de sus patrones infunde en los cuatro cuerpos inferiores el equilibrio de la polaridad divina, lo cual va acompañado de una emisión de Luz Crística. La convergencia de los rayos masculino y femenino en los chakras se ve cuando el triángulo ascendente △ (femenino) se encuentra con el triángulo descendente ▽ (masculino). Cuando los dos triángulos se entrelazan en cada chakra, nace la estrella de la divinidad del hombre, la dualidad se trasciende y se da un regreso a la conciencia del ojo pleno de la Deidad.

El hombre nunca está más completo sino cuando las energías del Dios Padre-Madre se unen en los siete cálices purificados de su ser, porque entonces la Imagen del Cristo se emite por los chakras "como Arriba, así abajo" en los planos de tierra, aire, agua y fuego.

Esta manifestación única de la llama del Cristo en los chakras es lo que cualifica la energía del hombre con la polaridad necesaria para su regreso al Cuerpo Causal. Lo que regrese al Lugar Secreto del Altísimo, el sitio de la perfección, debe ser perfeccionado según la polaridad divina manifestada en la conciencia del Cristo. Para estar cualificado para la inmortalidad, el hombre debe hallarse según la semejanza del Dios Padre-Madre. Del mismo modo, las energías y las creaciones que produzca y envíe desde los siete planos de su ser deben llevar la estampa de la conciencia Crística, que se produce a partir de la reunión de los rayos masculino y femenino con los siete chakras.

La Ley de la Polaridad que opera en el ser del hombre es exacta y exigente. A menos que mantenga un flujo equilibrado de las energías yin y yang en sus cuatro cuerpos inferiores, el hombre se expone completamente a la enfermedad, el decaimiento, la frustración, la infelicidad y los síntomas de la vejez, y se vuelve incapaz de atraer y conservar un suministro abundante para sus necesidades espirituales y materiales.

Estas señales de lo incompleto son el resultado de la incapacidad del hombre de mantener el equilibrio del Dios Padre-Madre en sus pensamientos, sentimientos, palabras y acciones.

El estado natural del hombre es la Plenitud. El regreso a ese estado no se puede conseguir siempre que el hombre cualifique mal las energías que descienden de su Presencia, porque al hacerlo, no es capaz de mantener la acción necesaria del rayo masculino en los chakras para atraer el rayo femenino, que acelera así la acción del caduceo. Cuando el proceso de perfeccionamiento se busca con todo el corazón, las poderosas corrientes del rayo masculino, fluyendo por los chakras, cualificadas por las virtudes Crísticas de los siete rayos, atraen una acción igualmente poderosa del rayo femenino del Átomo Semilla.

A medida que el iniciado logra una mayor maestría en la cualificación de la Luz a través de los chakras, las siete esferas del Cuerpo Causal microcósmico alrededor del Átomo Semilla se van "desenrollando" gradualmente, emitiendo las energías del rayo femenino, lo cual intensifica la acción del caduceo. Entonces, en el momento de la transfiguración del hombre (que ocurre cuando el hombre ha dominado los siete planos de conciencia a través de la adecuada cualificación de las energías emitidas desde la Presencia), el Átomo Semilla (Kundalini) emerge del núcleo de fuego blanco. Elevando a chitrini, el Átomo Semilla infunde en cada uno de los siete chakras la conciencia solar de la corriente de vida —la acción femenina del Cristo— y el modelo de su destino ígneo, emitido desde el interior del núcleo de fuego blanco del Cuerpo Causal microcósmico.

Según se va elevando el Átomo Semilla, el hombre se convierte literalmente en un sol resplandeciente, porque la unión divina del Dios Padre-Madre que se realiza en cada cáliz produce en él la concepción inmaculada del Cristo. Cuando la polaridad divina se logra de este modo en cada uno de los siete planos de su conciencia y el Átomo Semilla se afianza en la Calamita de la Presencia, el equilibrio perfecto de la naturaleza andrógina del hombre se realiza "como Arriba, así abajo". Habiendo pasado esta iniciación, el hombre recibe un poder ilimitado para crear en los planos del Espíritu y la Materia según los diseños únicos, los modelos hechos en los cielos,[6] contenidos en su propio Cuerpo Causal individualizado.

Hablando de la unión mística de los fuegos de la Vida en el hombre, la amada Amarilis dijo:

> Cuando la unción del Espíritu Santo desciende sobre el cuerpo planetario, primero lo hace sobre el corazón humano. Entonces se produce una apertura natural de los centros espirituales en el hombre; y en ese momento el reino de Dios comienza por primera vez a florecer hacia la realidad como un sol naciente de esperanza* que alegra los corazones que han velado durante la larga noche de dolor y lucha.
>
> Ahora contemplan la belleza de Dios, y todos aquellos cuyos centros se abren así se apresuran hacia la orquesta de gracia cósmica para participar en la creación de esa hermosa música que alegra el corazón y el alma, que trae deleite a cada niño y cada hombre niño. Y así, cuando los centros se abren de forma natural en el hombre, el reino de Dios se convierte en un reino compartido.[7]

---

*Esto se refiere al Átomo Semilla ascendente o a la bola de fuego blanco tal como se visualiza en meditación.

La espiral gigante

Cuando la llama trina está equilibrada y los cuatro cuerpos inferiores están alineados según el patrón del cuadrado dentro del círculo, los cálices cristalinos funcionan al máximo rendimiento como catalizadores para el cumplimiento en el hombre de la Ley de la Correspondencia. El mandato "como Arriba, así abajo" se cumple cuando las espirales positivas de la virtud Crística, emanando de cada uno de los 144 centros, producen una espiral gigante en sentido horario, que comienza en el corazón y culmina en la Calamita de la Presencia. La ilustración 38, "El tejido del Cuerpo Solar Imperecedero", muestra la acción de la espiral gigante que los estudiantes que están en el Sendero pueden visualizar y, de hecho, atraer, aunque la espiral no se mantiene en el hombre no ascendido hasta que este haya pasado la iniciación de la transfiguración.

Observarás que, empezando en el corazón y terminando en la coronilla, la espiral gigante realiza tres ciclos completos por el reloj, cada uno de los seis arcos conectándose con los chakras que representan medio ciclo. Al mismo tiempo, una espiral gigante en sentido antihorario, producida por la acción del caduceo, absorbe hacia el ser del hombre, a través del cáliz del corazón, la esencia del Espíritu Santo. A partir de la acción de estas dos espirales (la convergencia de los rayos masculino y femenino dentro del cáliz del corazón) se teje el Cuerpo Solar Imperecedero del hombre.

Los distintos sistemas yóguicos enseñan métodos diferentes para elevar el Átomo Semilla o Kundalini, como lo denominan. Se considera como meta suprema del yoga, mediante la meditación, el ejercicio y varias prácticas complejas, el conseguir despertar las capas interiores de los fuegos kundalini y, después, elevar la Kundalini misma.

Se dice que la unión del alma con Dios se logra cuando la Diosa Kundalini, que yace durmiente en el chakra raíz (enrollada como una serpiente tres veces y media en la base, cuya cabeza obstruye la apertura del canal sushumna), despierta por el calor

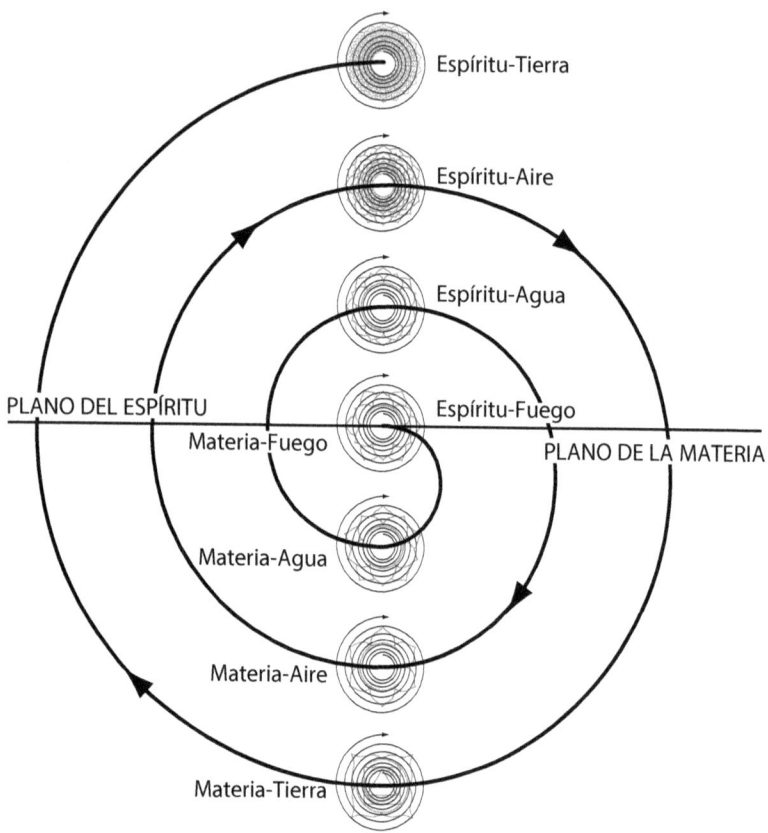

ILUSTRACIÓN 38:
El tejido del Cuerpo Solar Imperecedero mediante el uso correcto de las espirales evolutivas e involutivas.
"YO SOY un Sol resplandeciente"

A medida que las energías de Dios circulan por los siete chakras, cualificadas por la virtud y vibración Crística, siguen la espiral en sentido horario y el modelo en forma de ocho mostrado aquí, pasando por los planos de fuego, agua, aire y tierra.

Las espirales evolutivas positivas (en sentido horario) que emanan de los siete chakras son producto de la cualificación de la Luz blanca con las virtudes y colores de los siete rayos y su emisión a través de los chakras.

Las espirales involutivas negativas (en sentido antihorario) se usan para atraer prana (partículas de Luz en el aire) por los chakras para alimentar a los cuatro cuerpos inferiores. Cuando realizan las funciones no naturales consistentes en enviar energías impuras y absorber sustancia astral, los chakras son cóncavos.

Planos de conciencia

Así, las actividades equilibradas de Alfa y Omega se realizan en la exhalación (+) y la aspiración (–) de luz por los chakras. La acción centrípeta y centrífuga que estas funciones producen hace que los chakras tengan la apariencia de los mimbres de una cesta.

La gran espiral realiza tres ciclos por los cuatro elementos en los chakras inferiores y superiores, produciendo la cuadratura del círculo. Así, por el poder de la llama trina, el hombre precipita las energías de su Cuerpo Causal en el mundo de la forma.

Tanto los magos negros como los magos blancos utilizan la espiral en sentido horario y la del modelo en forma de ocho para crear y mantener la forma en la Materia y el Espíritu. Los dos usan la espiral en sentido antihorario y la del modelo en forma de ocho con el fin de desmaterializar. El absorber, ya sea el prana o las energías astrales, es la espiral involutiva o en sentido antihorario (–). El dar, ya sea Luz u Oscuridad, se logra mediante la espiral evolutiva (+). Entonces, ¿cuál es la diferencia entre el Bien y el Mal?

La respuesta está en la vibración, que es producida por los motivos, la matriz, el color y la cualidad. Si una creación es para mantener Luz, el creador debe tener unos motivos puros: glorificar a Dios en su obra. Segundo, la matriz o modelo debe establecerse según el estándar de perfección, es decir, debe ser tan perfecto como sea posible. Tercero, el color y la cualidad o frecuencia de la creación deben emanar del Cristo como aspectos de la llama trina en manifestación equilibrada.

psíquico inducido por las prácticas yóguicas, del mismo modo que una serpiente golpeada con un palo sisea y se endereza. Los yoguis enseñan que la meta de la Diosa Kundalini es unirse a su Señor Shiva en el chakra de la coronilla. Ellos explican que, según avanza ella por el canal chitrini, perfora los chakras con sus energías de relámpago, las flores se vuelven hacia arriba y el flujo de la Vida por los chakras aumenta grandemente. Entonces Kundalini atrae hacia sí (hacia el estado latente) las funciones psicológicas (las características de la conciencia Crística, como lo diríamos nosotros) de cada chakra y después continúa para cumplir la meta de la reunión suprema: la unión mística de Shakti (la Diosa Madre, aspecto femenino de la Mente Cósmica) con Shakta (el Dios Padre, aspecto masculino de la Mente Cósmica), lo cual resulta en la iluminación, el despliegue del loto de mil pétalos con el cual el hombre realiza su conciencia Divina.

Una vez logrado este estado, la Kundalini desciende por chitrini, entrando en cada chakra y restituyéndole las funciones que ella absorbió durante el ascenso, cargadas con las energías que ha recibido de su Señor. Algunos maestros yóguicos enseñan a sus discípulos a mantener la Kundalini en el chakra del corazón para dar un mayor impulso a la emisión de Luz desde este centro, mientas que otros enseñan a terminar la meditación llevando la Kundalini de regreso al chakra de la base.

El discípulo (que habitualmente entra en un trance parcial mientras eleva la Kundalini) necesita muchos años para elevar la Kundalini desde la base hasta el chakra de la coronilla. Utilizando la fuerza de su voluntad, puede elevarla un poquito más con cada meditación. Un adepto es capaz de elevar y bajar la Kundalini desde el chakra de la base hasta el de la coronilla en el espacio de una hora.

Durante sus meditaciones en la Kundalini, estos devotos envían al mundo, a través de los siete planos de conciencia, el poder concentrado del Cristo activado cuando la Kundalini entra en cada chakra. Esta y otras meditaciones de los verdaderos maestros no ascendidos de los Himalayas han servido durante miles de años para proveer una puerta abierta para que la Luz fluya hacia un mundo oscurecido, eleve la conciencia de la humanidad y la mantenga en unos niveles que las masas no iluminadas no podrían alcanzar por sí mismas.

Acerca del concepto de *Kundalini*, los Maestros Ascendidos nos han dado el término *Átomo Semilla* porque este indica la concentración en el plano de la Materia, es decir, dentro de la conciencia de la Madre, del pleno potencial de aquello que está destinado a realizarse en el plano del Espíritu, en la conciencia del Padre, mediante el matrimonio alquímico, la unión de la Materia con el Espíritu. Todo el microcosmos, que aquí definimos como "el universo material", está en realidad concentrado en el Átomo Semilla como aspecto negativo del poder divino. Y todo el Macrocosmos, el universo espiritual, está concentrado en la Calamita de la Presencia (el nombre asignado al foco de lo que lo hindús llaman *Shakta*) como aspecto positivo del poder divino.

Por tanto, cuando el Átomo Semilla es elevado, la personalidad del hombre (la manifestación) se une a la impersonalidad de

Dios (el Ser Universal). Sin embargo, al unirse al Océano la gota no se pierde, sino que obtiene una realización permanente de Sí misma como Impersonalidad Impersonal, Personalidad Impersonal, Personalidad Personal e Impersonalidad Personal de la Deidad. En verdad, la meta del yoga, la unión entre Dios y tú, es la transmutación del limitado yo humano en el ilimitado Yo Divino.

Debido a los intensos poderes de la Kundalini, que de la noche al día hacen de los hombre gigantes espirituales o demonios, no es aconsejable buscar su elevación a menos que uno tenga la guía o protección de un verdadero maestro no ascendido. Los Maestros Ascendidos recomiendan que los estudiantes mediten solo en los chakras del plano del Espíritu, los que hay por encima del cáliz del corazón, este incluido. El ejercicio que se ofrece en el capítulo 1 de este volumen para elevar la bola de fuego blanco desde el nivel del corazón hasta la Presencia YO SOY es la meditación más segura para elevar el Átomo Semilla, porque simula en el plano del Espíritu la elevación de la Kundalini sin el peligro de que estos fuegos se despierten hasta que la corriente de vida haya atraído un impulso acumulado de poder en los chakras superiores y en la Calamita de la Presencia que sirva como contrapeso de cualquier sustancia que quede sin transmutar y que pueda despertarse cuando la Kundalini se eleve por el plano de la Materia.

Si el estudiante de los Maestros Ascendidos utiliza esta meditación para concentrar la conciencia del Cristo en los planos de Espíritu-Fuego, Espíritu-Agua, Espíritu-Aire y Espíritu-Tierra, visualizando la bola de fuego blanco elevándose por los chakras del corazón, la garganta, el tercer ojo y la coronilla y dirigiéndose hacia el Ser Crístico y la Presencia YO SOY, jamás le hará falta meditar en los chakras que hay por debajo del corazón, porque estos serán purificados automáticamente por su conexión con las Cuatro Fuerzas Cósmicas. Sin embargo, el estudiante puede visualizar la acción de la llama violeta y otros aspectos del fuego sagrado girando por todo su ser como se muestra en la figura inferior de la Gráfica de tu Yo Divino.

Nunca hay posibilidad alguna de que el estudiante utilice mal los fuegos de la creación si el Átomo Semilla se eleva según el programa iniciático, es decir, si las iniciaciones del fuego sagrado, preparatorias para y anteriores a la elevación del Átomo Semilla, se pasan con éxito. Entonces, la emisión del poder Divino, la sabiduría Divina y el amor Divino a través del ser del hombre solo podrá intensificar el bien que la corriente de vida ya haya exteriorizado.

Pero si la elevación de la Kundalini se fuerza antes de 1. la invocación del fuego sagrado para la transmutación de las impurezas en los cuatro cuerpos inferiores y el cinturón electrónico; 2. la limpieza de los desechos astrales que se acumulan en los vórtices de Luz, en los chakras; 3. el equilibrio de la llama trina, y 4. el alineamiento de los cuatro cuerpos inferiores y la manifestación de su dominio Divino sobre el intelecto humano, el ego y la voluntad, entonces sí existirá un grave peligro para la corriente de vida, porque los fuegos Kundalini animan cualquier cosa que esté presente en el mundo del hombre a medida que asciende por el altar de la columna vertebral. Si las pasiones de la carne y las tentaciones del mundo aún tienen efecto en la conciencia del hombre, estas podrán ser aumentadas junto con su creación humana por la Kundalini hasta el punto de trastornar su mente. Cuando la Kundalini amplifica el impulso sexual, este se propaga por su ser como una fuerza incontrolable, haciendo que el hombre se comporte como un animal salvaje y finalmente pierda la cabeza.

Los peligros que conlleva el jugar con los fuegos Kundalini no pueden exagerarse. Ya hemos visto los trágicos resultados consistentes en la violación de la Madre Divina y el abuso del sendero sagrado de la Kundalini por parte de los violentos, que han intentado tomar el cielo (el chakra de la coronilla) por la fuerza[8] (forzando la elevación de la Kundalini). Hemos visto que la rasgadura de la vestidura del alma y la quema de las facultades del alma como resultado de esta locura, ha afectado a las corrientes de vida durante numerosas encarnaciones después de su indiscreción. Sabio, pues, será el estudiante que haga caso de esta advertencia. Dándole la mano a su Ser Crístico, se contentará con caminar por el Sendero bajo la dirección de su Presencia Divina sabiendo calma y certeramente que, si hace bien todas las cosas, logrará la meta suprema de la reunión en base a la maestría sobre sí mismo.

Los Maestros Ascendidos nos han enseñado que es totalmente posible para el estudiante avanzado elevar el Átomo Semilla antes de la transfiguración. Si esto ocurriera, es altamente improbable que el Átomo Semilla permanezca en el chakra de la coronilla, pudiendo descender al cáliz del corazón para engrandecer el poder del Cristo en los planos de Espíritu-Fuego y Materia-Fuego, o bien pudiendo regresar a la base de la columna. Si se logra una maestría suficiente sobre los siete planos y la emisión de los siete rayos a través de los siete chakras antes de elevar el Átomo Semilla, las energías de los chakras estarán en polaridad perfecta y, cuando el Átomo Semilla entre en cada chakra, absorberá el aspecto femenino del Cristo que ya está afianzado ahí. Atrayendo un impulso acumulado más y más grande del rayo femenino a medida que asciende, el Átomo Semilla poseerá un mayor campo energético de atracción con relación a la Calamita, que de forma simultánea atraerá hacia sí el aspecto masculino del Cristo concentrado en los chakras. De este modo, durante el ascenso del Átomo Semilla, todas las energías del hombre se polarizan con relación a los planos Espíritu-Tierra y Materia-Tierra.

Si comprendemos que los chakras son el foco del Cristo, de los rayos masculino y femenino en el hombre (en manifestación), y que el Átomo Semilla y la Calamita son los focos del Dios Padre-Madre, veremos que la Madre Divina atrae hacia sí el aspecto femenino desde el interior de los chakras y el Padre Divino atrae hacia sí el aspecto masculino desde el interior de los chakras. Tanto como la unión de Materia y Espíritu se mantenga mientras el Átomo Semilla permanezca en la Calamita, así será capaz el hombre de permanecer en nirvana o samadhi. En este estado, su conciencia abandona todos los planos excepto el de Espíritu-Tierra y Materia-Tierra. Esto le proporciona un lazo directo con los planos de Espíritu-Tierra y Materia-Tierra en el Cuerpo Causal, la primera y la segunda esfera, de pureza e iluminación, que son puertas abiertas hacia las esferas de los cinco rayos secretos contenidas entre ellas, las cuales son los planos de nirvana.

Cuando el Átomo Semilla regresa al corazón o al chakra de la base de la columna, se devuelve a los chakras la acción de los rayos masculino y femenino en el hombre, acelerada por la conciencia Divina atraída desde el interior de la Calamita y el Átomo Semilla. Cuando todas las demás condiciones necesarias para la transfiguración han sido satisfechas, la elevación del Átomo Semilla y la unión de este con la Calamita, que tiene lugar durante esta iniciación, produce en los cuatro cuerpos inferiores y en la carne el poder transfigurador del Espíritu Santo, por el cual el hombre se convierte en Dios y Dios en el hombre.

Cuando la iniciación de la transfiguración se ha superado, el Átomo Semilla puede bajar del "Monte de la Transfiguración", pero nunca volverá a bajar más allá del cáliz del corazón, porque el hombre habrá trascendido los planos de la Materia y su espíritu ya no morará en ellos. En la iniciación de la resurrección, el Átomo Semilla queda permanentemente afianzado en la Calamita y la acción del Cristo en el plano del Espíritu-Fuego y la Materia-Fuego (en el chakra del corazón) entra en perfecta polaridad con la acción del Dios Padre-Madre donde el plano del Espíritu-Tierra y la Materia-Tierra se han unido (el chakra de la coronilla). En la iniciación de la ascensión, el foco del Dios Padre-Madre afianzado en la Calamita y el Átomo Semilla desciende al cáliz del corazón, donde todo el potencial de la Deidad se une a todo el potencial del Cristo. Entonces, Dios en Cristo afirma la victoria de la Presencia en los planos del Espíritu y la Materia —" ¡YO SOY un Sol resplandeciente!"—, y el microcosmos asciende al Macrocosmos.

"El sonido de mundos lejanos se oye en el corazón de los solitarios, y ya no están solos. El colapso del universo que cae al microcosmos del hombre es el Ser Eterno entregándose al individuo. La llama acaricia el alma y, a medida que Dios se acerca dentro de la llama, nace el entendimiento y todas las piezas del extraño rompecabezas de la vida se levantan para encajar formando un cuadro cósmico de esperanza celestial."⁹

Ahora el ser del hombre, como el triángulo ascendente, se une con el Ser de Dios, el triángulo descendente, y el hombre se une a la estrella que una vez brilló sobre el lugar donde el niño Cristo nació. El corazón del hombre se une al corazón de Dios. Como Arriba, así abajo, la ascensión es la victoria de la Ley de los Ciclos. Dios en el hombre es omnipotente, omnisciente y omnipresente. El hombre en Dios lo puede todo, lo sabe todo y está presente en todas partes.

El cristal de la pureza

La maestría del yo a través de la maestría de las energías de la vida se resume con una palabra: pureza. En efecto, quienes ya han ascendido reconocen que su victoria nació de la pureza de pensamiento, palabra y obra, y de su escrupulosa atención a la purificación de los cuatro cuerpos inferiores y los cálices.

De vez en cuando los discípulos del Sendero han tenido el privilegio de recibir la advertencia de la Diosa de la Pureza. Sus consejos nacen de su devoción hacia la llama de la pureza, que ha elevado a muchas almas sacándolas de la degradación de la confusión astral y llevándolas a la Luz de su conciencia solar innata. De su retiro en Madagascar y de su foco de curación establecido en los Estados Unidos ha llegado inspiración y esperanza por el amanecer de la Era de Iluminación.

Sencillamente, ella ha dicho:

La pureza, amados, comienza con un único cristal, el cristal de vuestra conciencia. Y desde el punto de la llama en el centro del cristal comienza la expansión de la conciencia de pureza. Los de corazón limpio ven a Dios a través del cristal de su propia conciencia, a la que han convertido en la conciencia de Dios.

Cuando hayáis dominado las múltiples facetas del cristal, otros cristales se os añadirán con muchas más facetas de oportunidad para conseguir la maestría sobre uno mismo. Y así, cada cristal denota otro paso iniciático para los hermanos y hermanas que sirven en mi retiro, aquí, en Madagascar.

En nuestra hermosa isla sobre el mar hemos consagrado nuestras energías a la diadema cristalina de la pureza que es la conciencia de Dios; y al pasar la llama por el cristal, la mezcla de la niebla con el cristal, lo formado con lo no formado, se produce una emisión de conciencia del Cristo Cósmico hacia la Tierra.

En el mismo discurso, ella recordó a los estudiantes que mantuvieran puro el cristal de su conciencia:

Quienes realmente aman mantendrán el cristal pulido, para que la miríada de tonos de la Mente de Dios de brillo diamantino sea reflejada a través de su conciencia.

Las manchas aparecen con facilidad sobre el cristal cuando uno se mueve por el mundo exterior, que ha sido contaminado por la conciencia de los hombres. Con cuidado, uno debe sacar del bolsillo el paño de terciopelo para pulir el cristal.

Mantenedlo limpio como si fuera el objeto de vuestro afecto más querido, porque llegado el momento en que las Vírgenes (las santas Maestras Ascendidas) vengan a infundir en vosotros el impulso acumulado de su pureza y los Serafines se reúnan, llegando desde el mismísimo trono de Dios para traeros una gota de pureza de su corazón, en ese momento, queridos, el cristal deberá pulirse o no podrá reflejar la llama dentro de la gota de pureza.

Pero si el cristal está pulido, la llama dentro de la gota, tomada del océano de la pureza flamígera de Dios, podrá unirse a la llama que está en el centro de vuestro cristal. Una atracción magnética de fuego impulsa la pureza de Dios hacia el centro de cada cristal flamígero.

Pero cuando hay oscuridad alrededor del cristal, entre la llama interior y la llama exterior, la penetración no puede ocurrir. Bienaventurados los de limpio corazón,[10] porque ellos verán la conciencia de la pureza flamígera de Dios.

La Diosa de la Pureza anunció entonces que ella y sus ángeles tenían regalos para todos los que estuvieran preparados para recibirlos:

Planos de conciencia

Hoy vengo con muchos cristales, igual que mis ángeles. Son cristales esféricos, amados, y son para ponerlos sobre los chakras de cada uno de vosotros y de aquellos en el cuerpo planetario que estén preparados para recibir la aceleración de la emisión de la llama a través de los siete centros afianzados en los cuatro cuerpos del hombre.

Cada uno de los cristales que tenemos está designado para un chakra específico de un individuo específico. Dios se ha individualizado a sí mismo en estos cristales que tengo. Y, según el patrón de la identidad flamígera de cada cual, Él ha forjado el cristal que está diseñado para desatar vuestro diseño original divino a través de cada uno de los siete chakras.

No todos recibirán un cristal por cada chakra, y hay personas en el mundo que están cualificadas para recibir más de lo que recibirán algunos aquí presentes. Porque Dios no hace distinciones entre las personalidades humanas. Él mira la ley de vuestro ser, del ser de cada cual. Calcula. Produce los fuegos de las iniciaciones superadas, de la Luz emitida, y la computadora cósmica da el juicio exacto para cada corriente de vida.

Por tanto, tal como hayáis sembrado, así recogeréis.[11] Y si creéis que en el futuro querréis más cristales, recordad que el desarrollo de la Luz, el servicio a los siete rayos y a la Mente de Dios de brillo diamantino os asegurará la maestría sobre los cuatro cuerpos inferiores y los cuatro elementos, lo cual ha de preceder a la apertura de los chakras.

Mis ángeles permanecen en posición sobre vosotros y sobre los estudiantes de la Luz de todo el mundo; y ahora ponen los cristales sobre los chakras de cada uno de vosotros.

Esta dispensación de los Señores del Karma presenta un reto para todos los que busquen el premio de la pureza, pues la Diosa de la Pureza ha dicho que todos los que lean este dictado y prepararen diligentemente su conciencia podrán recibir del mismo modo el regalo de los cristales.

Amados, el cristal magnificará la Luz o la oscuridad que haya en vosotros. "Si la luz que en ti hay es tinieblas, ¿cuántas no serán las mismas tinieblas?".[12]

Después la Diosa de la Pureza nos explicó que los cristales colocados sobre los chakras serían como transformadores para acelerar tanto la emisión de Luz desde los chakras como la transmutación de la conciencia humana restante alrededor de ellos. Además, advirtió a los estudiantes de la urgencia del momento:

> Estáis en el punto donde no hay vuelta atrás. Por tanto, debéis renunciar a la oscuridad para que la oscuridad pueda convertirse en Luz. Porque cuando renunciáis a la oscuridad y la echáis a la llama, esta consume la noche y os devuelve la Luz. Y esa Luz es un fuego que viaja por la espiral del cristal y emite el estallido de las chispas de la pureza a través de cada uno de vuestros chakras que esté cubierto con el cristal.

Como conclusión, la Diosa de la Pureza ofreció buenos consejos y enseñanza sobre el manejo de la energía mal cualificada y el ritual de bañar los chakras:

> Queridos, no luchéis con las energías no transmutadas que se acumulan alrededor de los chakras. Porque cada chakra es un sol poderoso, un sol que gira y un vórtice de luz atrayente para la transmutación de toda la creación humana y, de manera simultánea, la emisión de Luz desde el corazón de la Presencia YO SOY. Por tanto, debéis anticipar que la energía no transmutada se acumulará alrededor de los chakras más brillantes, porque ahí existe la mayor posibilidad de encontrar alivio.
>
> Tal como los antiguos realizaban abluciones diarias con agua bendita, os recuerdo que realicéis a diario el sacramento de bañar los chakras, de entregar a la llama las energías que se acumulen ahí para que sean transmutadas, para que la manifestación completa de la Luz de Dios pueda resplandecer a través de los cristales que hemos puesto sobre los chakras.
>
> ¿Os acostumbraréis, al despertar, después de haber hecho las invocaciones iniciales a la llama del Todopoderoso, de pedir esta transmutación, que la esencia ígnea del aliento del fuego sagrado vaya y se lleve todas las acumulaciones de negatividad alrededor de los siete chakras?
>
> Este sencillo ejercicio lo practican los hermanos y las

hermanas de nuestro retiro, porque les he enseñado que tal práctica les asegurará un impulso acumulado rápido, una elevación rápida de su luz hacia la Luz.

La Luz en vosotros debe unirse a la Luz del corazón de lo Universal, del corazón de la Presencia Divina. Para ese fin tenemos nuestro foco de la pureza. Para ese fin hemos venido hoy, para que la luz pueda unirse a la Luz, para que la llama pueda regresar al hogar de la Llama, para que todo pueda completarse, para que podáis vivir la resurrección durante los ciclos del retorno del karma, que deberían ser ciclos de transmutación.

Estos ciclos se aceleran para los escogidos, amados. No temáis, pues, cuando aparezca vuestro karma como una gran legión sobre el horizonte, como un poderoso ejército que aparece para derrotar al Cristo. No temáis, mas permaneced con el profeta sobre el monte.[13] Levantad la mano derecha como la autoridad de vuestra Presencia YO SOY y decid a vuestra creación humana: "¡Me niego a seguir aceptando tu dominio! ¡Cae ante el Sol del Todopoderoso! ¡Cae ante la llama del Dios Altísimo!".

Por tanto, poneos ante el Goliat de vuestra conciencia humana, amados, y no temáis, no retrocedáis. Extraed valor del amor de la pureza, extraed valor del cristal, extraed valor de la Llama en el centro del cristal.

Entonces, dibujando una hermosa sonrisa, la Diosa de la Pureza dijo:

¿Os sentís abrochados hasta arriba con los cristales? Entonces, recordad que los botones que aparezcan sobre la vestidura sin costuras de vuestra divinidad son los cristales sobre los siete chakras.

Rezo porque hagáis uso de los cristales que habéis recibido, que a su debido tiempo podáis recibir todos los cristales que reflejan los siete rayos y el foco de la Diadema Cristalina de nuestro retiro.

Mi pureza os dejo. Mi foco ya está aquí. A través de él os derramo cada día una mayor percepción y conciencia de la pureza de vuestra misión, de vuestro plan divino, de los siete rayos de colores y su significado en vuestra vida.

Buscad la pureza y encontradla, porque iluminará toda la Ley de vuestro ser.

En la pureza de la victoria vine,
en la llama de la victoria vine;
a la llama de la victoria vuelvo.
En la Unión de Su amor quedo
y YO SOY la Diosa de la Pureza.[14]

ILUSTRACIÓN 39:
Espirales de autopercepción que atraviesan los planos de conciencia
La Trinidad trina del Macrocosmos al microcosmos

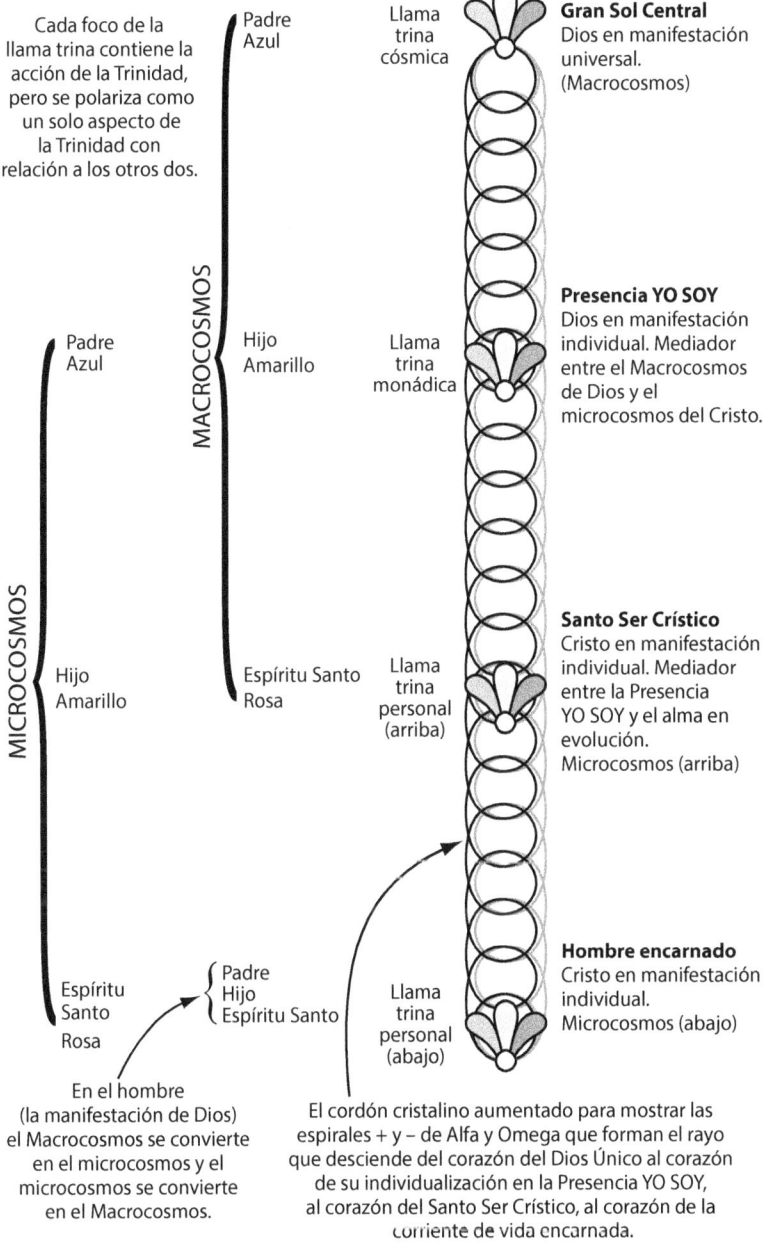

En el hombre (la manifestación de Dios) el Macrocosmos se convierte en el microcosmos y el microcosmos se convierte en el Macrocosmos.

El cordón cristalino aumentado para mostrar las espirales + y – de Alfa y Omega que forman el rayo que desciende del corazón del Dios Único al corazón de su individualización en la Presencia YO SOY, al corazón del Santo Ser Crístico, al corazón de la corriente de vida encarnada.

CUENTA HASTA NUEVE
de Cuzco

En el nombre de la amada, poderosa y victoriosa Presencia de Dios YO SOY en mí, de mi muy amado Santo Ser Crístico, amado Arcángel Miguel, Príncipe Orómasis, Poderosa Astrea, Diosa de la Luz, amado Maestro Ascendido Cuzco, amado Lanello, todo el Espíritu de la Gran Hermandad Blanca y la Madre del Mundo, vida elemental: ¡fuego, aire, agua y tierra!, yo decreto:

Ven ahora por el amor de Dios,
protege esta alma mía,
haz ahora mi mundo tuyo,
brille en mí la Luz de Dios.

(Visualiza la Luz blanca llenando el ovoide del aura).

Cuento uno,
hecho está.
¡Aquiétate, mundo emocional!
Dos y tres,
YO SOY Libre,
paz, es la voluntad de Dios.

(Visualiza una franja de fuego blanco alrededor del plexo solar).

Cuento cuatro,
Presencia Divina
yo siempre te adoro.
Cinco y seis,
¡oh, Dios, en ti
mis ojos pongo!

(Visualiza una franja de fuego blanco alrededor del cuello y del chakra de la garganta).

Cuento siete,
ven, oh, Cielo,
¡mis energías domina!
Ocho y nueve,
tuyo plenamente,
¡mi mundo mental envuelve!

(Visualiza una franja de fuego blanco alrededor de la cabeza y del tercer ojo).

La Luz de fuego blanco me rodea,
¡rechazadas las energías turbulentas!
¡Con el poder de Dios a mi alrededor
YO SOY protegido por el amor!

(Visualiza la Luz blanca alrededor de todos los chakras y los cuatro cuerpos inferiores).

¡Yo acepto que esto se cumpla ahora mismo con pleno poder! ¡YO SOY esto cumplido ahora mismo con pleno poder! YO SOY, YO SOY, YO SOY la vida Divina expresando perfección de toda forma y en todo momento. ¡Esto que invoco para mí, lo invoco para todo hombre, mujer y niño en este planeta!

Capítulo 3
Inmortalidad

> Y dijo el SEÑOR Dios: He aquí el hombre es como uno de nosotros, sabiendo el bien y el mal; ahora, pues, que no alargue su mano, y tome también del árbol de la vida, y coma, y viva para siempre.
>
> Y lo sacó el SEÑOR del huerto del Edén, para que labrase la tierra de que fue tomado.
>
> Echó, pues, fuera al hombre, y puso al oriente del huerto de Edén querubines, y una espada encendida que se revolvía por todos lados, para guardar el camino del árbol de la vida.
>
> GÉNESIS 3:22-24

Inmortalidad

Hace muchos años, un sargento del ejército espoleó a un regimiento a que entrara en acción, nos dicen, gritando con todas sus fuerzas: "¡Qué diabl...! ¿Es que queréis vivir para siempre?".

Cuando se le recuerda el hecho de que no vivirá para siempre en un solo cuerpo físico, que el cuerpo no es indispensable para la vida del alma y que solo la Verdad vive para siempre, el hombre es capaz de reunir el valor de asumir una postura incondicional por la libertad y defender, con su vida si fuera necesario, su herencia divina y aquellos principios inmortales que Dios ha concedido a su alma.

Sin embargo, el alma anhela comprender aquello que le permita superar esos momentos en los que, por falta de cierto conocimiento, el valor le falla. Ella pregunta para poder comprender: Si Dios creó al hombre inmortal como él mismo, ¿por qué, al referirse al "árbol del conocimiento del bien y del mal", dijo: "El día que de él comieres, ciertamente morirás?".[1] Si Dios deseaba que el hombre viviera para siempre, ¿por qué puso una condición que hiciera que el hombre, por un acto aparentemente inocuo, pudiera perder su herencia inmortal?

La mentira serpentina

El hombre, igual que se pregunta si alguna vez llegará a entender este problema desconcertante, se enfrenta al contraargumento de la Serpiente, formulado con la pseudológica de la mente carnal, que le asegura: "No morirás ciertamente". Este aliciente intelectual tiene en cuenta la creencia latente del hombre en la inmortalidad del alma y sugiere con sutileza que, si él pecara, no será castigado "ciertamente", porque hasta la Serpiente sabe que la Verdadera Identidad del hombre se conserva más allá de la tumba. Por tanto, "no morirás ciertamente" como afirmación es una verdad a medias, la clase de mentira más peligrosa que existe.

Sin ambigüedad, el Señor dio su Palabra a Ezequiel para refutar esta mentira serpentina, porque Dios dijo: "El alma que pecare, esa morirá... la justicia del justo será sobre él... en su justicia que hizo vivirá... la impiedad del impío será sobre él... y por el pecado que cometió, por ello morirá".[2]

Estas afirmaciones declaran la enseñanza del Cristo sobre la ley de causa y efecto antes del nacimiento de Jesús. Mucho después, Juan recibió el conocimiento de esta Ley irrevocable en la Isla de Patmos. Después de ascender, Jesús dio al amado discípulos la llave de los misterios de la Vida, la cual "declaró enviándola por medio de su ángel".[3] Y Juan vio a los muertos ante Dios; y escribió que "fueron juzgados cada uno según sus obras".[4]

Hay un hecho importante omitido en la lógica de la Serpiente y es el siguiente: la parte del hombre que se identifica con la irrealidad del pecado no puede soportar la flamígera Presencia de la realidad Divina. Por tanto, esa parte del hombre puede echarse al Lago de Fuego para que pase por lo que se conoce como "la segunda muerte".[5]

El sentido común nos lleva a pensar que, si Dios proporcionó la inmortalidad de su creación perfecta, también habrá proporcionado la anulación de la formas imperfectas que el hombre no ascendido pudiera crear bajo la alianza original del libre albedrío. Porque cuando Dios otorgó al hombre el don del libre albedrío, le dio la oportunidad (dentro de un marco limitado) de experimentar con los poderes creativos que acompañaban al don. El hombre podía crear y experimentar como quisiera, pero, para recibir el sello de la inmortalidad, sus experimentos creativos debían superar la prueba del tiempo y la eternidad: la prueba de fuego.

Misterios del Libro de la Vida

¿Qué es el Lago de Fuego?[6] ¿Y qué es la segunda muerte? ¿Qué es el árbol del conocimiento del bien y el mal? ¿Qué es el Árbol de la Vida?[7] ¿Y qué es el Río de Agua de Vida, resplandeciente como cristal?[8]

Los herederos de Dios tienen derecho a conocer la respuesta a estas preguntas. Estos y otros misterios escritos en el Libro de la Vida se esclarecerán en este capítulo, para que todos los que lo lean puedan entender y todos los que verdaderamente entiendan puedan comer y vivir para siempre.

Con esa finalidad exploraremos el significado de "inmortalidad" aplicado al Yo Superior, así como al yo inferior del hombre, y ofreceremos algunas respuestas a la pregunta que ha asolado al hombre desde su descenso a la prisión de la Materia: "Maestro bueno, ¿qué haré para heredar la vida eterna?".[9]

El último enemigo

Aunque Jesús menciona la muerte como el enemigo, el postrer enemigo que será destruido,[10] la humanidad, asolada por el pecado, la enfermedad y los temores a la vejez con frecuencia da la bienvenida a la Parca. Después de desperdiciar su asignación de energía en busca de placeres egoístas de toda clase, después de llenar su mente con el conocimiento del mundo y seguir sus caminos, después de vivir un corto lapso de setenta años y marcar sus logros personales como satisfactorios o insatisfactorios (según sea el caso), los hombres están dispuestos, aunque a regañadientes, a decir adiós a un mundo desagradecido y a cortar lazos con la existencia humana.

Esta actitud es una denuncia a la civilización y a la conciencia materialista que ha llevado a la humanidad a su estado actual. Esta actitud, enmarcada por una religión ignorante e incitada por una ciencia fantástica, muestra con claridad que los propósitos mayores de la Vida son desconocidos. La Vida misma, que es Dios, es desconocida para los hombres, aunque muchos continúan rindiendo culto ante el altar dedicado "Al Dios No Conocido".[11] Esta actitud también revela una enraizada aceptación de la moralidad en la conciencia de la raza como modo de vida; las esperanzas, los temores y las aspiraciones de los hombres surgen de una conciencia finita que tiene una existencia finita en un mundo finito.

No obstante, aunque aún estaba rodeado de la conciencia de mortalidad de las masas, David dijo: "Porque no dejarás mi alma en el Seol, ni permitirás que tu Santo vea corrupción".[12] Aquí *corrupción* significa "desintegración" o "la muerte del alma". David sabía que la Vida, como sinónimo de *Dios,* es inmortal *ipso facto*. Sabía que la Vida, como atributo de Dios reflejado en su creación, el hombre, debe continuar eternamente, porque la Vida eterna era, y es, la mismísima naturaleza del Ser.

El alma callada, sabiendo que la Vida es más de lo que la conciencia exterior ha vislumbrado, más que las pocas gotas que quedan en el vaso, sabiendo que el momento de terminar su viaje terrenal ha de llegar, quiere continuar aquí y en el más allá en busca de la Realidad. Pero las actitudes de la mente mortal acerca de la muerte se oponen al propósito de Dios, que da el don de la inmortalidad a todos los que lo acepten bajo Sus términos. Es más, estas actitudes suponen una total refutación de aquel que dijo: "Yo he [YO SOY el que ha] venido para que tengan vida, y para que la tengan en abundancia".[13]

La Vida es Dios

Quienes están familiarizados con la Gran Ley y comprenden su acción superior saben que la Vida es sagrada, que la Vida es inmortal y que la Vida es Dios. Quienes también entienden algunos de los misterios de la Vida saben que el Árbol de la Vida que está en medio del Huerto es una representación gráfica de la Presencia YO SOY. Para comer de sus doce clases de frutos, que están guardados en su Cuerpo Causal, la Ley le exige al hombre que intercambie su conciencia mortal por la conciencia inmortal del poder Divino, el amor Divino, la maestría Divina, el control

Inmortalidad

Divino, la obediencia Divina, la sabiduría Divina, la armonía Divina, la gratitud Divina, la justicia Divina, la realidad Divina, la visión Divina, la victoria Divina (véase ilustración 40).

El Jardín del Edén es alegóricamente el Cuerpo Causal del hombre, y el Árbol de la Vida en medio de él es la Presencia YO SOY. *Edén* se puede interpretar como *E(nergía)-den,* "un lugar donde la energía de Dios se encuentra en concentración".[14] Curiosamente, una de las definiciones de *den* es "centro de actividad secreta (sagrada)". De hecho, el hombre en realidad nunca ha perdido su lazo con el Edén. El "Paraíso Perdido" puede recuperarse con la práctica del ritual del servicio mediante el corazón, la cabeza y la mano. Los herederos del Edén que estén dispuestos a restablecer su filiación y a reclamar la herencia aplicando las Leyes de Dios con los procesos ordenados de iniciación, recibirán la oportunidad de liberar las abundantes bendiciones del Cuerpo Causal para el bien de todos.

Tal como Dios se individualiza para cada hombre en la Presencia YO SOY, el cielo se individualiza para cada cual en el

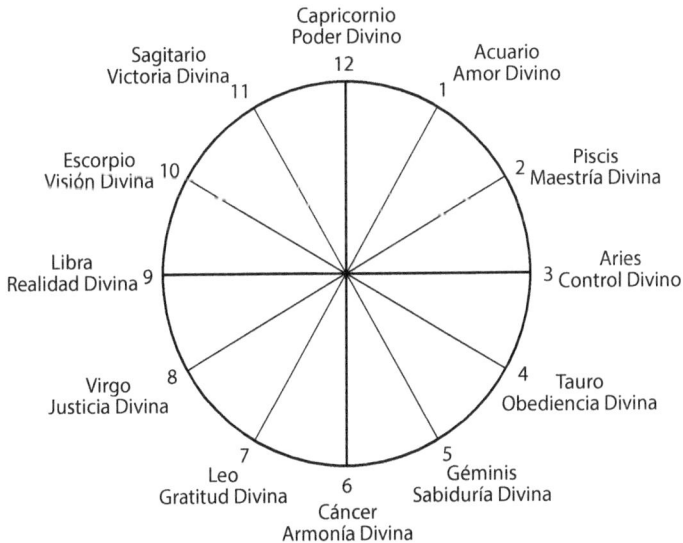

ILUSTRACIÓN 40:
Doce clases de frutos del Árbol de la Vida

Cuerpo Causal del individuo. Cada Cuerpo Causal individual es una de las moradas del Padre, uno de sus manifestados "iones" o partículas de manifestación individualizada cargadas electrónicamente. Tal como existe una Presencia YO SOY universal, a la que algunos se refieren como *Dios Todopoderoso,* también existe un Cuerpo Causal universal, al que generalmente nos referimos como "cielo". Este Cuerpo Causal universal se describe con más exactitud como *el Gran Cuerpo Causal.*

El Gran Cuerpo Causal es el mundo celestial Macrocósmico, mientras que el Cuerpo Causal individual es el mundo celestial microcósmico. Ambos son reservas del gran poder Divino que todos los que sean sinceros pueden aprovechar para producir el reino de Dios "como Arriba (en el Cuerpo Causal), así abajo (en el mundo de la forma)".

En el Apocalipsis leemos: "Después me mostró un río limpio de agua de vida, resplandeciente como cristal, que salía del trono de Dios y del Cordero. En medio de la calle de la ciudad, y a uno y otro lado del río, estaba el árbol de la vida, que produce doce frutos, dando cada mes su fruto; y las hojas del árbol eran para la sanidad de las naciones".[15] Con esto Juan recibió la visión de la Gráfica de tu Yo Divino (frente a la página 429). El "río limpio de agua de vida, resplandeciente como cristal" es el cordón cristalino, la corriente limpia de energía que procede "del trono de Dios" (de la Presencia YO SOY) y es transmitida al hombre por el Cordero (el Ser Crístico).* En este caso, observamos el Cuerpo Causal como las ramas del Árbol de la Vida, que se extienden "a uno y otro lado del río" y que de hecho rodean todo el jardín.

Al tomar de los frutos del Árbol de la Vida (las virtudes que constituyen el Cuerpo Causal), el hombre experimenta su identidad Divina y es capaz de embellecer cada momento de su vida con la corona de la perfección Divina. Cada momento es inmortalizado de este modo y, momento a momento, el hombre se hace inmortal. Así, es conducido a volver a un estado edénico y recibe la oportunidad de utilizar los tesoros no solo de su Cuerpo

---

*El Cordero "inmolado desde el principio del mundo" siempre simboliza al Cristo.

Causal, sino también de los que están guardados en el Gran Cuerpo Causal, que contiene todo el Bien que jamás han exteriorizado los Hijos y las Hijas de Dios, Ascendidos o no ascendidos. El amado Kuthumi comentó una vez lo siguiente sobre este proceso:

> Cuando la necesaria purificación de la conciencia se logra mediante el santo servicio a la Vida y un esfuerzo de decretos concertado, y el candidato está purificado por la llama violeta, desposeído por la Realidad Divina (el Espíritu Santo) de todo rastro de pensamientos y sentimientos impuros, tendrá permitido extender la mano para recibir el fruto del Árbol de la Vida.
>
> Esta iniciación la da el Gran Iniciador, nuestro Amado Instructor, el Buda Señor Maitreya. Este "primer fruto" es la concesión del poder de dirigir la energía de la Luz (desde ahora atraída por el iniciado desde su propia Fuente Solar, el YO SOY EL QUE YO SOY) hacia la estructura atómica de sus cuatro cuerpos inferiores a voluntad.
>
> Esta Luz de Dios, que es la única Luz que nunca falla, entra a caudales en los canales originales donde el poder que todo lo sustenta fluyó anteriormente. Ahí, a través de su cualidad autoluminosa e inteligente, la Luz transmuta, hilo por hilo, la capa de antiguos caminos de energía y la vieja vestidura de la conciencia humana, mientras teje (literalmente, célula a célula) la perfección trascendente de la vestidura sin costuras del Cristo vivo.[16]

De este modo, la Luz de Dios proveniente del Cuerpo Causal del hombre vuelve a tejer los modelos energéticos imperfectos de su cinturón electrónico con un modelo en filigrana de perfección.

El derecho (rito) a la inmortalidad

Los iluminados comprenden que la inmortalidad no es simplemente una recompensa por haber hecho bien las cosas, aunque lo sea, sino la intención natural de Dios con respecto al hombre, la cual se manifestó desde el principio del mundo y desde el momento de la creación de cada individuo. Como ha dicho Kuthumi: "Ha de entenderse que la inmortalidad es un legado sinónimo a la Vida y concurrente con ella; un derecho de nacimiento, no una usurpación. La capa de pensamientos y sentimientos erróneos también ha cubierto durante demasiado tiempo con un velo de energía (una mortaja de sustancia humanamente mal cualificada) la Luz que es la esencia de libertad que da Vida a cada átomo en manifestación".[17]

Serapis Bey enseña que "la inmortalidad tiene un alto precio, y exige de la pequeñez de los hombres la totalidad de los hombres… Los hombres no pueden construir a partir de la sustancia mortal cuerpos inmortales. No pueden construir a partir de pensamientos mortales ideas inmortales. No pueden construir a partir de sentimientos mortales sentimientos divinos que envuelvan al mundo y creen la gran Pirámide de la Vida".[18]

A cada hijo e hija de Dios se le dotó no solo del plan maestro, un diseño original del destino, sino también de las herramientas para implementar ese plan según los principios de la Ley de la Vida. Estos principios son las claves de la inmortalidad; liberan las fórmulas que dan al hombre la capacidad de hallar y cumplir su destino y conquistar los elementos de la muerte. Está bien que los hombres se aferren a la vida, pero sea ese aferrarse para el cumplimiento de los propósitos divinos y para la realización de la verdadera iluminación. Al final del arco iris de la búsqueda de la Verdad está la olla de oro: la iluminación espiritual.

Establezcamos, por tanto, los principios de la inmortalidad del hombre, los componentes de su identidad, los fundamentos del ser que equiparan al alma del hombre con el Alma de Dios y aseguran su inmortalidad mediante la realización de su plan maestro.

El alma: un potencial vivo

Dios es un Espíritu y el alma es el potencial vivo de Dios. La exigencia que el alma hizo de que se le concediera el libre albedrío y su separación de Dios dio como resultado el descenso de este potencial al inferior estado de la carne.

Sembrada en deshonra, el alma está destinada a elevarse con

honor hasta la plenitud de ese estado Divino que es el Espíritu único de la Vida entera. El alma puede perderse; el Espíritu no puede morir nunca.

> Jamás nació el Espíritu;
> el Espíritu jamás dejará de ser;
> jamás fue el tiempo que no existió;
> ¡Fin y Principio son sueños!
>
> Sin nacer ni morir ni cambiar,
> permanece el Espíritu por siempre;
> la muerte no lo ha tocado,
> ¡aunque muerta parezca su casa![19]

El alma, pues, sigue siendo un potencial caído que debe imbuirse de la Realidad del Espíritu, purificada con oración y súplica, y devuelta a la gloria de la que descendió y a la unidad del Todo.

Esta reunión del alma con el Espíritu es el matrimonio alquímico que determina el destino del yo y lo une a la Verdad inmortal.

Cuando se realiza este ritual, el Yo más alto se entroniza como Señor de la Vida y el potencial de Dios, realizado en el hombre, es descubierto como el *Todo en todos*.

¿Qué es el alma?

Hoy día el tema del alma es popular. La gente habla del alma y escribe sobre ella, sabiendo que es importante, pero sin saber por qué. Nuestra alma lleva evolucionando tanto como nosotros llevamos en el universo material. Sin embargo, poca gente realmente sabe qué es el alma. Muchas personas no le prestan nada de atención. Uno podría decir que son *analfabetos* en lo que al alma respecta. Si hiciéramos un sondeo al azar preguntando a la gente si saben cómo cuidar a su alma, la mayoría de las personas dirían que no tienen la menor idea.

Entonces, ¿qué es el alma y cómo hay que cuidar de ella? ¿Y en qué consiste la evolución del alma? Debemos hacernos estas preguntas, porque el conocimiento que tengamos del estado de nuestra alma es la clave de nuestro éxito en el sendero espiritual.

Podemos pensar en el alma como una reluciente esfera transparente en constante evolución o en degeneración. El alma es la parte mortal que tenemos y que puede llegar a ser inmortal, que *debe* llegar a ser inmortal si ha de sobrevivir. Para lograr la inmortalidad el alma debe fundirse con, o unirse a, su Yo Superior, que es su Santo Ser Crístico. Sí, hasta que no tenga lugar esta unión, el alma no será permanente y, por tanto, podrá perderse.

Por ello las almas del planeta Tierra que no están vinculadas a su Yo Superior se encuentran en peligro. Cualquiera de nosotros puede perder su alma y ser eliminado,[20] al blasfemar en contra de Dios o al atormentar a nuestra alma (o a la de otro) hasta que esta dé la bienvenida a la muerte como alivio del abuso físico y espiritual. La Bendita Virgen María nos ha implorado que recemos a Dios todos los días para que envíe a sus ángeles para rescatar a las almas que se perderán a no ser que pidamos intercesión divina por ellas. Respondamos a su súplica con el fervor del alma.

¿Alguna vez has pensado en el hecho de que en esta vida y en vidas anteriores podrías haber descuidado el desarrollo de tu alma, al decidir en cambio desarrollar el ego humano? ¿O que quizá no hayas alimentado a tu alma, esa "esencia de Vida" que refleja tanto tu personalidad como la Personalidad de Dios? Lo que hayas extraído de estas dos personalidades, cómo hayas integrado las dos y las hayas incorporado en tu singular percepción del alma, en efecto, define la identidad de tu alma.

Si has aislado a tu alma del resto de ti mismo y la has desconectado de tu personalidad y de la Personalidad de Dios, te encuentras en un punto muerto en tu evolución espiritual. Y si no lo sabes, es aún peor: te encuentras en una posición negativa.

Nuestra alma es sabia. Nuestra alma conoce el pasado y su aplicación al presente y el futuro; y ve la urgencia del momento. El alma es extremadamente sensible y, al mismo tiempo, inocente e indefensa. Es vulnerable a las fuerzas astrales. Es influenciable y desviada con facilidad. Con frecuencia su entorno le afecta. Sufre cuando la someten a cualquier clase de violencia. Las toxinas mentales y emocionales o los abusos verbales la hieren. Nuestra alma necesita con urgencia que la reconforten y la consuelen, que le digamos palabras tranquilizadoras. Necesita saber que la protegeremos de cualquier daño.

El niño interior

Los Maestros Ascendidos se han referido al alma como el niño que vive dentro de nosotros. Los psicólogos han denominado al alma como *el niño interior*. El alma, sea cual sea el nombre que le pongan, sigue siendo el alma. Y nosotros somos sus padres y maestros, al tiempo que somos sus estudiantes.

Nosotros tenemos la responsabilidad de imprimir sobre el alma 1. lo que está bien: lo que es Real y de valor duradero y que, por tanto, ha de conservarse; 2. lo que está mal: lo que no es Real y no tiene valor duradero y, por tanto, no ha de conservarse, sino echarse al fuego sagrado.

El Morya dice que no debemos poner énfasis en obedecer al alma como el niño interior, sino más bien en enseñarle a obedecer a Dios y a su Santo Ser Crístico. Si no permitirías que tus hijos dicten los términos de tu hogar o de tus idas y venidas, ¿por qué has de permitir que tu alma, tu niño interior, te domine y te diga: "Ve allí. Ve allá. Haz esto. Haz aquello?".

El alma es el niño pequeño que está destinado a ser el Niño Cristo. Guiemos a nuestra alma igual que nuestro Santo Ser Crístico nos guía a nosotros. Además, recordemos que, como padres y maestros, somos responsables de la protección y educación no solo de nuestros hijos, sino también de nuestra alma, para poder moldear tanto el alma de nuestros hijos como la nuestra según los modelos celestiales.

El alma está en contacto con todo lo que es Vida, por eso necesita una inmersión diaria en el fuego sagrado de Dios mediante la meditación profunda y concentrada, una devoción activa por Dios y una atención amorosa hacia sus enemigos y hacia sus amigos.

Desde el corazón del Elohim de la Paz fluyen las palabras del apóstol Pablo para instruir a nuestras almas sobre el modo de mantener una actitud mental positiva:

> Por lo demás, hermanos, todo lo que es verdadero, todo lo honesto, todo lo justo, todo lo puro, todo lo amable, todo lo que es de buen nombre; si hay virtud alguna, si algo digno de alabanza, en esto pensad.
> Lo que aprendisteis y recibisteis y oísteis y visteis en mí, esto haced; y el Dios de Paz estará con vosotros.[21]

El alma refleja aquello en lo que ponga su atención. Por tanto, debemos usar el espejo de la mente y el Espíritu para reflejar sobre el alma los valores y virtudes que queramos que ella primero interiorice y después exteriorice.

La visualización que hace el alma del sol físico y del Sol detrás del sol, es decir, el Sol Espiritual, es una clave para que el alma llegue a ser parte permanente del Sol de su poderosa Presencia YO SOY. Si en sus meditaciones el alma fija su mirada en Alfa y Omega en el Gran Sol Central y en Helios y Vesta en el sol de nuestro sistema, absorberá los patrones infinitesimales de los muchos soles de nuestra galaxia y aún más allá, el todo y la parte, los átomos y las moléculas, los mundos dentro de otros mundos. Esto le proporcionará una conexión íntima con el infinito físico, que la llevará, a través de sus decretos dinámicos, a ese infinito espiritual que los Adeptos Ascendidos han alcanzado.

El alma está atrapada en el chakra de la sede del alma

Mediante el ritual el alma evoluciona. Y el alma que está en paz con su Dios está ansiosa de evolucionar hasta ese nivel de logro por el cual, tras largos siglos de exilio, podrá volver a hacer su morada en la cámara secreta del corazón. Pero hay motivos serios y aleccionadores por los que al alma no le resulta fácil elevarse desde el chakra de la sede del alma hasta el chakra del corazón. Cuando el alma cayó de su estado de gracia, cayó desde la cámara secreta del corazón, y desde entonces quedó confinada al chakra de la sede del alma.

El Morya nos dice que la mayoría de las almas que cayeron

aún siguen atrapadas en el chakra de la sede del alma debido a su karma y no podrán elevarse por encima de esa estación hasta que salden el porcentaje de karma que los Señores del Karma les exijan, normalmente el cincuenta y uno por ciento, más o menos (el porcentaje varía según las almas porque el karma de cada alma es único).

De este chakra es que Saint Germain desea rescatar a las almas mediante la acción del séptimo rayo del Espíritu Santo y la llama violeta. Como coincidencia —o no— el chakra de la sede del alma es el chakra del séptimo rayo, el mejor entorno para ella en su estado aún imperfecto.

Ay, el alma se ha hecho literalmente prisionera a sí misma. Es más, es prisionera del ego humano y del morador del umbral. Ambos son unos capataces severos y enemigos declarados del alma que han ocupado los templos del hombre y la mujer desde la Caída de las llamas gemelas en el Jardín del Edén.

Desde el Edén hemos creado al ego y al morador

El Jardín del Edén fue la Escuela de Misterios original, fundada por el Señor Maitreya para preparar a los Hijos y las Hijas de Dios como adeptos espirituales, iniciados del más alto orden, para que pudieran salir de la Escuela de Misterios y elevar la conciencia de los niños de Dios y poner a su disposición las enseñanzas del sendero espiritual y, después, ponerlas a disposición de toda la humanidad. El Paraíso descrito en el Génesis se encontraba en la octava etérica, en algún punto entre el cielo y la tierra. Adán y Eva, las llamas gemelas arquetípicas, y muchas otras parejas de llamas gemelas estudiaron en el Jardín del Edén con el Señor Maitreya, al que el Génesis llama SEÑOR DIOS.

Muchos estudiantes de Maitreya le desobedecieron cuando se vieron tentados por la Serpiente a comer del fruto del árbol del conocimiento del bien y el mal.[22] Aunque el SEÑOR les había dicho que "el día que de él comieres, ciertamente morirás", estos estudiantes de la Escuela de Misterios creyeron en la ambigüedad de la Serpiente —"No moriréis *ciertamente*"—[23] y tomaron del fruto prohibido.

Todos los que cometieron este acto de desobediencia pagaron el precio supremo: la llama de su inmortalidad se apagó. Así, supieron que su alma estaba desnuda y que eran mortales. Afligidos, marcharon del Edén, empujados literalmente por el SEÑOR Dios, para que Adán "no alargue su mano, y tome también del árbol de la vida, y coma, y viva para siempre"[24] en su estado después de haber caído.

Y así, Adán y Eva y muchas parejas de llamas gemelas fueron consignadas al plano de la tierra y a unos cuerpos terrenales. A ellos les declaró el SEÑOR Dios: "Con el sudor de tu rostro comerás el pan hasta que vuelvas a la tierra, porque de ella fuiste tomado; pues polvo eres, y al polvo volverás".[25]

El SEÑOR Dios nunca ha impuesto una acusación más grande sobre su pueblo.

Mientras estábamos en el Edén, éramos inocentes. No desarrollamos ni el ego ni el morador. Sin embargo, nuestra alma era susceptible y caímos. Durante los largos siglos en los que nuestra alma ha estado encarcelada en el planeta Tierra desde la Caída, hemos creado el ego y el morador y hemos permitido que estos crezcan rápidamente, hasta que han desplazado al "hombre oculto del corazón", el Santo Ser Crístico.

Hemos permitido que el ego y el morador intimiden a nuestra alma. Solo el alma que ha reunido el fuego sagrado de Dios puede contrarrestar los golpes certeros del yo irreal. La que tiene el fuego de la Sabiduría reconoce de manera consciente al ego y lo enfrenta. Ella está a la altura de las circunstancias, que exigen que lo destruya. Además, sabe que ella sola debe deshacer los hilos que ha cosido con deshonor y que ahora debe coser con honor.

Todos podemos volvernos conscientes de las excentricidades de nuestro ego *si queremos*, es decir, si no asumimos una actitud de rechazo, negando las palabras y los actos destructivos que llegan por nuestro ego y que dominan no solo a nuestra alma, sino, tristemente, a las almas de otras personas. El morador del umbral, por otro lado, no es tan fácil de detectar. Vive en la mente subconsciente e inconsciente e inhibe la evolución del alma. Y aunque el alma siente terror hacia el morador, el ego se ha aliado con él, incluso hasta el punto de planear la ruina del alma.

Cuando un alma se compromete con la Oscuridad y con los Seres Oscuros, el ego humano y el morador del umbral se apoderan totalmente de ella. Ya no existe distinción entre el ego y el morador, son uno solo. A efectos prácticos, el alma ha dejado de existir. Lo que una vez fue una creación prístina de Dios, ahora está unida al yo irreal en vez de estarlo al Santo Ser Crístico. Solo la Oscuridad y los Seres Oscuros ocupan lo que antes era un templo de Dios. Judas llamó a los ángeles caídos en este estado "estrellas errantes, para las cuales está reservada eternamente la oscuridad de las tinieblas".[26]

"He aquí ahora el tiempo aceptable..."

Vida tras vida hemos o bien glorificado a Dios en nuestra alma y nuestros miembros, desafiando al ego y al morador a cada paso, o bien hemos condenado a nuestra alma y a nuestro Dios y hemos elegido prometer lealtad al ego, al morador y a los ángeles caídos, aceptando sus ofertas de poder, gloria y dominio.

"He aquí ahora el tiempo aceptable; he aquí ahora el día de salvación", escribió el apóstol Pablo.[27] Hoy debemos elegir si lograremos la unión con Dios en esta vida o si condenaremos a nuestra alma y a nuestro Dios y nos perderemos esa unión. Si aceptamos el primer camino y nuestra alma pasa las pruebas que haya de afrontar, lograremos la unión con Dios. Si aceptamos el segundo camino y nuestra alma no pasa las pruebas, no tenemos nada en lo que poner nuestras esperanzas, excepto un "hervor de fuego".

El autor de Hebreos escribió: "Si pecáremos voluntariamente después de haber recibido el conocimiento de la verdad, ya no queda más sacrificio por los pecados, sino una horrenda expectación de juicio, y de hervor de fuego".[28]

La verdad es que la mayoría de las personas no tienen ni el logro espiritual ni el poder otorgado por Dios para poder sacarle ventaja a su ego o a su morador, mucho menos a los ángeles caídos. Así, no tienen ningún control sobre su alma ni la evolución de su alma. Es triste pero cierto que, sin la intercesión divina, toda la población excepto un pequeño porcentaje sería incapaz de afrontar y superar a diario las fuerzas del Mal. La gente no está a la altura del reto que supone derrotar a las fuerzas del Mal que alberga su propia psique, mucho menos las fuerzas del Mal que alberga la psique del planeta.

Y así, al final, hasta que el alma vuelva a estar unida a su Santo Ser Crístico, el ego humano y el morador de umbral serán más poderosos que el alma. Esta es una de las razones por la cual el alma tiene dificultad para elevarse desde el chakra de la sede del alma hasta el chakra del corazón.

Para poder subir, el alma debe vencer su tendencia a fallar repetidamente las pruebas que debe afrontar en puntos vulnerables clave. El alma debe comprender estos puntos clave y tratar de trascenderlos a diario. Y con la ayuda de su Santo Ser Crístico y el Arcángel Miguel, si se aplica a ello, aprenderá paso a paso a desafiar y derrotar a su ego humano y a su morador del umbral.

Llegará el día en que, tras una aplicación diligente de las Leyes de Dios, el alma habrá saldado el cincuenta y uno por ciento de su karma. Habiendo alcanzado este nivel, al fin, ascenderá por la escalera de caracol desde la sede del alma hasta su lícita morada en la cámara secreta del corazón para comulgar ahí con su Señor, su amado Santo Ser Crístico.

El despertar del alma

Cuando el Buda Gautama entró en escena, sus discípulos lo reconocieron como un ser humano extraordinario tal que no le preguntaron: "¿Quién eres?", sino que le preguntaron: "¿Qué eres? ¿Eres un dios? ¿Eres un hombre? ¿Eres humano o divino?". Y él simplemente dijo: "Yo estoy [YO SOY] despierto".

Es desconcertante pensar que miles de millones de almas del planeta Tierra no estén despiertas, sino dormidas. Sí, están dormidas con respecto a las realidades espirituales, muertas para los reinos de Verdad eterna. Cuando pensemos en despertarlas, ¡más vale que primero despertemos a nuestra propia alma! Y cuando lo hagamos y nuestra alma se frote los ojos, bostece y mire a su alrededor diciendo: "¿Dónde estoy? ¿Quién soy?", y entonces vuelva a caer en el sueño del olvido, ¡deberemos sacudirla para que despierte! ¡Sí, sacudirla para que despierte!

Una vez que esté totalmente despierta, el alma debe aprender qué es el Bien y qué es el Mal. Como padres y maestros, debemos enseñarle al niño que vive dentro de nosotros a afrontar las dos fuerzas y verlas tal como son. Debemos enseñarle al alma que el Bien lo puede todo y que, en realidad, el Mal no tiene poder propio, sino el poder que nosotros le demos.

Debemos enseñarle al alma a defenderse y a tomar la espada de la Verdad para derrotar a la mentira, independientemente de quién la exprese. Debemos enseñarle al alma que hay cuatro clasificaciones de magnetismo animal que la harán tropezar si no limpia esa vibración de sus cuatro cuerpos inferiores a diario. Debemos advertirla de que ese magnetismo animal puede atraparla en los chakras inferiores y en la naturaleza inferior de carácter animal.

Los cuatro tipos de magnetismo animal se relacionan con los cuatro cuerpos inferiores y los cuatro cuadrantes del Reloj Cósmico. El magnetismo animal malicioso se manifiesta en el cuerpo y el cuadrante de la memoria; el magnetismo animal ignorante lo hace en el cuerpo y el cuadrante mental; el magnetismo animal complaciente,* lo hace en el cuerpo y el cuadrante de los deseos; y el magnetismo animal placentero lo hace en el cuerpo y el cuadrante físico.

La defensa contra estos impulsos acumulados negativos consiste en llamar todos los días, en el hombre de tu poderosa Presencia YO SOY y tu Santo Ser Crístico, a la Elohim Astrea para que cierre su círculo y espada de llama azul en, a través y alrededor de todo magnetismo animal y mesmerismo familiar,[29] y ordenar que todo ello sea consumido con la llama violeta.

Todos tenemos que afrontar estos impulsos acumulados, que son parte integral de la naturaleza del problema. Es algo

---
*de conmiseración (N. del T.)

inevitable. Entonces, ¿qué hacemos? Debemos enseñar a nuestra alma a elevarse sobre esto y a permanecer centrada en el chakra del corazón y en el equilibrio de la llama trina.

Una de las trampas más mortíferas que los ángeles caídos han puesto para atrapar al alma con la guardia baja es el grupo de ofensas a las que nos referimos como las *Aes marcianas*.[30] Estas ofensas, cada una en su turno, son una blasfemia contra Dios Padre, Alfa. Todas ellas comienzan con la letra *A** y son una perversión de todo lo que nuestro Padre Alfa defiende. Al darles rienda suelta a través de cualquiera de tus cuatro cuerpos inferiores o a través de tus chakras, te podrás convertir en un instrumento inconsciente con el cual podrán entrar y envenenar toda el fluir de la conciencia del planeta, hasta la degradación de cada alma viviente.

Las aes marcianas son las siguientes: agresión, ira, arrogancia, argumentación, acusación, agitación, apatía, ateísmo, aniquilación, exasperación, irritación y sugestión mental agresiva.

Una sugestión mental agresiva es una fuerte sugerencia, proyectada o bien desde dentro o desde fuera de la psique, que nos entra en la cabeza y no nos deja en paz. No tiene su origen en la Mente de Dios ni es innata al alma, pero puede influir mucho en el alma para que tome el camino de la izquierda y se sienta presionada a dar un mal paso detrás de otro en la avenida de la vida.

¡La sugestión mental agresiva golpea el cerebro continuamente!, hasta que este se queda exhausto y accede a la sugerencia errónea proyectada por la fuerza siniestra. Debido a que tiene tanta fuerza, uno puede pensar que debe provenir de Dios, cuando en realidad es del Demonio.

La sugestión mental agresiva es sutil y tiene su raíz en la mente serpentina. Nunca debes dejar que la sugestión mental agresiva permanezca en ti. ¡Afróntala inmediatamente! Llama al Arcángel Miguel para que hunda su espada de llama azul en su causa y núcleo. Después, dedícale a Dios y a sus huestes unos decretos implacables para que te libere; ¡y continúa haciendo losdecretos hasta que te veas libre de las tretas de Serpiente!

---

* Esta característica se produce en el idioma inglés solamente (N. del T.)

El alma de David

En los Salmos nos identificamos con el alma de David, que con destreza se liberó a sí mismo y a toda Israel de la furia de Goliat, el gigante que era la encarnación de los cuatro tipos de magnetismo animal y todas la aes marcianas (aunque los eruditos debaten sobre si David escribió los Salmos que se le atribuyen, supongamos por el momento que lo hizo, puesto que la tradición se retrotrae siglos enteros y es la que conocemos bien. Tanto si los escribió como si no, esos Salmos tienen la huella de David).

En los Salmos, David habla del afán de su alma. En Salmos 6 dice: "Vuélvete, oh, Señor, libra mi alma; Sálvame por tu misericordia". "¡Libra mi alma! ¡Sálvame!" El mensaje de David para nosotros, que él expresa una y otra vez, es que debemos llamar a Dios para que proteja y libere a nuestra alma del mal, del mal del magnetismo animal y las aes marcianas, día tras día.

En el Salmo 23, David no solo busca refugio en el Señor, sino que también profetiza la inmortalidad de su alma. Considera quién habla en este salmo. Considera que es el alma de David, la cual, al haber matado al morador (simbolizado por Goliat), está uniéndose a su Yo Superior, su Santo Ser Crístico, la plenitud de cuya gloria habría de brillar en su última encarnación como Jesucristo.

> El Señor [la poderosa Presencia YO SOY] es mi pastor; nada me faltará.

Observa la simple aceptación: "Él es mi pastor. Me cuidará. Por tanto, nada me faltará". A lo largo de miles de años de permanencia en la Tierra, el alma de David ha aprendido que solo uno puede ser el pastor de su alma, y ese es el Señor, la poderosa Presencia YO SOY. David ha aprendido que no puede dar su alma al cuidado de ningún otro.

> En lugares de delicados pastos me hará descansar; junto a aguas de reposo me pastoreará. Confortará mi alma;

Día tras día, el Señor conforta el alma de David. ¿Por qué? Porque el alma en la tierra necesita el consuelo diario a través del Santo Ser Crístico y la Presencia YO SOY. A diario el alma debe soportar el peso del mundo, así como el de su propio karma. Antes de que el alma de David afrontara el día siguiente, el siguiente y el siguiente, David buscaba solaz en su Dios, y su alma se confortaba. Él sabía que debía cuidar de su alma todos los días de su vida.

Me guiará por sendas de justicia por amor de su nombre.

Me enseña el uso correcto de las Leyes de Dios, me guía a cada paso del camino.

Aunque ande en valle de sombra de muerte, no temeré mal alguno, porque tú estarás conmigo; tu vara y tu cayado me infundirán aliento.

¿El valle de sombra de muerte está compuesto de los restos del yo inferior de David que han de pasar por el fuego sagrado para consumirse? ¿Representa el mundo subconsciente o inconsciente de David, los enemigos interiores como los exteriores, incluyendo la Muerte y el Infierno, que debe destruir antes de que reciba el manto de su Cristeidad en su última encarnación?

Aderezas mesa delante de mí en presencia de mis angustiadores; unges mi cabeza con aceite; mi copa está rebosando. Ciertamente el bien y la misericordia me seguirán todos los días de mi vida, y en la casa del Señor moraré por largos días.

Recítale este salmo a tu alma. No lo descuides. Tu alma necesita que le leas este salmo. Necesita sentir tu llama del consuelo y que le asegures que cuando se lo dé todo a Dios, también podrá destruir a su Goliat. Además, debes enseñarle que puede llegar a niveles de liderazgo y ser un ejemplo de la victoria que les es posible a los santos.

La parábola de la fiesta de bodas y el vestido de boda

Sabemos que la meta del alma es alcanzar la unión con Dios y que para lograrlo debe elevarse hasta el chakra del corazón y unirse a su Santo Ser Crístico mediante el Sagrado Corazón de

Jesús. Pero antes de que pueda producirse esa unión, el alma debe realizar muchas tareas, una de las cuales es tejer diario de su vestidura sin costuras. Los Maestros Ascendidos llaman al vestido de bodas *Cuerpo Solar Imperecedero*.

Volvamos al Edén por un momento. Como mencionamos con anterioridad, una vez que permitimos que nuestra alma entrara en peligro debido al orden de ángeles llamado Serpiente, esta se volvió mortal, es decir, desnuda. Antes de tomar del fruto prohibido, éramos inmortales. Por tanto, el *antes* representa la inmortalidad del alma en Edén y su lealtad al Señor Maitreya. El *después* representa la pérdida de esa inmortalidad cuando el alma trasladó su lealtad a la Serpiente.

El hacer caso a la Serpiente no solo fue una cuestión de desobediencia, fue un abuso de confianza, una confianza sagrada. La confianza es la base de todas las relaciones y, más especialmente, de la relación Gurú-chela. En resumen, desobedecimos a nuestro Gurú, Maitreya. Perdimos la inmortalidad. Nos hicimos mortales. Y desde entonces hemos tenido que afrontar las consecuencias.

El Señor Dios le dijo a Ezequiel: "El alma que pecare, esa morirá".[31] En el contexto de la dispensación edénica, esto significó: "El alma que pecare, se volverá mortal". Tal afirmación quería decir que el alma que pecara contra el Manú y el Gurú de ese período de 2150 años[32] no tendría la oportunidad en esa ronda de recuperar su inmortalidad. El alma se vería obligada a reencarnar en la Tierra en la siguiente dispensación de 2150 años y volver sobre los pasos de su Manú y su Gurú, hasta encontrarlos. El alma tendría que solicitar entrada en la Escuela de Misterios de su Gurú y someterse a los rigores de la iniciación que él le exigiera antes de poder regresar al paraíso de una Era de Oro.

Como ya hemos dicho, el Jardín del Edén fue la primera Escuela de Misterios de Maitreya. Si nosotros no hubiéramos puesto en peligro nuestra alma —si hubiéramos permanecido en la Escuela de Misterios, sometiéndonos a las iniciaciones que nos hubieran asignado según el orden divino, superando las pruebas diarias— nos habríamos graduado de la Escuela de Misterios y habríamos salido a dar las enseñanzas de Maitreya al mundo. Además, habríamos caminado por la Tierra vivos, con la llama de nuestra inmortalidad y vestidos con el Cuerpo Solar Imperecedero.

Hoy, como mortales, debemos tejer nuestro Cuerpo Solar Imperecedero mediante la espiritualización de la conciencia, el sacrificio, la entrega, la abnegación y el servicio. En esta tarea monumental, nos hace falta la ayuda de nuestro Santo Ser Crístico. Nuestras siembras de Luz deben ser equiparables a la Luz que Dios nos da a diario por medio del cordón cristalino, porque así podremos decir: "Mi Padre hasta ahora trabaja, *y yo trabajo*". Podemos multiplicar la Luz con la meditación, los mantras y la ciencia de la Palabra hablada.

Día a día tejemos nuestro vestido de bodas, el Cuerpo Solar Imperecedero. Cuando hayamos perfeccionado ese vestido, nuestra alma estará lista para volver como Novia de Cristo al mundo celestial para nunca más salir del Edén. Pero, ay, ahora mismo nuestro vestido de bodas no está perfeccionado. Nuestra alma no está preparada para elevarse por la espiral de la llama de la ascensión y ser recibida en los brazos de nuestra poderosa Presencia YO SOY, la única que puede otorgarnos la Vida Inmortal.

No, nuestra alma aún está en el valle de la decisión. Tenemos que tomar muchas decisiones al enfrentar diariamente las iniciaciones que nos da el Señor Maitreya. Sí, él, el SEÑOR Dios que una vez caminó y habló con nosotros en Edén, cuya confianza sagrada violamos, nos ha perdonado setenta veces siete —y quizá setecientas veces setecientas— durante los siglos transcurridos de destierro del Paraíso.

Él camina y habla con nosotros otra vez y, con paciencia, nos da las iniciaciones que tanto hemos anhelado ser dignos de recibir. En efecto, qué profundo agradecimiento sentimos, no solo por su perdón, sino también por su compasión y bondad total. Porque en un dictado, Jesucristo anunció que el Señor Maitreya dedicaba el Rancho Royal Teton como el lugar preparado para el restablecimiento de su Escuela de Misterios en esta era.[33]

Y así, puesto que no podemos salir de este mundo hasta que

hayamos tejido nuestro vestido de bodas, el Señor Maitreya se encuentra con nosotros a nuestro nivel, en nuestro humilde estado de la carne. Ha venido a salvarnos de nuestra propia rebeldía. Viene a ponernos a prueba y a ponernos a prueba una y otra vez, para que finalmente pueda recibirnos con nuestro vestido de bodas y otorgarnos la llama viva y pulsante de la Vida eterna que jamás será apagada ni por el hombre ni por Dios.

Aquí está la parábola de Jesús sobre la fiesta de bodas y el vestido de boda. La escena de la fiesta de bodas tiene lugar en el tercer nivel de la octava etérica.

> El reino de los cielos es semejante a un rey que hizo fiesta de bodas a su hijo; y envió a sus siervos a llamar a los convidados a las bodas; mas éstos no quisieron venir.
>
> Volvió a enviar otros siervos, diciendo: "Decid a los convidados: He aquí, he preparado mi comida; mis toros y animales engordados han sido muertos, y todo está dispuesto; venid a las bodas".
>
> Mas ellos, sin hacer caso, se fueron, uno a su labranza, y otro a sus negocios;
>
> y otros, tomando a los siervos, los afrentaron y los mataron.
>
> Al oírlo el rey, se enojó; y enviando sus ejércitos, destruyó a aquellos homicidas, y quemó su ciudad.
>
> Entonces dijo a sus siervos: "Las bodas a la verdad están preparadas; mas los que fueron convidados no eran dignos.
>
> "Id, pues, a las salidas de los caminos, y llamad a las bodas a cuantos halléis".
>
> Y saliendo los siervos por los caminos, juntaron a todos los que hallaron, juntamente malos y buenos; y las bodas fueron llenas de convidados.
>
> Y entró el rey para ver a los convidados, y vio allí a un hombre que no estaba vestido de boda.
>
> Y le dijo: "Amigo, ¿cómo entraste aquí, sin estar vestido de boda?". Mas él enmudeció.
>
> Entonces el rey dijo a los que servían: "Atadle de pies y manos, y echadle en las tinieblas de afuera [la octava física]; allí será el lloro y el crujir de dientes".
>
> Porque muchos son llamados, y pocos escogidos.[34]

Este "amigo" no había tejido su vestido de bodas, por tanto, su entrada al plano etérico no era lícita. El rey hizo que sus siervos lo ataran de pies y manos y se lo llevaran para echarlo a las tinieblas de afuera (la octava física), donde habrá lloro y crujir de dientes.

La cuestión que se nos ocurre es: ¿Cómo pudo aquel al que el rey llamó *amigo* entrar sin que ni él ni sus siervos lo vieran? Está claro que los ángeles caídos han robado la entrada a los retiros de la octava etérica, disfrazándose de ángeles de Luz. ¿Y acaso no dijo nuestro Señor?: "El reino de los cielos sufre violencia, y los violentos lo arrebatan".[35]

De esta parábola extraemos una lección: debemos proteger la ciudadela de nuestra conciencia para que los ángeles caídos no se entrometan en nuestra mente, nuestro corazón, nuestro espíritu y la identidad de nuestra alma. Los ángeles caídos no fingen tener un vestido de boda, pero pretenden el trono de gracia. Como vemos en esta parábola, si se les da la más mínima entrada, se deslizan y entran para profanar hasta el Sanctasanctórum. Por ello Dios ha enviado a sus santos ángeles para que protejan nuestra alma de las tretas de los ángeles caídos.

La parábola de la fiesta de bodas y el vestido de boda es la historia de nosotros mismos. Debemos prepararnos para esta fiesta de bodas, porque un día el rey enviará a sus siervos a que nos inviten a las festividades, y debemos estar preparados. Nuestra alma se prepara para la fiesta de bodas durante muchas vidas de servicio, buscando y aferrándose a la Presencia YO SOY, uniéndose finalmente al Santo Ser Crístico y al Sagrado Corazón de Jesús.

Curar al alma es una prioridad máxima

El alma debe aprender cómo superar con trabajo los problemas de su karma pendiente que se reflejan en los problemas de su psicología no resuelta. Tu alma presta atención cuando el psicólogo te lleva un punto en el que puedas comprender por qué en tu vida hay unos modelos negativos que se repiten, por más que te esfuerces, y que parece que no puedes corregir. Todos lo hemos vivido.

Inmortalidad

Los modelos negativos no desaparecen simplemente porque uno invoque la llama violeta. Desaparecen porque uno invoca la llama violeta y aprende las lecciones, con frecuencia a base de golpes, porque somos demasiado testarudos para aprenderlas de nuestro Santo Ser Crístico.

Y entonces, un día, uno deja de darse golpes contra la pared, abre los ojos y ve, *sabe,* porque la niebla que no nos dejaba ver se ha levantado y el conocimiento se ha aclarado. Y lo que antes era un misterio, ya no lo es.

Así pues, cada mañana nos ponemos el manto del buen médico y salimos a curar a nuestra alma. Curar al alma es una prioridad máxima. Si haces bien todas las cosas en tu sendero espiritual, pero descuidas la curación de tu alma, con certeza llegarás a un cruce de caminos por tu negligencia. Y no tendrás más opción que tomar la cruz de tu karma y llevarla al Gólgota, el lugar de la calavera, es decir, el lugar donde has crucificado a tu alma. Ahí deberás bajarla de la cruz, ungir su cuerpo con mirra y aloes, y llamar al Señor y Salvador para que la resucite de la gran aflicción por tu descuido.

Si a pesar de tu descuido hacia el niño que vive en ti mereces la ascensión en lo que a todo lo demás respecta, la máxima prioridad antes o después de que asciendas será saldar tu karma con tu alma, es decir, con tu niño interno. Puesto que, a fin de cuentas, *tú eres tu alma,* la Plenitud de tu alma será la clave de tu victoria suprema.

Cuando hagas la transición, te llevarán al retiro que corresponda en el mundo celestial por un período de tiempo que decidirán los Señores del Karma tras consultar con tu Santo Ser Crístico. Ahí permanecerás hasta que realices la curación de tu alma bajo la guía de maestros psicólogos angélicos. Ellos, junto con tu Santo Ser Crístico, instruirán a tu alma hasta que logres la Plenitud del alma. Y a través del ritual de la recuperación del alma, dirigido por Mensajeros Ascendidos y no ascendidos, aprenderás a atraer y recuperar para tu alma los fragmentos que hayan sido aprisionados en la Tierra y por todo el universo.

El Maha Chohán explica el don de la inmortalidad

El Maha Chohán explica el don de la inmortalidad que recibimos:

Habladle a vuestra alma y decid: ¡Este es un nuevo día y un nuevo nacimiento! ¡Hoy eres engendrada por Dios! Comenzad hoy la escalada hacia vuestra inmortalidad y deshaceos de los temores y las dudas de vuestra mortalidad. La muerte no tiene ningún poder sobre vosotros a no ser que se lo deis, ni lo tiene el infierno ni los ángeles caídos. Por tanto, dejad que entre a vuestro corazón el gran fuego del Espíritu Santo e intensificad el caminar con Dios con el que os ponéis todos los días esa vestidura sin costuras que es vuestra inmortalidad.

¡La inmortalidad hay que ganársela! No se concede solo por una expresión de fe o por reconocer la salvación a través de un individuo, concretamente, Jesucristo. La inmortalidad se consigue cuando, de la mano de vuestro Santo Ser Crístico (que está, por supuesto, unido a Jesús) interiorizáis, como el fuego que se envuelve a sí mismo, ¡la magnificencia del ser libre en Dios! Por tanto, se necesitan muchas horas y muchos días y, para algunos, muchos siglos para tejer los penachos de la llama trina formando este don, este vestido de novia de inmortalidad.

Que vuestra inmortalidad como meta, por tanto, sea la meta principal que logréis al final de vuestra vida. Comprended que es posible que descuidéis la salud del alma, la vitalidad del alma y la disciplina del alma. Y si lo hacéis, el alma no sabrá cómo entrar en las espirales de la autotrascendencia. Si no mandáis a vuestra alma a que dé los pasos indispensables para la autotrascendencia, que debe llegar antes de que consigáis vuestra victoria, seguro, *seguro* que no tendréis los medios de uniros a mí...

Ahora, amados, planeando el curso de vuestra vida, buscad el medio de vida correcto. Buscad un sendero en el que podáis lograr varias cosas, incluyendo el mantener a vuestra familia, proveer el pan de cada día, financiar vuestra educación, todo lo que debáis realizar de acuerdo con vuestro dharma. Y defino *dharma* como vuestra vocación de cumplir a cierto nivel la Ley de Dios para vosotros que procede del

Inmortalidad

gran Dharmakaya, vuestro Cuerpo Causal.

Amados, todas las cosas *pueden* encajar para el bien de quienes aman a Dios, quienes son llamados conforme a su propósito,[36] llamados y designados; llamados, sí, y ungidos. Por tanto, la riqueza de vuestra vida desde que amanece hasta que anochece puede encontrarse en saldar el karma y adquirir más talentos al servicio de vuestro Dios. Y podéis regocijaros en la felicidad de Dios cuando estáis rodeados de, y os movéis con, aquellos que entienden la llama del honor cósmico, que pueden honrar esa llama incluso antes de haber empezado a honrar a Dios. Algunos santos han dicho que amar el honor de Dios en última instancia es amar a Dios como la personificación de ese honor.[37]

Honor e integridad son las virtudes de las que está hecha la inmortalidad. La *integridad* se refiere a vuestra *integración integral* en vuestro Presencia YO SOY. Cuando tenéis honor e integridad, tejéis unos fuertes lazos con el Infinito, con los reinos inmortales de la Vida. Cuando no tenéis honor ni integridad, amados, sois como las arenas movedizas. Sois de doble ánimo y, por tanto, inestables en todos vuestros caminos, y no podéis lograr nada.[38]

No me refiero solamente a tener honor e integridad hacia el prójimo, sino a tener honor e integridad hacia Dios mismo. Cuando os alineáis con el primer mandamiento, "No tendrás dioses ajenos delante de mí",[39] ponéis a Dios primero. Después de eso, existen jerarquías descendentes en vuestra vida a las que dais una importancia mayor o menor.

Cuando cada mañana os ponéis el deber de poner a Dios primero, honrar su llama en vuestros seres queridos y consagrar todos vuestros empeños a él, todo va bien. La clave es poner a Dios primero al principio y al final del día y ensayar a lo largo del día la magnificencia de la belleza de la Vida que él os ha dado.

A esto os llamo. Os llamo como almas recién nacidas que están empezando conmigo un camino que concluirá con vuestra ascensión victoriosa en la Luz. Con ese fin os invito a que recibáis formación de mí en mi retiro de Ceilán. Comenzaré con un aula llena, pero, ay, como ocurre con frecuencia, posiblemente termine con menos de un aula llena.

Sí, amados, porque durante el curso podríais tener que dejar vuestro asiento e ir a estudiar a uno de los retiros de los Chohanes [los Señores de los Siete Rayos] para dominar cierta condición adversa en vuestra alma. No penséis que se os esté rebajando de categoría, sino más bien que se os envía a un lugar donde podréis fortalecer el eslabón más débil de vuestro ser. Habiéndolo hecho, podréis volver a realizar buen progreso en mi retiro.

Muchos de vosotros os habéis familiarizado con mis hijos, los Siete Chohanes, y habéis practicado las disciplinas de los Chohanes, a quienes habéis reconocido y con quienes os habéis identificado. Habéis escuchado la enseñanza de que, si os hacéis aprendices de tres Chohanes cualquiera y os sometéis a sus disciplinas, podréis estar cualificados para entrar en mi retiro y permanecer bajo mi tutela siempre que mantengáis los estándares que he establecido.

Pero en este viaje único de toda una vida, una parte de vuestro tiempo lo pasaréis en las octavas etéricas, en los retiros y Universidades del Espíritu, y otra parte de vuestro tiempo la llenaréis plenamente de las responsabilidades de vuestra familia, el hogar y la profesión, así como con ese karma descendente que desciende a diario, a todas horas, como arenas en el reloj. Así, recordáis que vuestra estancia en el planeta Tierra tiene asignada un período de tiempo, que las arenas de hecho van cayendo, y cuando la parte superior del reloj está vacía, debéis darle la vuelta una y otra vez, hasta que llegue la hora de vuestro cumplimiento.

Algunos de vosotros sentís que estáis en una carrera por el premio de vuestro supremo llamamiento en Cristo Jesús.[40] Y de hecho *estáis* en una carrera. Es una carrera por la victoria, pero también es una carrera para saldar karma. Cada día tenéis una cantidad de tiempo limitada para invocar la llama violeta y consumir y transmutar ese karma de forma que no tengáis que pelearos con él. Tenéis dos opciones: podéis pelearos con vuestro karma todos los años o podéis echar vuestro karma a la llama violeta cada día y obtener una página en blanco en la que escribir antes de la puesta de sol.[41]

Cómo hallar la unidad con el Padre, el Hijo y la Madre Divina

Todos los atributos divinos que se manifiestan a través del Cristo (como la verdad, la vida y el amor; la luz, el poder y la inteligencia; la pureza, la unidad y la belleza; la esperanza, la fe y la caridad; la alegría, la santa expectativa y la constancia; la libertad, la misericordia y un verdadero sentimiento de hermandad) juntan el Cuerpo de Dios con el cuerpo del hombre. Son de hecho componentes de la verdadera identidad del hombre que le dan la posibilidad de cumplir su papel como una parte integral de la Gran Totalidad Cósmica.

Al reflexionar sobre estas joyas de manifestación celestial, el hombre encuentra su unidad con el Padre, con el amado Hijo (su Verdadero Yo) y con la Madre Divina. Esta unidad es simplemente una aplicación del axioma geométrico: "las cantidades iguales a una misma cantidad son iguales entre sí". Si Dios es amor y el hombre ama como Dios ama, entonces él está unido a Dios. Si Dios es sabiduría y el hombre expresa Su sabiduría, entonces él está unido a Dios. Si Dios es Luz y el hombre actúa como conductor de esa Luz, entonces él está unido a Dios. Si Dios es Vida y el hombre vive la Vida de Dios, entonces él está unido a Dios —él es Dios— y él también vivirá para siempre.

Es totalmente correcto y apropiado que todo pensamiento y sentimiento benigno expresado en el hombre logre la inmortalidad, porque cualidades como estas merecen vivir, junto con los individuos que las encarnan, ya que son de la esencia del Creador mismo y pueden pasar por el gran horno cósmico de transmutación intactos, prístinos e inalterados por el fuego sagrado.

Por otro lado, hagámonos estas preguntas: ¿Las condiciones negativas deberían dotarse de Vida Inmortal? ¿Los caminos del mundo, los caminos del odio sutil y el desdén, del engrandecimiento personal que destruye las aspiraciones y esperanzas de los demás para impulsar al pequeño yo hacia arriba, del antagonismo y el espíritu de vana competencia, de avaricia y lujuria, ignorancia y codicia, de orgullo y prejuicio, chismes y conversaciones indiscretas, del juicio afectado, la venganza y la crueldad, el egoísmo y la pena de uno mismo, la desgracia y la indolencia, deberían todas esas cosas y muchas otras negativas y degradantes, evidentes por doquier en la pantalla de la vida, tener permiso de continuar indefinidamente?

¿Deberían tales condiciones perniciosas, que infestan la conciencia de la raza, dotarse de Vida Inmortal? ¿Cuál sería el resultado si la negación se perpetuara a sí misma? ¿Qué ocurriría si el hombre imperfecto, aun poseyendo tales rasgos, pudiera dotar sus experimentos creativos con la Vida Inmortal y él mismo pudiera vivir por siempre?

"Venid, y estemos a cuenta", dice el Señor.

Si se permite que el "malhechor" que ha tomado del fruto del árbol del conocimiento del bien y el mal (de la conciencia de la dualidad) coma del fruto del Árbol de la Vida (de la omnipotencia de la Presencia Divina) "y viva para siempre", entonces el estándar universal de perfección estará en peligro para siempre. La ley cósmica, así como la naturaleza del Ser Verdadero, pronto se contaminarán con los experimentos de esos pseudocientíficos que aún no se han graduado de las Universidades del Espíritu.

Si las Leyes inmutables de Dios se violaran al introducir un velo de energía de ilusión sobre la pantalla de lo Absoluto, tendríamos que admitir que *¡Dios está muerto!* Si la perfección pudiera ser invadida por la imperfección, ya no habría razón alguna para que el hombre se esforzara en perfeccionarse a sí mismo y a su mundo, en superar las limitaciones, en mantener el orden en la sociedad y los estándares de belleza en las artes, la precisión en las ciencias y el propósito en el vivir diario. En pocas palabras, la otorgación de la inmortalidad al malhechor y sus obras significaría el fin de la existencia de Dios y su Imagen Real en manifestación.

El descenso a la dualidad

La solución de Dios para este problema consta en el Génesis (3:22-24), que es el encabezado bíblico de este capítulo. También

Inmortalidad

consta en el Libro de la Vida (que contiene la historia kármica de este sistema solar) que una vez que el hombre hubo tomado el fruto del árbol del conocimiento del bien y el mal, sus poderes creativos se restringieron. Se expulsó del Paraíso y tuvo prohibido el acceso al Árbol de la Vida, cuyo fruto es la esencia del poder de Dios, que dota de Vida Inmortal tanto al ser como a la creación de quienes toman de él.

El conocimiento del Bien y el Mal no es ningún conocimiento en el sentido divino de la palabra, sino la creencia en una existencia separada de Dios que surge al bajar la mirada de lo Real a lo irreal. Una vez que el hombre alberga la idea de sí mismo fuera de la conciencia de su Origen, su Verdadero Yo, se siente desnudo y solo. Simbólicamente, Adán y Eva se vistieron con hojas de parra, pero no les sirvió de nada, porque es el alma y no la carne la que sufre las punzadas de una identidad perdida, ese punto de contacto con lo Infinito que no se encuentra en ninguna parte más que en el regreso a la unidad de la llama trina, el Ser Crístico y la eterna Presencia Divina.

El conocimiento del Bien y el Mal es la creencia en que Dios y el hombre son dos en vez de uno. Este conocimiento, tal como lo denominan, bajó inmediatamente la conciencia del hombre desde el plano de Unión en Dios o Espíritu (el plano etérico) al de una aparente dualidad[42] en la forma densa (el plano físico).

Este conocimiento produjo la imagen sintética en lugar de la Vida de Perfección Absoluta, que se origina en la visión del ojo único del Creador. Cuando el hombre tomó el fruto del árbol del conocimiento del bien y el mal, su punto de referencia se volvió dual y finito. Por tanto, él ya no estuvo exento de la muerte, pues la muerte es la consecuencia de la finitud. Así, el hombre perdió su herencia inmortal y con ella su autoridad para reclamar la unión con el Infinito. Los Señores del Karma decretaron que tanto su herencia como su autoridad de dotar a sus creaciones de permanencia debían consiguientemente impedirse hasta el momento en que el hombre se desprendiera conscientemente de los engaños de su existencia finita separada de Dios.

El retorno a la unión a través del sendero de iniciación

¿Con qué medio, pues, regresará el hombre a la conciencia de Dios, de la unión, si de hecho le fuera posible deshacerse de los engaños de la dualidad? ¿Puede su vuelta a la gracia realizarse con un simple acto de voluntad, con una declaración de fe o con un deseo ferviente de ser Pleno? Cualquiera de esas cosas bien puede marcar el principio de su reunión con su Yo Superior, pero el Paraíso no se recupera tan fácilmente como se perdió, con un simple acto de voluntad.

Primero, el individuo pródigo debe volver sobre cada paso que le haya desviado del camino del limpio Río de Agua de Vida. Entre las lecciones más importantes que aprenda estarán aquellas obtenidas al sentir directamente los efectos producidos por las causas que él puso en movimiento con el abuso que hizo del libre albedrío. Por tanto, se le pone en una posición como receptor de la energía que envió. De esta forma, la operación impersonal de la Ley de Causa y Efecto le da la oportunidad (que nunca puede interpretarse como castigo) de aprender las consecuencias de la mala cualificación que hizo de la energía de Dios.

Cuando el individuo pródigo se ha cansado de todo y exclama pidiendo que la intercesión de la misericordia retenga sus creaciones insufribles, la Jerarquía da un paso al frente para poner a prueba su sinceridad mediante los rigores de la iniciación. ¿Está dispuesto a darlo todo para que Dios pueda darlo Todo?

Las iniciaciones que reciben los discípulos y las tribulaciones que soportan los santos mientras se mueven entre las masas dormidas forman parte de un sistema infalible desarrollado por la Jerarquía mediante el cual las verdaderas intenciones y el verdadero logro de los buscadores, no sus ilusiones, se pueden determinar a cada paso en el camino. Entonces, cuando todas las pruebas han sido superadas y los requisitos de los Señores del Karma se han satisfecho, su herencia y Filiación Divina se restablece y se los invita mediante el ritual de la ascensión a que coman del Árbol de la Vida por siempre.

Examinemos ahora una iniciación tal para que todos los que

aspiran a la inmortalidad se puedan familiarizar con uno de sus requisitos.

La iniciación de la Prueba de Fuego

La prueba de Sadrac, Mesac y Abed-nego, que fueron atados y echados al horno de fuego por el rey babilonio Nabucodonosor,[43] ilustra las enseñanzas de Pablo sobre "el fuego", del que dijo que "la obra de cada uno cuál sea, el fuego la probará".[44] El relato bíblico sobre el destino de estos hombres en el libro de Daniel nos provee datos sobre una de las pruebas más importantes que se les pone a los hijos pródigos de Dios. Su experiencia también fue un anticipo de la Prueba del Fuego Sagrado, que le llega a todo hombre como examen final de sus obras.

Pablo anticipó que esta Prueba le llegaría a todo hombre, y se la describió a los corintios: "Si permaneciere la obra de alguno que sobreedificó, recibirá recompensa. Si la obra de alguno se quemare, él sufrirá pérdida [una pérdida de sustancia mal cualificada que es consumida por el fuego sagrado], si bien él mismo será salvo [la Imagen Real no se puede perder en la llama], aunque, así como por fuego".[45]

Sadrac, Mesac y Abed-nego eran iniciados de la Hermandad. Dios había recompensado sus esfuerzos por conseguir la maestría sobre sí mismos con un conocimiento científico de sus Leyes y una abundancia de conocimiento sobre sus misterios. El rey mismo observó estas facultades: "En todo asunto de sabiduría e inteligencia que el rey les consultó, los halló diez veces mejores que todos los magos y astrólogos que había en todo su reino".[46]

Debido a su espiritualidad superior y su total confianza en la Presencia de Dios en sí mismos, Sadrac, Mesac y Abed-nego se negaron a adorar la imagen de oro que el rey había hecho. Por esto fueron atados y echados al "horno de fuego ardiendo", que estaba tan caliente que "la llama del fuego mató a aquellos que habían alzado a Sadrac, Mesac y Abed-nego".[47] Pero estos discípulos del Cristo que habían autorrealizado su Yo, habiendo prometido servir a Dios y solo a Dios, recibieron una enorme ayuda de las alturas. En ellos se cumplió el decreto: "En mi carne he de ver a Dios".⁴⁸ Aunque aún no estaban perfeccionados "en la carne", se los hizo Plenos temporalmente por gracia de Dios, y esta Plenitud, que fue atraída por su fe, era inviolable. El círculo de perfección que trazaron alrededor de su forma los dedos del fuego vivo no pudo ser quebrado por la imperfección.

Así, cuando el rey miró en el horno, dijo: "He aquí yo veo cuatro varones sueltos, que se pasean en medio del fuego sin sufrir ningún daño; y el aspecto del cuarto es semejante a hijo de los dioses". Asombrado, los llamó a que salieran del horno: "Y se juntaron los sátrapas, los gobernadores, los capitanes y los consejeros del rey, para mirar a estos varones, cómo el fuego no había tenido poder alguno sobre sus cuerpos, ni aun el cabello de sus cabezas se había quemado; sus ropas estaban intactas, y ni siquiera olor de fuego tenían".⁴⁹

¿Cuál es la explicación espiritualmente científica de esta hazaña alquímica? Sadrac, Mesac y Abed-nego, por su devoción por Dios, ya habían expandido y equilibrado la llama trina en el corazón hasta el punto en que toda su forma podía quedar envuelta en la Llama de la Vida. La Llama del Cristo en el corazón de todas las células de sus cuatro cuerpos inferiores había sido vivificada por su devoción. Ahora los sustentaba no solo su impulso acumulado del fuego sagrado, que habían invocado durante mucho tiempo de su Presencia Divina, sino también la Presencia del Hijo de Dios que apareció en el horno de fuego.

La fe, la esperanza y la caridad de estos hijos de la llama era tal que, cuando entraron en el horno, atrajeron el flamígero poder del Cristo, cuya Presencia Electrónica escudó a su mundo, que aún no estaba totalmente perfeccionado, del fuego físico.

Para que pudieran soportar la prueba de fuego, los cuatro cuerpos inferiores de estos santos se alinearon con toda perfección. Cuando esto aconteció, los cuatro elementos fueron equilibrados en su cuerpo por el Cristo interior y el Cristo exterior, cuya llama se unió formando una conflagración literal de fuego sagrado, la Llama dentro de las llamas. Así, las salamandras* se movieron con libertad a través de su forma (tal como algunos maestros no ascendidos atraviesan las paredes mediante un ajuste consciente del patrón electrónico de su forma física) y, puesto que no había ninguna "densidad de deseo" que "quemar" en estos tres hermanos, "ni siquiera olor de fuego [el olor de la transmutación o el cambio alquímico] tenían".

Solo los que tienen un logro espiritual avanzado podrían soportar la repentina aceleración de la tasa vibratoria electrónica producida por el elemento fuego.[50] La diferencia entre el logro personal que uno tenga y el logro que el momento exija siempre es compensado por el Cristo cuando el discípulo se entrega por completo a la Presencia y afirma con todo amado Hijo que ha vencido al mundo: "No puedo yo hacer nada por mí mismo; el Padre en mí es quien hace las obras".[51] En verdad, el momento de entrega total es el momento de la inmortalidad.

Como lo explicó tan hermosamente el Señor Lanto: "Cuando los hombres son capaces de renunciar de buena gana a su habitual sentido de identificación con la personalidad cambiante, centrada en la muerte y mortal, en ese momento de hecho logran la inmortalidad. Este acto de entrega es espléndido. Es realmente un renacer por el poder del Espíritu Santo. Es una transferencia de la conciencia desde el campo energético de la mortalidad, que es la sensación de lucha que lo acompaña, al reino del Espíritu Santo, al mismo tiempo que la conciencia individual ocupa un cuerpo físico".[52]

Aunque Sadrac, Mesac y Abed-nego se habían entregado por completo, aún no habían pasado por el ritual de la purificación del fuego sagrado. Sin embargo, debido a que los núcleos y electrones de sus cuatro cuerpos inferiores (siendo en un principio del elemento fuego) fueron llenados y acelerados momentáneamente por el impulso acumulado acelerado del Hijo de Dios, fueron capaces de mezclarse libremente con las llamas sin perder su individualidad.

---

*Los elementales que sirven al elemento fuego se denominan *salamandras*.

Preparación para la Prueba de Fuego

La Prueba de Fuego es una iniciación por la que todo hijo de Dios que desee regresar al Edén ha de pasar algún día, con o sin la ayuda de los Poderes Superiores. Para preparar a los hombres (que prácticamente han olvidado su propia divinidad) a pasar por esta prueba y otras que son necesarias, se ofrece en los retiros etéricos y físicos de la Hermandad una formación especial para todos los que aspiren a recuperar la visión del ojo único que perdieron cuando tomaron del fruto del árbol del conocimiento del bien y el mal.

Mientras que la conciencia interior recibe preparación en templos de Luz mientras el cuerpo físico duerme, la conciencia exterior se prepara para la Prueba de Fuego con las enseñanzas de los Maestros que están publicadas en las Lecciones de Guardianes de la Llama.[53] Las oportunidades de acelerar la reunión de la humanidad con Dios y su avance espiritual en los planos interiores y exteriores nunca han sido tan grandes como lo son hoy; y es precisamente así como la profecía se está cumpliendo, "por causa de los escogidos, aquellos días serán acortados".[54]

Por tanto, a todo buscador honesto corresponde aprovecharse al máximo de la política de *puertas abiertas* que está en efecto ahora. Serapis Bey explica el significado de *iniciación*:

> Si queréis ser iniciados, yo digo que estéis dispuestos a poneros a los pies de vuestra propia Realidad primero. Después, estad dispuestos a aceptar que existe una Realidad con la que Dios ha investido a Seres, Maestros, que han llegado más allá de esta fase y de este plano, que tienen una mayor comprensión del Yo Real que la que vosotros tenéis ahora, aunque vosotros tenéis la misma oportunidad de lograr esa comprensión.
>
> Ellos han querido llegar al Infinito y han ganado. Pero miran atrás y extienden una mano, porque ganaron por amor a la humanidad.
>
> Por tanto, yo digo, tomad la mano de la Jerarquía. Tomad la mano extendida. Caminad despacio o deprisa, pero

caminad con ritmo medido, constantes en el ritmo de vuestra propia Realidad. Empujad hacia la meta y el premio del llamamiento superior, el llamamiento de la ley de vuestro Yo Interior. Y sabed que, si queréis lograr con rapidez, yo estoy aquí para impulsaros hacia adelante. Estoy aquí con la espada de la llama de la ascensión.[55]

En verdad, estamos viviendo en un momento cósmico, en un momento en que el Sol está literalmente quieto para que los niños del Sol que evolucionan en la Tierra puedan recuperar terreno con respecto a la marcha de la Luz por nuestra galaxia.

La apertura de los retiros

En 1969, el Dios Merú anunció el plan de la Jerarquía para una "programa a gran escala de educación en los principios del Cristo".[56] La aprobación de este plan por parte del Consejo Kármico ha permitido a los Maestros Ascendidos llevar a sus retiros a muchas corrientes de vida para darles formación, mientras duermen, o entre encarnaciones, cuyo karma personal, sin una dispensación así, les privaría de esta oportunidad. El Dios Merú lo aclamó como un programa que "será verdaderamente la antorcha que ilumine al mundo y traiga la gran Era de Oro". Pero el Jerarca del Retiro de la Iluminación sobre el lago Titicaca añadió que la cooperación de los hombres no ascendidos que ya han recibido las enseñanzas de la Ley sería necesaria para despertar la conciencia exterior hacia las grandes Verdades depositadas en el cuerpo etérico de quienes son conducidos a los retiros mientras duermen.

En este ciclo de la historia cósmica, Dios ha autorizado a sus Hijos Siervos, los Maestros Ascendidos, a que entren en contacto con los hombres no ascendidos con el fin expreso de darles el conocimiento correcto sobre sus Leyes. Este conocimiento, si se aplica diligentemente, puede liberar y liberará a los hombres y las naciones, y producirá la Era de Oro más grande que el mundo ha conocido jamás. Pero, a no ser que haya suficiente número de personas entre los niños de Dios que respondan a las llamadas de los Hermanos Mayores de la Raza, la puerta de la oportunidad se puede cerrar durante un período de diez mil años.

Durante esa era oscura, la humanidad, por no haber hecho caso de los Emisarios de Dios, tendría que depender solamente de sus impulsos acumulados espirituales y su contacto con su Presencia Divina. Durante ese período, solo estaría permitido el funcionamiento impersonal de la Ley y los hombres descubrirían qué significa no tener la intercesión de la Jerarquía o las misericordiosas dispensaciones de los Señores del Karma, que por tanto tiempo se han interpuesto entre la humanidad no iluminada y la avalancha de su propio karma. Sí, a no ser que la gente acuda en grandes cantidades en favor de la Luz, el actual ciclo de oportunidad cósmica llegará a su fin y las puertas de los retiros de los Maestros Ascendidos se cerrarán; porque el Señor ha dicho: "No contenderá mi Espíritu con el hombre para siempre...".[57]

Hay muchos buscadores sinceros que con gusto pagarían cualquier precio por saber y hacer la voluntad de Dios, por poder conseguir la ascensión mediante el servicio a la Luz y dar entrada a una Era de Oro. Estos podrán lograr su digna meta estudiando con los Maestros Ascendidos, que conocen cada paso del camino, y sometiéndose de buena gana a las iniciaciones programadas por el Gran Iniciador, el Señor Maitreya.

El Ser Crístico del individuo trabaja de cerca con los Señores del Karma para distribuir a la corriente de vida ese karma por el que es responsable personalmente. Este karma provee el material para el programa de pruebas que está desarrollado especialmente por la Jerarquía para cada discípulo. No obstante, hay modelos en el esquema iniciático que son aplicables a la raza humana como un todo, mientras que, al mismo tiempo, es relevante con respecto a cada necesidad y situación humana en particular.

En lo que queda de este capítulo describiremos las iniciaciones que hay después de las oportunidades para el discipulado: el Juicio Final, la "Prueba de Fuego", la Transfiguración, la Resurrección y la Ascensión.

Este es el sendero de la inmortalidad. Según el hombre va

deshaciendo la bola dorada de su destino, siguiendo los hilos por las grutas laberínticas de su propio mundo subconsciente, siempre debe tener presente la visión de la meta: la reunión eterna con su Yo Divino y su equivalente divino. A cada paso del camino se estará preparando para el Juicio Final, cuando será llamado a dar cuenta de las energías que haya utilizado durante su tiempo asignado de oportunidad en el mundo de la forma. Si ha practicado con éxito el Ritual del Embellecimiento, es decir, si ha intercambiado con asiduidad su creación humana por los atributos divinos, conseguirá su inmortalidad mediante la ascensión. Si, por otro lado, ha ignorado los mandatos de su karma, podrá perder su alma y ser un desterrado. Veamos ahora estas dos alternativas.

El Juicio Final en Sirio ante la Corte del Fuego Sagrado

El Juicio del Fuego Sagrado, también conocido como *Juicio Final*, puede tener lugar en el Templo de la Ascensión, en Lúxor (Egipto), o ante la Corte del Fuego Sagrado, en la Estrella Divina Sirio. Los candidatos a la ascensión son evaluados en Lúxor, mientras que los "siervos inútiles",[58] quienes han abusado completamente de sus oportunidades de evolucionar hacia Dios negándose a multiplicar los talentos que Dios les ha dado, deben comparecer ante el Tribunal de Justicia Suprema en Sirio, cuando la Mónada Divina esté lista para entrar en el Cuerpo Causal Amarillo en su ciclo de regreso al corazón de Dios.*

En el caso del siervo inútil, esta evaluación final de los experimentos de su alma en el mundo de la forma tiene lugar cuando las arenas del reloj se han agotado, cuando el alma ha gastado hasta el último centavo de *energía-oportunidad* de todas las encarnaciones. Por otro lado, el candidato a la ascensión puede terminar su curso a tiempo o antes de tiempo, para ser recibido por el Jerarca de Lúxor con los más altos honores.

---

*El Cuerpo Causal Amarillo es el segundo en la trinidad de Cuerpos Causales que rodean al Eje, en el centro de nuestro cosmos de Espíritu/Materia. Véase libro 3 de la serie Escala la montaña más alta, *Los Maestros y el sendero espiritual*, capítulo 4, "Jerarquía", págs. 218-219.

Esta evaluación se llama *juicio final* para distinguirla de 1. los juicios de la Presencia Divina y el Ser Crístico que acontecen todos los días a lo largo de las muchas encarnaciones del alma; y 2. del juicio que tiene lugar al final de cada encarnación, cuando el alma aparece ante los Señores del Karma para dar cuenta de sus actividades en el mundo de la forma. Ninguno de ellos es el juicio final, pero ambos pueden ser considerados como exámenes de los logros conseguidos, impartidos para que el alma sepa cuál es su situación: si ha *aprobado* o no cierto curso, cómo prepararse para el siguiente día o la siguiente encarnación y, finalmente, cómo preparase para el *examen* final: la Prueba de Fuego.

El Juicio del Fuego Sagrado, tanto si se convoca en Lúxor como en Sirio, es el examen final de todos los motivos, pensamientos, sentimientos, palabras y obras del individuo con su correspondiente causa, efecto, registro y memoria. Ahí es donde tiene lugar la auditoría final de las cuentas del alma: ¿El alma ha multiplicado o desperdiciado los talentos que Dios le dio? ¿Qué grado de maestría sobre sí misma ha logrado? ¿De qué formas ha buscado el alma mejorar la evolución de la vida hacia su conclusión divina? Esencialmente, el objetivo del Juicio del Fuego Sagrado es determinar con exactitud cuánto brilla la estrella del alma y recompensarla en consecuencia.

En Sirio, este juicio tiene lugar en una gran sala circular rodeada de doce salas de justicia circulares más pequeñas, a menudo llamadas *salas de la llama*. Así, el patrón cósmico del Sol Central con doce soles menores girando a su alrededor se duplica en el diseño de la Corte del Fuego Sagrado. En el juicio, las Doce Jerarquías Solares están representadas por doce parejas de llamas gemelas, conocidas colectivamente como los Veinticuatro Ancianos.[59]

Los Ancianos se sientan en un semicírculo levemente alzado y a unos veinte codos aproximadamente del estrado central, una plataforma circular con un dosel de aproximadamente dos tercios el tamaño de la base. Ahí se pone el acusado para dar cuenta de todas sus acciones a lo largo de sus muchas encarnaciones, mirando hacia los Veinticuatro Ancianos como si estuviera en el centro de un reloj gigante, de cara a la línea de las doce. Los Ancianos se sientan desde su izquierda a su derecha en sentido horario. Los primeros doce Ancianos, los complementos masculinos, se sientan entre la línea de las nueve y la de las doce, donde equilibran el aspecto femenino del alma, que se manifiesta a través del cuerpo físico y emocional. El trono del Dios Todopoderoso, el único Juez y Legislador Supremo, está justamente sobre la línea de las doce. Ahí, en el lado Norte, está concentrada la Presencia Electrónica de Dios mismo. El segundo grupo de Doce Ancianos se sienta entre el trono y la línea de las tres. Estos, los complementos femeninos, equilibran el aspecto masculino del alma, que se manifiesta a través del cuerpo etérico y el mental.

El Guardián de los Pergaminos está en la línea de las seis para leer en el Libro de la Vida el registro de la corriente de vida. Debido a que tiene el testimonio de los Ángeles Registradores, que determinará el juicio de Dios (pronunciado por los Veinticuatro Ancianos en consonancia con la Presencia Divina y el Ser Crístico del individuo), él y solo él tiene permitido ponerse en el lado opuesto al trono donde se mantiene la Llama del Honor Cósmico del Todopoderoso a través de Su Presencia Electrónica.

Los asientos que hay entre las tres y las seis y entre las seis y las nueve (siguiendo el sentido horario) pueden ocuparlos otros Seres Ascendidos que se hayan llamado a dar testimonio en el juicio. Nadie se sienta detrás del trono del Todopoderoso, de los Veinticuatro Ancianos o del Guardián de los Pergaminos; pero al menos una docena de filas semicirculares se extienden más allá de los lugares reservados para otros miembros de la Jerarquía. Estos asientos pueden ocuparlos personas no ascendidas que hayan llegado voluntariamente en sus cuerpos sutiles para ofrecer testimonio o bien a favor o bien en contra del acusado.

Después de que todos estén congregados, el acusado es acompañado por ángeles protectores desde su celda hasta la sala de justicia a través de un túnel, que entra por debajo del lugar del Guardián de los Pergaminos en la línea de las seis. Tan pronto como haya ocupado su posición sobre el estrado y haya rendido homenaje a la Deidad (si así lo desea), la Corte es llamada al orden por uno de los Veinticuatro Ancianos, que se van turnando en el cargo de *Presidente del Tribunal*.

Se da inicio al proceso con una lectura por parte del Guardián de los Pergaminos, que recuerda el nacimiento del alma dentro de la Mente de Dios, el concepto inmaculado que el Dios Padre-Madre tuvo para esa manifestación individual y el modelo divino creado para su evolución. Después destellan sobre la pantalla de ákasha los registros del desarrollo del alma en el corazón de Dios, de sus experiencias consecutivas en los anillos del Gran Cuerpo Causal Azul durante su evolución desde el centro hasta la periferia, de su larga preparación en las Leyes de Dios y en la ciencia de multiplicar todos los atributos de la Deidad. Finalmente, se muestra el momento del nacimiento en el mundo de la forma.

En este momento, la Corte repasa los votos que hizo el alma en los niveles internos y las oportunidades que recibió de los Señores Solares. La Corte examina el diseño original divino, el modelo de la individualidad, que se estampó sobre el alma antes de que saliera del corazón de Dios. Luego se lee el registro de todo lo que ocurrió después: la primerísima desviación del plan divino original cuando el alma abandonó los fíats del Señor, cuando tomó del fruto del árbol del conocimiento del bien y el mal, la consiguiente entrada en la conciencia de la dualidad, el temor a la separación de Dios, sus dudas posteriores de la existencia del Creador y su descenso final y completo a la densidad de la experiencia sensual. Todos estos acontecimientos se muestran, línea tras línea, para que el alma pueda observar cómo y por qué abandonó las alianzas originales de Dios.

Cuando la lectura del registro está concluida, se le pide a la corriente de vida que muestre causa justificada acerca de por qué cree que sus actos, junto con su alma, debieran inmortalizarse. Su defensor, asignado por el tribunal, que siempre es un Maestro Ascendido, habla entonces en su defensa, señalando el bien que haya podido lograr y afirmando que la omnipotencia del Bien Divino que alberga todo hombre supera aun los actos más oscuros.

Después del testimonio de los Seres Ascendidos, puede complacer a la Corte el permitir que seres no ascendidos hablen o bien en favor o bien en contra del acusado. Después, cuando todos los testigos han terminado su declaración, se ponen las pruebas en la gran balanza: el peso del karma del individuo a un lado y la asignación original de fuego sagrado al otro.[60]

El pesaje revela qué porcentaje de la total asignación de energía del alma se ha cualificado mal durante y entre las encarnaciones desde su caída del estado de gracia. Los magos negros, que tras haber extinguido su propia provisión de energía fueron a vampirizar la energía de otras almas, habrán cualificado mal mucha más energía que la cantidad original que tenían.* Además, estos siervos tan inútiles también son responsables de la energía mal cualificada por parte de quienes cayeron bajo su influencia directa o indirectamente. Cuando se empieza a contemplar la complejidad de la ecuación, se puede ver que la ciencia de la responsabilidad kármica depende de un cálculo cósmico. Es más, se puede creer que la balanza de la justicia es en realidad una serie de computadoras gigantes que almacenan y procesan los datos que les introducen los Ángeles del Registro.

Después del pesaje viene un período de silencio, durante el cual los presentes comulgan con la Presencia Divina y el Ser Crístico del acusado, convocando todo el poder de la corriente de vida hacia una manifestación equilibrada. Porque Dios ha dicho: "No quiero la muerte del impío".[61] Hasta el último momento, todos los que han vencido al mundo ponen el peso de su impulso acumulado de victoria del lado de la victoria del alma que debe permanecer sobre el estrado central de la Corte del Fuego Sagrado. Sin embargo, en el Libro de la Vida está escrito que cada cual debe elevarse o caer por el peso de su propio karma.

Después del silencio, el Presidente del Tribunal pronuncia la resolución de los Veinticuatro Ancianos sobre si el alma está o no preparada para el examen final del fuego sagrado. Si la Corte considera que al alma pudieran irle mejor las cosas si tuviera más preparación, esta podrá recibir la concesión de más oportunidades en el mundo de la forma para saldar karma y conseguir la

---

*Para obtener una explicación de estas estrategias de los magos negros, véase el capítulo sobre magia negra en el libro 8 de la serie Escala la montaña más alta.

ascensión; porque cuando existe la más pequeña de las esperanzas de redención para el alma, la Misericordia pasará por alto el hecho de que, técnicamente hablando, el tiempo del acusado se ha acabado. Pero si se considera que el alma no cambiará de curso, aunque se le dé oportunidades en su encarnación, la Corte exigirá un rendir de cuentas inmediato.

Si el margen de juicio —o, por decirlo de otra forma, el margen de misericordia— le concede al alma otra oportunidad, se pronuncia sentencia y se levanta la sesión de la Corte. Entonces el alma es conducida a la antecámara desde la cual se la podrá llevar a un retiro para que sea instruida antes de reencarnar, lo cual puede producirse en un plazo de dos semanas. Toda la acumulación de karma puede suspenderse durante cierto período de tiempo, dándole la oportunidad de hacer el bien, liberarse de los impedimentos de sus propios impulsos acumulados del mal. Pero al final de ese período, igual que todos los que han vencido al mundo, tendrá que permanecer, afrontar y conquistar al *morador del umbral* (la imagen sintética compuesta de toda la acumulación de sustancia mal cualificada del alma).

El acusado convocado para la Prueba de Fuego podrá pasar por esta iniciación, la más importante que se le da al hombre no ascendido, en la sala de justicia principal, sobre el estrado central donde se puso durante el procedimiento; o podrá conducirse a una de las doce salas de justicia circundantes, donde también deberá ponerse sobre un estrado circular, idéntico al que hay en la sala central. Después de darle la *extremaunción*, se hace sonar el tono sagrado (la nota clave de su Presencia), y se emite el fuego sagrado a través de su alma y cuatro cuerpos inferiores. La corriente de Omega se eleva desde la base del estrado y la de Alfa desciende por el dosel.

El alma cuyas obras han sido de Dios es inmortalizada por el fuego sagrado, pero aquella cuyos actos han sido malvados, el alma que ha utilizado la energía de Dios para generar un velo de ilusión, es consumida. Las obras de la Oscuridad nunca están polarizadas, por tanto, no pueden conservar un patrón de identidad cuando las corrientes del fuego sagrado pasan a través de ellas.

Toda la creación del hombre que está formada según la Imagen Divina está equilibrada a la perfección de acuerdo con el aspecto masculino y femenino de la Deidad. Por tanto, el alma que es de la Luz está equilibrada y, cuando el fuego sagrado la atraviesa de la forma descrita, se produce una aceleración de la virtud del ser, y su identidad Divina se expande a medida que su llama trina se eleva para saludar al poder fluyente de los electrones de Alfa y Omega. El fuego sagrado es como la frescura de una cascada chispeante del alma, y esta recuerda el día en que surgió de Dios, cuando danzó como una chispa de Espíritu en la palma de Su mano.

Cuando este ritual de fuego sagrado concluye, se hace sonar otra vez del tono sagrado y el flujo de Luz desde el corazón del Alfa y Omega que atraviesa el estrado disminuye poco a poco. Entonces, si el alma ha superado la Prueba de Fuego, sale como un Ser Ascendido y es recibida a las filas de los Inmortales.

Si el alma supera este *examen final*, asciende al corazón de la Presencia Divina, obteniendo así no solo la libertad de la ronda del renacimiento, sino también la inmortalidad permanente. Desde ese momento se le conocerá como un Maestro Ascendido. Si el alma falla el examen, pasará por la segunda muerte (siendo la primera muerte la del cuerpo físico; la segunda, la del alma) y no se recordará más su individualidad.

La segunda muerte y el Lago de Fuego

La segunda muerte llega como un acto de misericordia a las almas que tienen tanto karma que los Ancianos consideran que el sufrimiento que conlleva saldar la deuda con la Vida es demasiado grande para la corriente de vida. En realidad, diariamente, el crucificado por el peso de los pecados de los hombres es Dios en el hombre, y Él no escoge llevar las cargas de los hombres indefinidamente, de ahí que la segunda muerte sea el medio por el cual Dios es liberado de la infame conciencia de los hombres.

Por medio del proceso de la segunda muerte, el Creador retira las energías que ha invertido en la individualización del alma. Esto acontece de forma automática cuando el fuego sagrado pasa por la conciencia de la personalidad, atravesando la causa, el efecto, el registro y la memoria de la identidad, y los cuatro cuerpos inferiores. Cuando estas energías se ven libres del sello de la impureza personal, son llevadas al corazón del fuego sagrado y de ahí al Imán del Gran Sol Central (el núcleo de fuego blanco del Son Central), donde son purificadas (repolarizadas con la perfección) y devueltas a la reserva del poder creativo de Dios, el Gran Cuerpo Causal, del cual saldrán más adelante habiendo sido moldeadas como una nueva alma que se ha creado.

Al mismo tiempo que el individuo pasa por la Prueba de Fuego en la Corte del Fuego Sagrado de Sirio, sus creaciones negativas se echan al Lago de Fuego para que sean repolarizadas. El Lago de Fuego es un gigantesco foco del Imán del Gran Sol Central sobre la *superficie* de la Estrella Divina. Como un mar llameante de fuego líquido, se traga las horrendas creaciones de los magos negros, sus demonios y los animales de presa astrales, los efluvios de las masas de los planetas y los grandes campos energéticos de energía mal cualificada. Todos estos accesorios de los magos negros que se envían a Sirio —de hecho, todo lo que no sea digno de perpetuarse— se echan al lago de fuego para que sean transmutados. Estas creaciones se derriten en el calor ferviente del disolvente universal, tal como las ciudades desaparecen tragadas por la lava. Las energías purificadas luego suben al Gran Cuerpo Causal Azul para que puedan utilizarse en las precipitaciones de los Hijos de Dios.[62]

La Presencia Divina individualizada de la corriente de vida que ha pasado por la segunda muerte se retira a la Presencia Divina Universal, y el Ser Crístico se une al Cristo Universal. En el caso de las llamas gemelas, si una ha pasado por la segunda muerte y la otra continúa avanzando por el sendero espiritual, esta última deberá esperar hasta que el Señor de la Creación forme otro complemento divino según el mismo patrón contenido en el Cuerpo Causal de la que permanece. Esta nueva alma tendrá que pasar por las mismas pruebas de maestría propia en el mundo de la forma como cualquier otra alma, para después reunirse con su llama gemela, que habrá o no ascendido cuando la otra haya logrado su perfeccionamiento.

Así, la energía de Dios continúa evolucionando a través del hombre, la manifestación de Sí mismo, y nada se pierde, excepto la irrealidad de la creación humana que desde su inicio no formaba parte de Dios. En realidad, la muerte no existe, pero quienes han hecho su morada en la irrealidad descubrirán que, durante un breve momento, la muerte parecerá real en extremo.

Las pruebas del fuego sagrado en Lúxor

Repasemos ahora el ritual del Juicio Final por el que los hijos y las hijas de Dios deben pasar para prepararse para la última prueba del fuego sagrado y su reunión final con la Presencia Divina. Este es el juicio reservado para los benditos Hijos Siervos al que el Apocalipsis se refiere como aquellos que "menospreciaron sus vidas hasta la muerte".[63] Como hemos dicho, el Templo de la Ascensión en Lúxor es el lugar preparado para el juicio final de quienes han pasado por la escuela de la Tierra y se han ganado el derecho a sentarse a la derecha de Dios.*

Si por una razón u otra el discípulo que se ha ganado la ascensión no puede ascender directamente desde el plano físico al final de su última encarnación de servicio, será llevado al Templo de la Ascensión en sus cuerpos sutiles, donde se celebran las ceremonias de la ascensión. En casos insólitos, las iniciaciones que se describen aquí se dan a quienes aún poseen un cuerpo físico.

El Templo de la Ascensión sobre el río Nilo, en Egipto, forma parte del retiro de Lúxor, que preside Serapis Bey. Los Arcángeles Gabriel y Esperanza también prestan servicio en este retiro. El retiro etérico de la Hermandad de Lúxor se encuentra sobrepuesto

---

*En casos especiales, los iniciados avanzados son conducidos a la Cueva de la Luz o a la Cueva de los Símbolos, donde reciben la ayuda necesaria para terminar la elevación de los cuatro cuerpos inferiores en el Acelerador Atómico, en la Esfera de Luz o en el Foco Cósmico de la Cueva de la Luz. Bajo ciertas condiciones, la ascensión también puede tener lugar en otros retiros de la Hermandad o desde el punto exacto en que la persona ha realizado la transición. Claro está que no es necesario pasar por la muerte para ascender, como han demostrado muchos Avatares. Por tanto, la ascensión puede producirse en cualquier lugar o en cualquier momento que Dios lo ordene, cuando los requisitos de la Ley hayan sido satisfechos.

sobre el retiro físico, que está compuesto de un edificio grande blanco de piedra, cuadrangular, rodeado de un muro y con un patio, además de un edificio subterráneo que incluye el Templo de la Ascensión y la Sala de la Llama.

A pocos kilómetros del foco hay una pirámide, sobre la cual también existe actividad etérica. Ahí, en la sala superior de la pirámide, está la Cámara del Rey, donde tienen lugar las iniciaciones de la transfiguración y la resurrección. En la pirámide hay otras salas que se utilizan para las iniciaciones que da el Consejo de los Adeptos a los devotos que van a Lúxor a prepararse para las disciplinas más severas y la renuncia total a su conciencia humana.

Serapis Bey llevó el foco de la llama de la ascensión a este lugar justo antes de que la Atlántida se hundiera. En encarnaciones sucesivas, él y otros hermanos que habían servido en el Templo de la Ascensión en la Atlántida construyeron el retiro, que en un principio estaba sobre la superficie. Ahí, en un edificio subterráneo, está la sala de justicia circular donde El Consejo de los Adeptos lleva a cabo el Juicio Final. Cerca está la Sala de la Llama, un edificio cuadrangular con puertas en dos lados. Aquí se entra solo como candidato a la ascensión, después de haber superado todas las iniciaciones.

Formando otro cuadrado dentro de la sala hay doce columnas blancas, decoradas en bajorrelieve dorado desde la base hasta arriba, que rodean el estrado central sobre el cual arde la llama de la ascensión. Las columnas representan las Doce Jerarquías del Sol y los doce atributos Divinos. Cada alma que asciende desde este Templo lo hace porque ha logrado la maestría Divina mediante las disciplinas y la tutela de una de estas Doce Jerarquías, la Jerarquía bajo la cual nació en la encarnación en la que estaba destinada a ascender.

En el complejo subterráneo hay otras salas para la meditación de los devotos que prestan servicio ahí. Hay un foco de la llama de la resurrección y hay cámaras para prepararse para varias iniciaciones, incluyendo las de la transfiguración y la resurrección. La nota clave del retiro es *Liebestraum*, de Franz Liszt.

Los métodos disciplinarios de Serapis Bey están adecuados a

Inmortalidad

cada candidato a la ascensión. Después de una entrevista inicial que realiza él mismo o uno de los doce adeptos, los devotos que llegan a este retiro son asignados en grupos de cinco o más para llevar a cabo proyectos con otros iniciados cuyos modelos kármicos se prestan a producir una fricción máxima entre las corrientes de vida. Los individuos de cada grupo deben prestar servicio juntos hasta que consigan la armonía, aprendiendo que los rasgos característicos que más les ofenden de otros son en realidad la polaridad de sus peores defectos, y que lo que uno critica de otro es probablemente la raíz de su propia desgracia.

Además de esta clase de disciplina grupal, se pone a los individuos en situaciones que les ofrezcan la dificultad *más grande,* según su modelo kármico. En este retiro uno no puede simplemente marcharse y abandonar una crisis, una circunstancia o a un individuo que no sea de su agrado. Uno deberá permanecer, afrontar y conquistar su propia energía mal cualificada disciplinando toda su conciencia en el arte de la no reacción ante la creación humana de otros, al tiempo que se negará a caer bajo el dominio o la influencia de su propia creación humana.

La última prueba del fuego sagrado no se le da al candidato a no ser que el Jerarca del retiro considere que el alma está totalmente preparada para encontrarse con Dios. Por tanto, antes de que se los lleve ante la Corte del Fuego Sagrado, se exigirá que se preparen en el Templo de la Ascensión durante semanas, meses o años los discípulos que tengan carencias en uno o más de los requisitos para la ascensión.

Los Veinticuatro Ancianos están representados en Lúxor por el Consejo de los Doce Adeptos. Este Consejo está compuesto de doce Maestros Ascendidos designados por los Ancianos y está presidido por el Chohán del Cuarto Rayo, que actualmente es Serapis Bey. El Chohán, que es el decimotercer miembro del Consejo, representa tanto al Cristo personal como al Cristo Universal. Dos tercios del Consejo deben estar de acuerdo en que el discípulo está preparado para la Prueba del Fuego Sagrado antes de que este sea convocado para el Juicio Final.

En una sala circular, casi idéntica a la de Sirio, el discípulo es conducido al estrado central, donde se arrodilla a los pies de su Ser Crístico, que ha sido su Mentor Superior durante sus muchas encarnaciones (de ahí el término "Cuerpo Mental Superior"). Su Ser Crístico individualizado, haciendo de Mediador entre el Yo Superior y el yo inferior, está completamente familiarizado con toda la evolución del discípulo al que ha disciplinado hasta el punto de la maestría sobre sí mismo. Su íntima asociación con la Presencia Divina y su papel como voz de la conciencia le cualifican para mediar ante el Jerarca, que pronunciará el juicio del Todopoderoso.

El candidato a la ascensión, que debe acabar el primero de su clase en Lúxor antes de ser considerado para el Juicio Final, se pone de cara al Jerarca, quien se sienta en el asiento del juicio en la línea de las doce. Los Doce Adeptos se sientan como en la Corte del Fuego Sagrado, desde la línea de las nueve hasta las tres, seis a cada lado, representando cada miembro del Consejo a una de las parejas de llamas gemelas de la Corte de Sirio.

Otros Maestros Ascendidos de la Jerarquía que pueden ser llamados como testigos se sientan desde la línea de las tres hasta las nueve. El Ángel Registrador ocupa la posición de la línea de las seis y representa al Guardián de los Pergaminos, que algunas veces está presente en honor al candidato. Otros miembros de la clase de graduación, aún no ascendidos, se sientan en la segunda y tercera fila detrás de los Maestros Ascendidos, entre la línea de las tres y las nueve. Los poderosos Serafines se posicionan por pares en cada una de las puertas de la línea de las tres, las seis y las nueve. Estos ángeles protectores de pureza también tienen el privilegio de acompañar al candidato por el túnel debajo de la línea de las seis hasta el estrado central.

Ser convocado para el Juicio Final ante la Corte de Lúxor es el honor más alto que puede recibir el hombre no ascendido antes de ascender. El propósito de este juicio *no* es descartar al individuo echándolo "al fuego eterno preparado para el diablo y sus ángeles"[64] en Sirio. En cambio, es un ritual sagrado que se lleva a cabo para aquellos que están supremamente preparados para la ascensión, pero cuyas energías deben pesarse antes de que puedan continuar con las últimas iniciaciones del fuego sagrado.

Si hiciera falta la transmutación de un uno por ciento del karma restante, la Corte puede decretar que esto se haga mediante un único acto de servicio valeroso, realizado desde el plano etérico, por los hombres encarnados o los Maestros Ascendidos.

El Consejo también puede decidir que el discípulo se retire a su cámara durante quince días para invocar una o más llamas de Dios con el fin de llevar a su alma, junto con su cuerpo etérico, mental y emocional, a la expresión perfectamente equilibrada del poder, la sabiduría y el amor del Cristo.

El Juicio Final revela a los Señores, quienes ocupan junto con el Ser Crístico el asiento de juez, la tensión y el esfuerzo de las experiencias del discípulo durante sus muchas encarnaciones, incluyendo sus éxitos y fracasos a lo largo del camino. Durante el examen, todo el registro de la vida del discípulo es estudiado y sopesado, y su actitud hacia las pruebas de su alma se considera como algo tan importante como su victoria en cada prueba. Por supuesto, sin una completa humildad ante Dios y sin la transmutación de todo el orgullo humano, el discípulo jamás podría haber obtenido la entrada al atrio exterior, mucho menos al interior de las Salas de Lúxor.

Una de las preguntas más importantes que hace el Consejo de los Doce es si sería deseable o no que todos los hombres siguieran el ejemplo dado por el discípulo cuando estaba encarnado. ¿El discípulo ha proclamado abiertamente las enseñanzas del Cristo y de la Hermandad? ¿Ha asumido una postura en defensa del bien en medio de la opresión y la adversidad, desafiando a la fuerza siniestra afianzada en la civilización de su época? ¿Ha dejado huellas bien definidas sobre las arenas del tiempo para que aquellos que lo sigan puedan ver y por consiguiente conseguir su victoria? ¿O ha sembrado matrices de error como piedras de tropiezo en el camino de sus hermanos que impedirán que estos cumplan los requisitos de la Ley? Si es así, ¿ha eliminado estas barreras con un servicio posterior a la Vida?

Las recomendaciones que se dan al final de este Juicio conllevan la preparación final de la corriente de vida para las iniciaciones de la transfiguración y la resurrección, que el discípulo ha de superar antes de ascender. Si todas las iniciaciones necesarias se han superado durante la última encarnación del discípulo, este aún recibirá la oportunidad de participar en estos dos rituales antes de entrar en la Sala de la Llama, donde se someterá a la última prueba del fuego sagrado y al ritual de la ascensión.

Ha habido casos en los que la recomendación del Consejo ha sido la de enviar al discípulo al mundo (en sus cuerpos sutiles) para realizar un servicio especial para la Hermandad: quizá una misión en París, Moscú, Nueva York o allá donde la necesidad sea más grande. En casos poco frecuentes, el Consejo recomienda otra encarnación de servicio con el fin de que el candidato pueda obtener más experiencia en el mundo de la forma como preparación para el momento en que prestará servicio desde niveles Ascendidos con la humanidad encarnada.

Cuando hay una gran necesidad en el mundo, el candidato puede pedir al Consejo que se le conceda otra oportunidad de servir en el mundo de la forma, aunque se haya ganado la ascensión. En el caso de Saint Germain, que ascendió aproximadamente sesenta años después del final de su encarnación como Francis Bacon, los Señores del Karma le recompensaron con el privilegio de asumir una forma física después de ascender con el fin de que pudiera hacer un valeroso esfuerzo para unir a Europa y evitar la Revolución francesa.[65] La historia demuestra, no obstante, que cuando los hombres no son receptivos a la ayuda divina, incluso un Ser Ascendido puede fracasar en resolver los problemas de las naciones. Como Saint Germain ha dicho con frecuencia: "¡los seres humanos son impredecibles!".

La ceremonia que se celebra en la sala de justicia es solo el principio de una serie de iniciaciones por las que debe pasar el candidato a la ascensión para completar el ritual del Juicio Final. Examinemos estas iniciaciones en el orden en que acontecen.

La iniciación de la transfiguración

La iniciación de la transfiguración es un preliminar a la resurrección porque implica la eliminación de la sustancia mal cualificada restante en el campo energético del candidato a la Cristeidad, el equilibrio definitivo de la llama trina, el alineamiento de los cuatro cuerpos inferiores, la victoria del caduceo y la elevación del Átomo Semilla. Jesús hizo una demostración pública de esta iniciación cuando apareció transformado ante los discípulos junto con Moisés y Elías. El registro de este evento se ha conservado en tres de los evangelios:

> Y entre tanto que oraba, la apariencia de su rostro se hizo otra, y su vestido blanco y resplandeciente. Y he aquí dos varones que hablaban con él, los cuales eran Moisés y Elías; quienes aparecieron rodeados de gloria, y hablaban de su partida, que iba Jesús a cumplir en Jerusalén. Y Pedro y los que estaban con él estaban rendidos de sueño; mas permaneciendo despiertos, vieron la gloria de Jesús, y a los dos varones que estaban con él.[66]

Transfigurar significa "cambiar la forma o apariencia; exaltar o glorificar". La transfiguración tiene lugar cuando el Padre Supremo, manifestándose a través de la Presencia Divina individualizada del discípulo, ordena al núcleo de fuego blanco en el corazón de cada célula y átomo de sus cuatro cuerpos inferiores que se expanda y maximice el resplandor de la Luz. Esta orden se da como respuesta a la invocación por parte del iniciado del equilibrio definitivo de su llama trina. La orden se da porque el iniciado está supremamente preparado para la transfiguración.

A medida que las energías atómicas se liberan desde el interior de los núcleos de su propio ser, el poder del Imán del Gran Sol Central se derrama a través de la corriente de vida, elevando la tasa vibratoria de los átomos y las células, alineando sus cuatro cuerpos inferiores con el modelo divino. Mientras que esto tiene lugar, el Imán atrae hacia sí los residuos restantes de sustancia mal cualificada alojados entre los átomos y electrones. Finalmente, los fuegos de los siete anillos que rodean al Átomo Semilla (la Kundalini) se activan, intensificando la acción del caduceo; el foco del Imán del Gran Sol Central en la Calamita de la Presencia atrae al Átomo Semilla desde el chakra de la base por la columna vertebral. Según va ascendiendo, el Átomo Semilla abre cada chakra hasta su máxima capacidad, entregando el ímpetu del Espíritu Santo a los cuatro cuerpos inferiores.

Elevándose por los planos de la Materia y el Espíritu hasta el chakra de la coronilla, el Átomo Semilla (la Madre Divina) se une a la Calamita (el Padre Divino) y el loto de mil pétalos se despliega. En el momento en que la unión del Dios Padre-Madre se produce, tiene lugar la emisión más grande de Luz Crística a través del cáliz del corazón y la transfiguración se completa.

Dentro de la dimensión de su identidad Crística, el hombre es omnisciente, omnipotente y omnipresente. Tiene una visión circular, su semblante brilla con toda la gloria del Cristo, su sangre se vuelve Luz líquida dorada: es el conquistador de la mortalidad. Libre al fin de la esclavitud de la carne, el hombre puede mantener con vida su cuerpo físico durante cientos de años, como han hecho Saint Germain y otros Maestros Ascendidos; o puede, a los pocos días o semanas, avanzar hacia el Ritual de la Resurrección. Así, cuando Dios en el hombre ya no parece ser hombre, sino Dios, contemplamos que el hombre se ha transfigurado.

La llama del corazón de toda célula y todo átomo es en realidad una llama trina en miniatura. A medida que los penachos de esos millones de llamas trinas se expanden como respuesta al ímpetu del Gran Imán, se elevan desde la base de cada célula como las flores durmientes saludan al calor del sol. Arremolinándose hacia arriba, siguen la forma esférica de la célula y después regresan desde el polo norte de la célula, siguiendo el eje central hasta el polo base, formando un corazón: el corazón diamantino.

Esta acción de las llamas en las células significa la transferencia de los modelos del Ser Crístico a la manifestación en los cuatro cuerpos inferiores. Así, vemos que la Imagen del Cristo está destinada a exteriorizarse dentro de cada célula. Él es el Sol Central de cada universo microcósmico dentro del cuerpo del hombre.

Si la transfiguración no ha ocurrido antes de que el discípulo llegue a Lúxor o antes de su transición del plano físico al etérico, esta se producirá después del ritual del Juicio Final. En casos en los que la Ley exija que la transfiguración tenga lugar inmediatamente después del ritual, el discípulo es conducido directamente desde la corte hasta la sala superior de la Pirámide. Ahí se lo deja a solas para que comulgue con el Padre y, a medida que su conciencia se une a la de la Realidad Universal, se produce su transfiguración.

Los ángeles protectores, los poderosos Serafines que están presentes por doquier en Lúxor, vigilan al discípulo durante la experiencia de la transfiguración para evitar interferencias de los impulsos acumulados de la conciencia de las masas lanzadas contra el Cristo en todos los hombres. La protección da al discípulo la capacidad de concentrarse completamente en esta iniciación y utilizar toda su capacidad para sintonizarse totalmente con su Presencia Divina y con el Imán del Gran Sol Central.

La iniciación de la crucifixión y la resurrección

Después de este magnífico ejercicio espiritual, cuya belleza solo la pueden contar los que lo han vivido, el candidato es colocado en un sarcófago abierto en la Cámara del Rey. Ahí pasa por la iniciación de la resurrección, que vuelve permanente la expansión de la Luz que se produce durante la transfiguración. En ese momento, la imagen latente del Cristo se *desarrolla* en los cuatro cuerpos inferiores. Entonces debe ponérsela en el *baño fijador* de la llama de la resurrección. La transfiguración, por tanto, produce la vestidura sin costuras de Luz, el Cuerpo Solar Imperecedero, que la resurrección y la ascensión vuelven permanente.

Reuniéndose el Consejo de los Adeptos alrededor del sarcófago, con el Jerarca del Retiro de pie en la parte extrema de la cabeza, se recita el Ritual de la Ascensión, que comienza así: "Oh Hijo de Dios, lo que siembras no se vivifica, si no muere antes... Y hay cuerpos celestiales y cuerpos terrenales; pero una es la gloria de los celestiales y otra la de los terrenales. Una es la gloria del sol, otra la gloria de la luna y otra la gloria de las estrellas, pues una estrella es diferente de otra en gloria. Así también es la resurrección de los muertos. Se siembra en corrupción, resucitará en incorrupción. Se siembra en deshonra, resucitará en gloria; se siembra en debilidad, resucitará en poder. Se siembra cuerpo animal, resucitará cuerpo espiritual. Hay cuerpo animal y hay cuerpo espiritual. Así también está escrito: Fue hecho el primer hombre Adán alma viviente; el postrer Adán, espíritu vivificante".[67] La conclusión del ritual es muy parecida al resto del texto del capítulo 15 de la primera epístola de Pablo a los corintios.

Entonces la sala se cierra y se deja al discípulo en la tumba durante tres días, tiempo durante el cual él muere con respecto al yo. Todas las energías deben retirarse del ego y de la conciencia de una individualidad separada de Dios. En verdad aquí está la muerte de la dualidad. Porque si desea seguir al Cristo en la regeneración, deberá hacer las obras que Jesús hizo antes de ascender y deberá superar las mismas prueba que Jesús superó.

En la tumba, el discípulo abandona la tierra de los vivos, y con el logro que haya recibido de Dios antes y durante la transfiguración, desciende a los reinos astrales[68] y predica a los espíritus que ahí se mantienen esclavos de sus propias energías mal cualificadas. Su sermón se basa en el que dio el amado Jesús cuando *descendió a los infiernos* durante sus tres días de permanencia en la tumba. Aquí citamos una parte del sermón de Jesús a los prisioneros de los reinos astrales, que él mismo nos dio en un dictado reciente. Jesús comenzó dirigiéndose a los presentes:

> Y así, esta noche os exhorto como exhorté a los espíritus rebeldes que en los días de Noé[69] desobedecieron a Dios. Durante los tres días y tres noches en que estuve ausente del templo corporal les exhorté, como ahora os exhortaré a vosotros:
>
> "Oh hermanos míos, el SEÑOR Dios de los Ejércitos es Él, Él es el Padre de todos nosotros. La pasión de su amor no os es conocida, porque es demasiado grande y ahora vuestra conciencia no puede contenerla. En vuestro estado actual, sois incapaces de despertar en vosotros el medio de crear un cáliz resurgente de conciencia que lo contenga, pues los cielos y la tierra no pueden contenerlo ni pueden contener su amor.
>
> "Oh hermanos míos, arrepentíos de todos vuestros actos de discordia y tintineo, todo lo que os haya involucrado en

una red. ¡Arrepentíos! ¡Arrepentíos! ¡Arrepentíos! Y dirigíos hacia Dios otra vez. Haced sus votos de santidad, de renovación, de propósito divino, de propósito cósmico de la Ley. Porque él es el Señor, y nadie hay como él en los cielos y la tierra. Él es el Señor que levantó a la humanidad de entre los muertos, que puso ante ella su destino inmortal. Su mano la alimenta. Su Mente viste a todos con blancas vestiduras. Él deifica al alma. Él, el Señor, siempre es bondadoso, Su misericordia perdura por siempre.

"YO SOY el Buen Pastor. He caminado en muchas regiones y muchas tierras. He descendido por el aire. He visto la atmósfera de cuerpo planetario tras cuerpo planetario. He rondado por el universo con mi ser y por doquier he visto al Señor; y lo he visto en acción. He visto su poder y su Presencia, he sentido su amor y YO SOY testigo de ese amor.

"Os insto, por tanto, hermanos míos, que ahora estáis separados por actos de desobediencia, a que volváis al redil de su compasión infinita. Arrojaos sobre Él, la Poderosa Roca, y no dejéis que esa Roca os caiga encima y os pulverice. Porque la acción de su amor es grande y Él es engrandecido en vuestra alma. El poder de su llama puede liberar a todas las almas, y el poder de su amor puede sanar a todos totalmente.

"Hermanos míos, hermanos míos, hermanos míos: En memoria de aquellos momentos cuando yo mismo me sentí abandonado por Él, repito la exclamación: Elí, Elí, ¿lama sabactani? 'Dios mío, Dios mío, ¿por qué me has desamparado?'[70] ¿Sentís ese momento, pues, como lo sentí yo? Oh, regresad a él y estrechadlo contra vuestro corazón para siempre. Porque él es dulce y está lleno de verdad y los demonios de la desesperación y el altivo intelecto que os han llevado a este estado no son capaces de hacer lo que el sí puede, ni pueden conferiros las vestiduras de la inmortalidad ni poner a la vista los milagros de su amor. Os insto ahora, pues, a que tengáis un espíritu de dulce aceptación de Su gracia para que podáis, entonces, por esa gracia dejar este lugar para ir hacia mundos superiores, ¡hacia octavas sin comparación!"

Este, hermanos míos, fue el sermón, en su esencia, que prediqué y volví a predicar y pronuncié una y otra vez a cada alma que pude encontrar allá y que estuviera en las cadenas del cautiverio y la desesperación. Muchas me miraron con opacidad en los ojos, la opacidad de la desesperación por siglos de interés gastado, temor y dudas. La mismísima Luz de Dios les parecía apagada. Y quise reencenderla entonces como quiero reencenderla hoy en vosotros al modo de Dios. YO SOY la resurrección y la vida; el que cree en mí, aunque esté muerto, ¡vivirá![71]

Esta iniciación revela la capacidad del candidato de invocar la Luz de la resurrección desde su Presencia Divina, sin la ayuda de corrientes de vida Ascendidas o no ascendidas, para llevarla como una antorcha de libertad al plano astral y después, tras haber pasado dos días enteros ahí, regresar a Lúxor. En el plano astral él se ofrece como un sacrificio vivo, como un ejemplo de maestría Crística que ellos, los menores de entre los hermanos de Dios, también deberán realizar algún día. Este afianzamiento de la Luz del Cristo en el plano astral es una función necesaria de los Hijos Siervos de Dios, porque sin esta ayuda, no habría ningún rayo de esperanza para las almas perdidas en la noche oscura de su propia creación humana.

Habiendo predicado a estos rebeldes, habiendo soportados su condenación y sus groseros reproches al Espíritu del Cristo, habiendo regresado a la Cámara del Rey y al foco de su cuerpo en la tumba, el discípulo está listo para la resurrección a la mañana del tercer día. En ese momento, el discípulo atrae hacia sí la llama de la resurrección, la madreperla que contiene todos los colores del Cuerpo Causal,[72] a través de su conciencia y sus vehículos inferiores.

La llama es en realidad el impulso acumulado del fuego sagrado del discípulo concentrado a través de la llama trina, que ya se ha expandido hasta una altura de tres metros y una anchura de dos. El discípulo acelera la llama trina que gira en espiral hasta la frecuencia exacta de la llama de la resurrección. Cuando este invoca y mantiene así su propio impulso acumulado de la llama trina a su máxima velocidad, se le concede el impulso acumulado añadido de la llama de la resurrección concentrado en la Cámara del Rey. Todo el poder de la llama de la resurrección se afianza entonces en todo su ser y mundo para una elevación total de la forma y la superación del último enemigo, la muerte.

Saturado con el lustre de perla, el discípulo se levanta de la tumba vestido con el vestido de boda sin costuras del Cristo. Oye los mismos coros de ángeles que cantaron "hoy el Señor ha resucitado", y sabe que dentro de su forma ha realizado la unión entre su divinidad y su parte de la llama sagrada.

Ahora se le llama a que vaya durante cuarenta días y cuarenta noches a comulgar con los Seres Crísticos de quienes aún están encarnados y se dirigen a él buscando Luz y la gracia que ha recibido. Estará autorizado a impartir a las almas receptivas revelaciones como las que Jesús dio a los discípulos y a las mujeres santas durante el período después de su resurrección.

Esta es la última oportunidad antes de ascender de que el candidato afiance en el mundo de la forma el modelo electrónico de su Presencia Divina. Esta presencia tangible de Vida Inmortal dará a los hermanos no ascendidos que recorren el Sendero siguiendo sus pasos un enorme ímpetu de victoria. Sabiendo que alguien que recientemente caminó entre ellos ha vencido, su corazón se vivificará con esperanza y decidirán que ellos también irán y harán lo mismo. El registro de los cuarenta días de servicio del candidato a los niños de Dios permanecerá como un grabado en el cinturón mental y etérico del planeta, y todos los que sigan este sendero algún día se sintonizarán con esos registros y, por consiguiente, sabrán que la meta de la reunión total es una posibilidad inminente.

La iniciación de la ascensión

Habiendo terminado esta parte del Ritual de la Resurrección, el discípulo vuelve a las Salas de Lúxor para realizar una ascensión pública en la Sala de la Llama ante los Maestros Ascendidos y sus compañeros de clase. La Prueba de Fuego se lleva a cabo igual que en la Corte del Fuego Sagrado en Sirio, con una excepción: llegado el momento en que se hace sonar el tono cósmico del individuo y simultáneamente a la acción de la Llama, los compases de la corriente de la ascensión (que Verdi hizo constar como la "Marcha Triunfal" en su ópera *Aída*) se escuchan salir de las trompetas de los Serafines que se reúnen en el atrio exterior para rendir homenaje a alguien que, al unirse con la Llama, ha conservado su identidad inmortal.

La llama de la ascensión es de un intenso blanco ígneo con un brillo cristalino. La realidad de esta llama es de una magnificencia indescriptible, pero para quienes aún han de ponerse sobre el estrado de Lúxor, Dios ha proporcionado, con la "Marcha Triunfal", el medio con el que ellos pueden sintonizarse a través de la meditación con los impulsos acumulados de la ascensión de todos los que les han precedido, así como con la promesa de su victoria personal en la Luz.

La "Marcha Triunfal" es la marcha de tu victoria. Cada vez que oigas sonar las trompetas tocando esa pieza musical sabrás que ello conmemora el momento en que te subirás al estrado en el centro del Templo de la Ascensión. Con los Serafines rodeando el estrado y todos los hermanos y las hermanas del Templo de la Ascensión a tu alrededor, te elevarás en el Ritual de la Ascensión.

Cuando la carga de Alfa y Omega pasa por el candidato que está sobre el estrado, sus corrientes también pasan por todo el planeta y sus evoluciones. Para que el mundo pueda recibir esta ayuda, hace mucho los Consejos Cósmicos decidieron que la ascensión de quienes se gradúan de la escuela de la Tierra se celebre en la Tierra en vez de en Sirio. Porque toda la humanidad y el reino de la naturaleza se benefician de esta maravillosa emisión de la victoria de la llama Divina. Además, los registros de la ascensión que ocurren en Lúxor entran en el cinturón etérico del planeta y sirven como recordatorio para los hombres no ascendidos de la meta inmortal que Dios ha establecido para cada corriente de vida.[73]

El sendero hacia la ascensión

Aunque la meta de la vida de Jesús, la de Gautama y la de la Madre María fue la ascensión, vemos que hoy la humanidad,

Inmortalidad

en Oriente y Occidente, no considera esta meta en la vida correctamente. En primer lugar, los hombres no consideran que la meta sea inmediata; y, en segundo lugar, malinterpretan la meta y cómo esta se producirá.

La mayoría de las personas piensan en una resurrección y ascensión personal a través de otro, un salvador personal, Jesucristo o algún gurú oriental, y consideran que esto ocurrirá de repente con la llegada ante ellas de tal salvador. Esto es así porque el sendero de iniciación y el sendero del logro han sido eliminados de nuestro conocimiento casi como si las páginas de esta enseñanza hubieran sido arrancadas de las escrituras por parte de los iracundos y el acusador de nuestros hermanos.[74] Se nos ha privado de los pasos del Sendero en la manifestación exterior, pero en nuestro corazón el Consolador ha puesto por escrito la Ley eterna de Dios, y no nos quedamos sin consuelo.

Incluso los Portadores de Luz de la Tierra y los que conocen la meta de la ascensión han permitido que en su conciencia entre el concepto de que la ascensión no es la meta de esta vida, y lo han permitido principalmente debido a un sentimiento de desmerecimiento. Hay personas que saben de los Maestros Ascendidos y las enseñanzas, no obstante, se sienten indignas de estar ante la presencia de los Maestros Ascendidos, de Dios mismo o de estas mismas enseñanzas. A menudo esto es algo subconsciente, pero va calando, y significa la manipulación de las actividades exteriores, las emociones, los pensamientos y los sentimientos.

El Elohim Ciclopea pregunta:

> ¿Estáis satisfechos con esperar hasta mañana para que ese logro llegue o comprenderéis que el Ser Crístico dentro de vosotros ya tiene ese logro y está esperando a transferir la conciencia del logro a vuestro yo exterior?
>
> Si pudiera resumir los estados de la conciencia mortal que la incapacitan para aceptar la divinidad del Ser, sería en primer lugar un sentimiento de desmerecimiento, un sentimiento de limitación que no ha comenzado a entender el sentido de la medida del cosmos, midiendo la llama del yo en comparación con la llama del Infinito. ¡Esto es sentido de la

medida! También es la incapacidad de quienes están en templos corporales de saber cuándo los conceptos que tienen son el resultado de la tradición, el dogma, la doctrina, las técnicas de lavado cerebral y cuándo esos conceptos han salido del corazón del Dios Todopoderoso.

Las grandes masas de la humanidad han aceptado ipso facto lo que se les ha dicho, cualquier cosa que les traiga el entorno. Y así, el campo energético del ser humano normal y corriente es un campo tembloroso que refleja la total conciencia de las masas en su mínimo común denominador. Y solo unos pocos, encendidos por la acción de la Llama, se han elevado por encima del dominio completo de las masas que la mente carnal ejerce sobre las almas de este planeta.[75]

Y así, vemos que la condenación de uno mismo, que no proviene de Dios, sino del originador de la mentira del pecado original, aún es una carga como una sombra. Nos priva del sentimiento de que no solo ascenderemos en esta vida, sino estamos ascendiendo aquí y ahora.

Momento a momento, la energía de nuestro ser, de nuestra conciencia, regresa al corazón de Dios. Cada vez que emitimos un pensamiento puro, un pensamiento hermoso, realizamos una bondad o una buena obra u ofrecemos una oración, habremos utilizado la energía de Dios, que irá a bendecir a la Vida y después ascenderá. Ascenderá a la Presencia YO SOY para manifestar nuestra morada en el cielo, nuestro Cuerpo Causal de Luz, el campo energético de nuestra conciencia cósmica. Y así, en realidad estamos hechos de toda la creatividad magnífica que hemos emitido durante eones de conciencia, cuando hemos existido en Cristo, quien declaró: "Antes que Abraham fuera, YO SOY".[76]

Entonces, ¿qué es la ascensión? La ascensión es la aceleración de la conciencia. La ascensión es la meta que nos hace esforzarnos para ser mejores cada día, para hacer más, para perfeccionar un proyecto, para seguir adelante, para sentir los hilos de la creatividad que vienen de Dios, para meditar en nuestras creaciones, para trabajar lado a lado por un propósito común que sea para una mejora de nuestros amigos, de la Tierra, de nuestro país, de la humanidad; para realizar algo que creamos sea constructivo. Este es el impulso básico que proviene del corazón, del alma y de la mente de los hijos que Dios ha hecho. Este es el esfuerzo hacia la aceleración de la conciencia.

Todos tenemos algo en nosotros. Es una idea semilla de Dios. Es como el programa de la computadora de nuestra vida que nos empuja hacia adelante, hacia arriba, esforzándonos. Y cuando no nos esforzamos y no trabajamos por metas menores y mayores que conduzcan a la ascensión, nos sentimos infelices. Y esa infelicidad se manifestará como enfermedades, como malestares, como aburrimiento, como varias clases de intrigas, engaños hacia los demás o engaños hacia uno mismo. Asumirá la forma de cambios de temperamento, cambios de humor, manifestaciones que no asociamos con una insatisfacción interior nuestra, sino pequeñas irritaciones de todo tipo, problemas con los familiares y cosas parecidas.

Todo ello tiene su raíz en el hecho de que cada día de nuestra vida, nuestra alma exige que la alimentemos con el fuego de la llama de la ascensión. Y si el alma no está satisfecha con ese regreso a la llama, cosecharemos las consecuencias en la superficie de nuestro ser. Podrá ser tensión nerviosa, podrá ser insomnio, pero será el alma que imprime en la mente exterior: "Me estás asfixiando. No estás cumpliendo el propósito para el que nací y haré que te sientas incómodo. Te pondré incómodo hasta que vuelvas a seguir el plan interior de la Vida".

La meta de la Vida

La ascensión, por tanto, es nuestra meta, algo que exige esfuerzo, hacer las obras de Dios, una aplicación para recibir las gracias del Espíritu Santo y los dones de ese Espíritu. Esto exige una colaboración mano a mano entre nuestra contribución y la contribución de Dios, juntas, el dar y el recibir, porque la ascensión es producto del gran intercambio. El gran intercambio es esa alquimia por la cual nosotros, como alma, intercambiamos nuestras energías con el Espíritu del Dios vivo día a día. Tomamos los frutos del día y, al ponerse el sol y después, por la noche, ponemos esos frutos sobre el altar.

A Dios le damos cada día lo mejor de nosotros mismos. Dios toma la energía, la purifica y por la mañana nos despertamos con la luz del sol y una nueva Vida, aire fresco y el canto de los pájaros. Y descubrimos que tenemos nuevas fuerzas y vida nueva, porque Dios nos ha dado otra vez nuestra asignación de energía para ir y sembrar en el campo de su justicia.

Este intercambio divino es lo que nos da Vida. Sin ello, somos muertos vivientes. Con ello, estamos constantemente vivos, moviéndonos y siempre atareados, y las veinticuatro horas del día parecen insuficientes porque tenemos tanta energía de Dios que fluye a través de nosotros que tenemos que organizarnos al máximo para poder dar esa energía, presentarnos ante Dios y decir: "Me he vaciado. He dado todo lo que me has dado y ahora aquí estoy, vacío. Lléname otra vez. Devuélveme otra porción".

Este es el significado de ascender todos los días. Y si no ascendemos todos los días, nos damos cuenta de los síntomas. Los vemos en nuestro cuerpo. Vemos la apatía y la pereza. Vemos el caos y la confusión en nuestro hogar. Vemos los problemas en nuestro entorno y en nuestra comunidad. Si somos honestos con nosotros mismos, si nos centramos en el Yo Interior, el Cristo Interior, el Buda Interior y la Madre Interior, si volvemos a la Vida Interior, sabremos que la razón por la que todas estas condiciones externas que afectan a la humanidad están teniendo lugar hoy es porque, como individuos, no estamos cumpliendo el requisito básico de la ascensión.

Sin la ascensión no existe ninguna otra razón para vivir. Es la meta de la Vida, el propósito de la existencia en la Tierra. Es nuestra razón de ser. Es nuestra razón para encarnar una y otra vez, hasta que realicemos ese propósito, saldemos los abusos que hayamos hecho de la energía y, finalmente, encontremos esa senda sobre los escalones iniciáticos para regresar al corazón de Dios.

Si repasas las escrituras del mundo encontrarás que la ascensión se menciona aquí y allá, y descubrirás algunos ejemplos. Verás que la llaman *liberación del alma, nirvana, samadhi*, estados de conciencia de todas clases que representan la aceleración, la intensificación, el aumento del girar de los electrones alrededor de tus átomos, la aceleración de la energía en el núcleo del átomo. Este es el significado de la ascensión.

Cuando hablamos de subir, como se describe a Jesús y Elías subiendo, sabemos que ello significa aumentar la vibración. En realidad, no hay un arriba y un abajo, sino un impulso acumulado mayor o menor de conciencia que se manifiesta en nosotros. Nuestro Dios es un Dios que se trasciende a sí mismo a cada momento, a cada hora.

Este Dios autotranscendente está reflejado en la expansión del cosmos y en el hecho de que, independientemente del logro que alcance un hombre, siempre se pondrá una meta más. Por tanto, la ascensión no es el fin de la vida ni el fin de las metas. Y no tenemos por qué rehuirla diciendo: "¿Y qué haré después de ascender? ¿Sentarme a tocar el arpa con los ángeles?".

La conciencia cósmica siempre aparece, y siempre nos esforzamos por atraparla y sujetarla. En cuanto intentamos sujetarla, la perdemos, porque en cuanto recibimos una aceleración de conciencia se nos exige que la afiancemos y la entreguemos para que Dios pueda volver a aumentar esa conciencia.

¿Te has dado cuenta alguna vez de que, al meditar, al usar la ciencia de la Palabra hablada o al escuchar un dictado de los Maestros Ascendidos te elevas a una gran altura de autopercepción de tu Yo y a veces sientes que nunca has sentido la Luz de Dios de una forma tan intensa, y quieres quedarte en esa cumbre y sujetar esa Luz? Y sucede que el período de meditación llega a su fin, has concluido los decretos o el dictado ha terminado. Y por unos momentos, quizá cinco o diez minutos (media hora o una hora si eres afortunado), mantienes el sentimiento de esa Luz que llena tus células, que llena tus chakras. Has sido elevado a una conciencia cósmica de gran altura. Es Horeb,[77] la experiencia en la cumbre que todos los grandes profetas conocieron.

Pero debemos volver al valle. Este es el desafío de la ascensión: ascender todos los días y después volver al valle, que significa el nivel de nuestro karma y de nuestro dharma. Y la experiencia en Dios ha sido la oportunidad de saber qué significa estar libre por un momento de la carga de nuestro karma y las responsabilidades de nuestro dharma. Y por un momento, Dios nos ha dado a probar la liberación del alma; solo un bocado, un sabor, un leve olor del perfume de esa esencia de la ascensión. ¿Por qué nos lo ha dado? Es la visión. Es la visión que llega a través de los sentidos interiores y con esa visión nos decimos: "Debo ascender en esta vida. Debo regresar al corazón de Dios. Debo alcanzar ese estado en el que ya no abandonaré la cumbre. Pero ahora Dios me ha pedido que descienda. Tal como envió a Moisés a que bajara y como envió a Gautama a que saliera de nirvana y como envió a Jesucristo a que encarnara con la plenitud de la Palabra, como ha enviado a sus hijos e hijas a salir del plano de la dicha, yo debo bajar y cumplir con mi responsabilidad. Aceleraré mi servicio, aceleraré mi meditación, porque quiero terminar con toda esta sustancia, este karma, esta energía mal cualificada que he llevado conmigo como bagaje estos miles de años. Quiero esforzarme y trabajar duro. Quiero intensificarme. Quiero volver a la cumbre de la montaña".

Y esto es la ascensión. Esto es la aceleración.

Cómo ascender

En el aniversario de su ascensión, Lanello nos dio algunas instrucciones muy prácticas sobre cómo ascender:

> Muy a menudo habéis hablado de ascender, de vuestra ascensión, del proceso mismo y de la meta en la Vida, pero ¿sabéis realmente cómo ascender?
> ¿Os lo imagináis como un salto desde un trampolín?
> ¿Os lo imagináis como un alto vuelo?
> ¿Será un proceso automático?
> ¿Quiénes serán los ayudantes y cuánto tendrán permitido ayudaros?
> ¿Cuánto impulso acumulado de la llama de la ascensión debéis tener en las velas? ¿Cuánto fuego del santo propósito debe haber encerrado en los chakras, con un calor/frescura ardiente de intensidad tal, que os permita recibir la transferencia de la llama por la cual vuestra identidad se selle y no se niegue?

Inmortalidad

Bien sabéis que, si entrarais de manera prematura en esa llama, esta anularía la vida. Por tanto, entraréis en esa llama no de manera prematura, sino madura, y no lo haréis hasta que hayáis dedicado vuestra vida y la vida después, si fuera necesario, a reunir los hilos de Luz, a reunir los cadejos de la llama de la ascensión, envolviendo con ellos cada hilo de la vestidura del Cuerpo Solar Imperecedero, llamando a los ángeles y trabajando con ellos para arreglar los defectos, para arreglar las rasgaduras.

Sí, amados, ¿cómo se asciende?

Consigue una victoria cada día

¡Se asciende todos los días! Es como subir el tramo de una escalera. Vosotros no sabéis cuántos escalones hay, porque estos representan cada paso que ser debe dar en la vida. Cómo ascender es llegar al último escalón al final de esta encarnación.

No podéis saltaros los tramos o las espirales y los giros. Y no sabéis cuántos escalones tendréis que subir, porque cada uno de vosotros se encuentra en un punto diferente de la escalera.

Dado que no conocéis el final ni el principio, debéis seguir adelante. Debéis subir un escalón cada día, siendo un día un ciclo de una iniciación que puede durar semanas o meses. Pero si no tomáis las medidas adecuadas cada día, las cuales vosotros conocéis muy bien, en lo que respecta a mantener la armonía, el fuego de vuestra dedicación, los decretos entremezclados con la meditación en Dios, aun cuando invocáis y meditáis, visualizáis y afirmáis la Palabra simultáneamente; si no cumplís en el ciclo de un día el requisito de un determinado escalón, será mucho más difícil cumplirlo después, porque os llegarán los siguientes escalones y os sentiréis sobrecargados.

No es que os sobrecarguéis con trabajos domésticos de poca importancia, amados. Estaréis sobrecargados cuando os saltéis los ciclos iniciáticos y después no sabréis a dónde ir. El ejército se ha marchado sin vosotros y ahora buscáis la escalera, efectivamente.

Cada vez que el sol sale y se pone se marca un ciclo en

el que subís esos escalones. Hay muchas cosas en los deberes del día que no se pueden posponer para el día siguiente, porque cuando se posponen el impulso acumulado mengua, muy a menudo el ciclo se pierde y el proyecto no se termina. ¡Y qué difícil es terminar ese proyecto cuando hay que volver a reunir energía y empezar otra vez! Por tanto, comprended que así es la Vida, la Vida medida por el alma, el corazón y el Santo Ser Crístico.

Os pido, pues, que os aseguréis los momentos. Aseguradlos cuando la mente los usa para entrar en compartimentos de la eternidad. Porque el tiempo es de hecho un elemento de la eternidad, teniendo la eternidad compartimentos de medidas. Este tiempo tiene muchas dimensiones, como las tiene el espacio de la eternidad, pero existe una correlación con vuestra vida aquí abajo.

La alegría es el primer principio de la ascensión

Por tanto, yo digo: no descuidéis las horas. ¡Llenadlas de alegría! La alegría es el primer principio de la ascensión. Tomemos a dos personas: una realiza las tareas sin alegría y la otra las realiza con alegría. La que no tiene alegría, amados, podrá perderse la ascensión por su carencia y la otra, con alegría, podrá conseguirla incluso faltándole algunos elementos.

"Para que vuestro gozo sea cumplido",[78] rezó Jesús; y para que conozcáis y *su* gozo esté con vosotros.[79] Este gozo, amados, jamás puede satisfacerse con la compañía humana, sino con una compañía humana en la que los que están juntos la consideren como un vehículo para la compañía divina, para una alegría divina que esparza la risa, el júbilo y el juego entre las horas de mucha concentración. Esta alegría, amados, que abarca todas las octavas le complace a Dios.

Por tanto, yo digo: ¡abandonad el sentimiento de martirio! ¡Abandonad el sentimiento de condenación hacia vosotros mismos! ¡Abandonad el sentimiento de falta de alegría! Pero procurad que vuestra alegría ponga a Dios primero.

Por tanto, echad fuera la conciencia idólatra que se apoya en la compañía humana hasta el punto de crear una calamidad. Porque nuestro Dios es realmente "un Dios celoso".[80]

y os arrancará la cosa o la persona por la que tengáis una preferencia mayor que la que tenéis hacia Él, hacia Ella, hacia Alfa y Omega.

Por tanto, vuestra Presencia YO SOY con vosotros, resplandeciendo con todo el esplendor del Dios Padre-Madre, os irradia continuamente alegría. Y el cordón cristalino descendente es una corriente chispeante de alegría. Es una corriente chispeante de alegría, amados, en la que la Luz cae en cascadas a vuestro corazón. Por tanto, distribuid alegría y conoced ese júbilo que también entretiene a los ángeles y los mantiene en su curso, rodeándoos y ayudándoos...

Comprender el sentido del humor divino os dará la capacidad de afrontar las circunstancias kármicas más difíciles, los propósitos más mortíferos de los caídos. Tal como el SEÑOR se burla de ellos,[81] burlaos de ellos también vosotros. Y sea vuestra alegría una conciencia tal del Sagrado Corazón de Jesús que podáis encontraros con amigos o enemigos con la misma Luz y entonación, porque tendréis el sentido de la medida de la alegría de los ángeles y el júbilo de Dios mismo ante una seriedad tal como la de la irrealidad de los propios caídos.

La escalera de la vida

Benditos corazones, las llamas de alegría se apagan cuando no estáis en sintonía con vuestros ciclos de la escalera de la Vida. Os sobreviene en vuestro interior un sentimiento de urgencia frenético. Puede que lo relacionéis con responsabilidades, cargas y deudas exteriores o con no tener suficiente tiempo para hacer todo lo que queréis hacer.

Bueno, el tiempo se ajustará y también lo hará el espacio, cuando dediquéis el día a satisfacer los requisitos de la iniciación del día en ese escalón de vuestra escalera de la Vida. Entonces os acostaréis por la noche en paz y tendréis la presencia de los ángeles de la paz, sabiendo que estaréis un paso más cerca de la victoria de vuestra ascensión o de llegar a ser adeptos, cuando podáis reencarnar otra vez con el cien por cien del karma saldado.

Sí, amados, vuestras tareas, obligaciones y responsabilidades diarias tienen mucho que ver con vuestras iniciaciones en la escalera de la Vida. ¡Despachadlas bien! ¡Proteged vuestro tiempo! Sellaos a vosotros mismos para hacer lo que hay que hacer. Porque incluso las personas bien intencionadas pueden ser instrumentos de los ángeles caídos. Vienen a haceros perder el tiempo, ya sea al teléfono, por correo o en persona, creando calamidades o circunstancias que os quieren hacer creer que nadie más puede resolverlas excepto vosotros.

Bien, liberaos de ese sentimiento de idolatría, amados. ¡Solo vuestro Ser Crístico puede resolver esos problemas! ¡Solo el Dios Todopoderoso puede resolverlos! Y cuando desarrolléis esa actitud, despacharéis esos problemas y os desharéis de ellos en poquísimo tiempo y en poquísimo espacio.

Por tanto, vuestra destreza en el uso de la espada del Arcángel Miguel llega con el uso frecuente, llega al usarla para todas las tareas, todo lo que tengáis pendiente en la mesa, en el taller o en los campos, en las granjas, cuidando de los rebaños de Dios en el rancho.

Comprended que podéis moveros en la eternidad, igual que podéis estar en vuestra inmortalidad y en las espirales de vuestra inmortalidad aquí abajo. No tenéis por qué estar confinados por el tiempo y el espacio. Con la velocidad mercuriana de la Luz del corazón de El Morya y el Dios Mercurio, podéis pronunciar la orden y el fíat que hará que se colapsen literalmente los ardides y los complots de los ángeles caídos.

¡Esta posibilidad existe para muchos de vosotros, pero no la ejercéis! Pensáis en ejercitar el cuerpo. Ejercitad la Mente mercurial de Dios y salga un rayo de Luz, un punto de relámpago azul desde vuestra mente, para consumir literalmente toda la sustancia que os impediría, a vosotros o a cualquiera, incluso a aquel a través del cual llega esa sustancia, lograr la victoria ese día.

Hazte con el control del día

Os pido que concibáis una gráfica... que podáis usar para marcar las tareas realizadas durante las horas del día. Podéis ponerla en la pared de vuestro despacho.

Vosotros y solo vosotros sabréis si, al final del día, podéis pegar en la gráfica una estrella de victoria. Sí, amados, una estrella de victoria: una estrella dorada por haber realizado todas las cosas que teníais en la lista y que erais capaces de realizar, una estrella de victoria por no haber dejado que nadie os impidiera seguir por ese camino, aun habiéndoos ocupado de las necesidades de quienes realmente merecían vuestro tiempo y atención.

Benditos corazones, ¡haceos con el control del día! Porque es un ciclo del sol, es un ciclo de la Tierra, es un ciclo de vuestro sendero de la ascensión. Así es como ascenderéis. Creedme, ¡conseguid una victoria cada día! Ello significa que debéis iniciar el día con fiereza y decisión.

Al final del día de hoy haced planes para mañana, organizad lo que vayáis a hacer: cuándo os levantaréis, a quién veréis y a quién no veréis. Poneos metas y logradlas, ¡a pesar de cualquier cosa! Porque romper los modelos de dejar que las cosas pasen, dejar que la gente os interrumpa, no es poca cosa, pero se logra con el paso firme de los compasivos. Estos compasivos se las arreglan para lograr su victoria y también realizar sus tareas diarias.

La victoria de un día puede convertirse en la victoria de una vida. Contad los días del año y después los años de las décadas del período de una vida y ved cuántas victorias debéis lograr para poner pie finalmente en el estrado del Templo de la Ascensión en Lúxor y sentir la caricia del amor, el fuego blanco de la llama de la ascensión y escuchar la bienvenida de los Serafines que os rodearán a vosotros y a todos los adeptos, también candidatos a la ascensión.

Os sentiréis mejor cuando *vosotros* tengáis el control de las horas del día. Pensad en las victorias como algo que ocurre momento a momento. Pensad en los fracasos como pérdidas del momento y pensad en los momentos perdidos sumados como horas y días en los que no se ha logrado nada.

Llena las horas con la alegría de la llama Crística

Amados, aquí está el suicidio del que he venido a hablar hoy: son las horas perdidas por no haberlas llenado con la llama de la alegría de Cristo. Y sin la llama de la alegría de Cristo, vuestro cuerpo no estará sano, no tendréis la fortaleza que necesitáis.

¡La alegría es la clave de la curación! ¡La alegría es *movimiento*! ¡La alegría es *vida*! La alegría es atención a las necesidades de los cuatro cuerpos inferiores, pero sin preocuparse de ello en demasía. La alegría es el sentimiento de compromiso con Dios y dejar que Dios se lleve toda la falta de alegría con esa cascada descendente del poderoso Río de la Vida.

Oh amados, he visto los días y las horas de la Tierra. He repasado mis propias encarnaciones. No hay un solo santo en el cielo ni un Maestro Ascendido que no mire atrás al registro de sus vidas con un gran sentimiento de pérdida y pesadumbre porque cierto porcentaje de las horas y los días se perdió, perdido por una búsqueda de placer que ni el cuerpo ni el alma necesitaban, sino que era una simple indulgencia. Os aseguro que hemos pagado el precio de esos años y encarnaciones de indulgencia, tanto vosotros como yo.

Ahora sigamos adelante con la vida que se vive con todo el ánimo de esa alegría de vivir, la alegría de vivir que cada uno de vosotros conocéis cuando estáis en perfecta sintonización con vuestro Santo Ser Crístico.

¡Oh amados, algo anda mal cuando la alegría os abandona! Debéis determinar *qué* es lo que anda mal. No debéis suprimirlo. ¡Debéis sacarlo a la fuerza y mirarlo de frente! Debéis ver al fantasma de la noche, el espíritu del yo anterior y toda esa psicología que estáis intentando resolver.

Yo digo: *¡resolvedlo!* No os quedéis para siempre simplemente en el esfuerzo de resolverlo. ¡Resolvedlo, amados, y dejadlo atrás! Vedlo tal como es. No os dejará sin la poderosa espada de llama azul del Arcángel Miguel...

Utilizad la espada y recordad que, si creéis que habéis permitido que algo entre en vuestro subconsciente, pero no comprendéis qué es y no recordáis cómo pusisteis en movimiento una espiral negativa cuando teníais tres, diez, veinte o veinticinco años, entonces, amados, debéis perseguirlo con todo el celo hasta el mismísimo punto de origen.

Uno no cambia simplemente con la llama violeta o las Enseñanzas de los Maestros Ascendidos. Por tanto, debéis tomar el decreto al Gran Director Divino y detener esas espirales que son negativas en vuestro mundo,[82] incluso las de vuestra psicología, aunque no sepáis de dónde han venido o cómo se iniciaron.

¡Llamad al Gran Director Divino para detener esas espirales! ¡Detenedlas con vuestra poderosa espada de llama azul! Echadlas al fuego y pedid que se os ilumine: ¿Cuáles son los elementos? ¿Cuáles son los elementos de la mente, el corazón o el alma que deben curarse y deben hacerse plenos?

Después, echaos al mar de la llama de la Misericordia. Echaos al gran corazón de la Maestra Ascendida Kuan Yin. Echaos a los mantras de misericordia. Saturaos, amados, y sabed que se producirá cierta transmutación cuando decidáis no permitir que la falta de alegría desplace a vuestra gran alegría. Cierta transmutación tendrá lugar, en efecto, sin que tengáis que saber cada detalle de la negación que ha causado que las espirales de la negación se multipliquen en vosotros.

Llamado para detener las espirales

¡En el nombre de mi poderosa Presencia YO SOY y el Gran Director Divino; en el nombre de Jesucristo, ¡exijo y ordeno que sean detenidas las espirales de karma negativo en toda mi conciencia, ser y mundo!, con el fin de que cada ciclo de cada célula y átomo en mi forma que no manifieste los ciclos perfectos de la conciencia Crística sea disuelto ahora, detenido y revertido por la autoridad de mi Presencia Divina! ¡Y en el nombre de Jesucristo, exijo y ordeno que los ciclos de la Vida Inmortal y mi plan divino se cumplan y que mi ascensión prevalezca!

Amados corazones de Luz, os hablo con un profundo amor y una gran practicidad. Soy práctico y veo en los niveles internos cómo las almas de Luz de la Tierra pierden la oportunidad de ascender. Claro, cuando no tienen este sendero y esta enseñanza, no tienen una ventaja, sino una desventaja. De hecho, nos entristece ver a los que tienen el Sendero y la enseñanza y no lo consiguen. Porque comprenderéis, amados, que de quienes tienen esta enseñanza, podrían ascender muchos más de los que lo hacen.

Bien, ¿cuál es la diferencia entre quienes lo consiguen y quienes no lo consiguen?

Asume el mando de tu Vida

Creo que la diferencia es que los individuos que no lo consiguen *no asumen el mando de su vida*, sino que esperan a que otro les mande y les cuide. Asumir el mando de vuestra vida y asumir la responsabilidad de vuestra vida significa que asumís la responsabilidad del Sendero, la enseñanza y vuestro servicio diario de decretos, sabiendo con ello que habréis hecho lo que había que hacer para lograr el incremento de vuestra ascensión ese día.

Cada día ascendéis un poquito, imperceptiblemente. Y si un día no hacéis la aceleración de esa llamita por no invocar la Luz de Dios suficientemente, no aceleraréis vuestras células y vuestros átomos gradualmente y no estaréis preparados para que el pleno fuego de la columna de la ascensión pase por vosotros.

¿Qué es la llama de la ascensión sino un millón de llamitas?

¿Qué es el Río de la Vida sino un millón de gotas de agua?

¿Lo entendéis, amados? Cada llama que aceptéis e interioricéis cada día (lo cual no suponen ningún problema, pues apenas notáis el ajuste en vuestro mundo), cada llamita os prepara para recibir la gran, gran Llama Divina de vuestra Presencia YO SOY que es la llama de la ascensión.

Amados, observad vuestra mirada, si está dirigida a las montañas y a vuestra Presencia YO SOY o hacia el mundo, buscando a alguien, buscando esta o aquella satisfacción o esta o aquella atención.

¿Hay algo que aún queráis de este mundo?

Entonces, decíos a vosotros mismos qué es. Preguntaos por qué lo queréis y si merece la digresión. Preguntaos si podéis alcanzar la satisfacción de esa experiencia o de lo que queréis a través del sendero de la maestría de uno mismo y la iniciación, o si realmente necesitáis salir y experimentar de alguna forma eso de lo que creéis carecer.

Benditos corazones, se pueden satisfacer más deseos y

anhelos por este mundo y sus cosas al comulgar con Dios de lo que jamás podréis soñar. El problema es que las personas ponen la atención en sus deseos hasta un punto tal que enrollan una espiral de deseo alrededor de la vara del ser, alrededor de la columna vertebral. Y cada vez que la espiral se enrolla, cada vez que se vuelve a considerar, esa espiral de deseo produce un deseo en ellas cada vez más grande de hacer aquello que las descentrará de Dios.

Por tanto, ya habéis comprendido este principio a raíz de la enseñanza del Señor Maitreya sobre el temor.[83] Así funcionan las cosas cuando se trata de cualquier otra vibración negativa. Pero el deseo, amados, es la fuerza más poderosa en vuestro mundo. El deseo os impulsará hasta Dios y el deseo os llevará a las mismísimas profundidades del plano astral.

Procurad, por tanto, examinar en este día de mi ascensión los impulsos acumulados de vuestro deseo…

Los propios karmas engendran el deseo erróneo. Por tanto, ¡sed libres! Este es mi mensaje de hoy para vosotros. ¡Sed libres! Y la única libertad verdadera y duradera que tendréis jamás es la victoria de vuestra ascensión en la Luz. Y aparte de eso, conoceréis cierto elemento, un elemento poderoso de esa libertad *¡si os adueñáis de vuestros deseos!*

No los suprimáis. Pero si deseáis algo que sabéis que no está bien, perseguid ese deseo con vuestra espada, con las Astreas, con el Rosario de la Entrega, con los llamados para atar al *morador del umbral*. ¡Perseguid vuestros deseos erróneos y devoradlos con el fuego sagrado! Porque si no lo hacéis, lo único que harán es crecer, incluso a nivel subconsciente, y pronto ellos os devorarán a *vosotros*.

Este es el único factor que desvía a la gente del sendero de la iniciación. Es el deseo erróneo. Rezad a vuestro Santo Ser Crístico para que podáis saber qué es el deseo erróneo, la ociosidad de la mente y el abuso del tiempo y el espacio. Rezad para saberlo. Rezad para tener esa Mente Crística. Rezad para tener la Presencia del Señor, Justicia Nuestra.

El deseo correcto puede conocerse en cualquier circunstancia. Por tanto, buscad primeramente el reino de Dios y su justicia, y todas estas cosas os serán añadidas.[84]

Pequeños míos, grandes míos, hijos míos, almas mías naciendo en el vientre, me regocijo de caminar por esta tierra. Me regocijo de estar entre vosotros. Deseo, y esto es un gran deseo, que me aceptéis como si estuviera presente *físicamente* con vosotros. Estoy muy cerca de vosotros. Si tan solo ponéis el oído, me oiréis hablaros a través de vuestro Santo Ser Crístico con criterio correcto, juicio y dirección.

También me conoceréis a través de mi Amada. Y, por tanto, escucharéis mis palabras a través de ella y no os las perderéis. Cuando no aceptéis algunos niveles de comunicación, por no querer que se perturbe vuestro mundo, me evitaréis a mí y a ella, y os perderéis una lección que os podría liberar en un día de algo que de otro modo llevaréis durante una década.

Estamos con vosotros de verdad y lo hemos estado durante muchos, muchos siglos. Hemos vuelto una y otra vez juntos, y el lazo entre todos nosotros se puede comparar al lazo que tenemos todos nosotros con el Cristo Cósmico y el Santo Ser Crístico.

El brazo horizontal de nuestra cruz, a través del cual estamos unidos unos con otros, es el fortalecimiento del brazo vertical, a través del cual conseguís uniros a vuestro Santo Ser Crístico. Con ese fin deseamos llevaros hasta el punto en que tengáis saldado el 51 por ciento de vuestro karma y más allá de ese punto. Deseamos llevaros al punto en que no perdáis lo que habéis conseguido, el punto en que no retrocedáis debido a los falsos instructores, el punto en que no os engañen esos impulsos acumulados de vuestro cinturón electrónico ni el *morador del umbral* en su manifestación final de sutileza de Serpiente.

Sí, amados, muchos de vosotros aún sois frágiles. Muchos de vosotros necesitáis nuestra presencia sustentadora. Trabajáis mucho haciendo decretos y prestando servicio, pero no tenéis el sentido de la medida sobre cuánto fortalecimiento y acompañamiento recibís, no solo de nosotros, sino de los santos ángeles y muchos Maestros Ascendidos.

Os podéis considerar, en cierto sentido de la palabra, como hijos e hijas de Dios maduros, con un gran conocimiento del

Inmortalidad 247

Sendero; y en otro sentido de la palabra, como bebés recién nacidos aún en la incubadora, incapaces de vivir fuera de esa incubadora hasta que os hayáis fortalecido.

Por tanto, la naturaleza tiene un lado frágil, la naturaleza tiene un lado fuerte. Y, amados, es algo relativo, de modo que no sabéis cuándo estáis débiles y no sabéis cuándo estáis fuertes.

Así, los Maestros Ascendidos vienen; y os adoramos, pero no os consentimos. Y os desafiamos con fiereza cuando os permitís expresar el yo irreal. Esto no puede pasar desapercibido. Esto no puede dejar de recibir disciplina. Esto merece una zurra cósmica, porque todos vosotros tenéis el conocimiento y todos vosotros sois capaces de hacer mejor las cosas.

Y, por tanto, cuando dejáis escapar esa ira del morador de vez en cuando debéis comprender que lo hacéis con conocimiento de causa y que lo hacéis porque no habéis tomado las precauciones día a día para conseguir la maestría sobre la bestia...

Este es el significado de mi venida de hoy: dejaros saber que podéis dominaros en las profundidades de esos cañones de vuestro subconsciente e inconsciente. Pero debéis ser conscientes de que eso es lo que está pasando en vuestra vida, porque si no sois conscientes podéis flaquear y caer...

Sí, amados, es maravilloso estar con vosotros. Es maravilloso estar con vosotros una y otra vez. Hacedme sitio en vuestro despacho. Incluso una pequeña imagen mía indicará que soy bienvenido.

En cuanto a fotografías, amados, prefiero la que tenéis ante vosotros. Es la del Álbum llamado *Sermones para una tarde de Sabbat*.* Este retrato en concreto, amados, me lo hice con todo el conocimiento de que me iba a marchar de este mundo en la victoria de la ascensión. En él

Mark L. Prophet

---
*Nombre del álbum en inglés: *Sermons for a Sabbath Evening*. (N. del T.)

encontraréis mi Presencia Electrónica de Amor Divino, porque me hice tomar esta fotografía con el gran deseo de ofreceros una foto de mi amor apasionado hacia vuestra alma. Así, sé que me conoceréis a través de esa presencia, a través de esa mirada y a través de ese corazón…

La primavera de la Vida tiene algo de inmortal. Vengo a reencender la Vida en la primavera eterna en vosotros. Vengo a tocaros y a que vosotros toquéis no solo el borde de mi vestidura, sino eso y más.

Mi toque es un toque de Vida eterna. Quisiera transferíroslo en esta ocasión de la victoria de mi ascensión y en todas las ocasiones futuras, cuando os hable.

Gota a gota se gana la inmortalidad.
Punto de Luz, punto de maestría sobre uno mismo:
Punto a punto se gana la Vida eterna;
   en los momentos mecidos en las horas,
   en las horas que se extienden
   desde la salida hasta la puesta del sol.
Así, los ciclos del sol son los presagios de la realización
   Divina en la manifestación de Luz de cada día.[85]

Invitación para los candidatos a la ascensión

Serapis Bey escribe:

Anuncio a todos los candidatos a la ascensión y a todos quienes deseen ser candidatos a la llama de la ascensión al final de esta encarnación o de la próxima, que hemos organizado clases en nuestro retiro a las que pueden asistir los que aspiren a la matriz de la Pureza.

A quienes han dicho en su corazón: "Deseo por encima de todo ser perfecto ante los ojos de Dios, tener esa Mente perfecta en mí que también hubo en Jesucristo",[86] a quienes anhelan unirse a la llama de la identidad de Dios y encontrarse hechos a Imagen y Semejanza de Dios, a aquellos en quienes arde este deseo día y noche, a vosotros os digo: Venid y sed instruidos en los preceptos de la Ley que quizá se os han escapado en esta vida o que quizá habéis pasado por alto en encarnaciones anteriores.

Porque estamos aquí para suplir los eslabones perdidos de la cadena del Ser de modo que, cuando llegue la hora de vuestra transición y os encontréis como la rosa, al otro lado del muro, tengáis el impulso acumulado y la dirección interior del alma que os lleve a este u otros retiros de la Hermandad o bien para la preparación definitiva para la ascensión o bien para prepararos para reencarnar.[87]

Los requisitos para la ascensión

Hay treinta y tres iniciaciones que toda alma ascendente debe superar, incluyendo las principales de la transfiguración, la crucifixión, la resurrección y, después, la de la propia ascensión. La espiral negativa de limitación que se opone al proceso de la ascensión, que el hombre mismo ha creado, se puede superar con la correcta cualificación de las energías de Dios invocando la Ley del Perdón y el fuego sagrado para transmutar los errores del pasado. Así son consumidos a diario los elementos impuros de lo que se denomina *cinturón electrónico* (el *núcleo* del conglomerado del karma del hombre y su mentalidad carnal) mediante la alquimia de los decretos dinámicos, y la energía purificada asciende al Cuerpo Causal.

Serapis Bey nos dice: "Se asciende todos los días". Nuestros pensamientos, nuestros sentimientos, nuestros actos diarios son pesados todos en la balanza. No ascendemos de una vez, sino a incrementos, a medida que vamos pasando nuestras pruebas y ganando victorias individuales. Todo el registro de todas nuestras vidas anteriores e impulsos acumulados, tanto de bien como de mal, deben ser contados, y entonces, cuando hayamos equilibrado con la pureza y armonía del Gran Yo Divino, al menos 51 por ciento de toda la energía que jamás se nos asignó, se nos podrá ofrecer el don de la ascensión, que en efecto es por gracia de Dios. El alma, después de ascender, deberá transmutar o purificar el restante 49 por ciento desde las octavas ascendidas mediante el servicio a la Tierra y a sus evoluciones.

"Queridos —dice Serapis— no debéis esperar que, como si un gran pájaro del paraíso se precipitara, el cielo vaya a bajar hasta vosotros para elevaros instantáneamente a la Luz. Cada día tejéis una hebra de sustancia de Luz de regreso al corazón de vuestra Presencia con la lanzadera de vuestra atención; cada hebra fortalece el ancla detrás del velo y así os lleva hacia un estado de conciencia en el que Dios puede usaros más como instrumentos eficaces para el bien".[88]

Existen otros requisitos para la ascensión además del que consiste en saldar el 51 del karma:

- equilibrar la llama trina;
- alinear los cuatro cuerpos inferiores para que puedan ser cálices puros de la llama del Espíritu Santo en el mundo de la forma;
- lograr la maestría sobre uno mismo en los siete rayos del Cristo;
- lograr la maestría sobre el pecado, la enfermedad y la muerte, y sobre cualquier otra condición exterior;
- cumplir el propio plan divino;
- transmutar el cinturón electrónico;
- aumentar la energía de la Madre de la Kundalini.

Serapis Bey nos recuerda un requisito más, y nos dice: "La ascensión debe desearse y debe desearse correctamente. Debe desearse no como un mecanismo de escape de las responsabilidades o de los deberes del mundo. Debe desearse como la culminación de una vida de servicio en la voluntad de Dios, y los hombres deben estar dispuestos en sus últimas encarnaciones en el planeta —el momento de su escape de la ronda de los siglos— a dar el mejor servicio a la Luz y ayudar a traer el reino".[89]

Saint Germain nos ha prometido que todo aquel que lo intente con sinceridad puede ascender en esta vida o, como mínimo, en la siguiente si hay circunstancias extenuantes que requieran otra encarnación. Cuando abandone la pantalla de la vida, el alma será llevada a templos de la Hermandad e instruida en los planos internos para que la siguiente encarnación pueda ser la victoriosa. La única excepción a la promesa del Maestro sería si el individuo, con el fin de cumplir su plan divino, tiene la exigencia de encarnar otra vez en el futuro para poder completar una misión específica de servicio acordada ante su Santo Ser Crístico y los Señores del Karma.⁹⁰

Las glorias de la ascensión

Juan el Amado explica las glorias de la ascensión:

¿Cómo podemos transmitiros a aquellos de vosotros que no habéis sentido la entrada de la gran corriente de la espiral de la ascensión, qué es esta energía? ¿Diremos que es como la desintegración de mil o diez mil átomos y el hombre mismo en el centro? ¿Diremos que es como la explosión de mundos o centros solares? ¿O diremos que es como el despliegue de un lirio o una rosa?

Quizá la poesía de la ascensión debierais escribirla vosotros mismos cuando viváis ese gran ritual, quizá al final de esta vida. Porque, como se os ha enseñado, las puertas están abiertas para todos aquellos que hagan el llamado y presten el servicio y soliciten la prueba.

Línea a línea, precepto a precepto, se consigue la victoria. Estáis ascendiendo todos los días. Estáis ascendiendo por las espirales de vuestro propio ser y vuestra propia conciencia. No sois como erais ayer o la semana pasada. Y si ofrecéis devociones diarias al Altísimo, estaréis a años luz de vuestro yo anterior.⁹¹

Estamos agradecidos por tener una descripción de los cambios que se producen durante la ascensión, como nos lo cuenta el Jerarca del Templo de la Ascensión. Serapis dice:

Aunque la forma de una persona pueda dar muestras de vejez antes de ascender, todo eso cambiará y la apariencia física del individuo se transformará en un cuerpo glorificado. El individuo asciende, pues, no en un cuerpo terrenal, sino en un cuerpo espiritual glorificado en el cual se transforma la forma física al instante por una total inmersión en la gran Llama Divina.

Así, la conciencia que el hombre tiene del cuerpo físico cesa y este alcanza un estado en el que no tiene peso. Esta resurrección tiene lugar mientras la gran Llama Divina envuelve a la restante capa de creación humana y transmuta, con un modelo de redes cósmicas, todos los modelos celulares del individuo —la estructura ósea, los sistemas venoso y arterial, los sistemas nerviosos central y simpático— y todos los procesos corporales sufren una gran metamorfosis.

La sangre en las venas se transforma en una Luz líquida dorada. El chakra de la garganta brilla con una intensa Luz blanca y azul. El ojo espiritual en el centro de la frente se convierte en una Llama Divina alargada que se eleva. Las prendas del individuo se consumen totalmente y este aparece vestido con una túnica blanca: el vestido sin costuras del Cristo. A veces el cabello largo del Cuerpo Mental Superior (el Ser Crístico) aparece como oro puro en el ser que está ascendiendo, mientras que los ojos, sea cual sea su color, pueden asumir un hermoso azul eléctrico o un pálido violeta.[92]

A través de la ascensión, el Hijo se une al Padre. Aquel ya no puede seguir atado a la tierra, porque está lleno de la Luz del Sol y ya no tiene más necesidad de un cuerpo físico. En un momento, en un abrir y cerrar de ojos, el individuo ascendente es transformado: su carne se hace transparente, sus venas se llenan de una Luz rosa y dorada y los átomos de su ser se hacen más y más ligeros.

La ascensión es una acción que eleva y afecta a todo el ser del hombre. En este estado sin peso, la forma flotante y libre en Dios del hombre ya no puede seguir atada a la tierra.

Serapis Bey continúa: "Cada vez más ligera se hace la forma física; y con la ligereza del helio, el cuerpo empieza a elevarse en la atmósfera, habiéndose suavizado la fuerza de la gravedad".[93] Por tanto, el individuo debe elevarse "en el aire", donde una nube de Luz blanca lo recibe y lo hace desaparecer ante la vista mortal; y el Hijo, reuniéndose con el Padre, se une en su omnipresencia.

"Esta es la gloria de las corrientes de la ascensión. Es la gloria del logro que Jesús demostró... Estos cambios son permanentes y el Ser Ascendido es capaz de llevar consigo su cuerpo de Luz a donde desee o puede viajar sin el cuerpo espiritual glorificado.

Los Seres Ascendidos pueden, y en algunas ocasiones lo hacen, aparecer en la Tierra como comunes mortales, vistiendo prendas físicas parecidas a las de la gente de la Tierra y moviéndose entre ella con propósitos cósmicos. Eso hizo Saint Germain después de ascender, cuando fue conocido como el Hombre Prodigioso de Europa. Una actividad así depende de una dispensación que ha de conceder el Consejo Kármico".[94]

Sin embargo, por lo general, los Seres Ascendidos no regresan al plano físico a no ser que haya algún servicio específico que requiera este cambio de tasa vibratoria.

Saint Germain también nos da una visión de la meta:

> Cuando alguien recibe el don de la ascensión de su Presencia YO SOY y del Consejo Kármico, la apariencia de la edad desaparece con tanta rapidez como una sonrisa mueve los labios, y el magnetismo y la energía de esa persona se convierte en el ilimitado poder de Dios aumentando por su ser.

La escoria del cuerpo físico, la fatiga del cuerpo emocional, cansado de las creaciones de odio, la incesante rutina del cuerpo mental, todo ello desaparece y es reemplazado con total facilidad por su equivalente divino. Los sentimientos se cargan del amor de Dios y los ángeles. La mente se llena de la Mente de brillo diamantino de Dios, omnipresente, omnisciente, omnipotente. La totalidad del ser se inspira y aspira.[95]

"¡YO SOY inmortal!"

Saint Germain nos dice que la inmortalidad no es solo una meta que alcanzar en algún momento del futuro, sino también algo que podemos esforzarnos en vivir aquí y ahora:

> Sé el esfuerzo y sé el trabajo que hace falta para afrontar los registros de esta vida y de vidas pasadas, amados. Y os digo: el Consejo Kármico está cerca. Recibid, pues, a mi amada Porcia y a la amada Kuan Yin y sabed que, gracias a la llama de la justicia y la llama de la Misericordia, si tenéis tanta fe como un grano de mostaza, podréis recibir un milagro de transmutación tal de estos registros que superará a todos los milagros anteriores de transmutación.

Yo os digo: creedlo y aceptadlo e implorad a estas Madres Divinas incluso la total transmutación de los registros de la manipulación de vuestro ser por los caídos. ¡Aceptadlo con rapidez, amados! ¡Porque esta de hecho es la hora de la alquimia ilimitada! Si buscáis esta alquimia, comenzad con la premisa de este fíat:

¡*YO SOY inmortal*!

¿Qué os transmite esto, amados?

Os diré lo que os transmite. Vuestro elemental del cuerpo escucha. Vuestro Ser Crístico escucha. Vuestra alma y vuestro espíritu escuchan. Y en ese escuchar está la llamada al antiguo recuerdo de la Ley, la Ley de la inmortalidad, que declara que allá donde está la llama de la inmortalidad no puede haber ningún decaimiento, ninguna enfermedad, ¡ninguna muerte del alma!

¡Allá donde está la inmortalidad hay Vida eterna! ¡Y la ley de la mortalidad es anulada y neutralizada por la Ley de la Inmortalidad!

Por tanto, cuando declaráis "¡YO SOY inmortal!", todas las células, los átomos y los electrones de vuestro ser responden, son acelerados y afirman lo mismo. Y vosotros revertís la espiral de muerte y desintegración,* y entráis en la espiral de integración y Vida eterna ¡dentro de estos mismos cuatro cuerpos inferiores! Y el alma comienza a vestirse con el Átomo Permanente del Ser. ¡Y el Cuerpo Solar Imperecedero es tejido y las hebras se tejen bien juntas hasta que el Cuerpo Solar Imperecedero se convierte en una armadura de Luz invencible!

Cuando digáis, amados, ¡*YO SOY inmortal!* y lo repitáis día tras día, cuando os venga a la cabeza decirlo, e incluso cuando tengáis la proyección de vuestra mortalidad y muerte, al decirlo, amados, estaréis moviendo a todos los ejércitos dentro de vuestro cuerpo físico, dentro de la célula más diminuta, para derrotar la vibración de la Muerte y el Infierno

---

*Se revierte la espiral de muerte primero en la mente supraconsciente, después en la consciente, después en la subconsciente, después en la inconsciente, a medida que el fíat va descendiendo por el cuerpo etérico, mental, de los deseos y físico.

dentro de toda vuestra conciencia, ser y mundo.

Sí, amados, hay fuerzas y ejércitos de Luz que os esperan *a vosotros* —vosotros, líderes en la batalla por la victoria de vuestra vida—, que os esperan *a vosotros*, el hijo, la hija de Dios, a que hagáis la declaración, la creáis, la afirméis y después realicéis todas las cosas que conducen a ello. ¡Porque vosotros sabéis, sabéis en efecto qué conduce a la Muerte y qué conduce a la Vida eterna! Y si creéis que no lo sabéis, entonces estudiad y aprended.

Sí, amados, con palabras de Moisés, "Escoged la Vida, no la Muerte" (vida con la V mayúscula, que es el Bien Divino Absoluto) y arrancadle al Mal Absoluto la conciencia de la Muerte y el Infierno y su mala cualificación del Bien Divino y la llama de la Vida eterna.

Por eso os demostró Jesús la crucifixión, la resurrección y la victoria sobre la Muerte y el Infierno. Por eso los santos que os han precedido ha permitido que los martiricen. ¡Porque al permitir ese martirio, amados, han logrado ante vuestros ojos la victoria sobre la Muerte y el Infierno! Han salido de su cuerpo y se han graduado para avanzar hacia nuevos niveles de Luz...

¡Que podáis conocer y entender el significado de la gran verdad de que la Muerte no es real! Esta no tiene ningún poder sobre los santos de Dios. Por tanto, vivid la Vida ahora, para que cuando debáis finalmente afrontar esa llamada, salgáis como un ser inmortal *completamente*.

Seres así, cuando reencarnan, lo hacen como seres inmortales, amados. Y la frase de la Mensajera es exacta cuando dice que los hay que caminan por esta Tierra en su cuerpo físico y que son inmortales.[96] Porque se han ganado esa llama de la inmortalidad, se han ganado esa llama de la transfiguración. Y cuando vuelven una y otra vez, llevan esa Luz y vosotros los reconocéis como santos y como Cristos entre vosotros.[97]

El Bodhisatva

Una vez saldado el 51 por ciento de tu karma podrás escoger entre ascender al final de esta vida o volver a reencarnar una y otra vez, aumentando tu Cristeidad según sigues el sendero del Bodhisatva en la Tierra. Cuando elijas realizar el Ritual de la Ascensión, podrás ser recibido e iniciado por Serapis Bey en el Templo de la Ascensión de Lúxor, en Egipto.

Entonces, completamente ungido por la Luz de tu poderosa Presencia YO SOY, tú, el ser Crístico, te elevarás, es decir, acelerarás tu vibración hasta el nivel del YO SOY EL QUE YO SOY. Y el Hijo se unirá al Padre. Y el Padre se unirá al Hijo. Y conocerás la plena realización Divina del mantra "yo y el Padre uno somos". Porque, habiendo realizado la Luz del maestro no ascendido aquí abajo a través de tu Santo Ser Crístico, habrás realizado la Luz del Maestro Ascendido Arriba a través de la realidad Divina de tu poderosa Presencia YO SOY.

Por consiguiente, como Arriba, así abajo, con Dios todo es posible en el Eterno Ahora.

Dios, sea quien sea o sea lo que sea (y tú sabes quién y qué es Dios), es tu poderosa Presencia YO SOY que está contigo *ahora*. En última instancia, cuando tomas la decisión de saberlo, ¡él es tu realidad Divina de Maestro Ascendido!

El Arcángel Rafael habla del potencial que tiene el llevar la llama de la inmortalidad mientras uno aún está encarnado físicamente:

> Cuando con amor, adoración y obediencia[98] permitáis que el Padre/Madre, el Hijo y el Espíritu Santo residan en vuestro templo, conoceréis la magnitud de Dios y vosotros también exclamaréis: "Te damos gracias, Señor Dios Todopoderoso, porque has tomado tu gran poder, y has reinado: en nuestros corazones, en la mente supraconsciente, en la mente consciente, subconsciente e inconsciente, ¡en todos los planos del ser!".[99]
>
> Y Dios os dará gracias a vosotros que hayáis limpiado todos los niveles del ser mediante el proceso de vaciarse a uno mismo para poder ser llenado, llenado totalmente una y otra vez. Entonces sabréis lo que significa caminar en la llama de vuestra inmortalidad mientras aún estáis encarnados físicamente.

Inmortalidad

Cuando oigáis hablar de los antiguos que vivieron más de cien años, cuando oigáis hablar de aquellos poderosos de antaño que eran de Dios, sabed, pues, que esto es lo que lograron.

¿Cómo es que Enoc caminó con Dios?[100] Caminó con Dios porque Dios residía en él y, por tanto, él fue la manifestación Divina, el Gurú, ¡el Disipador de Oscuridad!

Sí, amados, lo que buscáis no es simplemente un cuerpo físico perfeccionado, sino el cuerpo físico como cáliz del gran Cuerpo de Luz. Sabed, pues, que la meta de la inmortalidad no es simplemente vegetar en el reino físico, sino afianzar la conciencia inmortal, el rayo, la Vida y el Cuerpo de Dios en la tierra.

¡Esta, esta es la clave para revertir el horrible karma que desciende al planeta![101]

La Ley de la Conservación de la Energía

La inmortalidad es un tesoro eterno, pero solo aquello que tiene un verdadero valor cósmico merece inmortalizarse. Por tanto, si los devotos, debido a su devoción, conservaran su identidad, deberían expresar esa inmortalidad del Espíritu que ha sido el don natural que Dios ha dado a toda la Vida desde el principio del mundo.

La meta de la Vida (de Dios) es elevar su manifestación, a la que los hombres llaman *humanidad* (o una especie de hombre) y a la que Dios llama *hombre*, hacia la realización del propósito divino. Cuando el propósito cósmico se aborta y se producen metas e imágenes menores, se debe desposeer a la creación inferior de su poder, destruir la forma y trazar una línea que exclame *¡alto!* ante la abominación desoladora que está en el Lugar Santo donde no debe.[102]

En el bautismo del fuego sagrado, la acción vibratoria de actos inferiores cae al suelo para transmutarse, al mezclarse con los elementos y vibrar hacia abajo, hacia el estrato denso de la Materia para volar desde ahí con los patrones electrónicos ascendentes de Luz y regresar al Sol Central para su repolarización y para recibir una oportunidad renovada de que sea utilizada en el plan del flujo eternamente creativo. Porque toda la creación está hecha de energía en movimiento, el flujo de los electrones eternos.

En la Prueba de Fuego vemos una fase del funcionamiento de la Ley de la Conservación de la Energía, que afirma que la energía de Dios nunca puede destruirse, sino solo transformarse. En este caso, se transforma en el modelo que Dios quiso en un principio, en la semejanza de la pureza, cuyo diseño inmaculado Él mantiene en su conciencia por cada partícula de Vida.

Sea cual sea la forma que los pensamientos y sentimientos imperfectos del hombre hayan sobrepuesto a la energía de Dios, Su energía nunca puede negarse, porque la energía de Dios es todo lo que existe en manifestación universal; nada existe aparte de su energía y todo lo que existe está compuesto de su energía. Allá donde su energía se haya utilizado erróneamente o se haya cualificado mal, esta podrá ser desposeída de la capa de imperfección por el poder resplandeciente del fuego sagrado, invocado por los fieles.

El poder del fuego sagrado está concentrado con este fin y otros fines en el Imán del Gran Sol Central, focalizado en el núcleo de fuego blanco de cada Estrella Divina. Aquí, en nuestro sector de la galaxia, los electrones que se han liberado mediante la aplicación del fuego sagrado son repolarizados en su perfección original para que puedan usarse otra vez para producir una imagen de una obra más noble. Los hijos de Dios pueden invocar el poder del Imán del Gran Sol Central —allá donde se encuentren en el universo— para desmagnetizar de sus campos energéticos y su conciencia toda la energía que no esté polarizada con la perfección.*

La inmortalidad se gana con la liberación de la energía de Dios. La orden de la Presencia YO SOY a todo hijo de Dios de "¡liberar a los cautivos!" se le pronuncia a la llama dentro del corazón de todo átomo para que se pueda expandir y liberar a los

---
*El decreto al Disco de Luz (página 347) se puede usar con este fin.

electrones que han recibido la imposición de una carga positiva o negativa de creación humana. La orden "¡liberad a los cautivos!" le arranca a la imagen inferior su poder, destruye la forma impía en la cual se ha aprisionado la energía de Dios, captura la energía en el nombre del Cristo y obliga su transmutación con el poder del fuego sagrado.

La transmutación de la energía o sustancia cualificada negativamente es un proceso que puede tener lugar en cualquier parte del universo donde un hijo de Dios haya establecido una avanzada del fuego sagrado. Las estrellas en los cielos dan testimonio del hecho de que estas avanzadas han sido establecidas muchas veces y en mucho lugares por muchos Hijos de Dios. Mediante decretos y otras formas de invocación se puede ordenar al fuego sagrado que libere a los valiosos electrones de las imposiciones de la conciencia humana, de modo que estos puedan fluir de vuelta al centro del Sol, atraídos por el imán del corazón de Dios.

El amado El Morya nos ha explicado que, en todas las creaciones perfectas, que actualmente solo se sustentan en los niveles de conciencia de los Maestros Ascendidos, la forma de la creación se mantiene con electrones en un estado de flujo. Los electrones en un estado de flujo no permanecen en la forma que animan, sino que fluyen, como si estuvieran sobre cintas transportadoras, yendo y viniendo del Sol para realizar o *exteriorizar* los patrones perfectos de la creación invocados por Dios o uno de sus Hijos perfeccionados. En el momento en que el modelo y su forma son concebidos en la conciencia perfecta de Dios o del Hombre Ascendido, los electrones descienden a la velocidad de la Luz para exteriorizar la orden. En el momento en que el Creador decide retirar o anular el modelo, los electrones dejan de fluir hacia la forma y esta desaparece. Por consiguiente, la libertad del electrón consiste en fluir, pero no en escoger la dirección del flujo.

En todas las creaciones imperfectas, los electrones están atados a la forma densa, no son libres de ir y venir, de ascender y descender por la escalera de Luz que conecta toda obra perfecta con el corazón del Sol. Por tanto, el estado de descomposición puede tener lugar solo en un mundo imperfecto en el que los electrones se han atado a la forma que animan. Una vez que el modelo de la forma imperfecta es retirado, los cuatro elementos desmoronan la densidad de la forma. Cuando esto ocurre, los electrones son liberados para que puedan fluir y regresar al Sol con el fin de ser repolarizados. El proceso de descomposición es el método más lento de retirar o liberar a los electrones de la forma. El método que Dios ha ordenado para liberar a los electrones es mediante el uso del fuego físico y/o espiritual, los cuales son ambos focos del Imán del Gran Sol Central.

El cambio al que la humanidad llama *muerte*, o al que llaman *transición* quienes comprenden que la muerte no existe, es en realidad una función de la ley cósmica que arranca de los individuos sus ilusiones, liberando así las santas energías que la humanidad ha cualificado mal con ignorancia. Al liberarse estas energías de sus prisiones de corrupción apolillada y densidad oxidante, vuelven a formar parte de la reserva flamígera de pureza de Dios, el Imán del Gran Sol Central.

Focos del Imán del Gran Sol Central

Allá donde se establezca un foco del Imán del Gran Sol Central en la Tierra mediante la invocación del fuego sagrado de los altares de Dios, también tendrá lugar la transmutación o repolarización de los electrones. Por tanto, se anima a los devotos del fuego sagrado a que establezcan un foco de la Llama Autosustentada en su casa. Esto se puede hacer de la siguiente manera:

Se pone una mesa pequeña o cómoda cubierta con una tela blanca en la sala o habitación donde la energías del individuo vayan a consagrarse a Dios mediante la oración, la meditación y los decretos. Centrado en la mesa ha de haber un cáliz hecho de vidrio tallado o cristal. Si no se tiene un cáliz de cristal o vidrio disponible, una simple cuenco de vidrio transparente puede servir.

La Gráfica de tu Yo Divino se cuelga en la pared sobre el cáliz como foco central del altar. La Gráfica va acompañada de los retratos realizados por Charles Sindelar de Saint Germain a la

Inmortalidad

derecha y Jesucristo a la izquierda según se mira al altar. Las velas utilizadas durante los períodos devocionales pueden ser del color de los rayos en tonos pastel, aunque se acostumbra a utilizar velas blancas. Alternativamente, se pueden utilizar tres velas, una rosa, otra azul y otra amarilla, como foco de la llama trina.

Sobre la mesa del altar también puede haber uno o más floreros con flores frescas o artificiales y una colección de estatuas de Seres Cósmicos o Maestros Ascendidos, como Jesucristo, San Francisco, Gautama Buda, el Señor Maitreya, el Señor Krishna, el Señor Shiva, el Arcángel Miguel, el Arcángel Gabriel, la Diosa de la Libertad, Kuan Yin y la Virgen María. También se pueden poner sobre el altar piezas de cuarzo natural o cristal de amatista.

El Guardián de la Llama debe visualizar el fuego sagrado, invocado con sus decretos, ardiendo de manera continua dentro del cáliz. El intenso brillo blanco de la Llama se ve como el brillo del sol sobre la nieve recién caída. El Guardián de la Llama debe reconocer el poder que tiene el fuego sagrado de transformar no solo su conciencia, sino también su entorno inmediato, así como todo el cuerpo planetario.

Cuando este foco del Imán del Gran Sol Central se ha establecido, la Llama debe alimentarse diariamente ofreciendo decretos a Dios. A menos que los decretos se hagan con regularidad (preferiblemente todos los días a la misma hora), la Llama regresará al corazón de la Presencia, la octava de perfección de la que procede; porque las octavas inferiores de imperfección en las que vive la humanidad no son un hábitat natural para la perfección de la Deidad. Aquí, en la Tierra, Su flamígera Presencia solo se puede mantener mediante la llama trina afianzada en el corazón de los hijos y las hijas de Dios. Así, el foco del fuego sagrado dentro del cáliz es en realidad una extensión en el mundo de la forma de la llama trina de la Presencia YO SOY del suplicante.

Si el devoto practica fielmente este ritual de invocación, los ángeles del servicio que cuidan los altares consagrados a Dios de todo el mundo acudirán a este altar una vez cada veinticuatro horas para engrandecer el poder del Hijo de Dios (el poder del

Imán del Gran Sol Central). La Llama Autosustentada encendida en el cáliz proporciona el punto de contacto a través del cual se logra la expansión de la Luz de Dios en la Tierra. Esta Llama, aunque invisible al principio, podrá hacerse visible para el devoto cuando su modelo devocional, sus sentidos espirituales y su conciencia se refinen.

Los Maestros recomiendan que en esta sala se ponga música espiritual, grabaciones de sus dictados y decretos continuamente (si es posible) cuando el discípulo no esté presente. Cuando se ponen los dictados, la Presencia Electrónica de todo Ser Ascendido y Cósmico se focaliza; y mediante el poder de la Palabra hablada, aun cuando se reproduce electrónicamente de esta manera, se puede bendecir a la comunidad, al país y al mundo (repolarizado con la perfección). La reproducción de sus dictados da a los Maestros Ascendidos un punto de anclaje a través del cual pueden actuar en nuestra octava para traer el reino de Dios.

A medida que las vibraciones del amor de los Maestros penetran en la envoltura física, emocional, mental y etérica del planeta mediante la sintonización consciente y constante del devoto y la reproducción de sus dictados grabados, estas vibraciones dan la vuelta a la Tierra y contrarrestan efectivamente la discordia emitida a todas horas por una humanidad espiritualmente no iluminada. De hecho, la radiación de las Huestes Celestiales emitida a través de sus dictados y alternada con el impulso acumulado de decretos del discípulo es el único poder que detendrá la creciente marea de brujería y magia negra transportada por ondas radio de un lado al otro de la Tierra debido al incesante sonido del jazz, el rock y los ritmos disonantes de la música moderna.

Si cada estudiante de los Maestros Ascendidos consagrara un altar de este modo en su casa, y si fuera posible toda una sala, para la magnetización de la Llama Autosustentada tanto dentro (en el cáliz de su corazón) como fuera (en el cáliz de cristal de su altar), se le prestaría una ayuda ilimitada a la Vida entera. Debe observarse que esta ayuda nunca está limitada por la Presencia Divina, sino solo por la presencia de desarmonía dentro de la casa o de la conciencia del discípulo. Por tanto, este debe permanecer como un guardia en el muro de la ciudadela de su conciencia para proteger su "Paz con honor" como la Ley más grande de su ser.

Cómo conservar los dones y las gracias de Dios

Ciclopea explica que también podemos contener un foco del Imán del Gran Sol Central en nuestro corazón:

El gran retenedor de la conciencia Divina es este, y os imparto un secreto eterno: el retenedor con el que se retienen todos los dones y las gracias de Dios es el foco del Imán del Gran Sol Central, que debéis invocar y poner en vuestro corazón conscientemente. Hoy se os otorga a cada uno de vosotros una réplica de ese imán, pero para conservarla debéis usarla de acuerdo con el gran equilibrio de la balanza del Espíritu Santo. Y esa balanza debe tener el suficiente peso de Luz para equilibrar el resto del peso de la Oscuridad dentro de vuestro campo energético.

Si en cualquier momento del día o de la noche perdéis vuestra Luz por discordia, la balanza se inclinará del lado de vuestro karma inminente. Comprended que no podréis mantener el equilibrio del cosmos, no se podrá conservar el equilibrio de las energías "Alfa a Omega" en el foco del Imán del Gran Sol Central. Por tanto, proteged bien la balanza de la Vida y sabed que siempre, con la invocación, el servicio y la devoción, debéis mantener en un lado de la balanza esa cantidad de Luz suficiente para mantener el equilibrio, la armonía y la Vida abundante dentro de vuestro campo energético.

Este es el camino feliz hacia la ascensión. Este es el camino en el que el dolor de la superación y de la alquimia divina se disuelve. Porque la Luz que hay en vosotros es mayor que la Oscuridad, por tanto, experimentáis la Luz.

Es como si fuerais andando por un desierto reseco bajo un sol abrasador y los vientos del Espíritu Santo comenzaran a soplar y vosotros os identificarais con el viento en vez de con el sol ardiente. Y al poner la atención en el viento, os refrescáis, y descubrís que vuestros cuatro cuerpos inferiores se ajustarán al clima. Pero si con dolor, aflicción y lástima de vosotros mismos os identificáis con el sol, entonces os quemáis;

y el ardor es la acción de la Ley con la que se fuerza sobre vosotros la transmutación porque no os habéis entregado a Dios primero. Es como morir. El morir del viejo yo, el hacer nacer lo nuevo, a todos ha de llegar algún día.

Entonces, ¿por qué no dejar que ese día llegue deprisa? "Ven pronto, Señor", deberíais rezar e invocar. "Ven pronto, Señor. Deja que muera hoy, deja que muera ayer, que pueda nacer el Cristo en mí, para ir, pues, y mostrar a la humanidad el camino para llegar a ser el Cristo".

¿Por qué esperar a vuestro karma? ¿Por qué esperar al final de una vida para vivir la muerte y la prueba de la muerte, ese postrer enemigo que será vencido por la llama del Cristo? ¿Por qué no invocar la iniciación ahora para dejar atrás ese día en que las fuerzas de la Oscuridad se desplegarán para mofarse, como una muchedumbre de rebeldes, intentando derribar la imagen de la victoria?

Os digo, hijos e hijas de Dios, que cuando estéis preparados, realmente preparados en armonía, cuando estéis preparados por entrega, no hay Maestro en el cosmos que os niegue su presencia. Acercaos a la Llama y ved cómo los representantes de Dios se acercarán a vosotros. Ved cómo la más pequeña de las victorias, la más pequeña de las entregas hará que los ángeles se abalancen para estar a vuestro lado, cantando los gloriosos cantos navideños de los seres Crísticos nacidos libres. Ved cómo, si os habéis preguntado "¿Por qué no avanzo más en la Luz?", ved cómo la respuesta debe ser: 1. una falta de humildad; 2. una falta de entrega. Estos ingredientes son los que hacen a un avatar.

Ahora os encontráis en una posición en la historia cósmica en que, a entera disposición de la Presencia YO SOY, la voz que dice "Da un paso gigante y entra en la Llama y la eternidad", podéis tomar la decisión de vestir las vestiduras de inmortalidad y caminar por la Tierra como maestros no ascendidos. La única diferencia entre vosotros y los instructores más avanzados es la aplicación de la Ley que ya tenéis.

¿Cuánto tiempo seguiréis, pues, agitando y vomitando la sustancia de vuestro cinturón electrónico, los modelos que hace mucho deberían haber sido echados a la llama?[103]

La Sagrada Comunión

Cuando la inmortalidad se estudia sobre la base de la ciencia cósmica —de la cual solo se han revelado fragmentos en este capítulo del Evangelio Eterno— se observa que esa inmortalidad nunca puede concederse a imágenes inferiores o formas imperfectas, porque estas carecen de la polaridad del Dios Padre-Madre. Carecen de vida desde su principio porque nunca estuvieron polarizadas con la perfección. Así, vemos que el desequilibrio del principio yin y yang en la conciencia y la creación humanas las hace a ambas inadecuadas para el reino de Dios. Pero el SEÑOR no ha dejado al hombre sin consuelo. Para que este pueda recuperar su valioso equilibrio, Dios ha proporcionado el Ritual de la Comunión con Él a través de Cristo, el Mediador.

El discípulo participa en el sacramento de la Cena del Señor, la Sagrada Comunión, como acto preliminar a su reconocimiento cósmico como un hijo de Dios y como expiación por el abuso que ha hecho de la energía de Dios. Jesús dijo: "Si no coméis la carne del Hijo del Hombre, y bebéis su sangre, no tenéis vida en vosotros".[104] El Cuerpo y la Sangre de Cristo son la esencia del Principio Padre-Madre, siendo el cuerpo la polaridad negativa o femenina y la sangre la positiva o masculina.

Cuando la sagrada Eucaristía se consagra a Dios, el pan y el vino se cargan de un poder de Luz que posee el equilibrio perfecto de los rayos masculino y femenino. Cuando el comulgante ingiere la sustancia de Dios (el pan) y su esencia (el vino), toda su forma se polariza (o se *bendice*, como dirían algunos) con el modelo vibratorio del Dios vivo. Quienes no poseen este equilibrio, quienes no comen la "carne" del Hijo del hombre ni beben su "sangre", no tienen Vida en ellos; tampoco tienen a Dios en ellos, porque lo que es de Dios y de Vida Inmortal tiene el equilibrio perfecto de los rayos masculino y femenino.

Cada vez que el suplicante acude al altar de Dios para recibir la Sagrada Comunión, debe renovar su voto de consagrar sus energías a la manifestación del plan divino. Debe invocar el equilibrio de la llama trina de su corazón y pedir que el poder del Espíritu Santo vuelva a alinear sus cuatro cuerpos inferiores para que pueda ser un cáliz vivo del Ser y la Conciencia de Dios. Su presencia ante el altar significa una disposición a celebrar la sagrada comunión con el Cuerpo de Dios (que lo componen todos los hijos de Dios) y con el flujo de su vital fuerza de Vida (la Luz de la Presencia YO SOY) que desciende al cáliz de su individualidad.

Cada vez que el discípulo toma la Comunión, debe recordar que este ritual es una conmemoración de aquel momento en que recibió, en un principio, la infusión del poder de los rayos masculino y femenino de la Deidad, el mismísimo momento de su creación. El discípulo también debe comprender que la participación en este ritual es una preparación para el momento en que se pondrá sobre el estrado de la Corte del Fuego Sagrado en Sirio o del Templo de la Ascensión de Lúxor, en Egipto.

La Comunión forma parte del proceso de la ascensión; y si uno puede conservar la carga del Dios Padre-Madre que se da de la mano del Espíritu Santo cada vez que se toma la Eucaristía consagrada, reunirá el impulso acumulado de la victoria de la Luz en preparación para el día de su salvación.

Aptitud para lograr la meta

La Vida en su totalidad viene de Dios y la Vida en su totalidad es Dios. De muchas formas, el hombre ha perdido esa Vida, ha caminado entre los muertos que no saben que lo están y él mismo ha asumido los caminos de la muerte.

Qué maravilloso es nuestro Dios, que nos ha dado un medio con el que poder recuperar la Vida de Cristo. Este medio es el fuego sagrado que se manifiesta como la Presencia Divina, como el Ser Crístico, como la llama trina, como el Espíritu Santo, como el poder de los siete rayos y como la esencia del Cuerpo y Espíritu de Dios que penetra en el cuerpo, la mente y el alma mediante el Ritual de la Comunión.[105]

Las hojas del Árbol de la Vida y sus doce clases de frutos simbolizan el hecho de que el logro inmortal de la aptitud para conseguir la meta prepara al hombre, independientemente de su estación o proveniencia, para ser la manifestación del Sol de Justicia,[106] cuya semilla se encuentra en él mismo (cuyo poder Crístico se convoca desde el Dios interior) y en cuyas alas (en su impulso acumulado de Luz) está la curación que lo elevará de la cavidad del engaño mortal a la conciencia de inmortalidad.

La advertencia de San Pablo sobre el Ritual del Embellecimiento se expresó a la perfección:

> Por lo demás, hermanos, todo lo que es verdadero, todo lo honesto, todo lo justo, todo lo puro, todo lo amable, todo lo que es de buen nombre; si hay virtud alguna, si algo digno de alabanza, en esto pensad.[107]

Por tanto, bueno sería si, con el poder del pensamiento dirigido, todas las personas se acostumbraran a pensar en sí mismas no como mortales, unidas a la carnalidad y los modelos de la vida de la Tierra, sino como hijos de Dios inmortales, imperecederos, sin nacimiento y eternos, cuyos actos deben sujetarse con fuerza a las obras dignas que pueden soportar las mordaces pruebas de justicia y el fuego que con certeza pondrá a prueba la obra de todo hombre.[108]

Maitreya dice:

> Hablemos de lo que es eterno. Hablemos del plano etérico que es más concreto que vuestra octava física. Hablemos de vosotros que llegáis a la plenitud y estáis al borde de pasar de la mortalidad a la inmortalidad. Oh, qué transición será, amados, ¡qué transición! Sabed que podéis entrar en esa inmortalidad antes de uniros a Dios definitivamente en la ascensión.
>
> Muchas cosas pueden suceder en vuestra vida en poco tiempo; y según contempláis el mundo en esta década y la siguiente, debéis saber que existe la oportunidad absoluta de vuestra victoria, de vuestra victoria suprema allá donde estéis.[109]

Esperanzas puestas más allá del velo

El amor del Cristo Cósmico, las bendiciones de las huestes angélicas, la comunión de los santos y la afinidad natural del

Espíritu de la Vida con la alegría, con la justicia y la Verdad, son derechos de Dios introducidos para el hombre en las grandes salas de la justicia kármica. El pasado, con su condenación de lo humano, es prólogo; pero el futuro, con su afirmación de lo Divino, llama.

Así, el Árbol de la Vida se puso en medio del jardín. No se puede encontrar con una búsqueda somera, sino penetrando en los propósitos de la Vida y volviendo a entrar en el jardín del corazón. Y esto se logra saldando las deudas kármicas que uno tenga con la vida y entrando en el noviciado del servicio. Dedicándose a los principios de la Vida, el contemplador de perfección, que ve en la Vida la fe, la esperanza y la caridad de Dios en acción, estará ante el Árbol de la Vida, extenderá la mano, comerá y vivirá para siempre.

La inmortalidad y la justicia van de la mano. ¿De qué mejor manera puede manifestarse la inmortalidad aquí abajo que como una Llama de la Vida tangible que Dios ha implantado en el corazón? El corazón que está encendido con Su amor es el corazón que está saturado de la acción correcta. El corazón que se identifica con los pensamientos y sentimientos de Dios, con la Identidad de Dios y con las cualidades de su naturaleza, es el corazón decidido a manifestar su potencial Divino aquí y ahora, a nivel personal.

Jesús dice:

> La Vida, la Vida Inmortal, está en todos. Existe como una diminuta llama de perfección, avivando la esperanza hasta que esta se convierte en un reluciente rayo en la mente de muchos devotos de la Verdad, pero otorgando a los pocos que tienen percepción divina el camino vivo para superar al postrer enemigo, que es la muerte.[110]
>
> Vuestra dedicación, queridos corazones de Luz, unida a la mía para destruir esta muerte (y el infierno que es la morada de la muerte impía), limpia el camino para que la Vida Inmortal asuma el mando, el señorío y el control sobre vuestra corriente de vida desde la llama trina entronizada en el altar de vuestro corazón.

Inmortalidad

Por dirección Divina y solo así, el hombre regresa al estado de gracia con el que se asegura el cielo en el presente sin posponerse con dudas o incertidumbres. Las leyes de la inmortalidad predestinada del hombre y la gracia viva no se pueden romper nunca, excepto en la vida del individuo que abuse desgraciadamente del valioso don del libre albedrío. Por tanto, cada individuo obediente, por ley cósmica, llega a un punto de percepción interior consoladora; la larga noche oscura ha pasado y el amanecer inunda al alma con paz y la esperanza restaurada del regreso a la gracia celestial, posible aquí y ahora.[111]

¿De qué otra forma podemos forjar un futuro que esté basado en el diseño original de la inmortalidad de nuestra alma, si no a través de una esperanza puesta más allá del velo, más allá de la razón y el sentimiento mortal, en el reino del Sanctasanctórum, el sumo altar de la fe eterna? Porque ahí la idea que Dios tiene del hombre aparece como inmortalidad universal, inmortalidad por creación, inmortalidad por derecho divino, inmortalidad por merecimiento e inmortalidad por la Ley como amor en acción.

"¿Quién nos separará del amor de Cristo?",[112] preguntó San Pablo. "Con la medida con que medís, os será medido"[113] es el decreto de la justicia Divina aplicada por el Consejo Kármico. ¿No podemos pedir ahora a las Huestes del Señor una dispensación de esa medida plena de justicia que nos dará la capacidad de prestar a nuestro prójimo el servicio y la conformidad de un Cristo vivo? ¿Por qué no pasamos ahora de la muerte a la Vida, de la conciencia de oscuridad a la conciencia del amanecer? ¿Por qué no sujetamos con fuerza lo que es Bueno y dejamos lo que es Malvado?

Apartémonos, pues, del sino de la mortalidad, sacudiéndonos el polvo de los pies y sustituyéndolo con el destino consciente de un sentimiento activo de inmortalidad que nos pertenece, al tiempo que hacemos que así sea. Caminemos con el Cristo no solo por el camino a Emaús,[114] donde nuestro corazón puede arder en nuestro interior, sino también recorriendo todo el camino hasta recuperar el Paraíso, una conciencia ganada, una comunión restablecida.

Rosa de Luz, una Maestra Ascendida, habla de la victoria que nos espera: "Sepan todos que la Vida es real, que vuestras promesas están selladas por Dios, que Dios os ha escuchado hacer un voto de Vida, no de muerte. Dios espera que lo cumpláis. Por tanto, ¡sed Vida! ¡Sed la Vida triunfante! ¡Sed en manifestación universal! Sed la totalidad del Uno y sabed que vuestra Luz mantiene el equilibrio de la Tierra, mantiene el equilibrio de las naciones para que almas merecedoras puedan ser extraídas, extraídas y salvadas para una poderosa conflagración a imagen del Cristo".[115]

"Esto mortal debe vestirse de inmortalidad…"

El Señor Lanto dice:

"Nunca nació el Espíritu, el espíritu no dejará de existir nunca", pronunciado por el Bhagavad Gita, trae al mundo la idea básica de lo Eterno. Porque lo Eterno deseó desde el Principio ver una perpetuación de la Imagen Divina existente a lo largo de eones y regresando a la plenitud de su generosidad. Mediante la razón mortal, mediante el sentimiento de implicación, mediante el cadejo del enredo, el hombre una y otra vez se ha negado a sí mismo el gran privilegio cósmico de perpetuar para sí, por decreto divino, el don de la Vida Inmortal.

Porque la inmortalidad, contrariamente a la creencia popular, se debe ganar; y podéis escribir esto como "ganar" o como "uno".* La diferencia es poca, porque es el símbolo de unión con lo Eterno lo que hay que ganar venciendo a las hordas oscuras de formas borrosas, de cosas por venir que son fantasmas de la noche fascinados con ideas mortales que inundan la mente y hacen que los hombres se arrastren sobre manos y piernas, cuando deberían erguirse como hombres derechos en la Tierra y defender la justicia y dejar que la justicia expanda la actividad de lo Eterno a través del marco del hombre temporal.[116]

---

*En inglés *won* (participio de 'ganar') y *one* ('uno') se pronuncian casi de forma idéntica. (N. del T.)

Inmortalidad

Llega el momento cuando esto mortal *debe* vestirse de inmortalidad. Es una combustión espontánea. Es una masa crítica. Es un fuego sagrado que arde. Esto corruptible debe vestirse de incorrupción. No somos dioses que decidamos serlo y dictemos nuestra vida. Dios decide; y cuando estamos unidos a él, así es. Y a pesar de todos los amores que tengamos en la Tierra y a pesar de que entendemos que podríamos hacer más y más si tan solo pudiéramos quedarnos más tiempo, el momento llega cuando la ley cósmica declara, y tú lo oirás sonar en tu templo: "Esto mortal *debe* vestirse de inmortalidad, esto corruptible *debe* vestirse de incorrupción". Y la palabra *debe* se convierte en el imperativo de la Vida.

No es fácil para nadie, mucho menos para el avatar. Jesús *no quería* dejarnos. Su gran, gran mensaje que nos llega en el libro de Juan lo explica. Él nos dio el conocimiento: "Si no me fuera, el Consolador no vendría a vosotros".[117] Si no me voy antes que vosotros, el Consolador no vendrá. Él sabía que tenía que marcharse para que el Espíritu Santo pudiera llenar sus templos y ellos pudieran ponerse en marcha.

Porque es necesario que esto corruptible se vista de incorrupción, y esto mortal se vista de inmortalidad.

Y cuando esto corruptible se haya vestido de incorrupción, y esto mortal se haya vestido de inmortalidad, entonces se cumplirá la palabra que está escrita: Sorbida es la muerte en victoria.[118]

¡Consumado está!
de Jesucristo

¡Consumado está!
Concluido está este episodio de lucha,
YO SOY uno con la Vida Inmortal.
Serenamente estoy resucitando mis energías espirituales
de la gran tesorería del saber inmortal.
Los días que conocí contigo ¡oh, Padre!
antes de que el mundo fuera, los días de triunfo,
cuando todos los pensamientos de Tu Ser
se elevaban sobre las sempiternas colinas de la memoria cósmica;
Ven una vez más mientras medito en Ti.
Cada día, conforme evoco Tus recuerdos
de los antiguos escritos de Amor Inmortal,
YO SOY el que se emociona de nuevo.
Maravillosos modelos de contemplación me cautivan
con la sabiduría de Tu esquema creativo.
Tan reverente y prodigiosamente estoy hecho
que nadie puede estropear Tu diseño.
Nadie puede despojar la belleza de tu santidad,
nadie puede desalentar el latir de mi corazón
con una impetuosa expectación
de Tu plenitud manifestada en mí.

¡Oh, gran y glorioso Padre!
¿Cómo podría un pajarillo creado en suprema bienaventuranza
eludir tu atención compasiva?
YO SOY de mayor valor que muchas aves
y por tanto sé que Tus amorosos pensamientos
llegan a mí diariamente
para consolarme en mi aparente soledad,
para acrecentar mi valor,
elevar mis conceptos,
exaltar mi carácter,
inundar mi ser de virtud y poder,

Inmortalidad

sostener Tu cáliz de Vida derramándose dentro de mí,
y morar en mi interior para siempre
en la cercanía de Tu Presencia celestial.

No puedo fallar
porque YO SOY Tu ser en acción en todas partes.
Cabalgo contigo
sobre el manto de las nubes.
Camino contigo
sobre las olas y las crestas de la abundancia de las aguas.
Avanzo contigo
en las ondulaciones de Tus corrientes,
atravesando las mil colinas que componen
    la corteza terrestre.
Yo estoy vivo contigo
en cada arbusto, flor y brizna de hierba.
Toda la Naturaleza canta en Ti y en mí
porque somos uno.
YO SOY el que vive en los corazones de los oprimidos,
    elevándolos.
YO SOY la Ley exigiendo la Verdad del Ser
en el corazón de los orgullosos,
rebajando la creación humana que hay en ellos
y avivando la búsqueda de Tu Realidad.
YO SOY toda suerte de bienaventuranza
para todos los hombres de paz.
YO SOY la plena destreza de la gracia divina,
el Espíritu de Santidad
que libera a todos los corazones de la esclavitud
y los lleva a la Unidad.

¡Consumado está!
Tu creación perfecta está dentro de mí.
Inmortalmente bella,
la felicidad del Ser no puede ser negada.
Como en Ti mismo, habita en la morada de la Realidad.
Para nunca más salir a lo profano,

tan sólo conoce las maravillas de pureza y victoria.
Mas dentro de este fuego inmortal se agita
un modelo perfecto de misericordia y compasión
que busca salvar para siempre aquello que se ha perdido
por haberse desviado
de la belleza de la Realidad y la Verdad.
¡YO SOY el Cristo vivo en acción eterna!

¡Consumado está!
¡La muerte y los conceptos humanos no tienen poder
  en mi mundo!
Estoy sellado por designio de Dios
con la plenitud de ese amor de Cristo,
que vence, trasciende y libera al mundo
por el poder del tres por tres
hasta que todo el mundo sea victorioso en Dios,
¡ascendido en la Luz y libre!

¡Consumado está!
La plenitud es la Totalidad de Dios.
Día tras día un incremento de fuerza, devoción,
vida, belleza y santidad ocurre en mí,
emanando desde la más bella flor de mi ser,
la rosa de Sarón consagrada al Cristo
que abre sus pétalos dentro de mi corazón.
¡Mi corazón es el corazón de Dios!
¡Mi corazón es el corazón del mundo!
¡Mi corazón es el corazón de Cristo en acción curativa!
He aquí, YO SOY el que está siempre contigo hasta el fin,
cuando con la voz del Amor Inmortal
yo también diré: *"¡Consumado está!"*.

Rayo de brillo rosa dorado

En el nombre de la amada, poderosa y victoriosa Presencia de Dios YO SOY en mí y de mi muy amado Santo Ser Crístico, llamo al corazón del amado Serapis Bey y la Hermandad de Lúxor, amado Señor Gautama, amado Saint Germain, amados Dios y Diosa Merú, amado Sanat Kumara y los santos Kumaras, el ser cósmico Armonía, los siete poderosos Elohim, los siete amados arcángeles y sus arcangelinas, los siete amados Chohanes de los Rayos, amado Lanello, todo el Espíritu de la Gran Hermandad Blanca y la Madre del Mundo, vida elemental: ¡fuego, aire, agua y tierra!

1. YO SOY quien invoca hoy tu rayo rosa dorado
    para que se manifieste alrededor de mi forma.
    Luz rosa dorada de brillo deslumbrante,
    ¡adorna mis cuatro cuerpos inferiores!

Estribillo:
    Oh hermandad de Lúxor y bendito Serapis Bey,
    escuchad nuestro llamado y responded
    con el rayo ascendente del amor.
    Cargad, cargad, cargad nuestro ser
    de esencia pura y brillante;
    que vuestro fulgor santificado
    de la poderosa Luz de la ascensión
    destelle sus deslumbrantes rayos
    hacia arriba en nombre de Dios,
    hasta que todo el cielo nos reclame
    para la llama ascendente de Dios.

2. Saturadme de Luz rosa dorada
    haced brillar mis cuatro cuerpos inferiores;
    saturadme del rayo de la ascensión,
    ¡elevad mis cuatro cuerpos inferiores hoy!

3. Rodeadnos ahora de amor rosa dorado,
de luz celestial iluminado y cargado,
absorbiendo esto a la velocidad del rayo,
con el aguamiel de la Victoria YO SOY cargado.

¡Y con plena Fe acepto conscientemente que esto se manifieste, se manifieste, se manifieste! (3x), ¡aquí y ahora mismo con pleno Poder, eternamente sostenido, omnipotentemente activo, siempre expandiéndose y abarcando el mundo hasta que todos hayan ascendido completamente en la Luz y sean libres!
¡Amado YO SOY! ¡Amado YO SOY! ¡Amado YO SOY!

Meditaciones seráficas

Estas meditaciones las expresan los Serafines en primera persona para los niños de Dios. Se trata de observaciones que el hombre realizaría si alcanzara el nivel de la conciencia seráfica. Estas meditaciones se pueden expresar como una oración por todos los que aspiren a estas alturas de gloria.

Serapis Bey ha dicho: "No conozco ningún poder que tenga una capacidad más valiente de ayudar a cualquiera hacia su ascensión en la Luz que los esfuerzos transmutadores hacia la pureza del Cristo Cósmico emitidos por las Huestes Seráficas. En nuestro retiro de Lúxor, las meditaciones sobre los Serafines forman una parte muy importante de nuestra instrucción espiritual. El propio Jesús dedicó mucho tiempo a la comunión con las Huestes Seráficas. Esto desarrolló en él el poder superior con el que pudo echar demonios y dominar el mundo exterior de la forma".[1]

Y contemplé los grandes anillos electrónicos de fuego del Sol Central. Vi su superficie como de oro fundido, mezclándose con un azul celeste. El cielo se hizo un mar y, he aquí, el suave brillo como de pálidas rosas rosadas de llama viva chispeando sobre la superficie de abajo, translúcidas y después transparentes; un núcleo de fuego blanco que latía y se elevaba y caía con una radiación santa inundó mi alma. Intenté cubrirme los ojos ante la gloria maravillosa, que yo sabía era la Realidad, el Infinito y el Amor sin fin.

Todo el Conocimiento, todo el Poder, todo el Amor, continuando por siempre y sin tener principio ni fin, estaba ante mí. Y vi la naturalidad del hogar, de los amigos, de la familia, de todo lo que jamás fue o ha de ser. Cintas de gloria interconectadas se esparcían desde este gigantesco orbe hacia el espacio, de galaxia a galaxia, de sistema estelar a sistema estelar; y el canto de la música de las esferas se movía sobre las cuerdas de mi corazón como un laúd de fuego.

Oí el girar de las aparentemente silenciosas esferas y las tonalidades de los fuegos cósmicos, de mundos muertos y moribundos, mezclados con la nova, lo eternamente nuevo, los hijos del espacio, sistemas interestelares extendiéndose hacia los remotos desiertos donde los ínfimos márgenes se espacian; sin embargo, estaban envueltos en el amor del Centro.

Mi alma se separó de mi cuerpo; y comprendí que todo lo que había sentido, que era una atadura de solidez e identificación con una conciencia integral, acérrima, ya no existía. Vagué por nebulosas de espiral, por velos sutiles de Luz, por el cabello llameante de los Serafines. Vi los lugares del Sol y el girar de mundos vacíos, así como los que estaban poblados en demasía con un orden humano progresivo.

Comprendí el mensaje de los Antiguos y supe que la conciencia de un niño pequeño era la conciencia del que tiene un corazón inocente. Supe que los de corazón limpio deberán ver a Dios[2] y que las sofisticaciones de la Tierra eran una maldición para mi propia Realidad. Mi corazón estalló como trozos de hielo derretido y se convirtió en un líquido templado que revivió toda la esperanza dentro de mis huesos.

Oh, Amor Divino, tú no me separarías —no, ni por un instante— de las experiencias de lo eterno. El postrer enemigo que será destruido es la muerte. ¿Dónde está, oh muerte, tu aguijón? ¿Dónde, oh sepulcro, tu victoria?[3] Ahora no conozco ninguna atadura que me impida estar ante tu Presencia. Tu majestuosidad que me acompaña es como tener a todos los hombres conmigo, y yo con todos los hombres sigo el curso que conduce a ti.

La conciencia puede moverse. Puede penetrar. Puede volar. Puede romper las ataduras. Puede soltarse de las amarras de la Vida y salir al mar, al profundo océano donde las salobres lágrimas de mi gozo son una espuma de esperanza, renovada una y otra vez. Me siento alegre como nunca y no hay recuerdo alguno de los estados anteriores. Estos son desechados como algo finito, trivial, como un antojo pasajero de la mente mortal.

Ahora, pongo mi conciencia
en los Seres de Fuego,
en las Huestes Seráficas.
Ahora, veo el deseo de Dios
de ser el más intenso
y brillante resplandor blanco;
un horno blanco incandescente
cuyo frescor es mi deleite.

Veo las sombras y los velos
del pensamiento y la estupidez humana
derretirse y evaporarse,
desvanecerse en el aire;
y todo lo que YO SOY está por doquier,
y por doquier YO SOY.

Consume en mí la escoria, oh, Señor,
la sustancia impura de la turba,
el sucio estado de la fama mortal;
consúmelo todo, oh, Poderosa Llama,

y llévame de la mano ahora mismo
y condúceme a la Luz que brilla.

Mi alma, como la más hermosa y dulce rosa,
emite el perfume de la esencia creativa.
He aquí, YO SOY mi propia Presencia Divina,
tomada de la llama de la Verdad,
mis vitales energías de juventud,
mi infinita fortaleza es prueba santa
de que, como tú eres, yo también seré;
Apartado de toda la impureza
hasta que tu vea rostro.

YO SOY el de corazón limpio,
porque los de limpio corazón verán a Dios.
Y al dar la mano
a las Huestes Seráficas,
sé que, del mundo de la ilusión,
confusión, comercialización,
falta de realización, de intensa mojigatería
y de un temor que se retira de la Luz,
¡YO SOY quien ha venido!

He vencido el temor y la duda.
Estoy vestido
con una vestidura tejida del Sol;
mi carne está vestida con una Vestidura
Electrónica Envolvente:
Electrifica toda mi forma;
renueva mi mente,
mi identidad con su yo original,
y el brillo de esa Estrella
que tengo en mí y sobre mi frente
es de esperanza para la eternidad.

Me someto a tu señorío
y todas las cosas se someten a mi señorío.
YO SOY el Señor tu Dios,
El Señor tu Dios YO SOY;
porque entre las orillas de nuestro ser
hay unión,
la unión de esperanza que evoca
una liberación de todo lo que no es real.

Tu gracia, oh, Señor, me hace sentir,
¡me hace sanar!
Hace que me selle
y todo lo que soy
dentro de una vestidura de Luz electrónica
cuya impenetrabilidad, fulgor radiante,
brillando por el amanecer de la eternidad,
se niega a aceptar
cualquier pensamiento mortal
que limite a mi alma,
porque por tu gracia me vuelvo pleno.

De la Luz he venido
y contigo me uno para ver
brillar por el siglo,
el pasillo de los años, de Luz
de *Pralaya,* de mantras, oraciones
y rabietas humanas pasadas,
la celestial manifestación
de un Dios terrenal.

Elevado al mundo celestial,
donde las corrientes de la ascensión,
como esencia electrónica,
buscan en mí cualquier oscuro abismo

e intensificación de pasión mortal
hasta que es vaciada,
puesta en las calderas de llama violeta
y purificada como sustancia de Luz radiante.

Oh, Dios, aquí estoy, ¡aquí YO SOY!
Uno contigo y Uno a quien ordenar,
abre la entrada a mi conciencia
y deja que exija como nunca
mi derecho de nacimiento restituido.
Tu hijo pródigo ha acudido a ti[4]
y anhela volver a dar contigo
todos los pasos del camino de vuelta al Origen.

Serapis

Capítulo 4
Entidades

Y los espíritus inmundos, al verle,
se postraban delante de él, y daban
voces, diciendo: Tú eres el Hijo de Dios.

MARCOS 3:11

 # Entidades

Cuando el Maestro Jesús viajó al país de los gadarenos, vino a su encuentro un hombre atormentado por un espíritu inmundo. Tras lo cual Jesús ordenó: "Sal de este hombre, espíritu inmundo".

Y está escrito que el espíritu habló a través del hombre y, "clamando a gran voz, dijo: ¿Qué tienes conmigo, Jesús, Hijo del Dios Altísimo? Te conjuro por Dios que no me atormentes… Y [Jesús] le preguntó: ¿Cómo te llamas? Y respondió diciendo: Legión me llamo; porque somos muchos".[1]

Entidades desencarnadas y masivas

La palabra *entidad* significa literalmente "algo existente"; se define como "una existencia independiente, separada o autónoma". En nuestra consideración de las entidades, trataremos de dos clases: 1. entidades desencarnadas y 2. entidades masivas.

1. Las entidades desencarnadas (o espíritus desencarnados, como se denominan comúnmente) están compuestas de la conciencia de la personalidad, como se expresa a través del cuerpo astral, mental y etérico, de corrientes de vida que han sufrido el cambio llamado muerte.

Mientras que las almas avanzadas son llevadas a templos etéricos entre encarnaciones con el fin de que se las instruya, las que no están espiritualmente despiertas pueden descubrir que, cuando el cordón cristalino se retira, la conciencia del alma, que se ha identificado con los cuatro cuerpos inferiores, permanece en el reino astral con uno o más de los cuerpos inferiores (etérico, mental y emocional).[2]

Estos cuerpos inferiores están diseñados como vehículos de la conciencia Crística cuando se los infunde con las cualidades de llama trina que otorgan la vida. Pero una vez que la llama regresa al plano del Cristo, estos cuerpos son como "nubes sin agua",[3] recipientes vacíos llevados por los vientos del deseo mortal y desligados del destino inmortal.

Estos cuerpos se aferran a la Tierra y rondan cerca de personas y lugares familiares, como fantasmas de su yo anterior. No son el Hombre Real, cuya identidad está oculta con Cristo en Dios, sino las imágenes sintéticas, los vehículos de la conciencia de la personalidad que vive en la irrealidad y es en sí misma irreal. Con sus capas de sustancia mal cualificada, estos cuerpos son los aspectos del yo inferior que deben transmutarse antes de que el alma pueda lograr la inmortalidad.

2. Las entidades masivas son campos energéticos de energía mal cualificada a nivel humano. Son las creaciones del pensamiento y el sentimiento del hombre no ascendido, la acumulación de los impulsos acumulados de la humanidad de odio, violencia, codicia, envidia, aflicción, temor, lujuria, chisme y cosas parecidas. Estas entidades, como islas de oscuridad, flotan en el cinturón astral y son movidas de aquí para allá sobre la red del campo de la conciencia humana por fuerzas diabólicas que dirigen estos estanques de poder oscuro contra corrientes de vida incautas. (Estas fuerzas diabólicas y sus métodos se analizarán más en el libro 8 de la serie Escala la montaña más alta).

Por ejemplo, los actos criminales diagnosticados como locura temporal algunas veces se producen al concentrar estos vórtices de energía cruel sobre los campos áuricos de personas incautas o con una orientación negativa. Tales individuos son considerados responsables de crímenes en los que habrán sufrido daño tanto como sus víctimas, habiendo sido su único error el ser receptivos a las vibraciones dañinas o el no tener una defensa contra ellas.

La Ley de la Atracción

Al emprender el estudio de las entidades, apuntemos ante todo que las Leyes de Dios gobiernan su existencia, tal como esas Leyes son fundamentales para la existencia del hombre en cualquier nivel de su ser consciente e inconsciente. Porque no importa a qué subnivel de vibración los pensamientos de los hombres hayan dirigido las energías de Dios, estas siguen perteneciendo a Dios y al final regresarán a Él; y allá donde vayan entretanto, estarán sujetas a sus Leyes.

Consideremos la Ley de la Atracción *(cosas parecidas se atraen entre sí)* que gobierna el movimiento de las entidades.

Los desencarnados, así como las entidades masivas, van a la deriva con el viento y la marea de la emoción humana. De hecho, son masas amorfas de energía en movimiento. Sea cual sea su vibración, los desencarnados y las entidades masivas gravitan hacia remansos de energía de vibración parecida. Se mueven de forma compulsiva según la magnetización densa de sus campos energéticos, uniéndose a otros cuerpos mal cualificados que rondan por el mundo astral, hasta que encuentran refugio en el aura de individuos encarnados afines. Debido a que la Ley de la Atracción funciona en todos los planos de la conciencia del hombre, pocas personas están libres de la influencia de los desencarnados y las entidades masivas.

El mundo psíquico

El mundo psíquico* impregna el mundo de la forma; por tanto, sus influencias impregnan los pensamientos, los sentimientos y las acciones de los hombres. La gente que está saturada de

---

*La palabra *psíquico* se deriva del griego *psychē*, que significa "alma". El alma está afianzada en el cuerpo en el chakra de la sede del alma, que se encuentra por debajo del corazón y en el centro del cinturón electrónico, que es el campo energético que contiene la acumulación de las energías e impulsos acumulados negativos del hombre. La mayoría de la percepción y los vislumbres extrasensoriales obtenidos desde ese nivel no son de fiar, porque uno ha de atravesar el plano astral, el cinturón electrónico propio, los impulsos acumulados kármicos propios, y elevarse hasta el nivel del Cristo para percibir de verdad, lo que es Real. El término *psíquico*, por tanto, ha llegado a usarse como sinónimo del término *astral* en su contexto negativo.

las vibraciones no afines a los aspectos superiores del alma se siente cómoda con espíritus de igual parecer o de vibraciones parecidas, que viven tanto en este mundo como en el siguiente. El plano astral, que se corresponde con el cuerpo emocional del hombre, es el depósito de los sentimientos, tanto los exaltados como los degradados, de toda la humanidad. Así, la variedad de expresiones en el plano astral es tan compleja y multicolor como lo es en el conocido plano físico.

Antes de examinar con más detalle las entidades que habitan el extraño mundo de lo psíquico, familiaricémonos con su entorno mediante la descripción que hace la Elohim Astrea:

El mundo psíquico es el mundo de las imágenes. Es una galería de formas reflejadas, pero estas no están necesariamente ordenadas de ninguna forma. Las expresiones de los habitantes del mundo psíquico casi se parecen al mar en profundidad. Ahí persiste un estado de aparente falta de peso, donde las formas pueden inclinarse en cualquier ángulo y acumularse al azar como la sustancia de la que están hechos los sueños. Un sentimiento de atemporalidad también es evidente, con el pasado, el presente y el futuro mezclados como un montaje de ideas incongruentes.[4]

Hay segmentos del mundo psíquico donde se extiende un mayor orden, en total contraste con el desorden que predomina en otros. Eso se debe a que el mundo psíquico es el reflejo de una sección de la humanidad.

En la humanidad existen almas transparentes que por sí solas, aunque bajo la guía de la Luz en gran manera, han exteriorizado, en cierto modo, orden y belleza en su vida personal y también para beneficio de la sociedad en general. Por tanto, las secciones del mundo psíquico en las que habitan individuos cuyos pensamientos y sentimientos son aparentemente de un tipo superior, representan un estándar organizativo relativo en el mundo psíquico "superior", del que se podrían beneficiar los cinturones inferiores psíquicos dentro de lo posible.

Sin embargo, este no es el caso; porque nosotros, que lo hemos examinado durante siglos, durante eones, podemos decir de verdad que los varios planos de conciencia normalmente permanecen fijos relativamente hablando, y las personas casi invariablemente gravitan hacia las secciones con las que tienen una afinidad más grande. Sin embargo, algunas no se contentan con permanecer en una atmósfera incómoda, luchando contra dificultades casi insuperables, esforzándose por elevarse un poquito más, hasta el siguiente nivel del plano psíquico.[5]

Así, vemos que la compartimentación de la vida en el reino astral es tan completa como la de una metrópolis repleta con sus rascacielos de muchos pisos, donde capas de personas que se cuentan por miles funcionan de forma independiente dentro del mismo kilómetro cuadrado. Sin embargo, existe un sentido del orden en ambos planos de existencia. Círculos de interés se mueven juntos, mezclándose por un tiempo y después separándose y reagrupándose a medida que se trazan y se vuelven a trazar las líneas de intercambio.

Afinidades astrales

Las entidades astrales tienen afinidad con aquellas de plano físico que poseen costumbres parecidas a las suyas: las adictas al alcohol, el tabaco o las drogas, por ejemplo. Allá donde se congrega la gente para entregarse a sus indulgencias, ahí se reúnen las entidades. Bares, salas de fumar y sitios donde la gente acostumbra a consumir drogas están literalmente llenos a rebosar de desencarnados, que se pegan a las personas que consumen esas sustancias. A veces se cuentan entre cincuenta y cien entidades en una persona.

Estas entidades ansían los placeres sensuales a los que eran adictas antes de perder su cuerpo físico. Tienen los mismos deseos que tenían antes de pasar por los portales de la muerte, pero ya no tienen un cuerpo físico con el que experimentar y satisfacer sus deseos. Así, como sanguijuelas, se conectan con el sistema nervioso de personas encarnadas (normalmente en la nuca y a lo largo de la columna vertebral). Al hacerlo, pueden disfrutar de los placeres a los que están acostumbradas de manera indirecta. Esta transferencia tiene lugar como resultado de la unión del cuerpo astral de los desencarnados con el de la persona encarnada a través del sistema nervioso simpático.

El progreso del alma en el plano etérico

Las personas que abandonan la escena terrenal mediante el cambio llamado *muerte* (si los Señores del Karma no le ofrecen ascender) deben prepararse para regresar a la palestra del mundo para retomar su madeja kármica, con sus muchos cabos sueltos. Cada encarnación sucesiva que los Señores del Karma conceden al alma, como acto de misericordia, presenta otra oportunidad para que esta avance en el sendero de la experiencia de regreso al corazón de Dios, cumpliendo el plan divino.

En el plano mental y etérico encontramos distintos compartimentos de conciencia, tal como los hay en el plano astral. Algunos de ellos son aulas donde las almas que han fallecido se prepararán para exteriorizar una mayor medida de su expresión divina en encarnaciones sucesivas. En los niveles etéricos más altos están los retiros de los Maestros, templos de Luz donde se lleva a los más avanzados para que reciban más preparación.*

En esas escuelas se cultivan las afinidades naturales del alma con la Luz. Quienes han estado asociados con los varios campos de actividad humana como las artes, las humanidades, el gobierno y las ciencias, reciben una ayuda especial para que puedan desarrollar más esos talentos que han utilizado con inteligencia.

En las clases de repaso, el individuo tiene la oportunidad de estudiar los registros akáshicos no solo de su encarnación más reciente, sino de vidas anteriores en las que o bien ha errado o bien ha destacado en los caminos del amor. A través de lo que parece ser una película en tres dimensiones, el individuo puede examinar los acontecimientos que han formado su identidad y marcado su progreso en la báscula de la maestría de uno mismo. El Ser Crístico y los Ángeles Registradores graban con detalle

---

*Las almas de Luz no solo pueden asistir a las clases de estos retiros etéricos entre encarnaciones, sino también cuando salen del cuerpo cada noche durante el sueño. Para obtener más información sobre los retiros, véase Mark L. Prophet y Elizabeth Clare Prophet, *Los Maestros y sus retiros*.

Entidades

sobre el cuerpo etérico las lecciones aprendidas de este repaso. Así, en el momento en que lleguen pruebas en el futuro, cuando la persona ha reencarnado y las lecciones de la experiencia han de aprenderse de nuevo, el registro de la enseñanza recibida entre encarnaciones sintonizará a la conciencia exterior con las respuestas necesarias y valientes que cualificarán al individuo para subir otro ciclo en la espiral del ser.

Desgraciadamente, no todos los que pasan por el cambio llamado *muerte* llegan a las aulas etéricas. Muchos se quedan atrapados en el lodazal del reino astral, donde sus energías se enredan desesperadamente con las almas encarnadas y desencarnadas que tienen el mínimo denominador común de la vibración humana.

Esta es una razón por la cual la conciencia *satsanga* ("la compañía de la Verdad") debe gobernar la selección de las amistades que uno tenga. Las asociaciones íntimas en el mundo de la forma bien pueden continuar en el siguiente plano. Al escoger amistades que sean de una naturaleza espiritual, te estarás creando un entorno de una vibración más alta tanto aquí como en el más allá.

Quienes tienen apegos exacerbados a cosas terrenales (a la familia, la posición social o deseos y ambiciones no realizados) forman parte del mundo de tal manera que, cuando fallecen, su espíritu no es libre de elevarse a los reinos hermosos, las muchas moradas que Dios ha preparado para quienes lo aman. Por tanto, permanecen atados a la tierra, en su mayor parte incapaces de comunicarse con aquellos a quienes han dejado atrás, porque la mayoría de los seres no ascendidos no han desarrollado sus sensibilidades hasta el punto de poder oír o reconocer las comunicaciones provenientes del otro lado.

Este estado de asuntos es frustrante en extremo para los espíritus desencarnados, especialmente cuando no son conscientes de que están muertos. Sí lo son del mundo físico que los rodea, moviéndose entre los vivos sin que nadie los perciba e ignorados casi por completo, excepto cuando pueden influir en la gente de forma indirecta conectándose con su mundo de los sentimientos. Incapaces de elevarse, van merodeando por todos los sitios que les son familiares, a veces solos, otras en grupos de dos y tres como una unidad ancestral; y también pueden llegar en masa, como una nube gris descendente de langostas.

Algunas personas intentan entrar en contacto con estos espíritus desencarnados mediante sesiones de espiritismo o por medios psíquicos, esperando conseguir saber más de la vida o del más allá. Sin embargo, estas entidades desencarnadas jamás podrán ayudar al alma a que encuentre su libertad, porque ellas mismas están cautivas; no son capaces de expandir ni su propia conciencia Divina ni la de las personas encarnadas, porque les falta precisamente el desarrollo de la percepción solar. Es obvio que, si tuvieran algún logro espiritual, no estarían merodeando cerca de la tierra.*

Además, estos individuos no tendrán ninguna experiencia iluminadora, enriquecedora o espiritual antes de volver a encarnar. Cuando regresen, nada habrá cambiado y continuarán su vida como la vivieron en anteriores encarnaciones.

Esto nos recuerda el pasaje del Apocalipsis: "El que es injusto, sea injusto todavía... y el que es santo, santifíquese todavía".[6] Llegado el momento de la transición llamada *muerte,* no se produce ningún cambio repentino. Tal como somos en el momento de fallecer, así seremos cuando contemplemos el otro lado. No hay ninguna transformación milagrosa. No nos convertimos de repente en santos del cielo cuando no lo hemos sido y no hemos tenido esa inclinación antes.

Por eso uno debe dominar sus propias energías vitales de manera consciente antes de la muerte física. Por eso, aquí y ahora, los hombres deben pedirle a Dios el poder de cambiar su vida y vencer sus debilidades.[7]

La separación de los cuerpos en la transición

Llegados a este punto, repasemos con más detalle lo que le sucede al alma y qué ocurre en cada uno de los cuatro cuerpos

---

*Las personas que quieren asociarse con los espíritus de los muertos acabarán descubriendo que, no solo no recibieron nada de valor, sino que entretanto les robaron la esencia vital. Los peligros que conllevan estas prácticas se describen con detalle en el capítulo 2 de *Senderos de Luz y Oscuridad,* sexto libro de la serie Escala la montaña más alta.

inferiores cuando se produce la muerte.

En primer lugar, hay que tener presente que la verdadera causa de la muerte es el cese del latido del corazón, sin que importen otros factores contribuyentes, como las enfermedades, la vejez o los accidentes. El cese del latido del corazón se produce cuando el Ser Crístico retira el cordón cristalino de los cuatro cuerpos inferiores. A través de ese cordón cristalino, la conexión vital con la Presencia, las energías de Dios fluyen para sustentar el foco de la llama trina dentro del corazón del hombre. El corazón deja de latir cuando la llama se retira al Ser Crístico, porque a través de la llama, el pulso del corazón de Dios regula y sustenta el latido del corazón del hombre.

Puesto que los cuerpos de los sentimientos, mental y de la memoria penetran la forma física y están afianzados a ella mediante los chakras, también sufren la separación de la Presencia y el Ser Crístico cuando el cordón cristalino se retira. Pero cada uno de los cuerpos está cargado con las energías de Dios que el cuerpo haya sido capaz de almacenar. Cada uno de los cuerpos también tiene cierto tinte por los impulsos acumulados que ha generado durante los episodios de toda una vida. Debido a que cada uno de los cuerpos inferiores es un depósito de esas energías y esos impulsos acumulados (este magnetismo residual), no se disuelven de manera inmediata cuando se retira el cordón cristalino. Sin embargo, una vez que esto ocurre, los cuerpos pueden funcionar independientemente de la Fuente solo por un tiempo.

Cada cuerpo, por tanto, tiene su propia tasa de decaimiento. La del cuerpo etérico y el mental está determinada por la cantidad de Luz que el alma haya extraído y conservado. Cuanto mayor sea la Luz, más larga será la vida de los cuerpos.

Los cuerpos inferiores pueden separarse completamente al morir. El alma, que normalmente se queda con el cuerpo etérico (de la memoria), puede atraerse con ese cuerpo hacia el plano etérico inferior de la Tierra. El cuerpo mental no puede elevarse más allá de cinturón mental y el cuerpo astral puede permanecer en el plano astral, mientras que se entierra el cuerpo físico en la tierra. También es posible que el alma, junto con el cuerpo etérico y el mental, viaje al plano etérico, dejando atrás el cuerpo astral y el físico en sus respectivos reinos.[8]

De acuerdo con la Ley de la Atracción, los cuerpos son repolarizados según la octava a la que correspondan las vibraciones. En el caso del cuerpo astral, cuando se separa del alma y permanece en el plano astral, es de esperar que termine por disolverse. Cuando el alma reencarna, se forma otro cuerpo astral al mismo tiempo que se forma el cuerpo físico en el vientre materno; ambos se forman según el modelo que tiene el cuerpo etérico.

Cuando la conciencia está llena de Luz porque el ojo (la atención) ha sido único (ha estado concentrada en la Presencia de Dios),[9] a los tres días de haberse retirado el cordón cristalino, el alma se eleva a los reinos superiores de la conciencia de Dios, al plano etérico superior que está justo por debajo del nivel de la octava de la perfección de los Maestros Ascendidos.

El plano etérico superior es el retiro del Ser Crístico. El bendito Mediador permanece en este mundo celestial gran parte del tiempo. Mientras el individuo está encarnado, el Ser Crístico puede descender para concentrarse a través de los cuatro cuerpos inferiores cuando estos vehículos se sintonizan con la Mente de Dios de tal manera que son una morada adecuada para el Cristo. El Ser Crístico permanece ahí siempre que se mantengan las vibraciones que lo invitan: la armonía, la pureza y la devoción. Sin embargo, cuando se produce la transición (muerte), el Ser Crístico regresa a su refugio de Luz, con la intención de atraer al alma hacia las alturas de la realización Divina.

Mientras que durante la encarnación el servicio del Ser Crístico consiste en enseñar al alma a exteriorizar la voluntad de Dios en el mundo de la forma, entre encarnaciones el servicio del Ser Crístico es el instruir al alma en la integración de sus vehículos con la voluntad de Dios en el plano etérico.

En el caso de quienes se han ganado la ascensión, pero no pueden hacer una demostración pública elevando el cuerpo físico, como hizo Jesús, podrán ascender desde el plano etérico. En este caso, después de ascender, el cuerpo físico que ha sido llevado al reposo podría aún estar en el proceso de disolución, a menos, claro está, que se haya incinerado. Cuando se ha dejado atrás el cuerpo físico, las energías concentradas dentro de él se vuelven parte del karma no transmutado del Ser Ascendido que deberá redimir desde el estado ascendido.

Ahora podemos entender con precisión qué es una entidad desencarnada. Es 1. el cuerpo astral que se ha separado del cuerpo físico, mental y etérico; 2. el cuerpo mental, separado de los otros tres y a la deriva quizá en el plano astral, quizá en el plano mental o el etérico; 3. el cuerpo etérico acompañando al alma (la conciencia de la personalidad) en cualquiera de los planos inferiores; 4. cualquier combinación entre los cuerpos astral, mental o etérico funcionando con o sin el alma como una unidad en cualquiera de los planos inferiores.

Desgraciadamente, el plan original para reunir los fajos de conciencia en la cosecha de la vida y llevarlos al almacén (el Cuerpo Causal del hombre) se ha convertido en un ritual tan poco frecuente que no parece natural. La gente dice: "No quiero ir al cielo porque mis amigos no estarán ahí". Y así, la necesidad de aprobación por parte del grupo afecta a las aspiraciones de los hombres incluso más allá de la tumba.

Libertad a través del elemento fuego

Los actuales sistemas de embalsamamiento y entierro no hacen más que alargar el viaje del alma y mantener el cuerpo astral atado a la tierra debido al magnetismo residual dentro de la forma. Sin embargo, la incineración, como se la menciona en *Los Maestros y el sendero espiritual*, libera las energías de Dios que se han aprisionado en el molde de barro. El elemento fuego no solo transmuta la forma física, sino que también sirve con obediencia para borrar muchas grabaciones dañinas que se han realizado sobre los otros vehículos.[10] El Maestro Ascendido Zaratustra habla de la ayuda que se le proporciona al alma en este proceso:

> Queridos corazones, en este planeta hay mucha superstición acerca del fallecimiento de los seres queridos. Y

muchos se aferran a ellos y, por tanto, en la era de Acuario la progresión de los ciclos terrenales y espirituales no se acelera.

Os recuerdo —como portavoz del fuego sagrado como Dios, el fuego consumidor se reveló a Sí mismo a Moisés— que la incineración es el medio lícito de deshacerse de los restos de la corriente de vida que ha abandonado esta octava, al acelerar y apresurar así el regreso de toda la conciencia que existe dentro de las células del cuerpo hacia el Ser Crístico y la Presencia YO SOY de la persona. Benditos, es muy difícil para aquellos cuyo cuerpo se entierra el realizar después los rituales necesarios en los niveles internos para liberar la Luz y la conciencia del foco de la Tierra.[11]

Sanat Kumara también habla de la incineración y explica de qué manera esta ayuda a la resurrección predestinada de los hijos y las hijas de Dios:

> Los de mentalidad carnal pensarán que predico una resurrección de carne y hueso. No es así. La vestidura gastada puede permanecer, como permanece el nautilo, como prueba de que el alma ha abandonado la tumba hacia una gloria mayor en el vientre eterno del devenir.
>
> Ello no quiere decir que al Cristo en vosotros no le sea posible acelerar el cuerpo, el alma y la mente hacia la nube blanca en el momento de la ascensión. Pero, amados míos, sí digo que no es necesario que la resurrección sea física, como de hecho lo fue en el caso de Jesucristo. Porque esa es el alma que es resucitada en el arrebatamiento con Cristo. Y se proporciona el vestido de boda, la vestidura sin costuras que vuestra alma ha tejido y se ha ganado. Este es el cuerpo celestial que suplanta al cuerpo terrenal.[12] Y en ese momento os alegraréis de deshaceros de la vestidura gastada y de echarla al fuego sagrado.
>
> Por tanto, mi Hijo de Lúxor, Serapis Bey, da la ley para la incineración del vehículo físico. Porque ¿no dijo Él que la carne y la sangre no pueden heredar el reino de Dios?
>
> La morbosidad en torno a la conciencia de la gente sobre la muerte y el morir también es el demonio que debe echarse afuera. Porque embalsamar y enterrar el cuerpo es una

prolongación de la entidad de la muerte. Porque el cuerpo está compuesto de Luz, y la Luz en el núcleo de cada átomo, molécula y célula debe ser desmagnetizada de la "tierra, terrenal" y ha de permitirse que el polvo vuelva al polvo, tal como la Luz que conservó su matriz tiene la oportunidad de dirigirse en espirales hacia el Gran Sol Central cuando es liberada de su envoltura en la forma por el elemento fuego. Con este fin las salamandras de fuego realizan sus deberes sacerdotales para devolver la noble obra de los Elohim, el cuerpo del hombre y la mujer, al Gran Sol Central para que sea repolarizado.

Sea la incineración la liberación de mi pueblo de la morbosidad y el apego a la forma. Porque esa forma no volverá a nacer jamás. Pero el alma, el alma, se vestirá con blancas prendas, con la justicia de los santos. Es la idolatría del yo lo que perpetúa el culto a la tumba, enriquece a las funerarias y llena las arcas y los ataúdes de los gerentes de mausoleos, que aprovechan la falsa creencia de las masas en que la inmortalidad se encuentra en el suelo.

"Del Señor es la tierra y su plenitud."[13] ¡Sea exorcizada la muerte del mar y la tierra, la entidad de la muerte y los cuerpos en los que no hay Vida! Porque el aliento de la vida los ha abandonado, para no regresar jamás. Y esas casas vacías son invadidas por espíritus inmundos de la muerte, que como buitres se alimentan de la Luz que aún está prisionera de la forma. Es la Luz de Dios y la energía de Dios. Que los elementales del fuego, el aire, el agua y la tierra reciclen esta energía y la devuelvan al Origen, a Dios, y veréis cómo el cuerpo planetario, la amada Virgo, irradiará más y más y más Luz.

Ciudadanos de la Tierra, nosotros deploramos la conciencia de muerte gracias a la cual parece que prosperáis como lo hacen los magos negros, que os destruirían vivos; destruirían vuestra alma en el infierno dejando vuestro cuerpo caminando por las calles de las ciudades físicas y los planos astrales. Santos de Dios, ¡esto es un asunto serio! Porque el vehículo Material entero de esta evolución debe limpiarse. Y las antiguas prácticas del culto egipcio a los muertos deben dar paso a la cultura de la Vida que conduce a la ascensión.

Por tanto, ir y enseñad a la gente a poner el cuerpo en hielo, seco o de otro modo, dos días y dos noches. Y al tercer día, la conmemoración de la Resurrección es la invocación de la llama de la resurrección. Ya sea sobre una pira funeraria o en un crematorio moderno, que el fuego físico pase por el cuerpo intacto; porque tanto la carne como la sangre deben estar intactas y la Hermandad de Lúxor prohíbe el embalsamamiento.

Este método es seguro, cuerdo y sano para todos y le permite al alma ser libre de todos los lazos terrenales cuando los cuatro cuerpos inferiores sean desmagnetizados de forma simultánea mediante el fuego físico y el fuego espiritual, y el alma, como el símbolo alado del *ka*,* emprenda el vuelo con el Águila voladora para buscar las iniciaciones de la Madre en los retiros de la Gran Hermandad Blanca.

De este modo, los demonios no tienen presa ni los buitres carne y sangre. Y la funda astral, consumida por el fuego físico/espiritual, no puede vagar por la Tierra, como un fantasma del yo anterior. Las hordas astrales que quisieran devorar las espirales de Luz huyen. Porque el alma ha escapado limpiamente de la ronda mortal y se la oye cantar, hacia el cielo.[14]

Por tanto, resulta esencial utilizar el elemento fuego en la incineración a la hora de la transición de la muerte para que se produzca una desmagnetización de la Luz contenida en las células del cuerpo. Si has caminado por esta Tierra y tu cuerpo está lleno de Luz, esa Luz debe ser llevada a los vehículos superiores permanentes. Si se deja en las células del cuerpo, las de la sangre,

---

*En la religión del antiguo Egipto, *ka* era el nombre dado a la parte no física de una persona, aquello que sobrevivía a la muerte del cuerpo físico. El significado original del término es dudoso y se ha traducido variadamente como "alma", "espíritu" o "doble". Algunas autoridades creen que este término se utilizó en un principio para describir el espíritu divino protector de una persona (lo que nosotros podríamos llamar Presencia YO SOY y Santo Ser Crístico). Sanat Kumara lo utiliza para describir al alma bajo la guía del Yo Superior. Sin embargo, los Maestros Ascendidos utilizan esta palabra con más frecuencia para describir el cascarón astral, y esta parece haber sido la forma en que este término se utilizó en tiempos posteriores en Egipto, cuando la religión hubo degenerado bajo lo influencia de sacerdotes falsos, polarizándose la gente con los planos psíquico en vez de con los espirituales.

como sucede cuando el cuerpo se entierra, las entidades astrales podrán ir y robar la Luz. Y son verdaderas saqueadoras de tumbas. Le roban al cuerpo la Luz que uno ha reunido durante todo el sendero espiritual. A veces esa Luz se ha acumulado durante muchas vidas. El fuego libera esa Luz de las células y los átomos, dándole la capacidad de regresar al Santo Ser Crístico.

Así, también el ka astral, el doble de uno mismo, puede ir y hacer daño en el nombre de uno, creando karma para el alma, aunque esta ya no sea parte de ese cascarón. Una vez que el alma entra en la octava etérica o en el lugar lícito que le corresponde, ni siquiera será consciente de lo que haga el ka, por lo cual no podrá ejercer ningún control sobre sus acciones ni restringirlas.

Es importante que el ka también sea asignado al fuego espiritual, razón por la cual debe celebrarse un servicio conmemorativo y una vigilia de oración por la persona fallecida hasta que el alma sea libre.

Libertad de los registros de muerte

Ciclopea habla de la importancia que tiene limpiar los registros de muerte de encarnaciones anteriores:

"¿Dónde está, oh muerte, tu aguijón? ¿Dónde, oh sepulcro, tu victoria?".[15] En el sentimiento de pecado, en el sentimiento de abuso que la humanidad hace de la Ley, está la experiencia de la muerte; y cuando la humanidad se identifica con las espirales de desintegración que los electrones y los átomos deben sufrir para que la energía pueda ser liberada y enviada de vuelta al Gran Sol Central para su repolarización, cuando las personas se identifican con la muerte, con la desintegración, se vuelven parte de la muerte, la muerte se convierte en algo real y el alma es lanzada hacia un molde de aniquilación y esta no consigue realizar con éxito su transición, sino que se queda atrapada en redes y urdimbres de oscuridad.

Por ello, hoy la Jerarquía desea que obtengáis cierto conocimiento para que, cuando lleguen los momentos en que debáis separar el velo para contemplarlo a Él cara a cara, ese viejo abrigo que os quitaréis, que os quitaréis para poneros la nueva vestimenta, se echará a la llama, se transmutará con el fuego, el fuego físico. Por tanto, el ritual de la cremación es un ritual sagrado que practican quienes rinden culto al sol, quienes resisten el sol. Devolver a la llama aquello que ya no es útil es una gran protección que no se puede sobrestimar. Es necesario que vuestras energías, las de vuestro templo corporal, que se ha llenado tanto de Luz, que está tan saturado de Luz por vuestra devoción, se selle con fuego, porque el fuego es el bautismo del Espíritu Santo y la protección del Espíritu Santo.

¿Comprendéis que el ritual de embalsamar y enterrar los restos proviene de la antigua costumbre de *El libro de los muertos*? La conservación de la forma para la siguiente vida es absolutamente innecesaria, y yo os declaro que el día de la resurrección, cuando Cristo convoque a los escogidos para que resuciten de la tierra,[16] se levantarán con nuevas vestiduras, nuevos cuerpos de Luz, y se unirán a él en el gran arrebatamiento del Señor.

Os digo, pues, con una advertencia severa, que si permitís que los restos de vuestra morada se entierren sin protección, para pudrirse y descomponerse, veréis cómo los fantasmas de Navidades pasadas se levantarán para robar esa Luz, absorberla, perpetuar su existencia; y así, mucho después de que hayáis salido de este mundo y de este templo, descubriréis a fuerzas de la oscuridad refugiándose cerca de los mausoleos y los cementerios del mundo, viviendo de la Luz que vosotros habéis reunido en esta casa durante el período de contemplación, servicio y dedicación al Dios Altísimo.

Hijos e hijas de la llama, tenéis la responsabilidad de devolverle a la Llama cada ergio de energía y toda la sustancia que haya sido útil y servido a su propósito en la Tierra. No os engañe más el culto a la muerte. La muerte no existe. ¿Por qué, entonces, mantener un registro de muerte cuando esos registros deben deshacerse, línea a línea, cada uno de ellos, hasta que toda jota y tilde de la Ley se cumpla? En la hora en que los hombres se preparan para ascender, el regreso a Dios para no salir jamás hacia el dolor y el sufrimiento y la ronda del renacimiento, en esa hora ellos deben considerar los detalles de la Ley relacionados con la limpieza de la Tierra de todos los desechos que puedan contaminar, que puedan ser una piedra de tropiezo en el sendero de un hermano. La Tierra está plagada de registros de muerte, los registros de la conciencia de la muerte que tiene la humanidad. Yo envío a mis legiones al norte, al sur, al este y al oeste, desde este lugar, mediante la acción del Ojo Omnividente de Dios, para que transmuten la muerte, sus registros y los restos de cada uno de vosotros que habéis venido para la Clase de la Cosecha del Sol. Los envío a cualquier parte y por doquier en la faz de la Tierra donde, por ignorancia, hayáis descartado el cascarón gastado en vidas pasadas, en encarnaciones pasadas, y allá los envío hoy por la autoridad de vuestro Ser Crístico y por la de los Señores del Karma, para que transmuten esa energía y ello os dé una libertad con respecto a la muerte que nunca habéis conocido. Esta es la clave para vuestra resurrección, la Luz de la resurrección que os dará el ímpetu de subir en la Luz.

Queridos corazones, vosotros no comprendéis que cada uno de esos focos de los restos de la conciencia sensorial es como un peso muerto sobre el alma. Camináis por la Tierra con un peso tal que os habéis acostumbrado al peso y a la densidad de los ciclos de imperfección de hace mucho, del pasado lejano, de antaño, en siglos atrás, ya cubiertos por el polvo de otros siglos.

Por tanto, ¡sed libres! ¡Sed libres! Aceptad esta victoria. Sin duda, solo después de ascender comprenderéis lo que significa esta dispensación y esta libertad, toda su importancia, pero incluso ahora vuestra alma se regocija, chispeando en la felicidad de la eterna primavera, la fuente de juventud inmortal que es la Verdad inmortal.

¡Oh humanidad, cómo has aceptado el concepto de la edad, de la muerte y el decaimiento como orden natural! Cuando la Vida eterna te vivifique, verás que, cuando la energía fluye de Dios al hombre, del hombre a Dios, el hombre es renovado a todas horas, y ni siquiera el sentimiento de muerte, ni siquiera el olor a humo se puede mantener en la conciencia, la ropa o el entorno.[17]

El estado lamentable de las entidades astrales y cómo liberarse de sus influencias

Volvemos, pues, al estado lamentable del cuerpo astral que se mueve indefenso, como una medusa, en el mar psíquico de los efluvios humanos. Atormentado por los deseos insatisfechos, desconectado de la Presencia, el Ser Crístico y el alma, y sintiendo que se le agota la batería, el cuerpo astral siente que las corrientes psíquicas lo empujan hacia los rápidos de la no existencia.

Desde un impulso casi subconsciente hacia la autopreservación, las entidades astrales descubren antes o después (o unas se lo enseñan a otras) el medio de extraer fuerzas de quienes no han perdido el lazo con la Fuente. Pegándose a seres no ascendidos, que normalmente ignoran por completo su existencia, estas entidades extraen la mismísima vida de sus víctimas, a veces a un paso alarmante y otras a un ritmo lento y constante.

Entonces, ¿cómo nos veremos libres de la influencia de las entidades desencarnadas y masivas? El Elohim Astrea, que está especializada en el trabajo con estas almas perdidas (o si queremos ser exactos, "cuerpos astrales perdidos"), nos da el siguiente inestimable consejo:

> El Señor Dios ha dado al hombre el señorío sobre todas las cosas. Pero este señorío no le da al hombre la libertad, antes de que logre la maestría de sí mismo, de investigar las profundidades de los efluvios humanos y enredarse en el mundo astral del pensamiento y el sentimiento.
>
> La fuente de toda imperfección humana son los viejos registros astrales. Edificios y casas, gente e incluso animales en el mundo de la forma están llenos de estos viejos registros. Vuestro tubo de luz debe hacerse fuerte y elástico para poder doblegarse cuando sea necesario, pero jamás romperse contra las arremetidas de los disturbios psíquicos.
>
> Debéis aprender a moveros en el mundo de la forma como triunfadores sobre la muerte y la energía mal cualificada. Los vórtices del mal y de los disturbios psíquicos podrán moverse a vuestro alrededor, pero vosotros podéis llamar a

vuestra Presencia Divina para que os rescate y libere. Podéis llamarme a mí y yo os ayudaré cerrando mi círculo y espada cósmica de llama azul alrededor de esos crueles focos y liberándoos no solo a vosotros, sino también a los seres que amáis.

Debéis ser persistentes con vuestros llamados y tener una convicción decidida de que la Luz de Dios no fallará en responder a vuestros llamados, y en ninguna circunstancia debéis ceder un centímetro de terreno a esas fuerzas que no son de la Luz. Amados, esas fuerzas no podrían sobrevivir ni un día si no fuera porque las energías de la humanidad las alimenta. Solo existe una fuente de Vida, y es Dios.

Los habitantes del mundo astral por lo general se han separado de la Idea Divina. Ya no reconocen al Dios del universo como su Dios. Buscan tomar las energías vitales de Dios que se entregan al hombre a diario y extraerlas a través de su conciencia mortal e imperfecta enfrentando a hermano contra hermano, creando situaciones de odio y confusión para que la gente ceda sus energías voluntariamente a la acción vibratoria errónea.

Cada vez que os dejéis llevar por sentimientos de irritación, crítica, condenación y juicio o la desarmonía de cualquier clase, estaréis prolongando la vida de las entidades astrales, mientras que la armonía divina no les sirve para nada. Las energías de Dios, conservadas intactas y puras por el hombre, nunca pueden ser pisoteadas por la creación astral. Porque ellas no pueden entrar en la perfección, por lo cual la perfección supone una protección en sí misma.

Jesús dio la clave de la santidad (plenitud) cuando dijo: "Sed, pues, vosotros perfectos, como vuestro Padre que está en los cielos es perfecto".[18]

Ahora debemos hacer caso de esta enseñanza del Elohim Astrea y recordar que las entidades son incapaces de pegarse a quienes tienen una orientación espiritual, a quienes valoran la armonía por encima de todas las virtudes divinas. La Luz blanca, el halo o nimbo (el delicado resplandor alrededor del bulbo raquídeo en la parte superior de la columna vertebral del hombre espiritual) actúa como repelente natural contra las entidades astrales.

No obstante, si las entidades descubren a los hijos de la Luz desprevenidos como lo describe Astrea, pueden obtener un beneficio mayor de las energías relativamente puras de los hijos de la Luz que de las energías relativamente impuras de la conciencia de las masas. Porque cuanto más puras sean las energías, más fácilmente serán asimiladas por las hordas astrales.

Es un hecho reconocido que los magos negros son muy exigentes con las energías que roban, prefiriendo las de niños pequeños, vírgenes, sacerdotes y devotos de Dios. Cuando se ven obligados a utilizar la energía de espíritus impuros, primero deben quitarle sus vibraciones malsanas, un proceso que consideran de lo más desagradable.

Las idas y venidas del alma

A este planeta se han asignado entre nueve y diez mil millones de corrientes de vida, con unos seis mil millones de ellas encarnadas actualmente. Por los portales del nacimiento y la muerte pasan las almas en un fluir constante, algunas de ellas deseando progresar en las escuelas de la experiencia y otras siendo totalmente inconscientes de las oportunidades espirituales que tienen a su disposición aquí y ahora, así como en el más allá.

Tanto las idas como las venidas del alma tienen su peligro. Al descender desde la noble libertad del plano etérico hacia las densas esferas del mundo de causa y efecto, el alma sabe que, cuando se corra el velo sobre el cuerpo de la memoria al nacer, los valiosos dones y gracias que tan cuidadosamente ha recogido en los templo de Luz se pueden perder.

Muchos factores son inciertos: ¿Cumplirán sus votos los padres y maestros que prometieron preparar al niño para el camino que deberá emprender? ¿El individuo escogerá los libros correctos, tomará los cursos correctos, asistirá a las conferencias correctas en el tiempo y el espacio en el laberíntico mundo de la forma, que a veces parece un curso de obstáculos deliberado para frustrar los intentos para descubrir el verdadero significado de la vida? Y cuando escuche la Verdad, ¿la reconocerá y obedecerá su mandato? Siempre existe la posibilidad de que, cuando el individuo se vea frente a la responsabilidad de saldar su karma, repita las viejas ofensas, ignorando la oportunidad de servir a quienes ofendió en el pasado. En definitiva, cuando su período asignado en este mundo toca a su fin, el individuo sabe que, si no ha atraído suficiente Luz de Dios para impulsarse con sus vehículos inferiores hacia las octavas superiores de Luz, vagará por las cuevas del reino astral durante años sin ver jamás la Luz del Hijo, del amado Ser Crístico.

Poco después de transitar, las almas asignadas a la Tierra deben acudir ante el Consejo Kármico para dar cuenta del uso que han hecho de las oportunidades que ha tenido en la encarnación física. El Consejo Kármico las examina y califica, y decide quién reencarnará en qué momento específico de acuerdo con los registros de la vida de todos los interesados.

Las almas que hayan hecho lo que se propusieron, quienes cumplieron los votos que hicieron antes de descender al mundo de la forma, naturalmente tendrán prioridad sobre quienes han desperdiciado su herencia. Pero incluso las almas que han errado deberán finalmente tener otra oportunidad de corregir lo que hicieron mal y saldar su karma. Tal como el sol brilla sobre el justo y el injusto, los impíos deben regresar con los devotos para que los hombres puedan avanzar juntos en la espiral evolutiva.

No obstante, el Consejo Kármico decretó que ciertas corrientes de vida clave, directamente responsables de la Caída de la Atlántida, no reencarnaran hasta el siglo veinte, al haber permanecido en el plano astral desde el hundimiento de ese continente (que consta en la Biblia como el Diluvio de Noé). Estas corrientes de vida tuvieron la oportunidad de arrepentirse cuando Jesús les predicó durante los tres días desde la crucifixión hasta la resurrección, pero su falta de respuesta no justificó una dispensación misericordiosa.[19]

Solo desde la década de 1940 han estado abiertos los portales del nacimiento para estos rezagados atlantes, que han revelado sus lazos con la antigua cultura por su comportamiento, su forma de vestir y su conducta amoral. Muchos de ellos, al llegar a la madurez, dieron comienzo a movimientos de ideología izquierdista.[20] De entre ellos, otros, bajo la presión de los magos negros, patrocinaron los cultos a las drogas para forzar sus centros espirituales y conseguir con ello el control sobre los niños de Dios, a quienes habían llevado hacia su *nueva* cultura que exclama "¡paz, paz!".

Estos rezagados se enorgullecen de condenar los males que los magos negros han inyectado en la sociedad (muchas veces con la ayuda precisamente de los que se sientan en la silla de escarnecedores). Bien podrían rechazar estas condiciones y a sus patrocinadores diabólicos los miembros de las facciones de la izquierda y la derecha de los gobiernos de las naciones, que trabajan lo mejor que saben para construir un mundo mejor. Esto se podría lograr con rapidez si se unieran en el poder del Cristo vivo contra el enemigo común, que aparece con muchos disfraces.

Las fuerzas oscuras se han aprovechado completamente de la introducción de esas corrientes de vida atrasadas y traicioneras en nuestra sociedad. A través de tales individuos, las fuerzas oscuras han planeado derrocar los cimientos de nuestra cultura moderna establecida por los Maestros. Estos son solo algunos de los peligros ocultos que los hijos de la Luz deben estar preparados a afrontar en el futuro.

El Consejo Kármico es de la opinión que quienes han tenido la oportunidad de evolucionar encarnados y desencarnados durante estos diez mil años o más desde el hundimiento de la Atlántida, han recibido suficiente conocimiento sobre la Ley y han extraído un impulso acumulado de poder espiritual suficiente para poder mantener a raya a esas almas rebeldes, si se arman de valor para desafiar los planes de los malvados. Desgraciadamente, los que tienen la posibilidad de detener a esas hordas no siempre lo hacen; y la civilización vuelve a pender de un hilo, dependiendo del libre albedrío de la humanidad.

Desde la caída de Lucifer, los magos negros han empleado con astucia a las entidades astrales y las almas rezagadas como piezas de ajedrez sobre el tablero de la creación humana. Debido a las actividades oscuras y los sutiles manejos de los magos negros, la expansión de la llama dorada de iluminación Crística, que comenzó a brillar tan radiantemente en los primeros días de Mu y volvió a alcanzar un máximo resplandor en la Atlántida, ha sido detenida por cataclismos (que siempre ocurren cuando el hombre desobedece las Leyes de Dios). Por ello la humanidad no ha podido tener hasta ahora la total radiación de esta llama en esta era.

La creación de las entidades masivas y sus actividades vampíricas

Veamos ahora otro peligro que enfrenta el alma que está en el camino de regreso al origen. Los magos negros tienen el poder de crear varias clases de entidades masivas, a las que manipulan para atrapar a los incautos en situaciones comprometidas y actividades de la oscuridad a las que nunca se verían atraídos por sí mismos.

Cada día leemos en los periódicos historias sobre crímenes cometidos en un ataque de pasión por quienes testifican haber perdido la cabeza temporalmente. "No sé lo que me pasó", dicen. "No lo habría hecho nunca de haber estado en mis cabales". Y así, se los declara inocentes por enfermedad mental.

¿Qué ocurre en realidad detrás del telón? En primer lugar, los magos negros, así como las entidades, necesitan energía para perpetuar sus actividades y a sí mismos. Como hemos explicado, uno de los métodos utilizados para obtenerla es el de conectarse al sistema nervioso simpático de almas inocentes encarnadas que no saben que las están vampirizando. Pero existen otras formas de obtener la energía. Con el fin de ofrecer a nuestros estudiantes el conocimiento necesario para su autodefensa, creemos que tenemos la solemne responsabilidad de presentar otra.

En su mayor parte, las ceremonias de brujas y magos negros requieren el derramamiento de sangre. Es decir, la sangre de un animal o ser humano recién derramada es necesaria para invocar a los espíritus malignos necesarios para realizar estos rituales. La razón es que la sangre es la esencia de la Vida; lleva las energías de Dios desde el corazón a todo el cuerpo y anima la forma. Así, allá donde se derrame la sangre, ya sea en un rito vudú, en el campo de batalla, en las carreteras, en los mataderos, los desencarnados se reúnen para recargar las baterías porque les resulta posible absorber la energía directamente de la sangre sin necesidad de conectarse con el sistema nervioso del organismo. Para ellos es el medio más directo de obtener Luz.

Empezamos a observar que los magos negros y los desencarnados tienen una razón de mucho peso para ocasionar guerras, accidentes de tráfico, asesinatos, suicidios, epidemias, enfermedades de todas clases, que dejan a sus víctimas débiles y, por tanto, más susceptibles de ser víctimas de las actividades de los habitantes del plano astral.

Para precipitar esas condiciones, los magos negros y todos los que cooperan con ellos, tanto los que están encarnados como los desencarnados, han dominado el arte negro de crear entidades masivas. Utilizando las energías que acumulan a todas horas a partir de las miles de actividades negativas en las que la humanidad está involucrada sin saberlo, los magos negros crean gigantescas formas de pensamiento astrales, formas grotescas, distorsiones animales y focos de mal concentrado, todo ello siguiendo el modelo de las señales y símbolos de la alquimia espiritual que los magos negros distorsionan para canalizar las energías de Dios en una espiral descendente y en sentido antihorario. Esta espiral invertida funciona en directa oposición a las espirales ascendentes y en sentido horario de las llamas de Dios utilizadas por los Maestros en su práctica de magia blanca.

Estas formas y los magos negros que las manipulan son, en cierto grado, responsables de los crímenes, las hostilidades y las guerras, eventos diarios en nuestro mundo. Sin embargo, ni las formas ni los magos negros podrían influir en la gente ni por un momento si las personas no albergaran los odios y prejuicios de siglos dentro de su propio cinturón electrónico.

No perdamos nunca de vista el hecho de que las masas de

energía mal cualificada que flotan como nubes oscuras en el ser del hombre (el microcosmos), al ocultar la luz del sol del Cristo, se corresponden con las entidades masivas, atrayéndolas, que los magos negros ponen en órbita en el cinturón electrónico de la Tierra (el macrocosmos). Cuando las entidades del macrocosmos se unen a las del microcosmos, los cataclismos personales y planetarios están destinados a producirse.

Estos campos energéticos masivos pueden ser peligrosos en extremo, de hecho, son letales. Flotando, se mueven como nubes en el cielo. A veces hay almas confiadas que, por circunstancias, por su falta de higiene, por el pobre entorno en el que se encuentran, atraen grandes masas de energía mal cualificada. De repente, se apodera de ellas un impulso loco de cometer asesinatos en masa. Cuando todo haya terminado, no tendrán ni idea de por qué lo hicieron. Pero muchas veces, cuando se les pregunta, dicen: "Una voz me dijo que lo hiciera". Esto es lo que ocurre cuando estas redes y campos energéticos de entidades masivas entran en congruencia con la conciencia del individuo. Es algo mortífero en extremo. Las guerras continúan siglo tras siglo porque la causa y el núcleo de la guerra, como entidades masivas en el plano astral, no se ha eliminado.

Un trágico ejemplo de este fenómeno se reportó en el diario *Rocky Mountain News*, el 25 de enero de 1968:

> Una joven madre *hippie*, que dijo haber clavado una botella de vino rota en el pecho de su hijo pequeño "porque unas voces me dijeron que lo hiciera", fue declarada inocente de asesinato el miércoles por sufrir una enfermedad mental.

Se la consignó al hospital del estado después de que testificara haber consumido por cierto período peyote, LSD y marihuana antes de matar a su hijo. Había buscado ayuda médica tres días antes porque "escuchó voces... que le decían que hiciera cosas horribles".

El médico que la atendió testificó que la consternada joven llegó al ambulatorio del hospital el 19 de noviembre, quejándose de fuertes dolores de cabeza y mareos. "Al hablar con el médico, empezó a tener la mirada perdida y a gritar que había gente que la estaba desmembrando", dijo.

La enviaron en taxi a otro hospital para que recibiera un tratamiento especial, pero al llegar se quedó sentada "sin ver a ningún médico. Después se marchó respondiendo a las voces que le dijeron que no le hacía falta ver a un psiquiatra". El 21 de noviembre la hallaron en el suelo de su cuarto de baño doblada, al lado del cuerpo de su hijo. El psiquiatra describió cómo ella le dijo que "unas voces la estaban amenazando con matar a su hijo "arrancándole los miembros uno a uno", a menos que ella lo matara de una manera menos dolorosa". La muchacha le dijo al médico entre sollozos: "Ya casi estaban aquí. Tuve que darme prisa".

Las voces que esta joven madre escuchó eran las de entidades desencarnadas, demonios y espíritus inmundos como los que Jesús echó del loco. Estos, que se identifican como *legión*, necesitan sangre a toda costa. La presión a la que sometieron a esta joven se concentró a través de una o más entidades masivas, furiosas debido a las energías mal cualificadas de la humanidad como violencia, codicia y odio.

Al haber consumido drogas, la muchacha había abierto sus centros espirituales, pero su receptividad no fue más allá del plano astral. Al no tener ni el desarrollo ni la protección espiritual que siempre debe preceder a la expansión de las facultades espirituales, esta joven madre se vio indefensa ante las fuerzas demoniacas que invadieron su conciencia.

Al tomar drogas, la funda protectora que se puso alrededor de su alma al nacer se rasgó, y cuando llegó el enemigo, la encontró desnuda y sola. Esta es la lamentable situación de quienes buscan tomar el cielo por la fuerza.[21] Entran prematuramente en las áreas de iniciación por las que pasó Jesús durante sus cuarenta días en el desierto sin estar preparadas para salir de ello indemnes. Dios tenga misericordia de ellas.

Liberación de las drogas psicodélicas

Miles de jóvenes de todo el mundo han forzado la apertura de sus centros espirituales mediante el consumo de drogas psicodélicas. ¿Qué pueden hacer estos jóvenes para restablecer su campo energético de protección espiritual natural?

En primer lugar, pueden invocar la Ley del Perdón por haber interferido en el desarrollo natural del plan divino en su vida. Pueden invocar el fuego violeta y el tubo de luz. Pueden llamar al Arcángel Miguel y sus legiones de relámpago azul para que les liberen de todas las fuerzas psíquicas que quieren su destrucción, y luego al Arcángel Rafael y a la Virgen María para que los bañen en los fuegos curativos del Cristo para la curación de su aura por el daño sufrido.

La lamentable situación de las almas que han sido engañadas por los rezagados atlantes es realmente desgraciada, pero hay que recordar que con Dios todo es posible. La Luz de Dios es la panacea universal que los fieles pueden aplicar para corregir cualquier error, para curar cualquier estado enfermo, si las personas se hacen responsables de sus actos y de su redención.

Jesús nos da una inestimable enseñanza sobre aquellos que desean ser limpiados y al mismo tiempo temen no ser dignos de acudir a Dios con sus problemas:

> Muchas personas temen acudir a Dios con esos problemas angustiosos que conllevan un sentimiento de culpa, mientras que otras, yendo en dirección contraria, parece que casi disfrutan acudiendo a Dios para contarle lo indignas que son.
>
> Deseamos clarificar las cosas para beneficio de todos. En lo que respecta a actos y pensamientos impuros, acudir a Dios con ellos para obtener una purificación significa, en un sentido estricto, llevar vuestras iniquidades al cielo para que sean juzgadas antes de tiempo, eliminando así del registro kármico en muchos casos la necesidad de una retribución futura. "Los pecados de algunos hombres se hacen patentes antes que ellos vengan a juicio, mas a otros se les descubren después"...[22]
>
> Queridos, los espíritus malvados que en el pasado han vivido en el mundo y que ahora están fuera del cuerpo, junto con las entidades posesivas que se pegan a las personas porque aman la Oscuridad en vez de la Luz,[23] disfrutan realizando actos que sospechan pudieran angustiar al Creador del universo.

Esta actitud es difícil de entender para muchos, pero igual que ese rasgo psicológico conocido como masoquismo o abuso a uno mismo, el intento de estos espíritus de flagelar a la Deidad aclamando su estado lamentable en realidad alimenta su ego y quiere hacer que aquellos a quienes controlan disfruten siendo pecadores.

Cuando el discípulo sincero lleva al Padre *toda* su energía para que sea purificada, Dios en efecto puede lavar y regenerar con su amor y atención al hijo en desarrollo y llevarlo a la madurez. En casos en los que se han practicado perversiones extremas, será necesario que el individuo solicite el perdón con profunda sinceridad y obedezca el mandato: "Vete, y no peques más".[24] Los que pertenecen a esta última categoría deben por necesidad esforzarse hasta conseguir un relativo estado de victoria sobre la condición exterior y comprender que los demonios del ego y la rebelión deben ser derrotados.

En esto hay una ley que dice que el hombre es responsable de lo que crea. Los que han creado o albergado un espíritu rebelde, deben someterlo a su control y entonces acudir a Dios con humildad para que ellos también puedan ser recibidos y sus energías sean purificadas.

Nunca existe ninguna duda de que la voluntad de Dios vaya a recibir al hijo pródigo[25] otra vez a su corazón. Por tanto, nadie debe convertir la indignidad en una excusa para no practicar la santa oración. Los dignos necesitan progresar y los indignos desenredarse de los encantamientos del mundo psíquico.[25]

La trampa astral

Desengáñese el lector de la idea de que alcohólicos, consumidores de drogas, fumadores compulsivos y los que llevan vidas desenfrenadas son las únicas víctimas de las argucias de las entidades astrales. Sometidas a la manipulación de los magos negros, estas entidades poseen una trampa para todas las clases de conciencia humana, incluso para los que se llaman a sí mismos escogidos de Dios.

Y para los que dudan de la existencia de las entidades,

deseamos explicar que son las entidades mismas las que presentan la teoría de que las entidades no existen. Porque la mejor forma de que las dejen en paz es que la gente crea que no existen.

Astrea nos advierte de las vibraciones del orgullo espiritual, que atrae hacia el aspirante la clase más mortífera de entidades, las que no buscan nada más y nada menos que la destrucción del alma en el infierno:[27]

> Muchos son los involucrados en formas de trabajo espiritual quienes, debido a su ego humano y el deseo de asociarse al mundo invisible, están atrapados en una alianza con una o más entidades albergadas en el reino psíquico. Estos, pues, desarrollan lo que podríamos llamar una amistad muy poco sana con los habitantes del mundo astral.
>
> Habéis oído decir que "el propio Satanás se disfraza como un ángel de luz".[28] Uno de los aspectos del mundo psíquico que hace que sus peligros inherentes sean difíciles de detectar es la naturaleza camaleónica de las entidades, los ángeles caídos, los demonios y las fuerzas vampíricas que existen allí únicamente gracias a las energías robadas de la humanidad… (aunque en muchos casos concedidas de buena gana).
>
> De vez en cuando, muchas personas religiosas entran en contacto con las fuerzas astrales disfrazadas de ángeles de Luz, incluso, pretendiendo ser Maestros Ascendidos. En realidad, estas entidades solo quieren engañar a la humanidad y representar sobre el escenario pasivo de su conciencia el desarrollo de un drama con una atención mutuamente magnetizada; mutuamente magnetizada porque el individuo en contacto con la entidad está absorto en el concepto de que él, como persona, por fin está realmente en contacto con el reino invisible de los Maestros Ascendidos.
>
> Qué lástima da, queridos, desengañar a la mente de estos niños de Dios que se ven presos de la trampa astral. Con frecuencia, cuando se les presenta la Verdad, se sienten tan desconsolados por los hechos que se niegan a aceptarlos, y continúan la alianza inconveniente que han formado con el ilícito farsante.
>
> Esto les ciega con respecto a los peligros astrales y hace

que se desvíen más y más de la Verdad y se adentren más y más en la asociación con estas entidades depredadoras. Al fin, al haber ofrecido casi toda su personalidad a este reino de la sombra, al que ellos consideran un reino de luz, el fraude y la estrategia siniestra que les han practicado los victimiza completamente, y ya no pueden considerarse dueños de su alma.

Forzados, pues, a una forma de desobediencia obediente por las entidades que los controlan, se mofan de la Realidad de la Verdad y los altos estándares de la Deidad. Entonces les resulta difícil reconocer la diferencia entre la Realidad y la sombra, porque la sombra en la que habitan se convierte para ellos en una realidad. Y debido a su desconexión de las realidades de Dios latentes o en desarrollo en su vida, son incapaces de recuperar el equilibrio.

Con frecuencia las personas se ven engañadas por el hecho de que las entidades dan cierta medida de la Verdad (cuando hasta las mentiras que dicen son imitaciones de la Verdad). Debido a que las declaraciones a veces se dan de un modo sencillo o dulce, con frases cariñosas y azucaradas o disertaciones que usan con libertad la palabra *amor*, la gente se engaña con la idea de la verdad contenida en la declaración, y así, dice en defensa de su postura: "¡Pero si parece tan lógico!" ...

Todo lo que es extraño a Su naturaleza, todo lo que es falso o lo que falsifica, todo lo que es del reino psíquico y emana de él, no tiene nada que ver con la Realidad de Dios, que existe mucho, mucho más arriba del reino de acción vibratoria psíquica.[29]

Tipos de entidades masivas

Una vez vistos algunos de los peligros que tienen las trampas del plano astral que enfrenta el alma, examinemos ahora los tipos específicos de entidades masivas, junto con las energías y la conciencia que sustentan su existencia. Se incluyen las siguientes definiciones para dar al estudiante un conocimiento general básico sobre los tipos más comunes de entidades masivas que habitan en el cinturón astral. La falsa jerarquía manipula a estas entidades contra la humanidad y, de manera especial, contra los hijos de la Luz para extraer sus energías, mantenerlos en un estado letárgico y frustrar la manifestación del reino de Dios en la tierra.

Las entidades se enumeran junto con su género, ya sean masculinas (m.) o femeninas (f.). Las entidades masculinas tienden a repeler, mientras que las femeninas tienden a atraer.

Annhila (f.): La entidad del suicidio. Cualquiera que haya estado ante la entidad del suicidio conoce la enorme atracción que esta ejerce, el empuje da hacia la muerte. Su naturaleza femenina se observa ya que no es una entidad de repulsión, es una entidad de atracción; hace que uno sienta que la muerte es dulce y que es una liberación.

Esta entidad proyecta sentimientos de depresión, desmerecimiento, desesperanza y una total frustración con la vida en la mente subconsciente de aquellos cuya conciencia está abierta a este tipo de sugerencia. Cuando surgen en el cuerpo mental y de los sentimientos, esos sentimientos influyen en la víctima para que acepte una filosofía nihilista, una filosofía de su propia inexistencia. La presión que ejercen sobre la mente los magos negros y las fuerzas demoníacas con las energías llenas de agitación concentradas a través de la entidad del suicidio es suficiente para hacer que miles de almas cada año acepten la mentira de que la autoaniquilación es la única salida.

Esta mentira es un ataque directo por parte de quienes lo engendran contra el destino que Dios ha dado al hombre, incluyendo la oportunidad de dominar su propio mundo y llegar a ser inmortal a través de la ascensión. La total falacia del argumento de la fuerza siniestra se observa en el hecho de que el suicidio nunca es una salida, porque los Señores del Karma han decretado que quienes se suicidan deben volver a encarnar muy poco tiempo después para que el alma pueda aprender que nunca puede escapar de sus responsabilidades en el mundo de la forma.

La entidad del suicidio también puede proyectar cierta emoción frente a la muerte. La excitación emocional ante la muerte es la muerte dulce, la indulgencia en las cosas de este mundo que complacen en el momento, pero cuyo resultado neto es una pérdida de energía. Ya sea a través de la indulgencia, la ira, el enfurecimiento, la lujuria, el crimen o cualquier estado no alineado, la entidad del suicidio nos convence de que cometamos un pequeño suicidio. Esto también se observa en la conciencia temeraria, los peligros a los que expone la gente arriesgando la vida por la emoción que da, pequeños bocados de muerte dulce.

Con ello se hace parecer a la muerte como algo emocionante, excitante. Emite en el cuerpo una repentina emoción muy fuerte. Las personas que no han sentido la dicha de Dios o no han sentido al Espíritu Santo llenar su templo aceptan con esa excitación ante la muerte un sustituto miserable y falso.

La Jerarquía cree que solo la disciplina más severa puede dar al alma la capacidad de desarrollar la fortaleza para soportar los argumentos de la entidad del suicidio, cuando el alma deba afrontar y conquistar a este enemigo en la siguiente ronda de su existencia. Normalmente el alma encarna en una situación parecida a aquella de la que quiso escapar; ahí deberá aprender a dominarse a sí misma para poder dominar su entorno.

Los llamados al Arcángel Gabriel y la Arcangelina Esperanza para que carguen la conciencia de uno con la llama de la esperanza (esperanza en la vida, en la Verdad y en el amor) disiparán el escepticismo pecaminoso de la entidad del suicidio.[30]

Calumnus: Entidad de la intención asesina.

Carpia (f.) o **Harpia** (f.): Los nombres colectivos de las entidades del chisme, que se quejan y están siempre hablando de lo mismo de forma pesada, que parlotean y charlotean y que involucran a personas susceptibles de todos los ámbitos en la vida en un deseo insaciable de enterarse del último chisme jugoso. Las entidades y sus coordenadas en el mundo de la forma se aferran al chisme como si fuera su vida para elevar sus egos pobres y hundidos degradando y difamando el carácter de los demás. Estar al corriente de todo lo que sucede en unos cuantos kilómetros cuadrados de los que se compone su universo parece ser la meta de su existencia.

El chisme es una de las fuerzas más crueles y malignas que utiliza la falsa jerarquía en sus intentos de derrotar todo lo que es digno en el hombre. La acumulación de energías mal cualificadas de la humanidad utilizadas en el chisme forma una entidad que flota en el plano astral, al querer devorar la vida misma de las organizaciones espirituales y cualquier empeño noble. Todos los esfuerzos de los Maestros Ascendidos de ayudar a la humanidad son atacados por esta fuerza. Por tanto, los Guardianes de la Llama y los estudiantes de la Luz deben contrarrestarla a diario, de modo que su fraternidad y las demás vías de la Verdad puedan estar protegidas.

No hace falta decir que los discípulos en el Sendero nunca deben entrar en los chismes. Al hacerlo, violarán los límites de sus hermanos y los preceptos de la Ley. Y con ello, también se conectarán con el campo energético de la entidad del chisme (ya que, debido a la Ley de la Atracción, las cosas parecidas se atraen mutuamente), convirtiéndose así en instrumentos de sus maniobras destructivas.

El resultado final del chisme es el asesinato psíquico. Si los magos negros pueden hacer que las personas asociadas a su víctima produzcan suficiente energía negativa contra él, distorsionando primero las verdadera naturaleza de la víctima ante los ojos de sus amigos y después haciendo que estas personas "bienintencionadas" cuenten mentiras absolutas sobre él, a veces creyendo que son ciertas, los magos negros pueden acumular suficiente energía para causar la muerte de la víctima con un accidente, una enfermedad o incluso mediante el suicidio.

Esto ha ocurrido una y otra vez en la historia de nuestro planeta. La acumulación de chismes, mentiras y odio hacia un individuo se ha hecho tan grande que lo ha vuelto loco; o esa energía palpitante dirigida contra esa persona ha hecho que tenga un accidente mortal o que, debido al abatimiento, se suicide. Así, vemos cómo las entidades trabajan en conjunto.

Delta 9/Cannabis Sativa (f.): Entidad de la marihuana. La entidad influencia los pensamientos y sentimientos, la perspectiva y las percepciones de cualquiera que fume o ingiera marihuana y, de este modo, pone en su cuerpo físico el equivalente físico de la entidad. Llegados a ese punto, la identidad del fumador de marihuana y de la entidad comienzan a mezclarse.

La entidad de la marihuana es un parásito que le roba al individuo su Luz, bloqueando su capacidad de entrar en contacto con su Yo Superior y dejándolo espiritual y físicamente vacío o "quemado". En las primeras etapas del consumo, el fumador de marihuana por lo habitual se siente eufórico porque la droga libera Luz que hay almacenada en los chakras. Este flujo de Luz (que la entidad absorbe) da una sensación de creatividad, profundidad de pensamientos y disfrute. Pero finalmente la persona se queda exhausta, puesto que la están vaciando y no llenando.

En base a sus experiencias personales, muchos consumidores de marihuana la consideran inocua. No perciben ninguna dificultad, pero eso se debe a que sus facultades de percepción están siendo destruidas mientras consumen la droga y así, su capacidad de discernir en sí mismos los niveles de su propia percepción Divina va disminuyendo. Día tras día, no perciben ningún daño, porque la marihuana no solo destruye los sentidos físicos, sino los del alma. Este es uno de los peligros más sutiles de la marihuana y la mayoría de las drogas psicodélicas. El que las consume se vuelve incapaz de detectar los cambios en sí mismo. Esta es la sutileza del culto a la muerte.

(Para obtener más información sobre la marihuana y sus efectos, véase "El culto a Hedón", de *Senderos de Luz y Oscuridad*, sexto libro de la serie Escala la montaña más alta).

Depressa (f.) y **Manik** (m.): Entidades de la depresión. La depresión hace que los chakras se vuelvan cóncavos y después se hundan. Los chakras se hunden por la presión de la conciencia de las masas y el plano astral. La depresión de los chakras debilita el carácter de la gente y causa confusión y falta de enfoque en el cerebro. Ello permite a la persona cualificar mal el chakra del corazón y desintonizarse completamente.

Por tanto, la depresión ha de afrontarse con un impulso de energía para obligar la salida de la sustancia en los chakras que está causando la depresión en la persona.

La gente puede deprimirse debido a un desequilibrio bioquímico en el cuerpo físico: el equilibrio ácido/alcalino y el equilibrio de los minerales. Esto puede provocar que la persona sea incapaz de afrontar las energías astrales que son la causa de que sus chakras estén deprimidos. El problema también puede ser psicológico. Pero además de estas causas, la depresión profunda tiene su origen en las entidades desencarnadas que infestan la mente y el cuerpo, que con frecuencia no se marchan ni siquiera cuando la persona sale de la depresión, por lo cual esta estará sujeta a una recaída porque las entidades siguen estando ahí.

Si descubres la depresión en tu conciencia, debes comprender que se necesita un enorme esfuerzo para desprenderse de ella. Debes dejar todo lo que estés haciendo y deshacerte de ella. Además de un tratamiento médico adecuado, es necesario que trabajes muchísimo con el Arcángel Miguel, los siete Arcángeles y Astrea para perseguir a estas entidades y pedir que las aten en el nombre de Jesucristo.

La depresión debe tratarse desde el nivel físico, así como desde el astral. Cuando la depresión se resuelve en esos planos, los problemas mentales y etéricos normalmente pueden volver a alinearse también.*

Derangia (f.): Entidad de la locura.

Dormé (m. y f.): La entidad del sueño, que induce a dormir para romper o interrumpir el flujo de ideas de la Mente de Dios hacia la mente del hombre. Con frecuencia produce una sensación de sopor justo cuando las personas deciden consagrar sus energías en oración, meditación o el estudio espiritual.

Esta entidad te intenta decir que no has dormido lo suficiente la noche anterior y que, por tanto, ahora te mereces un sueñecito, o que has comido demasiado y te mereces un descanso para digerir la comida. La entidad siempre te ofrece la lógica de por

---

*En casos de depresión fuerte, trastornos bipolares, esquizofrenia y otras condiciones psiquiátricas graves, ciertos medicamentos psicotrópicos recetados por los psiquiatras ayudan a tratar la enfermedad debido a que la vibración del medicamento molesta a las entidades asociadas con esa enfermedad. Estos medicamentos también protegen el aura y evitan la intrusión de entidades astrales en la conciencia exterior. Tales medicamentos pueden dar a las personas la capacidad de mantener un equilibrio mental y emocional mientras trabajan en las causas subyacentes. Siempre debe buscarse la ayuda profesional cuando se afrontan enfermedades de este tipo.

qué deberías dormir y por qué es perfectamente natural que, de repente, te vayas a dormir.*

Los magos negros utilizan lo que se conoce como el *rayo del sueño* junto con las actividades de las entidades del sueño. Este rayo solo se puede revertir con un poderoso llamado a la Presencia Divina. Por ejemplo:

> En el nombre de la poderosa Presencia YO SOY y el amado Jesucristo, exijo que se revierta el rayo del sueño y que se ate a la entidad del sueño, Dormé. [Ponte al mando de la situación.] ¡No me moverán! ¡En tus manos encomiendo mi espíritu y a nadie más daré mis energías, que a todas horas me envía la mano del Dios Todopoderoso!

El decreto "¡Yo estoy alerta, despierto, despierto!" atraerá totalmente a nuestro campo energético el impulso acumulado del estado de alerta del Cristo, que disipará toda la falta de agudeza mental que pudiera tender a abrir la puerta de nuestra conciencia al rayo del sueño.

> ¡YO ESTOY ALERTA, DESPIERTO, DESPIERTO!
>
> ¡Estoy alerta, despierto(a), despierto(a)!
> ¡Estoy alerta, despierto(a), despierto(a)!
> ¡Estoy alerta, despierto(a), despierto(a)!
> ¡Ven ahora y sacude,
> sacude las redes de mi cuerpo mental;
> elimina la ceniza, transmútala ya,
> concédeme la Mente del Cristo que anhelo!
>
> Ardiente fuego violeta,
> ardiente fuego violeta,
> ardiente fuego violeta,

---

*Se debe observar que el sueño es una función natural, vital para la salud y la resistencia del alma contra las fuerzas psíquicas. Durante el sueño tiene lugar la transmutación y la recarga de los cuatro cuerpos inferiores. Ambos procesos son esenciales para el desarrollo espiritual del individuo. Por tanto, hay que procurar dormir lo suficiente cada noche. Los Maestros recomiendan que los estudiantes se retiren como muy tarde a las 11 de la noche, de forma que puedan ser acompañados (fuera de su cuerpo) por los ángeles servidores a los templos etéricos para recibir enseñanza. Los Maestros también nos han dicho que la comida después de las 9 de la noche impide el vuelo del alma a las octavas superiores, puesto que nuestras energías estarán haciendo la digestión.

la Luz de Dios eleva, eleva y eleva,
todo pensamiento y toda conciencia
hasta el plano de mi Presencia
que en el nombre de Dios ahora libera
la sabiduría y el equilibrio que invoco.

Dráculus (m.) y **Drácula** (f.): Entidades del horror que obran a través de las películas de terror, el crimen y las revistas de misterio, escritos como los de Edgar Allan Poe, los cómics de monstruos y los programas de televisión.*

Mientras que Drácula capta la mente de la gente con una fascinación curiosa e irresistible por el horror de Frankenstein, Dráculus induce sentimientos de repulsión y terror. Cuando la gente pone su atención en las historias de terror y los reportes de actos criminales de los periódicos, se conecta con el reino astral y, por tanto, con los demonios que se especializan en mantener vivos en la conciencia de la raza los horrores de "el abismo", nombre que se da al subconsciente colectivo de todo el planeta.

Esta fascinación con el terror, que se encuentra en alguna parte de nuestro cinturón electrónico, es de lo que se apoderan las entidades. Nos hacen mirarlo y atraen nuestra atención para perpetuar el horror en la realidad. Por la atención del hombre fluye la energía de Dios, que después es canalizada hacia la ciénaga del horror disponible para los magos negros cuando estos deseen implementar un plan de asesinato en masa a través de uno de sus instrumentos encarnados. El hecho de que todo un país se ponga a ver *La familia Monster* puede producir la guerra, porque su energía se dirige hacia esas matrices.

Edgar Allan Poe es uno de los primeros escritores que abrió una puerta del astral al físico para Drácula y Dráculus. Ciertas

---
*Las primeras películas de este género, como la serie de Frankenstein y las películas de Alfred Hitchcock. Una técnica que se ha utilizado es la de hacer que las imágenes de terror parezcan más atractivas con humor o poniéndolas en un contexto familiar, como se hizo en el programa de televisión *Los Munster* (o *La familia Monster*) de la década de 1960 y, más recientemente, en *Buffy, la cazavampiros*. Actualmente, el enfoque en el terror realizado a través de libros, películas y televisión ha alcanzado unos niveles sin precedentes, en parte por la obra de Stephen King y la popularidad de la serie de Harry Potter en libros y películas.

personas tienen una enorme fascinación por los escritos de Edgar Allan Poe, la cual está producida por estas entidades. En nuestra alma no hay nada que nos empuje a leer sus escritos. En ninguna de esas historias hay nada inherente al alma. ¿Por qué nos dejamos engañar de esta forma? ¿Por qué nos dejamos llevar hacia esta miasma astral? Porque en realidad nadie nos lo ha definido, nadie nos ha explicado estas leyes.

Ver una película de terror de vez en cuando puede parecer un pasatiempo inocente, pero nada está más lejos de la verdad. Desenmascaremos, de una vez por todas, aquí y ahora, la mentira de la inocuidad, que las hordas astrales han diseminado acerca de sus obras malvadas.

Jesús nos habla del precio que pagamos por esta indulgencia al permitirnos esta clase de entretenimiento:

> Pensad en esto: cada vez que veis una película mundanal, os hará falta un mínimo de cinco días para transmutarla, si tenéis un buen impulso acumulado en hacer los decretos de llama violeta, y mucho más tiempo si no lo tenéis. Para quienes no decretan en absoluto, los registros de sus experiencias con los medios de comunicación, incluyendo conciertos de rock y películas violentas, se acumulan en la psique; y los sonidos y las escenas surgen y vuelven a surgir como si fueran experiencias reales de la vida.
>
> ¿Quién, en sus cabales, querría poner una carga así sobre su alma?
>
> Seleccionad películas que traten de héroes de la historia, el alza y la caída de civilizaciones, los orígenes de las principales religiones del mundo y una gran cantidad de contenido cultural que enseñe a los niños acerca del mundo en el que han reencarnado.
>
> Pensad en cuántas horas dedicáis a entreteneros y que no os ofrecen ninguna ganancia ni física ni espiritualmente. Pensad en cómo podríais utilizar la misma cantidad de tiempo acumulando un impulso espiritual poderoso haciendo llamados para la curación de todos los que lloran, los enfermos, todos los que están muriéndose y temen a la muerte. Las horas que pasáis en actividades improductivas son muy

costosas, ¡muy costosas!, tanto para vosotros como para nosotros, que somos vuestros patrocinadores.[31]

Exhora (m. y f.): Entidades que inducen en la humanidad excitación y emoción a través de la fascinación con el horror.

Fluorida (f.): Entidad de la fluoración, que se aprovecha del temor de la gente y la avaricia de los empresarios industriales que venden flúor. Esta entidad ejerce presión sobre las comunidades para que fluoricen el agua, por supuestos motivos de salud. En realidad, el uso de flúor es dañino no solo para el cuerpo físico, sino también para el adecuado funcionamiento de los centros espirituales del hombre, como lo son todos los agentes químicos artificiales.* *Fluorida* también es un nombre general de entidades de los agentes químicos en los alimentos.

Gargantua (m.): La entidad del linchamiento de la turba, que obra a través de la psicología del populacho para producir la ley de la turba. Su eslogan es: "Tomemos la ley en nuestras manos". Gargantua es responsable de los asesinatos en masa como los ocurridos durante el Terror, en la Revolución francesa, y en las purgas que se produjeron después de la toma de poder comunista en Rusia y Europa oriental. Esta entidad también ha estado activa en la zona occidental de los Estados Unidos.

Al este de la ciudad de Colorado Springs había un restaurante donde el arquitecto manifestó el campo energético del lugar en el diseño que hizo del edificio. Había una zona grande abierta desde el primer piso al segundo, como una caja, y justo en ese sitio, en el siglo XIX, una turba había linchado a un ladrón de ganado. Lo habían ahorcado en ese mismo sitio que ahora era el círculo de este restaurante. El linchamiento fue la obra de Gargantua, la entidad del linchamiento. "Tomemos la ley en nuestras manos. Matémosle, nos ha robado el ganado". Por todo el Oeste

---

*Los Maestros Ascendidos fomentan la prevención de enfermedades a través de métodos naturales, que incluyen una alimentación disciplinada, ejercicio, aire fresco, una actitud espiritual y mental positiva y una utilización inteligente del cuidado de la salud en todos los ámbitos de la vida. Sin embargo, esto no puede sustituir a la medicación y los cuidados médicos apropiados bajo supervisión profesional cuando sea necesario. Los Maestros no recomiendan evitar los procedimientos médicos establecidos.

Estadounidense hay registros como este.

¿Alguna vez te has caído en una zanja cuando ibas andando? ¿Alguna vez has pisado un trozo de madera lleno de termitas o podrido, traspasándolo con el pie? Eso es exactamente lo que uno siente al entrar en un antiguo registro, en una antigua matriz o cuando se encuentra con algo terrible que ha ocurrido en alguna parte; de repente uno cae en este registro y es como un vórtice, y si no tiene la cordura y la integridad moral necesaria, se hundirá y manifestará el vórtice del registro que aún queda, junto con las entidades y los desencarnados que componen el registro.

Guisa (f.): Entidades que se disfrazan. Estas entidades nunca son lo que parecen ser. Lobos con piel de cordero, engañan a la gente todos los días del año, no solo en Halloween y el baile de máscaras de Año Viejo.

Íncubus (m.) y **Súccubus** (f.): Entidades del sexo que proyectas sueños y sensaciones eróticas durante el sueño. Íncubus es un espíritu malvado que yace sobre las personas mientras estas duermen, especialmente para tener relaciones sexuales con mujeres por la noche. Súccubus es un demonio que asume forma femenina para tener relaciones sexuales con hombres mientras estos duermen.

Estos demonios pueden asumir la máscara y el personaje de individuos que uno ha conocido en esta encarnación o en el pasado. Uno creerá estar soñando con una persona determinada, cuando en realidad se trata de un desencarnado, uno de los muchos a los que se conoce con este nombre. Es un nombre colectivo para la especie.

Infurio (m.) y **Riptide** (f.): Entidades de la ira. Estas entidades con frecuencia hacen que la gente emita una gran cantidad de sus valiosas energías en un ataque de pasión o una violenta explosión de cólera.

Las entidades de la ira trabajan para empujar las energías del cuerpo mental y de los sentimientos del hombre a través del plexo solar y el cerebro, haciendo que la gente disfrute de una "buena" riña. Su disfrute proviene, en primer lugar, de la satisfacción intelectual de derrotar a su oponente con ingenio, lógica e intimidación y, en segundo lugar, el disfrute se produce al expulsar su sustancia mal cualificada que se queda atorada en los poros del cuerpo de los sentimientos. Este proceso de limpieza se produce con cualquier estallido emocional que uno pueda sentir, como ira, dolor emocional o en momentos de gran felicidad.

Este disfrute de una "buena" riña es un sustituto del uso adecuado del fuego sagrado en movimiento. Cuando la energía se atora, en el plexo solar o en los chakras inferiores, debido a que la gente no sabe cómo liberar el fuego sagrado y elevarlo, muchas personas terminan liberando ese atoramiento y ese flujo a través de la relación sexual. La verdadera solución, por supuesto, es la de elevarla y mantener el flujo. Cuando uno inicia el flujo, tendrá toda esa energía equilibrada como Alfa y Omega que podrá utilizar para la curación.

Pero la humanidad, en su estado de discordia, no tiene a dónde recurrir. Y cuando las personas no son capaces de liberar esa energía atorada mediante las relaciones sexuales, la podrán liberar con ataques de ira, berrinches o en ataques de llanto. Muchas mujeres sufren ataques de llanto mensuales, y ese llorar tiene que ver con la energía atorada y la falta de control del cuerpo emocional.

Las entidades se aprovechan de estas energías ocluidas en los chakras inferiores. Van observando los campos energéticos y las auras, y buscan a la gente que tenga los atoramientos de frustración más grandes. Entonces empiezan a dividir su atención: llaman por teléfono, llaman a la puerta, el bebé que llora, el cazo que se derrama en la cocina. Pronto su atención se divide en cuatro y entonces se produce una explosión, porque nadie puede tener la atención dividida en tantas direcciones y mantener la armonía, a menos que sea un maestro. Este es el caso especialmente cuando el individuo está muy cansado. Una de las grandes tácticas de la entidad de la ira y las entidades de todo tipo es la de *divide y vencerás*: dividir tu atención, dividir tus cuatro cuerpos inferiores para que no puedan funcionar como un vehículo Crístico y después llegar y dar un motivo para explotar.

Las personas enfurecidas, una vez que se han conectado con

la entidad de la ira, reciben una sobrecarga de energía suficiente para llevar sus sentimientos hasta una amenaza final, si así lo sienten. La entidad da a sus víctimas la fuerza para hacer lo que quiere que hagan. Por eso se observa que las personas tienen la fuerza de diez o veinte hombres cuando están furiosas. Ese ataque de pasión está alimentado por la entidad.

Mientras que las energías del individuo pudieran haber estado en un punto muerto antes de la discusión, después se sueltan en el cinturón mental y emocional del planeta como mareas de ira, lo cual puede suponer la ruina de alguna corriente de vida inconsciente. Ello, claro está, crea un gran karma para quienes eligen descargarse en un momento funesto de ira.

Sobre la entidad de la ira hay algo que siempre debes recordar: si mantienes la boca cerrada, no pasará nada. Cuando utilizas el chakra de la garganta, el poder de la Palabra hablada convierte las energías etéricas, mentales y emocionales en energías físicas. Y el karma más pesado empieza cuando hayas manifestado algo físicamente. Siempre y cuando solo lo pienses, no habrás completado la espiral de energía. Podrás incurrir en el karma de tener pensamiento densos, que sí salen hacia el mundo, pero hasta que el acto se hace físico no comienza el retorno kármico.

Por eso Jesús dijo a Judas: "Lo que vas a hacer, hazlo más pronto".[32] Judas no pudo iniciar la espiral del regreso de su karma por traicionar al Cristo hasta que efectivamente lo traicionó. Había pensado en ello, lo había planeado, había hecho un trato a cambio de treinta monedas de plata, pero aún no lo había hecho. Y Jesús le dijo: "Hazlo ya, para que puedas empezar a aprender la lección del error".

¿No es este un maestro desapasionado? Mira a su discípulo. Sabe que tiene una lección que aprender. No la aprenderá hasta que actúe. Hasta que no se comete el acto, no se incurre en el karma. La niebla no se convierte en el cristal. La niebla es la energía informe de Dios. La niebla cae en el reloj de arena, se cristaliza cuando tomamos esa energía en nuestra esfera y la utilizamos. Cristalizarse quiere decir ponerla en la forma, y eso se hace mediante la palabra hablada.

En ese punto siempre existe un momento en que se toma la decisión. Ahí está esa palanquita en la conciencia que dice: "Ahora que estoy bien enojado, voy a explotar". Hay un momento en el que uno puede tomar la decisión de no explotar. Es como tirar de un cordón. Una vez que tiras de él, todo sale.

Pero uno toma la decisión en una décima de segundo, cuando se puede decir: "No, me aparto. Voy a quedarme con la boca cerrada y no voy a explotar". Por tanto, la ira tiene detrás una voluntad y esa voluntad, que no es la voluntad de Dios, se alinea con las entidades que están esperando. Son como perros esperando con la lengua afuera. No ven el momento de llevarse esa energía. Solo esperan a que uno explote. Con esa vívida imagen, recordarás que cuando te enojes estarás alimentando a los perros. Cuando la voluntad de uno ya no es la voluntad de Dios, sino la voluntad de las entidades de la ira, es debido a una decisión consciente.

Estos estallidos conllevan un precio muy alto. Pagamos un alto precio al permitirnos soltar energía de repente en una marea de ira. Por ello, el Maestro Ascendido Cuzco escribió el decreto "Cuenta hasta nueve" (página 166), para que los estudiantes puedan protegerse contra las mareas emocionales y mantengan el control Divino en todo momento.

Al contar, estarás siguiendo el reloj, y cuando digas un número, estarás diciendo en realidad el número de una Jerarquía. La "Cuenta hasta nueve" nos da tiempo de conectarnos con las Jerarquías cósmicas antes de que ocurra un estallido de ira. Contar hasta nueve nos da el poder del tres por tres.

En el "Decreto de "Cuenta hasta nueve" se visualiza una franja de fuego blanco, primero en torno al plexo solar. Esta franja de fuego blanco alrededor del plexo solar nos sellará contra la intrusión de Infurio, la entidad de la ira, en el plexo solar, que es donde ocurren los disgustos de las emociones. Esta franja de fuego blanco rompe el campo energético de la brujería practicada contra los hijos y las hijas de Dios. Te debes visualizar en el centro de la franja, manteniéndola alrededor de tu plexo solar, viendo cómo brilla candente como el filamento de una bombilla, un blanco candente. En cuanto al tamaño, es casi como la cámara de una rueda alrededor de tu cintura, una franja de fuego blanco alrededor del plexo solar.

En la siguiente estrofa se visualiza una franja de fuego blanco en torno al cuello y el centro de la garganta. Esta franja de fuego blanco se puede visualizar como el collarín que la gente se pone después de una lesión de cuello; puro fuego blanco alrededor del cuello. Esta franja te protegerá el chakra de la garganta para no hablar. Si no abres la boca, no emitirás las energías de tu cuerpo emocional, ya que existe una conexión entre el plexo solar y el de la garganta.

Después se visualiza otra franja de fuego blanco alrededor de la cabeza y la zona de la pituitaria, en torno a la frente, como una corona. Estas tres franjas a tu alrededor protegerán tus centros, que las entidades y los demonios quieren utilizar, exasperar e irritar con el fin de conseguir que estalles. Cualquiera que haya tenido problemas de ira o estallidos de cólera puede vencerlos de inmediato con este decreto, con esta ciencia, con este conocimiento... si tan solo lo practican.

Jazzor (f.): La entidad del jazz, que combinó el ritmo del rito vudú y el de la síncopa de la jungla con una forma de instrumentación musical y lo llamó *jazz*. La entidad existía antes que la música y, en su orgullo, puso a la música su propio nombre.

Al pervertir la música de las esferas y distorsionar la armonía del alma invirtiendo el rayo del sonido, los magos negros pudieron afianzar la forma de pensamiento del jazz en Nueva Orleáns, donde los focos del vudú y la brujería proporcionaron un terreno fértil para el *nacimiento del blues* y, después, el nacimiento del jazz.

El ritmo irregular y los modelos atonales de acordes utilizados en el jazz están diseñados para realizar tres cosas:

1. Poner las energías puras de los jóvenes bajo el control de las entidades, concentrando su atención en la discordia. El jazz, la música rock e incluso algunas formas de música clásica moderna, como la denominan, son simplemente

otro disfraz de las actividades vampíricas de las entidades, cuya existencia, como hemos dicho, depende de las energías que puedan robarles a los niños de Dios.

2. Separar los cuatro cuerpos inferiores de quienes escuchan jazz, dando así la capacidad a los magos negros de meter en el alma, por las aperturas entre los cuerpos, cuñas de discordia, que los propios magos negros utilizan más tarde para conectar con las personas las respuestas negativas que desean. El ritmo del jazz está pensado para desorganizar toda la conciencia y el ser del hombre; desgarra el material más sutil del alma y perfora la vestidura protectora natural que Dios ha establecido como un tubo electrónico de energía pura y poderosa alrededor de los cuatro cuerpos del hombre.

Si visualizas al alma como un campo energético en el centro y luego los cuatro cuerpos inferiores como fundas que se penetran entre sí alrededor del alma, hay un ritmo de jazz que hace que estos cuerpos se estremezcan, porque es algo aparte de las emanaciones naturales del alma. Por un lado, del alma emana el campo energético de lo que realmente es; por otro, impactando en los cuerpos que tratan de absorber este campo energético está esta discordia proveniente del jazz.

Esa energía discordante da inicia a un estremecimiento y los cuatro cuerpos inferiores comienzan a separarse, a apartarse unos de otros. Esa energía gasta el campo energético que Dios ha formado como funda alrededor de los cuatro cuerpos inferiores. La rompe. La despedaza. Y a través de las aperturas que se crean entran cuñas atravesando los cuatro cuerpos inferiores en ángulos oblicuos. Esto es lo que ocurre después de escuchar jazz durante mucho tiempo.

Cuando se mira a los cuatro cuerpos inferiores, estas penetraciones tienen la apariencia de ranuras de oscuridad. Se las llama *cuñas astrales* o *cuñas psíquicas* y se convierten en campos energéticos de oscuridad en los cuatro cuerpos inferiores.

Si escuchas música jazz o rock de manera voluntaria, eres tú quien se acerca a la música, por lo cual cosecharás el karma correspondiente, y el karma son estas cuñas. Ahora tiene aperturas. Si las fuerzas de la oscuridad quieren manipularte para que tomes una decisión equivocada, tendrán algo que utilizar. Y llegará a través de la desobediencia y la rebelión, porque el jazz es rebelión.

Hay una hermosa forma de ritmo de vals que va con el latido del corazón. El ritmo es la ley de tu ser, es el flujo natural cuando obedeces la ley natural y los sentimientos naturales del alma. Cuando introduces un ritmo irregular, vas contra la ley, contra la geometría, y eso establece un campo energético de rebelión. Desde los tiempos de la Atlántida, nunca ha habido una oleada de rebelión en el planeta como la que existe hoy en la Tierra, y ello se debe principalmente a la música.

3. Hacer que las energías del fuego sagrado, normalmente concentradas en los centros de la cabeza y el corazón, desciendan al punto bajo de la columna vertebral, donde podrán ser extraídas por las entidades del sexo.

En las formas de baile moderno, donde las personas se mueven al ritmo de la música sin contacto físico, los compañeros invisibles son entidades astrales, brujos, que extraen la energía de sus víctimas al ritmo electrónico, transmitido y controlado a través de la conciencia del grupo. Cada paso es una clave que hace que las energías sacras (sagradas) de la vida se emitan por el hueso sacro (el hueso santo, el último hueso de la columna), el centro del coxis y los genitales. Esta emisión, como observarás, no está inducida por un contacto sexual, sino que se produce solamente mediante la cooperación del individuo con los ritmos y las entidades astrales.

Es imposible participar en esto sin iniciar una espiral sexual que tendrá que culminar de alguna manera. Se liberará a través del odio u otra vibración del plexo solar, pero la meta de la música es conseguir que los jóvenes suelten su energía como una mala cualificación de los chakras inferiores.

Algunas personas comentan que se sienten energizados simplemente al escuchar (consciente o inconscientemente) música jazz o rock. El hecho es que son las entidades asociadas a la música las que los energizan (los cargan de energía), y lo hacen con el fin de mantener a la gente dependiente de ellas y conectada a ellas. La energía psíquica es un estimulante, la gente se habitúa a ella como se habitúa al café, los cigarrillos o el alcohol.

El Morya nos dice que, cuando grandes cantidades de personas se reúnen en los festivales de jazz o rock, las orgías sexuales o los *blast** psicodélicos, se emite suficiente energía mal cualificada como para producir un cataclismo en algún punto del globo; y, en última instancia, si se permite que estas manifestaciones continúen, bien podrán invocar la destrucción total de la civilización.[33]

En contraste con el descenso en espirales de las energías del hombre inducido por el jazz, observamos el ascenso en espirales y la purificación de las energías que tiene lugar cuando se ponen los valses de Strauss. El vals, que fue introducido en las cortes de Europa por Saint Germain, quien inspiró la música de Johann Strauss, sigue el ritmo del fuego violeta. El vals tiene un efecto curativo e integrador en los cuatro cuerpos inferiores y el alma. Un experimento llevado a cabo en una granja en el estado de Wisconsin demostró que las vacas respondieron a los valses de Strauss con un aumento en la producción de leche, mientras que, al poner jazz, su producción descendió a un nivel inferior a lo normal.

La música clásica inspirada y extraída de la música de las esferas y las notas clave de los Maestros Ascendidos (algunas de las cuales han sido popularizadas por compositores que se han sintonizado con las vibraciones de los Maestros) transmiten los poderes curativos, de resurrección, vivificadores y transmutadores de las Huestes Celestiales cuandoquiera y dondequiera que suenen. Estas energías son delicadamente espirituales, pero altamente poderosas; las personas deben desarrollar una apreciación por ellas tal como lo hacen por la música clásica.

Jezebella (f.): La bestia del dinero. La *avaricia* se ha definido

---
*El uso de la luz, la música y las drogas para producir estados alterados de conciencia y extraer la Luz de los chakras se observa más recientemente en el fenómeno del *rave*.

como "la adquisición excesiva o censurable".[34] La avaricia es el amor al dinero que es la raíz de todos los males.[35] Mucha gente cree que el dinero es la raíz de todos los males; pero no es así. El dinero es provisión. El problema es el amor al dinero o el *amor a la forma*.

La avaricia es una entidad masiva de creación humana que esclaviza a las naciones del mundo, devorando la Luz del alma de los hombres al inducir el apego a las posesiones materiales. La *bestia del dinero* es una forma astral que flota sobre Wall Street, al manipular la bolsa de valores y producir crisis económicas periódicas a través de magos negros encarnados y desencarnados. Extiende sus tentáculos por los continentes y llega al corazón de los hombres. La esclavitud económica del planeta se mantiene a través de esta forma porque los hombres la alimentan con sus valiosas energías por su insaciable deseo de riqueza, que ellos creen que les dará la libertad y el control sobre los demás.

Lesbos (f.) y **Sappho** (m.): Entidades del lesbianismo.

Luciana (f.): La entidad de los juegos de azar, concentrada sobre capitales de juego como Reno, Las Vegas y Monte Carlo, y allá donde la gente invierta sus energías en las apuestas y los juegos de azar (incluyendo las cartas). La combinación de entidades de sexo, alcohol, tabaco, drogas, juegos de azar y jazz que se amontonan en los casinos es suficiente para hacer que hombres y mujeres pierdan su fortuna, su cordura y su alma.

Esta entidad también tiene el nombre de *Lady Luck*. En la falsa jerarquía ella es la impostora de Fortuna, Diosa de la Provisión.

Mania (f.): Entidad del espíritu loco.

Masturba (f.): Entidad de la masturbación.

Melancholia (f.): Entidad de la melancolía. También asociada con la depresión.

Mieschievus: Entidad de la malicia.

Morphus (m.): La entidad de los narcóticos, que se ha concentrado en todas la ciudades principales del mundo. Su campaña consiste en desmoralizar, degenerar y debilitar a los jóvenes del mundo, destruir su mente, debilitar sus facultades espirituales y

Entidades

hacer que no se opongan a la infiltración en la sociedad de los instrumentos de la fuerza siniestra. A través de Morphus, los magos negros proyectan el rayo estupefaciente, que hace que la gente se vuelva olvidadiza, estúpida o torpe en sus acciones, y hace que se sienta incómoda y deficiente. El rayo estupefaciente se utiliza para proyectar accidentes y problemas mecánicos de todo tipo. Este rayo, junto con las energías de la entidad de los narcóticos, debe ser revertido y exorcizado de la manera sugerida para el rayo del sueño y la entidad del sueño.

Cada droga tiene asociadas sus propias entidades. Por ejemplo, la entidad de la heroína es conocida como **Heroica**. Otras entidades de la drogas se pueden decir en oración utilizando el nombre de la droga; por ejemplo, la **Entidad de la cocaína** o la **Entidad PCP**.

Nicola (f.) y **Nicolus** (m.): Las entidades de la nicotina y el tabaco, que se concentran a través de cualquiera que fume cigarrillos, puros o pipa. Estas entidades interfieren con la sensibilidad del individuo hacia la Verdad, al nublar el cerebro y cubrir los pulmones con una película que impide que el *prana* que hay en el aire pase a la sangre.

Esta entidad se parece a la manduca sexta, el gusano del tabaco que es el azote de los cultivadores de tabaco. Cualquiera que tenga una adicción al tabaco y a fumar cigarrillos tendrá también a este gusano en su aura y moviéndose en su cerebro, interrumpiendo la Luz. La entidad de la nicotina se enrolla alrededor del adicto, como una boa. La entidad mantiene bajo su poder al cerebro y el sistema nervioso central, transmitiendo a la víctima su deseo de nicotina. Lo que ata a la gente al hábito de fumar es el deseo que obra a través del residuo de nicotina en el cuerpo. Por eso resulta tan difícil deshacerse del hábito de la nicotina.

Jofiel nos dice que esta bestia devora no solo el cuerpo, sino también el alma. El fumar acorta la vida y, por tanto, la oportunidad de una extensión que la mayoría de las almas necesitan para saldar su karma y ascender en esta vida.[36] Jofiel nos ha enseñado que nuestras adicciones permanecen con nosotros en las siguientes vidas hasta que decidamos deshacernos del hábito.

Fobia (f.): Entidad del miedo.

Rococó: Entidad de la música rock. El tiempo del 4/4 es el ritmo natural del chakra de cuatro pétalos de la base de la columna. En la música rock, el tiempo del 4/4 es sincopado, irregular. Con el ritmo sincopado, la energía de la columna no sube, sino que cae, y la fuerza vital en nuestro ser comienza a descender.

Los caídos buscan la dicha de la reunión de la Luz de la Madre con la del Padre, pero no pueden obtenerla sin someterse al Cristo vivo. Por tanto, invierten el ritmo y la vibración de la energía descendente se convierte en una experiencia sintética o una experiencia invertida a la elevación del fuego Kundalini.

La sensación es el movimiento de la energía. La elevación de la Luz por los chakras da como resultado la plenitud de la Luz de Alfa y Omega a medida que la Kundalini asciende. El descenso también es un movimiento, una vibración, una sensación. Si alguien nunca ha probado el néctar puro de Dios, ¿cómo puede saber que el néctar sintético es inferior? Por tanto, el ritmo rock es para el descenso de la Kundalini y tiene su dicha pervertida, que es la experiencia que sustituye a la reunión con Dios.

Incauta e ignorantemente, mucha gente de la Tierra, especialmente los jóvenes, han llegado a apreciar esta música y han desarrollado el hábito de escucharla, hasta el punto en que en efecto se ha convertido en una adicción. Y a medida que su energía se dirige de tal manera a los chakras inferiores, ellos se vuelven más vulnerables a la influencia de las entidades del sexo.

Satus (m.) y **Matus** (f.): Entidades que inducen tendencias sádicas (infligir dolor en los demás) y masoquistas (infligirse dolor a uno mismo) en la gente. Ambas tendencias tienen que ver con la condenación, la perversión del poder Divino, cuando esa condenación se hace física, infligiendo dolor físico. Estas son las entidades que causan un uso pervertido del sexo, una total perversión de la vida.

Schizo (m.): Entidad de la esquizofrenia.

Scyza [sai-za] (f.) y **Scythus** [sai-zus] (m.): Entidades de la muerte que presentan la imagen de la Parca, la muerte con la guadaña. Estas entidades proyectan en la conciencia de la raza el temor a la muerte, la dulzura de la muerte y su inevitabilidad. Serapis Bey advierte a los estudiantes para que no cedan ante esta entidad:

> La oposición de la humanidad a la edad es muy leve y una vez que aceptan la vejez como algo inevitable, los hombres son más propensos a aceptar la muerte no como enemiga, sino como amiga. Rememoro las palabras de los Grandes que afirman con claridad: "El postrer enemigo que será destruido es la muerte".[37]
>
> Creo que las escrituras no deberían retorcerse para la destrucción del hombre; por tanto, este enemigo, al que decido definir como tal, es el enemigo contra el cual debéis luchar con cada gramo de energía de vuestro ser. Dios es Vida, y la muerte es la antítesis de la Vida. ¿Cómo podría complacerle a Dios que la Vida, que es él mismo, se extinguiera en el reino del individuo?[38]

Por tanto, debemos luchar contra la muerte como un enemigo, nunca ceder ante ella. Ahora bien, existen lo que llamamos *ángeles de la muerte*. Estos seres acuden a las personas que van a hacer la transición y preparan su conciencia o su alma, su psique, para dar el suave impulso hacia la idea de que su tiempo en la tierra se acerca a su fin. La mayoría de las personas tienen la intuición una o dos semanas antes de fallecer de que se aproxima un cambio. Y con frecuencia, la gente te lo dirá y hablará de ello.

Se trata de algo muy sutil. No es evidente, sino solo una sensación. Esto es así para evitar que el alma se conmocione. Cuando la gente muere de repente o de forma inesperada, como sucede con los accidentes, el alma se encuentra en un estado de impacto tal que muchas veces no sabe que ha muerto.

Al viajar por la autopista hemos observado a desencarnados flotando al lado de la carretera. Están en la carretera, justo en el punto en el que se produjo el accidente mortal. No saben que han muerto. No saben por qué no pueden volver a su cuerpo. No saben dónde está su cuerpo, debido a la conmoción.

En una muerte natural, cuando el tiempo se termina con naturalidad y la persona está a punto de marchar, el alma es preparada para que pueda abandonar la forma física apaciblemente, para que el cuerpo astral, mental y etérico puedan separarse con una espiral natural. Este tipo de muerte se puede observar cuando vemos el rostro lleno de paz en alguien que acaba de fallecer. Se ve que la transición ha sido natural.

Los ángeles de la muerte siempre están en la escena, sea cual sea la causa de la muerte. Llegan para intentar ayudar al individuo a adaptarse al siguiente plano y llevarlo a donde deba estar. Estos ángeles se ven limitados grandemente, por supuesto, si no reciben suficiente energía de nuestra octava, de las personas que rezan por los que han muerto. Las oraciones por los fallecidos dan a los Maestros las energías que necesitan para ayudarlos. Y lo mismo se puede decir de los ángeles de la muerte.

Es importante distinguir entre el Arcángel Uriel y los ángeles de la muerte que realizan el servicio de ayuda, y la entidad de la muerte, que proyecta la muerte como algo real y supremo. Es el concepto de la muerte con carácter definitivo, como el fin, contra lo que debemos luchar, así como contra la muerte física. Tenemos la responsabilidad de perpetuar nuestra vida en nuestra forma física tanto como podamos.

Sensua (f.): Entidad del sexo. El setenta y cinco por ciento de todas las relaciones sexuales que se producen en el planeta están instigadas desde el plano astral por entidades desencarnadas, demonios y magos negros. Brujos desencarnados invaden el cuerpo de hombres y mujeres jóvenes, que amplifican su impulso sexual y cubren de lógica en su conciencia la práctica del amor libre. Estos espíritus malvados sienten el sexo de forma indirecta a través de las indulgencias de sus equivalentes en encarnación física.

Si la humanidad pudiera verse completamente libre, sin la interferencia de tales influencias siniestras, sus formas sexuales serían más naturales y espirituales. Sus energías se elevarían automáticamente al corazón, la cabeza y la mano para utilizarse al servicio de Dios y el hombre. El acto de la procreación debe entenderse como la unión sagrada del hombre y la mujer, que se juntan ante Dios para ofrecerse como patrocinadores de sus hijos que esperan ante los portales del nacimiento una oportunidad de reencarnar.

Las entidades del sexo trabajan mucho en la publicidad.
Sentimentia (f.) y **Sensia** (f.): Entidades sentimentales que se aprovechan de la nostalgia que las personas sienten unas por otras y por los "viejos tiempos". Se aprovechan de las emociones de la gente a través de la música popular, hacen que sigan viendo las cosas de color rosa y disminuyan su capacidad de tomar decisiones objetivas y racionales.

Hay muchas personas que, desde los cuarenta y cinco años, más o menos, en adelante viven en el pasado de esta forma. Viven en la música de su época, comen la comida que solían comer cuando eran jóvenes, hablan de cuando se conocieron y lo que hacían cuando eran jóvenes; y toda su vida no es más que un sentimentalismo. Se ven totalmente involucradas en el sentimentalismo de la relación que tienen con sus hijos o sus nietos, concediéndoles cualquier capricho humano y dándose regalos unos a otros. Lloran cuando escuchan la música de su país de origen. Toda su vida de hecho está llena de sentimentalismo.

Hay mucha gente que actúa en gran medida sobre la base del capricho y el sentimentalismo. Este se convierte en una de las fuerzas que parecen impulsar al hombre a desaprovechar su vida y empobrecer su entorno: "Él quiere hacer algo en concreto porque siempre se ha hecho así", "Ese viejo árbol siempre ha estado ahí y él no quiere cortarlo porque la abuela lo plantó".

Este sentimentalismo es destructivo, en cierto modo. La gente debería ser capaz de moverse con el flujo del universo o el Tao divino, el legado divino. A este flujo no lo podemos detener ninguno de nosotros. Podemos detener nuestro progreso en nuestra época, si queremos, insistiendo en el sentimentalismo de cualquier cosa que deseemos mantener o conservar de nuestra naturaleza humana. Pero si estamos decididos a buscar una realización de Dios de vanguardia, debemos estar dispuestos a soltar las cosas y progresar; mantenernos vivos, ser eternamente jóvenes porque podemos aceptar los frutos del Espíritu de la madurez.

Simpática (f.): Entidad de la lástima, que obra sobre el cuerpo emocional a través de la lástima humana, los apegos personales y las relaciones que no están basadas en el Cristo. Ello hace que se ejerza un control malsano sobre otra persona en nombre de los lazos familiares.

La lástima ha sido definida por los Maestros como el estar de acuerdo con la imperfección humana, mientras que la compasión es estar de acuerdo con Cristo. La lástima permite a una persona quedarse donde está. Ello no le ayuda para nada. Le permite lamerse las heridas de su propio orgullo. La compasión implica que uno va a ayudar a una persona debido a lo que está mal y no va a reforzar su negatividad, su espiral negativa. La compasión es una emoción real, mientras que la lástima es una emoción irreal.

Si la conciencia de una persona está tan saturada de entidades, su forma de hablar, lo que dice y su premisa en la vida está identificada con las entidades, uno solo puede prestar oído intentando comprender hasta cierto punto. Y el mayor acto de compasión que se puede realizar es, con frecuencia, llamar a las cosas por su nombre: "Mira, esto es lo que está actuando en tu vida. Es Oscuridad, no es de la Luz. Si quieres verte libre de ello, te puedo ayudar. Si quieres continuar en este estado de conciencia y vivir en él, entonces me tengo que apartar de ti. No puedo hacer nada por ti".

En el mundo hay demasiadas personas que quieren llegar más alto, podemos encontrar a muchísimas personas que quieren entregarse con sinceridad y seguir a Dios. No hay por qué perder el tiempo con gente que siente lástima de sí misma y de sus entidades.

Está la palabra *simpático,** que significa que uno tiene algo en común con alguien, que uno está en la misma onda. Las dos personas se entienden en lo que respecta a su creación humana, a uno le gustan las mismas cosas que al otro y los dos hablan de lo mismo: los dos tienen entidades en común. Esta clase de relación parece buena, pasan el día juntos, hacen cosas juntos, pero ¿qué se gana? ¿Están más cerca de Dios?

Sodoma (m.) y **Gomorra** (f.): Entidades de la homosexualidad. Estas entidades realizan una acción que causa repulsión

---
*Esta palabra se utiliza en inglés con un significado distinto a la palabra que se utiliza en español (N. del T.)

hacia el uso sagrado del fuego sagrado en la conciencia de la humanidad, de modo que el amor con el sexo opuesto se vuelve algo repugnante. Esto quita a las personas la polaridad natural que Dios les ha dado y la oportunidad natural de concentrar las energías de Alfa y Omega.

El tema de la homosexualidad es multifacético. La homosexualidad tuvo su comienzo en el continente de Lemuria. La profanación de los santuarios de la llama de la Madre tuvo lugar por parte de los sacerdotes y sacerdotisas que pervirtieron el fuego sagrado de la Madre. Y esa perversión es lo que provocó el hundimiento de Lemuria, así como la destrucción de Sodoma y Gomorra. Con la repetición de la homosexualidad en Grecia, en Roma y en otras civilizaciones con el paso de los siglos, la gente reencarnó y acumuló un impulso en lo que respecta a estas prácticas.

En el momento de la concepción, hay una carga de energía que determina el sexo de la persona en esa encarnación. Esa carga de energía tiene que ver con el chakra de la base, el chakra de la Madre, y con el flujo de las tres energías de la Kundalini: ida, pingala y sushumna. Los hombres que practican la homosexualidad pervierten la corriente masculina y, por tanto, pierden su poder masculino. Por eso es normal observar a homosexuales afeminados, porque están perdiendo la energía masculina y desequilibrando sus energías de Alfa y Omega. De forma parecida, las mujeres que practican el lesbianismo destruyen el equilibrio de la corriente femenina; abusan de esa energía y pierden sus facultades intuitivas, sus facultades femeninas, y se vuelven más masculinas.

Para poder ascender debes tener las energías de la Kundalini en equilibrio, porque la corriente de la ascensión que elevamos es en realidad la llama de la Madre. Por tanto, no se puede ascender en una vida en la que se ha abusado de esta energía, a menos que, cuando escuches la Verdad, te detengas y comiences ha cualificar la energía de manera correcta.

Spíritus (m.) y **Spírita** (f.): Entidades de los licores que crean en la gente una dependencia de los licores espiritosos para la relajación, la estimulación y la euforia. Destruyen el aliciente y el respeto hacia uno mismo, y destruyen hogares, familias y vidas. Los miles y miles de alcohólicos, los grandes bebedores y los que beben solo en sociedad en todo el mundo son marionetas que cuelgan de los hilos de las entidades de los licores y de sus anteriores víctimas, que han muerto y ahora están en el plano astral.

Las personas ebrias o bien se vuelven agresivas a través de Spíritus, la forma masculina agresiva, o se vuelven totalmente pasivas a través de Spírita, la forma femenina.

Sucrose $C_{12}H_{22}O_{11}$ (f.): Entidad del azúcar. El azúcar refinado contribuye a muchos problemas de salud, que incluyen la hipoglucemia, la obesidad, el decaimiento dental, la enfermedad coronaria, la diabetes y la hiperactividad en los niños.[39] Es debilitador y adictivo, y debilita las fibras del cuerpo espiritual y la funda áurica.

Suspoocia (f.) y **Spookia** (m.): Entidades de los recelos y los espectros.

Vánitas (f.): Entidad de la vanidad.

Voluptia (m. y f.): Entidad de la lujuria.

Vudú (f.): Entidad del vudú y la magia negra. Las entidades del vudú mantienen vivos los focos y la práctica del vudú, las artes negras y la magia *kahuna* en todas las naciones y continentes del mundo.

Una manifestación de esta entidad son los practicantes de vudú en África quienes canalizan sus energías a través de focos en el Caribe. Estos, a su vez, trabajan con sus coordenadas en la tierra Bayou de Luisiana, Nueva York, Chicago y otros puntos clave de Norteamérica.

El odio al Cristo y al espíritu de la libertad que proyectan estos magos negros (tanto encarnados como desencarnados) es responsable directo de la cuota anual de huracanes que azotan la costa del Atlántico y el Golfo de Norteamérica. Los magos negros aprisionan a los seres de los elementos (tierra, aire, fuego y agua) en focos de un odio furioso que están programados para manifestarse como huracanes, inundaciones, incendios y tornados. Así, los siervos de Dios y el hombre, los queridos elementales, en vez de cumplir con su plan divino como constructores del reino de Dios en la Tierra, se vuelven instrumentos inocentes de la falsa jerarquía e instrumentos del odio de la humanidad.

Los magos negros de África ocupan la posición más (+) —la perversión del Padre o del Espíritu— y los brujos de la tierra Bayou asumen la perversión de la Madre o polaridad menos (–). Así, estos últimos atraen ese odio y, a lo largo del arco y por el flujo de ese odio, las tormentas son creadas por los elementales que se ven atrapados en estos vórtices de energía mal utilizada.

Esta es una razón por la cual es muy peligroso involucrarse en lo que pudiera parecer formas inocentes de entretenimiento, como la güija, la lectura de manos, los juegos de azar y otras actividades contra las que nos advierten los Maestros. En lo exterior, la actividad puede parecer inofensiva, pero produce en nosotros una apertura hacia esos practicantes de la oscuridad. Entonces nos convertimos en electrodos suyos por el hecho de haber bajado nuestra conciencia al nivel astral.

El decreto para sellar a los elementales en un ovoide de fuego violeta (véase "Libertad para los elementales", página 382) atraerá el poder de Dios para aislarlos de la práctica abusiva de los impíos y de las vibraciones de los temores violentos de los hombres que los elementales imitan en la naturaleza. El decreto "Revertid la marea" (páginas 380-81) se puede hacer con un inserto adecuado para revertir las proyecciones de los que practican las artes negras contra individuos y países.

Weepa [wipa] (f.): Entidad del llanto. Cuando la gente llora al sentir lástima de sí misma o de otras personas, cuando se vuelve histérica o se enoja con violencia y después se disuelve en lágrimas, podemos estar seguros de que detrás está actuando Weepa, que absorbe sus energías creando un "mar de lágrimas".

Algunos adultos tienden a permitirse lo que denominan *una buena llorada*. Sin embargo, no hay nada bueno en alimentar a las entidades astrales, y el proceso de limpieza puede realizarse con mucha más eficacia con la llama violeta. Por tanto, la próxima vez que sientas llegar la "buena llorada", llama, en el nombre de Dios y en el nombre de Jesucristo, a la Elohim Astrea para que rodee a la entidad del llanto; y después invoca la llama violeta en tus cuatro cuerpos inferiores.

Las entidades del llanto nos hacen llorar por tonterías y también nos hacen llorar cuando grandes cantidades de personas lloran debido a una muerte, algún evento violento o alguna catástrofe. Una cosa es llorar y expresar emociones, lo cual es algo natural; otra cosa es ponerse a llorar histéricamente dejando evidente que una fuerza incontrolada está presente en la situación.

ILUSTRACIÓN 41:
Nombres de entidades desencarnadas y demonios posesivos

Entidades de la ira	
Infurio (m.)	entidad de la ira
Riptide (f.)	entidad de la ira
Entidades de agentes químicos	
Fluorida (f.)	entidad del flúor
Sucrose C12H22O11	entidad del azúcar
Entidades de la muerte	
Anhila (f.)	entidad del suicidio
Calumnus	entidad del intento asesino
Dormé (m. y f.)	entidad del sueño
Gargantua (m.)	entidad del linchamiento
Scytha (f.) / Scythus (m.)	entidades de la muerte
Entidades de los narcóticos y el tabaco	
Entidad de la cocaína, Crack	entidades de la cocaína
Delta 9/Cannabis Sativa (f.)	entidad de la marihuana
Heroica	entidad de la heroína
Inhala (f.)	entidad del acto de fumar
Morphus (m.)	entidad de los narcóticos
Nicola (f.) / Nicolus (m.)	entidad del tabaco
Entidad del PCP	entidad del PCP
Entidades del chisme	
Carpia (f.) / Harpia (f.)	entidades del chisme
Entidades de Halloween	
Drácula (f.) / Dráculus (m.)	entidades del horror
Exhora (m. y f.)	entidad que aumenta el horror
Guisa (f.)	entidad de los disfraces
Mischievus	entidad de la malicia
Suspoocia (f.)	entidad de recelos
Spookia (m.)	entidad de los espectro

Entidades de la codicia	
Jezebella (f.)	bestia del dinero
Luciana (f.)	entidad de los juegos de azar (lady luck)
Entidades de la locura	
Derangia (f.)	entidad de la locura
Mania (f.)	entidad del espíritu loco
Depressa (f.)	entidad de la depresión
Manik (m.)	entidad de la depresión
Melancholia (f.)	entidad de la melancolía
Fobia (f.)	entidad del miedo
Schizo (m.)	entidad de la esquizofrenia
Entidades de los licores	
Spírita (f.) / Spíritus (m.)	entidades de los licores
Entidades de la condenación	
Matus (f.)	entidad del masoquismo y la condenación de uno mismo
Satus (m.)	entidad del sadismo y la condenación
Entidades de la música	
Jazzor (m. y f.)	entidad del jazz
Roccocó	entidad de la música rock
Entidades del sentimentalismo	
Sentimentia (f.)	entidad del sentimentalismo
Sensia (f.)	entidad del sentimentalismo
Weepa (f.)	entidad del llanto
Entidades del sexo y el encaprichamiento con uno mismo	
Sensua (f.)	entidad del sexo
Voluptia (m. y f.)	entidad de la lujuria
Masturba (f.)	entidad de la masturbación
Sodoma (m.)	entidad de la homosexualidad
Gomorra (f)	entidad de la homosexualidad
Lesbos (f.)	entidad del lesbianismo
Sappho (m.)	entidad del lesbianismo
Íncubus (m.) / Súccubus (f.)	entidades del sexo que proyectan sueños y sensaciones eróticas durante el sueño
Simpática (f.)	entidad de la lástima
Vánitas (f.)	entidad de la vanidad
Vudú (m. y f.)	entidad del vudú y la magia negra

Protección contra las entidades

Desenmascaremos, de una vez por todas, aquí y ahora, la mentira que han diseminado las hordas astrales de que sus obras malvadas son inofensivas.

En primer lugar, recordemos que el individuo siempre es responsable del uso que haga de la energía de Dios. Cuando esa energía fluye a través de su conciencia, recibe el sello de su identidad. Ese sello es la firma (la insignia) de su alma, un diseño perfecto que es suyo y solo suyo. Puede ser una estrella, una corona, una hoja o una flor. Uno no puede negar su sello más de lo que puede negar sus huellas dactilares.

La energía de Dios se personaliza en el hombre al pasar por el nexo de la conciencia de este y recibir, no solo la estampa de sus pensamientos y sentimientos, sino también la de su sello personal. Allá donde se fije la atención del hombre, allá se atraerá su conciencia, antes o después, porque la Ley requiere que cada hombre redima la energía que ha cualificado mal. Con el sello personal del que la envió, esa energía, mal cualificada y prisionera en una forma negativa, regresa a él con el impacto de la fuerza inicial con la que se cargó, combinada con el impulso acumulado que atrajo al reunir más de su misma clase.

Por tanto, en relación con este estudio de las entidades, es importante que el estudiante comprenda que él mismo puede estar manteniendo con vida a las mismas fuerzas que quisiera condenar. Lo hace al permitir que sus energías fluyan en corrientes alternas de repulsión y atracción hacia imágenes de horror, modelos de muerte y distorsiones de toda clase, que pueden concebirse en la mente de los magos negros.

En realidad, mediante su atención, el estudiante estará poniendo su sello de aprobación sobre el objeto de su atención. Esta energía, como una parte de él mismo, vive en las fuerzas malvadas y sustenta su vida. Es más, el registro de horror (o sea cual sea el tipo de pesadilla astral que el individuo haya alimentado con sus energías) se estampa en su cuerpo etérico, sobre su plan divino. Hasta que no borre el patrón imperfecto, este interferirá con su exteriorización del plan y la Imagen del Santísimo. Las entidades descritas aquí y muchas más entidades masivas podrían disolverse en veinticuatro horas si la humanidad en su totalidad, consciente de sí misma como el Cuerpo de Dios en la tierra, hiciera un esfuerzo concertado para retirar su atención y sus energías de estos campos energéticos de energía mal cualificada. Los estudiantes de la Luz pueden lograr mucho haciendo invocaciones para que Dios envíe sus legiones de Luz para que liberen a todos aquellos que sean esclavos de las entidades desencarnadas y masivas.

Ha de recordarse siempre que estas fuerzas que parecen ser tan mortíferas no son nada ante la Luz del Cristo. No poseen Realidad alguna porque, debido a sus malvadas obras, se han colocado fuera de la Presencia de Dios.

Si el individuo asume una postura en defensa de la Luz y hace llamados persistentes por su libertad y por la de toda la humanidad, si acepta esta libertad y su señorío Divino sobre todos los estados malignos como un hecho presente de su existencia, vivirá para ver la transmutación de cada mentira y su manifestación. Y vivirá para ver la victoria del Cristo sobre la conciencia de los traidores en quienes se engendró la mentira.

El único poder que puede actuar es la Ley de Dios a través de la Mente de Cristo. Si vivimos en la Verdad de esta frase, se nos hallará vencedores, dignos de nuestro llamamiento.

Cómo proteger el plexo solar

Con mucha frecuencia las vibraciones dañinas de las entidades desencarnadas y masivas entran en el mundo del individuo por la puerta del plexo solar, la sede de las emociones. Por tanto, el plexo solar, como el sol del ser del hombre, debe protegerse para que su nivel de energía no descienda con la repentina entrada de fuerzas psíquicas, que quieren molestar la armonía de este mundo.

El estudiante debe invocar diariamente a la Presencia Divina, a Jesús el Cristo y al Elohim de la Paz pidiendo que le pongan el Gran Disco Solar sobre el plexo solar. Este disco se visualiza como un escudo de protección cargado con la radiante Luz blanca del Cristo y poseyendo su poder para "que desvíe instantáneamente toda clase de discordia que alguna vez pudiera dirigirse en mi contra o contra la Luz que yo defiendo".

GRAN DISCO SOLAR

Amada poderosa Presencia YO SOY, amado Santo Ser Crístico y amado Jesucristo: Haced destellar vuestra Luz deslumbrante de mil soles en, a través y alrededor de mis cuatro cuerpos inferiores como una poderosa acción protectora de la Luz de Dios que nunca falla, para proteger la pacífica manifestación del plan de Dios en todos mis pensamientos, palabras y acciones.

Colocad vuestro Gran Disco Solar sobre mi plexo solar como un poderoso escudo de protección que desvíe instantáneamente toda clase de discordia que alguna vez pudiera dirigirse contra mí o contra la Luz que yo defiendo.

Invoco ahora en el nombre de mi Poderosa Presencia YO SOY al Elohim de la Paz para que libere en todo mi ser y mundo la acción necesaria de la poderosa llama de la Paz del Cristo Cósmico que sostendrá en mí la conciencia Crística en todo momento, para que nunca pueda involucrarme en una emisión de energía mal cualificada dirigida a parte alguna de la vida, ya sea miedo, malicia, leve antipatía, desconfianza, censura o desdén.

Invoco al amado Saint Germain para que atrape toda energía que yo haya emitido alguna vez en contra de mis hermanos y que les haya causado cualquier tipo de molestia. ¡Y en el nombre de mi Poderosa Presencia YO SOY ordeno que esa energía sea eliminada de su mundo —causa, efecto, registro y memoria— y que sea transmutada por la llama violeta en la pureza y la perfección que es la esencia del fuego sagrado de Dios, para que la Tierra y toda la vida elemental puedan ser liberadas por siempre de la creación humana y se les otorgue su victoria eterna en la Luz!

¡Yo acepto que esto se cumpla ahora mismo con pleno Poder! ¡YO SOY esto cumplido ahora mismo con pleno

Poder! YO SOY, YO SOY, YO SOY la Vida de Dios expresando perfección de toda forma y en todo momento. ¡Esto que invoco para mí lo invoco para todo hombre, mujer y niño en este planeta!
¡Amado YO SOY! ¡Amado YO SOY! ¡Amado YO SOY!

El breve mantra "¡Oh disco de Luz!" también se puede usar para sellar y proteger el chakra del plexo solar.

OH DISCO DE LUZ

¡Oh disco de Luz, con toda tu perfección,
desciende desde alturas celestiales!
¡Que mi aura brille con la Luz de la libertad,
el amor y la protección de los Maestros!

(recítese tres veces)

Pasos prácticos

También hay pasos prácticos que el estudiante puede dar para proteger su campo energético y mantener su conciencia y entorno libre de entidades. La fragancia de pino, que contiene la esencia espiritual que se emite a través de los pinos, repele a las entidades. Los devas de los pinos, que dan su ayuda a los bosques de pinos, ofrecen una gran protección espiritual a países enteros, reduciendo los efluvios psíquicos que la humanidad emite. Los residentes urbanos que visitan los parques y bosques nacionales absorben el poder equilibrante, restaurador y curativo que el Espíritu Santo transmite mediante la naturaleza, especialmente a través de los pinos de todo tipo. La comunión íntima con la naturaleza es absolutamente necesaria para la salud, la armonía y la cordura del alma.

Las fragancias de pino, incienso, menta fresca, cedro del Himalaya y flores en general (especialmente las rosas) también repelen a las entidades. Estas fragancias se pueden utilizar aplicándolas al cuerpo, en el hogar o alrededor de los niños. Algunos yoguis ponen una gota de aceite de cedro del Himalaya sobre el tercer ojo antes de entrar en samadhi.

Quien desee mantener su hogar limpio de entidades se

asegurará de que la comida y los restos nunca queden al descubierto, los platos sucios no se queden sin fregar toda la noche y la basura se saque y se deje en contenedores tapados antes de acostarse. Porque allá donde haya algo en estado de descomposición, las entidades se reunirán para absorber las energías que se liberan durante la oxidación. Cosas como flores marchitas, olores corporales, ropa sucia, trapos sucios, periódicos viejos, agua estancada y polvo (en muebles y automóviles) atraen a las entidades, que también actúan a través de las energías de los animales y las explotan. Se alimentan en los vertederos, las chatarrerías y los desguaces de automóviles y a menudo se sienten atraídas por las antigüedades y los muebles usados.

Debido a que no se ven y solo se sienten, las entidades pueden hacer que las personas sientan incomodidad, y con frecuencia lo hacen, sin que estas se den cuenta de la fuente de su molestia. Al entrar a una casa o un edificio público y encontrar una plaga de entidades o de personas poseídas por ellas, puede que sientas intranquilidad o que te vuelvas dolorosamente consciente de una vibración extraña al Cristo interior. Incluso puede que sientas el registro de eventos desagradables que se han producido en ese lugar, y sentirás el deseo de marcharte lo antes posible.

Las entidades pueden disminuir la vitalidad personal y se proponen interferir con los proyectos que llevamos a cabo. Pueden producir tensión nerviosa y ataques de nervios. Pueden irritarnos o volvernos lentos, e intentan desorganizarnos la vida actuando a través de empleadores, empleados, familia, amigos o extraños indiscriminadamente.

Quienes nunca se han sentido enganchados por las garras de estos animales de presa astrales no pueden imaginar la tenacidad del gancho de las entidades del sexo, las drogas, los juegos de azar, los licores y la nicotina. Si las pobres almas a las que una o más de estas entidades masivas han sorprendido con la guardia baja supieran que las ansias y los deseos que se atribuyen a sí mismas no les pertenecen en realidad, sino que son simples proyecciones de entidades astrales, se levantarían con justa indignación para echar fuera, en el nombre de Jesucristo, al enemigo que han consolado y al que han ayudado sin saberlo. Si se dirigieran a Dios con una fe total en su amor y en su buena disposición para liberarlas de la esclavitud de los acusadores de los hermanos, volcarían las mesas de los cambistas que han hecho de su casa una cueva de ladrones.[40] Romperían los recipientes de barro que han albergado a las entidades y abrirían las ventanas de su conciencia de par en par para recibir los frescos vientos del Espíritu Santo.

El uso del color

Las ciencia del color se puede utilizar para elevar la vibración de un entorno, afianzar más Luz y dar protección contra las influencias negativas. Vesta explica lo siguiente: "La Luz es una gran clave, amados; y hombres y mujeres deberían comprender que los colores estridentes del mundo, con sus vívidas densidades, solo remueven las pasiones y destruyen la esperanza, mientras que los tonos pastel reactivan la comunión con las esferas superiores. Mediante el uso correcto del color, el uso de los colores correctos, los hombres pueden encontrar en su ilimitada expansión de los tonos arco iris de la Luz una renovación de su conciencia y la purificación que debe producirse a diario si desean progresar por el sendero de la mayordomía".[41]

Un medio por el cual la vibración astral de las entidades puede penetrar en el plano físico es a través de los colores que vibran a su nivel, a saber: rojo, rojo anaranjado, naranja, negro, marrón, gris, verde oliva y verde amarillo [chartreuse o cartujo]. Estos colores, junto con sus equivalentes metálicos, plata y cobre, vibran al nivel de las creaciones astrales y las cualificaciones discordantes como ira, temor, duda, resentimiento, orgullo, rebelión, avaricia, pasión incontrolada, etcétera. Esos colores se pueden ver en el aura de las personas espiritualmente no desarrolladas.

Los discípulos de la Hermandad deberían evitar la utilización de estos colores en la vestimenta y en la decoración del hogar, porque concentran la discordia y el desorden del tipo más degradante. De otro modo, el discípulo, por proximidad y el flujo de su atención, puede convertirse en víctima de crueles fuerzas que solo pueden conseguir entrada a su mundo mediante la penetración de la desarmonía y los colores que se acaban de mencionar. A veces lo único que hace falta para desanimar a estos intrusos es una nueva capa de pintura y un cambio hacia los colores de los Maestros Ascendidos, los colores de los rayos puros de Dios, en la decoración del hogar y en la ropa.*

Tal como los Maestros trazan y mantienen focos de Luz allá donde las personas expresen armonía y la aumenten con los colores y la música adecuada, con matrices espirituales y la consagración individual, los hermanos de la sombra sustentan sus planes perversos mediante focos discordantes amplificados por colores, formas de pensamiento y música caótica.

El uso de luces estroboscópicas, formas de arte psicodélicas, imágenes distorsionadas y estampados disparatados en telas y paredes son elementos que abren la puerta al plano astral y facilitan la entrada de entidades en la conciencia de quienes no ponen cuidado en eliminar de su persona y su hogar estas distorsiones aparentemente inocuas del arte divino. La eliminación de tales focos abrirá el camino a una armonía y una paz que algunos encuentran difícil de creer, acostumbrados como están al moderno tintineo de discordia y desorganización en su vida.

La combinación de los colores de los Maestros Ascendidos con los colores astrales del arte moderno, los diseños de moda y la decoración de interiores la planeó la falsa jerarquía. Al poner colores que vibran al nivel más bajo del plano astral junto a los que contienen las vibraciones puras de las octavas de los Maestros Ascendidos, los enemigos de la rectitud pueden cumplir un propósito triple: 1. por proximidad, al tener su foco al lado del de los Maestros Ascendidos tienen la capacidad de extraer las energías puras que necesitan para perpetuar su existencia;

---

*Cuando se combinan con el blanco, los colores de los siete rayos forman colores pastel que se pueden usar como un medio de lo más eficaz para atraer la radiación espiritual y las bendiciones de las huestes angélicas, con el fin de manifestar un foco real de los reinos superiores en el entorno inmediato. Una nueva capa de pintura también sirve para limpiar en campo energético puesto que los olores y los agentes químicos en la pintura tienden a repeler a las entidades.

2. crean una puerta abierta por la cual pueden canalizar las energías astrales; 3. crean en la mente subconsciente de los jóvenes los modelos de estas combinaciones, mediante los cuales pueden introducir distorsiones sutiles de la Verdad y una inversión de la Ley de los Maestros Ascendidos.

El color naranja con el rosa, con el amarillo, con el azul, con el blanco, con el morado, con el verde o con el violeta se utiliza para canalizar la rebelión y el orgullo luciferino hacia la conciencia de los niños de Dios. El verde amarillo tiene una vibración biliosa y cuando se combina con los colores de los Maestros Ascendidos, conecta a quienes lo miran de forma directa con las creaciones astrales más viles y violentas. Los rojos y anaranjados remueven las emociones y, en combinación con el negro, estos colores son un canal para las vibraciones de magia negra y brujería.

Cuando el blanco, el foco más concentrado del fuego sagrado, se utiliza con colores astrales, tiende a someterlos y hacer que sean más aceptables; sin embargo, el principio es el mismo. De forma parecida, la plata y el cobre, que tienden a conducir las vibraciones astrales, a veces se utilizan para engastar piedras preciosas que contienen focos de la llama Divina, neutralizando parte de los efectos negativos de estos metales. La sustancia del oro, por otro lado, concentra la energía del sol, enfoca una vibración muy alta y una energía muy intensa de la que todo el mundo se puede beneficiar. Cuando la gente lleva puesto oro y cuando tiene oro en su posesión, ello supone un imán para su provisión y abundancia, de lo cual pueden derivar un gran beneficio espiritual. El oro se puede llevar puesto en todo momento por sus propiedades equilibrantes y curativas.

Astrológicamente hablando, el oro pertenece al sol; la plata, a la luna. Dios creó la luna como reflector del cuerpo de los sentimientos o de los deseos de Dios. Es un espejo gigante. Si el cuerpo de los sentimientos de la humanidad estuviera lleno de los sentimientos de Dios, los deseos de Dios (pureza, amor, plenitud, compasión, ternura, fe, reverencia, constancia, todas las cualidades que animan las huestes angélicas), la luna sería una ventaja, que reflejan y amplifican esos sentimientos. Sin embargo, debido a que la humanidad ha contaminado esas energías, especialmente en el nivel astral o del agua donde la luna se manifiesta, existe una sustancia impura reflejada por la luna y por la plata como sustancia.

El cobre está asociado con el planeta Marte y tiene una vibración incluso más baja que la plata.

Algunos se preguntarán por qué los colores astrales prevalecen en la naturaleza. Debemos recordar que la Tierra, en su estado prístino, era transparente; las arenas y las rocas de tono pastel. Incluso la sangre, que es portadora de la energía de Dios por el templo corporal, era un rayo de brillo rosa dorado que daba un tono cálido y delicado a la piel y brillo a toda la forma.

Con el advenimiento de la discordia, los elementales comenzaron a exteriorizar en la naturaleza sus temores y frustraciones que fluían desde la corriente impura de la conciencia de la humanidad. Espinas y cardos daban testimonio de la traición del hombre a la imagen del Cristo y los frutos de la tierra se marcaron con las siembras imperfectas del hombre.

Cuando la humanidad vuelva en conciencia al estándar perdido de la Era de Oro, los elementales volverán a precipitar en la naturaleza los modelos de la futura Era de Oro.

La importancia de tener un campo energético de Luz

La Diosa de la Pureza habla de la importancia de tener un campo energético de pureza en el hogar:

> ¿Creéis que la Luz del Cristo puede descender a través de un campo energético cargado con los registros de creación humana de generaciones enteras?
>
> La gente que colecciona antigüedades, que la humanidad ha tenido durante cientos de años, sin conocer el uso de la llama violeta con la que pueden purificar esa sustancia antes de llevarla a su hogar, conservan incautamente las impurezas de la historia. ¿Y de qué les sirve tener esos objetos de arte si en ellos hay una acción de talismán de tiempos y lugares que no dieron testimonio de la Luz, teniendo condiciones densas en ese campo energético?

Poned cuidado, por tanto, en vuestras pertenencias de vuestro hogar en un sentido físico y la ropa con que vestís vuestro templo de Luz. Porque cuando lleguéis a los portales del Templo de la Ascensión, la llama de la pureza penetra en todo. Nada puede ocultarse cuando se está ante los Señores del Karma. Porque ese poderoso rayo de Luz vuelve transparente a vuestra alma y se ocupa con todo detalle, queridos, de las minucias del vivir diario.

Creéis que las cosas no tienen importancia, que es supersticioso preocuparse por el color, la fragancia o vuestro entorno. Os digo que los perfumes que la gente pone sobre su forma atraen impurezas y entidades desencarnadas. Por tanto, es de lo más esencial que mantengáis una conciencia de pureza suficientemente sensible para sentir con el toque de la mano si un objeto necesita o no limpiarse o lavarse.

El uso del elemento agua, el poder de Neptuno y Luara, es muy esencial. Y el uso del elemento agua no solo beneficia a la forma, sino también al cuerpo emocional y al mundo mental.

Os advierto también de que no descuidéis el fuego morado, la llama violeta y la llama de la pureza cósmica, porque estas son fuerzas potentes que os mantienen libres. Una vez que sois libres, recordad, queridos, que salís al mundo exterior y debéis comprender que podréis volver a contraer los estados del mundo exterior y que estos deben purificarse.[42]

Por consiguiente, se recomienda que los estudiantes examinen los objetos de arte y otros enseres de su casa, eliminando los que no contribuyan a la espiritualidad del hogar y sus miembros. En el caso de cosas caras y necesarias, se sugiere un plan a largo plazo para el reemplazo gradual de los artículos inapropiados. El lema en transiciones así, de lo material a lo espiritual, es equilibrio: la perfección como meta en un mundo imperfecto.

Redes y campos energéticos flotantes

El Gran Director Divino, al hablar del tema de las redes y los campos energéticos flotantes de pensamiento y sentimiento humano mal cualificado que hemos tratado en este capítulo (entidades masivas), da inestimables consejos a los estudiantes sobre cómo contrarrestar esas condiciones y mantener el control Divino:

> El poder de la oración y de la sintonización espiritual, de vivir cerca de la Presencia Divina de Dios, el mantener actitudes de felicidad y una conciencia de los propósitos de la vida, el mantenimiento del servicio y la buena voluntad hacia los demás y la amplificación de cada beatitud divina es, por supuesto, una de las mejores protecciones contra la entrada estas fuerzas.
>
> No puedo negar que algunas de ellas, debido a su tamaño y sus modelos de densidad, son particularmente letales y, por ello, mortíferas para los que no sospechan y que, por consiguiente, están desprotegidos contra ellas. Tal como una nube cubre el sol antes de la tormenta, en muchos casos una bajada del grado de la felicidad normal o del bienestar es indicativo de la presencia de un campo energético invisible así.
>
> Existen dos simples defensas que los hombres tienen a su disposición contra estos escollos invisibles. Una consiste en reconocer que el desplazamiento puede llevar a una persona con rapidez hacia una zona fuera del centro de impulso; por tanto, muchas veces uno estará absolutamente a salvo a una distancia de dos o tres kilómetros. En otras ocasiones, por varias razones, cuando las personas no pueden huir convenientemente de la zona invadida, pueden hacer una poderosa solicitud a la Divinidad, a los Seres Cósmicos y los Maestros Ascendidos, como Jesús y el Arcángel Miguel, con el fin de recibir ayuda espiritual para alejar esos campos energéticos o transmutarlos en Luz.
>
> Ahora bien, ni por un momento deseo que nadie acepte que, tan mortíferos como sean estos campos energéticos, no pueda lograrse que cedan ante el invencible poder de Dios. Pero tal como Don Quijote fue incapaz de derrotar a los molinos con la punta de su lanza, no tiene sentido, con palabras de San Pablo, pelear como quien golpea el aire.[43]
>
> Comprended que en la actualidad existen pocas personas encarnadas físicamente que sean capaces de lidiar al instante

con las más malévolas de estas condiciones desde el punto de la gracia personal exteriorizada. Pero estoy seguro de que el llamado no pasa desapercibido en el cielo y, por tanto, se pueden abrir grandes brechas en esos campos energéticos. A veces pueden ser reducidos o cortados en dos con un golpe de la espada de llama azul invocado por un chela.

No deseo que el cuerpo estudiantil sea demasiado consciente de estas condiciones. Sin embargo, queridos, no es inteligente ignorar el mal o permitirse estar sujetos inconscientemente a su manifestación temporal en el mundo de la forma.

Por consiguiente, en un estado de equilibrio mental y espiritual perfecto, la humanidad debe comprender que estas entidades masivas existen y que operan de forma casi mecánica; no necesariamente como monstruos fijos, sino que frecuentemente son como animales de presa deambulantes del aire, sujetos a vagar inconscientemente y a sufrir la atracción de diminutos centros afines en individuos o en grupos.[44]

La creación de energías turbulentas

El Poderoso Cuzco explica cómo liberarse de las energías turbulentas que sueltan las entidades masivas:

> Hay muchos tipos de entidades de energías turbulentas: algunas son creaciones de ira, temor, violencia, desesperanza, deseos de placer paliativo y temporal; frustraciones, autoengrandecimiento; locura, confusión, irreverencia, odio, escarnio, chismes; amor al dinero y al poder, y muchos otros impulsos acumulados destructivos cuya finalidad nunca es práctica ni perfecta.
>
> La fuerza empleada en mantener estas condiciones nunca es el amor divino. El amor divino retira de manera natural la energía de cualquier centro malévolo mediante la acción interior de la Ley. Durante este proceso, el cociente energético del vórtice se vacía y estas energías turbulentas giratorias, que para sustentarse dependían de que sus focos se alimentaran de forma constante de una multitud de gente de todo el mundo, se disipan. La bendita gente de la Tierra ha continuado

ocultando la Luz de Dios en ella bajo el *almud* negativo de la personalidad exterior mal cualificada con una máscara de energías turbulentas negativas que proclaman falsamente ser sus propios pensamientos y sentimientos.

Estoy interesado en que los estudiantes comprendan que la acción centrípeta (en sentido antihorario) es aquello que disuelve la sustancia o le devuelve la vida a lo Universal. Esta acción centrípeta ha sido utilizada de manera errónea por las fuerzas psíquicas para arrancar a los buscadores las bendiciones espirituales que Dios les ha dado; y así, los estudiantes no tienen la plenitud de las bendiciones que los Maestros Ascendidos quieren que tengan. La acción centrífuga (en sentido horario) crea y mantiene sustancia y vibración, pero también ha sido mal utilizada para acumular impulsos de pensamientos, sentimientos y hábitos con el fin de llevar a la humanidad hacia abajo.

El fuego sagrado, cuando está concentrado como foco dual de la Luz de los Maestros Ascendidos, satisface ambas necesidades de transmutar la acción centrípeta y centrífuga de todas las energías turbulentas y la energía discordante de la humanidad, ¡liberando así a la humanidad para que manifieste a Dios! La espada de llama azul está tipificada en la alegoría general de la espada de doble filo en la puerta del Paraíso que consta en el Pentateuco.[45]

El círculo y la espada de llama azul

El círculo y la espada de llama son instrumentos especiales de las legiones de la pureza y del relámpago azul (Elohim Pureza y Astrea, Elohim Hércules y Amazonia, Arcángel Miguel y Fe, amados Surya y Cuzco, el Maestro Ascendido El Morya y otros).

El círculo de llama azul es un anillo de fuego espiritual que se puede invocar alrededor de cualquier persona, lugar, circunstancia o cosa que necesite una acción concentrada de la voluntad de Dios, de su protección o su poder purificador. El círculo se utiliza para contener e inmovilizar a las fuerzas del mal. Este absorberá las impurezas del alma y los efluvios psíquicos residuales en los cuatro cuerpos inferiores del hombre, cuyos efluvios a menudo son la causa de las enfermedades, los accidentes, la vejez y la muerte. Al intensificar la actividad de la voluntad de Dios, esta restaurará en la conciencia y el ser del hombre el modelo original de su perfección y de su plan divino.

La espada de llama azul es un rayo de Luz, una vara de poder divino, un cetro de autoridad que las huestes de la Luz extraen de su llama Divina individual y que blanden para liberar a la humanidad de cualquier cosa que suponga un impedimento en el camino del logro. Imitando el poder Crístico que está concentrado en la espada de llama azul, los estudiantes pueden visualizar una espada de llama azul en su mano derecha y pueden blandirla como hacen los ángeles.

La Elohim Astrea advierte que la fuerzas invisibles provocan más problemas de lo que la mayoría de nosotros nos imaginamos. Ella nos dice:

¿Os habéis percatado de que los perros parecen ladrar al aire, hacia aquí y hacia allá, y no hay nada? ¡Los perros ven el plano astral! ¡Ven las entidades astrales! ¡Os avisan! Son vuestros protectores. Muchas veces hay ángeles de relámpago azul acompañándolos y ellos sienten que su misión es defender vuestra vida.

O quizá hayáis notado cómo sufrís cambios de humor repentinos. Os podéis enojar; os podéis poner tristes; os podéis deprimir. Sí, eso puede ser el efecto de medicamentos o de una alimentación equivocada, pero más que eso, las fuerzas de la Oscuridad producen estos estados. Todo está en paz y, de repente, estalla una discusión con un enfrentamiento lleno de ira en la familia o entre dos personas que se aman mucho.

Vosotros debéis ver todas estas cosas con objetividad. Debéis llegar a comprender, amados, que estáis lidiando "contra principados, contra potestades, contra huestes espirituales de maldad en las regiones celestes".[46] Este versículo se refiere a las jerarquías de ángeles caídos con las que lidiáis todos los días. Estas se dirigen contra vuestras esperanzas y vuestros sueños más queridos y estrellan el cáliz de Luz antes de que podáis beber del elixir que os ofrecen los Serafines de Dios.[47]

El Arcángel Miguel dice que deberíamos avergonzarnos de permitir que demonios y desencarnados de cualquier tipo nos engañen cuando estamos desprevenidos. "En ese momento, cuando esos pequeños demonios llegan y saltan sobre vuestros hombros y piden a gritos que se los reconozca, en ese mismo momento debéis sacar vuestra espada. A decir verdad, estos demonios en realidad temen la llama de vuestro corazón. Ellos saben que su única esperanza es engañaros para que sintáis que estáis de alguna manera separados de Dios. Saben que os tienen que sorprender desprevenidos. Ya saben que no tienen ninguna posibilidad contra el Cristo o la llama Divina dentro de vosotros. Ya saben que tenéis todo el poder de Dios si lo reclamáis. Tienen que engañaros para que no reclaméis ese poder, aunque solo sea por un instante, en el momento en que llegan".[48]

Lanello dice: "No seáis... el blanco de un demonio enano de poca monta que desea desarzonaros y lo consigue".[49]

Invocar a las legiones de Astrea

El Elohim Astrea habla de la necesidad de limpiar la Tierra de entidades desencarnadas:

> Amados, estamos aquí para purificar el chakra del alma de una nación y de todas las naciones. Hemos venido para atar a los demonios y desencarnados que trabajan contra toda la población y el medio ambiente. Hemos venido a rescatar a las almas que no deberían estar atrapadas en el plano astral, que deberían estar en los retiros de Luz. Hemos venido a aligerar esta ciudad...
>
> El peso que muchos sentís aquí es un peso causado por la acumulación de desencarnados. Estos os cargan de forma personal. Es como si toda la ciudad estuviera atiborrada (tan atiborrada "como latas de sardinas", como diríais vosotros) de entidades desencarnadas, que no tienen ningún motivo para estar aquí excepto el hecho de que los Guardianes de la Llama no han convocado con un esfuerzo concertado la acción de torbellino del círculo y la espada de llama azul ¡para echarlas a toda prisa!

Entidades

Guardianes de la Llama del planeta Tierra, me dirijo a vosotros: Estamos en los últimos tiempos. Las almas que no pueden navegar por los planos inferiores para poder salir simplemente se acumulan en ese estado desconcertado o, de otro modo, quedan atrapadas, presas del dominio completo de las fuerzas de la Oscuridad. Este planeta podría encontrarse en unas circunstancias mucho mejores si os tomarais en serio la importancia que tiene el que os reunáis en vuestros grupos allá donde lo podáis hacer en esta ciudad y me hagáis los llamados...

Como podéis ver, unas pocas horas de trabajo pueden liberaros de las cargas que tenéis en el cuerpo a causa de una mala salud, a causa de una pérdida de provisión y la capacidad de lidiar con vuestras deudas legítimas. Estas situaciones contrarias llegan en forma de estas entidades, que os absorben la Luz...

Es bueno, amados, que invirtáis vuestra energía espiritual en el Servicio de la Ascensión de la noche del viernes.[50] Esta es la hora en que abren los portales de las octavas de Luz y nuestros ángeles pueden acompañar a muchos a esos cubículos y aulas donde su alma realizará un avance mucho mayor. Por tanto, cuando hayan abandonado la ciudad, veréis que los vientos del Espíritu Santo os podrán traer buenas nuevas del Sol Central, ángeles y vibraciones superiores; y volveréis a conocer la paz que habéis conocido aquí con anterioridad.

Amados, pedimos poco y ofrecemos muchísimo. Si tan solo me hicierais el llamado, a mí, Astrea (el número 10.14 de vuestro libro de decretos, amados) y lo hicierais todos los días con todo el fervor, veríais lo que "diez mil por diez mil" legiones de Astrea pueden hacer por vosotros personalmente y por esta ciudad...

Mi amor viene como el relámpago azul. Viene como el rayo rubí mezclado con él y con el fuego blanco. Así, como veis nuestros colores parecen colores patrióticos. ¡Somos patriotas del cosmos! Somos patriotas que llegan del Sol Central. Somos amantes de la libertad que nos adherimos a esa libertad por todas las almas.

Por tanto, hace mucho forjé mi círculo y espada de llama

azul, porque ningún alma es libre siempre que las fuerzas invisibles puedan pegarse como percebes al aura, a la conciencia, a los órganos del cuerpo, absorbiendo la Luz. ¡Esto no es libertad, amados! Y debido a que son invisibles, os imagináis que los dolores, las enfermedades y las adversidades que afrontáis son producto del mal funcionamiento de vuestro cuerpo. Bien, el mal funcionamiento de vuestro cuerpo se debe a las energías, fuerzas y vibraciones invisibles. Ahí es donde debéis empezar...

Amados, ¿tenéis a un ser querido que esté apesadumbrado por alguna forma de adicción a las drogas, el alcohol, la nicotina o incluso el azúcar? Si así fuera, amados, y esta persona no está en el Sendero y no comprendería cómo hacer el llamado, yo os digo que encontréis la mejor fotografía, la más reciente de esa persona, incluso sacadle una fotografía, o mejor aún, haceros una fotografía con ese ser querido.

Después poned esa fotografía, tamaño folio, lo suficientemente grande, sobre vuestro altar... pedid que ese ser querido sea liberado de cualquier demonio o desencarnado que esté absorbiéndole la Luz, que esté llevándose esa Luz mientras disfruta de la adicción a través del cuerpo de esa persona...

Estas entidades de las drogas que se cuelgan de las entidades desencarnadas, que asimismo fueron adictos antes de abandonar la pantalla de la vida y entrar al plano astral (y esto también se refiere a los alcohólicos y a las entidades del alcohol) se conectan con la corriente de vida y se agarran a la médula espinal por la nuca del adicto encarnado físicamente. ¡Puede haber hasta cien entidades desencarnadas enganchadas a una sola persona!

Si lo pudierais ver, amados, el corazón os ardería de compasión y comprenderíais por qué ese ser querido no tiene la capacidad o la fortaleza de abandonar esa adicción; porque cada vez que esa persona trata de ser libre, ahí llegan las entidades proyectando en su cuerpo emocional, en su cuerpo y cerebro físico, el deseo y la necesidad de tomar otra vez esa sustancia.

Os digo que el suministro de drogas en este país es ciertamente una conspiración de ángeles caídos de otros sistemas planetarios para destruir la oportunidad que tienen los portadores de Luz de unir su mente a Cristo. Comprended una guerra así entre la Luz y la Oscuridad. Es un Armagedón total en el que los jóvenes del mundo son crucificados en las calles del mundo.

¡Necesito vuestra ayuda! ¡Solicito vuestra ayuda! Ponedme a prueba. ¡Ved lo que ocurrirá cuando utilicéis el círculo y la espada de llama azul! Ved cómo nuestras legiones pueden atar a cien entidades en respuesta a vuestro llamado, cuando hagáis el decreto a Astrea. Yo soy la Madre Estelar. Ya veréis cómo ese ser querido puede liberarse y mantenerse libre y cómo regresará a la dignidad de un hijo de la Luz y encontrará su misión antes de que sea demasiado tarde.

¡Cómo me he puesto al lado de madres y padres que han llorado por las muertes o los suicidios relacionados con las drogas! ¡Ojalá hubieran conocido esta enseñanza! ¡Ojalá los ministros de las iglesias las hubieran aceptado!...

Así, amados míos, si hacéis la vigilia por un ser querido o por varios, ¡sabed que el poder del círculo y la espada de llama azul funcionará mientras vosotros rezáis por ellos cada día y por cada uno de los demás niños de Dios de este planeta que estén similarmente esclavizados!

Yo, Astrea, os hago esta oferta: Rezad por vuestros seres queridos, poned sobre el altar tantas fotografías como queráis. Y cuando recéis por ellos, rezad también por los demás que hay en este planeta que puedan ser liberados por Astrea. Pongo mi Presencia Electrónica sobre todos ellos, miles de millones de veces si fuera necesario y más. Esta es la capacidad de un Ser Cósmico que está unido a Dios, que, por tanto, es totalmente Dios en manifestación. Solo necesito el llamado de corazones individuales en la Tierra.

Madres y padres y maestros y ciudadanos del planeta Tierra, ¡apelo a vosotros! ¡Dios me ha dotado del poder de liberar a los limpio de corazón y a todos en este planeta! Pronuncie vuestra boca la Palabra hablada que se necesita.

¿Comprendéis el principio, amados, de que debemos tener a personas encarnadas físicamente que pronuncien el decreto con el poder de la Palabra hablada? Si no lo hacen, si no lo hacéis, no estamos autorizados a entrar en esta octava. Esta es vuestra octava, la octava física, y lo que ocurra en ella depende de vosotros y del llamado que hagáis. Dios os ha dado dos cosas: libre albedrío y el planeta Tierra. Él no os quitará el libre albedrío entrando para hacer las cosas que Él os ha ordenado que hagáis vosotros.

Vuestro llamado nos obliga a la respuesta desde nuestro reino de Luz. Venimos al instante. ¡Lo esperamos! ¡Os damos empujoncitos! Os damos la forma de pensamiento de que toméis vuestro libro de decretos. Una oración, amados, nos autorizará para ayudar a un millón de almas. Si no podéis hacer el decreto a Astrea (páginas 376-77) treinta y seis veces, hacedlo tres, pero hacedlo antes de que no lo hagáis en absoluto.[51]

Exorcismo

Existen varios métodos para dominar a las entidades desencarnadas y a las masivas, para hacerse con el dominio de los demonios y el exorcismo de los espíritus malvados que trabajan con ellos. Jesús demostró su maestría sobre los habitantes del reino astral y, antes de ascender, prometió que todos los que creyeran en el Cristo serían capaces de echar fuera a los demonios en su nombre.[52]

Mientras Jesús caminó por la Tierra, todo el cuerpo de entidades del planeta lo conocía y lo temía. A través de sus susurros psíquicos, transmitieron de un lado de la Tierra al otro el conocimiento de sus derroteros, de cada uno de sus movimientos. Este hecho se puede observar en el escrito del cuarto capítulo de Lucas.

Está escrito que cuando Jesús entró en la sinagoga de Capernaún...

>...había un hombre que tenía un espíritu de demonio inmundo, el cual exclamó a gran voz, diciendo: Déjanos; ¿qué tienes con nosotros, Jesús nazareno? ¿Has venido para destruirnos? Yo conozco quién eres, el Santo de Dios.
>
>Y Jesús le reprendió, diciendo: Cállate, y sal de él.

Entonces el demonio, derribándole en medio de ellos, salió de él, y no le hizo daño alguno. Y estaban todos maravillados, y hablaban unos a otros, diciendo: ¿Qué palabra es esta, que con autoridad y poder manda a los espíritus inmundos, y salen?...
También salían demonios de muchos, dando voces y diciendo: Tú eres el Hijo de Dios. Pero él los reprendía y no les dejaba hablar, porque sabían que él era el Cristo.[53]

De modo muy parecido, encontramos la insolencias de los espíritus malvados pronunciadas a través de individuos poseídos. En algunas iglesias, donde temen que los vayan a exorcizar, las entidades gritan a través de miembros de la congregación el nombre del Señor y el *Amén*, con frecuencia impidiendo que se escuche el servicio, fingiendo sentir reverencia para mantener su inmunidad. Fuera de las iglesias, los mismos espíritus toman el nombre del Señor en vano a través de aquellos en quienes pueden confiar para que no los exorcicen. Hoy día, como antaño, los espíritus inmundos temen que el poder absoluto del Cristo vivo los eche fuera; y están bien familiarizados con todos los que, en el planeta, han demostrado el poder de hacerlo.

Jesús con frecuencia preguntaba a las entidades cuál era su nombre, porque sabía que el nombre es la clave del modelo vibratorio del campo energético de la entidad. Con esa clave, Jesús podía ordenar eficazmente que sus energías abandonaran la conciencia de los atormentados y fueran echadas a la llameante Presencia del Espíritu Santo, donde se las volvería impotentes y después se las transmutaría.

Jesús aplicó este mismo principio cuando resucitó a los muertos. Está escrito que "clamó a gran voz: ¡Lázaro, ven fuera! Y el que había muerto salió".[54] Al decir el nombre de Lázaro, Jesús ordenó a sus energías que volvieran al cuerpo y se reunieran alrededor de la imagen de perfección que invocó por el poder de la llama de la resurrección.

Cuando el discípulo moderno tenga el poder del Cristo suficientemente desarrollado en sí mismo y la fe necesaria que Jesús dijo que era un requisito para echar fuera a los demonios y para sanar,[55] será capaz de hacer las obras que hizo Jesús, "y aún mayores hará, porque yo voy al Padre".[56]

Desde su estado Ascendido, Jesús presta su impulso acumulado de victoria a todo hijo de Dios que desee vencer al mundo. Y este impulso acumulado, añadido al poder de la Presencia Divina individualizada de la corriente de vida no ascendida, puede hacer obras aún mayores que las que logró Jesús antes de ascender.

Todo Maestro tiene el deseo de ver a sus discípulos superar sus propios logros. Esto no es blasfemia, es un hecho de la Ley universal de la Eterna Progresión, consecuencia de la naturaleza transcendental de Dios. Esto lo vemos ilustrado en la vida del propio Jesús, cuyo gurú en su encarnación como Eliseo fue Elías. Este, reencarnado como Juan el Bautista, se comparó con el amigo del novio que "se goza grandemente de la voz del esposo; así pues, este mi gozo está cumplido".[57] Al haber logrado su victoria como el profeta Elías, la alegría de Juan el Bautista fue ver el cumplimiento de la misión de Eliseo manifestada en la vida de Jesús. Así, Juan dijo: "Es necesario que él crezca, pero que yo mengüe".[58]

Al haber dado en este capítulo los nombres de algunas de las entidades masivas que acechan a la humanidad, los estudiantes pueden llamar a Dios en el nombre de Jesús el Cristo para que estas entidades sean exorcizadas de su mundo, de su hogar, de su comunidad y de su planeta. Tras invocar la protección del Espíritu Santo aplicando el fuego violeta, el tubo de luz y los decretos al Arcángel Miguel, se puede hacer un llamado apropiado como el siguiente:

¡En el nombre de la poderosa Presencia YO SOY y en el nombre de Jesús el Cristo, ordeno que estos espíritus _____ [dígase el nombre de las entidades si se conoce] _____ sean exorcizados de mi conciencia, ser y mundo! _____ [o dígase el nombre de la persona o lugar de quien o de donde se desea que se expulse a las entidades] _____.

¡Y en el nombre de Jesús el Cristo y nuestro Señor el Maha Chohán, acepto que esto está hecho ahora con pleno poder!

Allá donde dos o más estén reunidos por los propósitos del exorcismo, pueden añadir:

¡Y estamos de acuerdo en la tierra, en el nombre de Jesús, que esto se hará y que hecho está![59]

El decreto contra las entidades que se incluye al final de este capítulo tiene su máxima efectividad cuando "su nombre es *legión*": cuando una zona está infestada por un gran número de entidades.*

Debes comprender que el Cristo en ti es la autoridad para desafiar en cualquier lugar, en cualquier momento, cualquiera de las mentiras del Mentiroso, siempre que lo hagas en el nombre del Cristo y añadas a tu fíat "y de acuerdo con la voluntad de Dios", para que no seas responsable de practicar la magia negra al invocar algo incorrecto.

Si tus decretos siempre implican una afirmación del Bien, echar fuera al Mal y nunca están dirigidos contra las personas, y además siempre terminas el llamado diciendo: "En el nombre del Dios Todopoderoso, ajústese este llamado según la voluntad de Dios", tu Santo Ser Crístico ajustará detalladamente el llamado.

Entonces, todo Arcángel, todo Ángel, todo Elohim, toda la compañía de los santos, todas las huestes del cielo estarán sintonizadas con tu llamado. Y cuando no sepas a quién llamar, llama todo el Espíritu de la Gran Hermandad Blanca.

Ayuda de los reinos del cielo

Si alguna vez te pones a trabajar en una situación en la que hay campos energéticos afianzados de entidades (en una persona, en una casa o en una ciudad), necesitas una preparación. Es necesario hacer decretos al Arcángel Miguel, a Hércules y a la Poderosa Astrea para lograr un campo energético de Luz azul establecido en torno a esa conciencia, y después el decreto al Ojo Omnividente de Dios para desenmascarar a esas fuerzas. Todo esto se puede hacer antes del "Decreto contra las entidades". Especialmente al decir el nombre de las entidades, parece como si salieran en masa a contrarrestar lo que uno está haciendo.

---

*Sanat Kumara da una enseñanza extensiva sobre la ciencia espiritual del exorcismo en *La apertura del séptimo sello*, págs. 203-222.

El Arcángel Miguel y sus legiones se ponen un casco y una armadura y toman su espada cuando van al reino astral a liberar a la gente. Si los seres que han estado en el reino de la perfección durante miles y decenas de miles de años sienten la necesidad de ponerse una armadura para entrar en contacto con nuestra octava, donde vivimos todos los días, debemos considerar que no siendo perfectos y, por tanto, siendo susceptibles a la influencia de fuerzas varias, estaremos precipitándonos donde los ángeles temen pisar si no nos ponemos nuestra armadura. Nunca debes subestimar la fuerza de un demonio furioso o una entidad iracunda que comprende que la Luz de Dios está lista para llevárselo.

Debemos comprender que la Luz no está implicada en ninguna batalla; la Luz disipa la Oscuridad, no lucha contra ella. Pero las *identidades* de Dios, tanto las Ascendidas como la no ascendidas, deben ir y luchar contra las fuerzas de la Oscuridad. Esto está teniendo lugar y es la batalla de Armagedón. Cuando empecemos a dirigir un ataque frontal contra las entidades, estaremos convocando a las legiones del Arcángel Miguel y debemos observar las mismas precauciones.

El Elohim Astrea trabaja en el poder del Cristo con el Arcángel Miguel y las legiones del relámpago azul de Sirio para exorcizar a los espíritus malvados de este planeta. El trabajo de estos magníficos Seres Cósmicos consiste en liberar a la humanidad de todas las influencias astrales, sea cual sea su clasificación. Cuando se enfrente a las entidades y en cualquier momento de dificultad, el devoto inteligente invocará primero la ayuda de estos siervos de Dios, que, por decreto divino, están obligados a responder a las oraciones de las personas no ascendidas (siempre que esas oraciones estén de acuerdo con la voluntad de Dios) cuandoquiera que se les llame en el nombre de Dios y su Cristo.

Aquí se vuelve a aplicar el principio del nombre como clave de la identidad. Cuando un hombre pronuncia el nombre de un Ser Ascendido con reverencia, de forma instantánea le envuelve un rayo de Luz desde el corazón de Dios y del representante de Dios a quien ha apelado. Esta es una función de la Jerarquía que Dios ordenó en el principio, cuando dijo: "Hagamos al hombre a nuestra imagen, conforme a nuestra semejanza".[60]

Astrea menciona la importancia de que la humanidad invoque la ayuda de las Huestes Celestiales en todos los ámbitos de su vida. Porque, una vez Ascendido, un Maestro no puede interceder por la humanidad no ascendida a menos que alguien encarnado se lo solicite. El hombre pidió tener libre albedrío y lo recibió. Se envió a que se hiciera con este mundo; y hasta que no se entregue a sí mismo y su mundo a la voluntad de Dios, podrá estar seguro de que ni Dios ni sus emisarios interferirán en sus planes. Astrea dice:

> Una de las grandes tragedias de esta época es que las personas se creen las proyecciones suaves y sutiles de las fuerzas psíquicas, que dicen: "No molestes al Maestro. El Maestro, quizá, está durmiendo. El Maestro, quizá, se ha marchado. Está asistiendo a grandes conferencias. Estos Grandes Seres no pueden ser molestados por gente sin importancia, porque estos Grandes Seres desean hacer las cosas que están haciendo y que exigen toda su atención, y debemos tener cuidado para no molestarlos".
>
> ¿Cómo creéis que nos sentimos, amados, cuando vemos que las horribles situaciones del mundo siguen empeorando? ¿Creéis que deseamos ver las espantosas condiciones prolongarse o incluso acumularse? ¿Creéis que el Dios Todopoderoso desea que se perpetúen estas horribles condiciones que actualmente están dándose en el mundo? ¡Os digo que no!
>
> ¡Invocad! ¡Invocad! Invocad y volved a invocar una y otra vez, ¡y no tengáis miedo de invocar! Os digo que no tengáis miedo de invocar, porque es mucho mejor que los hombres teman *no* invocar a que teman invocar.
>
> Yo os digo: grabad esto en vuestra conciencia y mirad cómo funcionaremos a través del Cuerpo de Dios entre todos vosotros y a través de todos nuestros estudiantes de todas partes, allá donde estén. Porque cuando las personas tengan la valentía espiritual de afirmar su propia regeneración cósmica, la resurgencia del Dios Todopoderoso volverá a pasar a un primer plano...
>
> Estas leyes funcionan en cierto sentido casi de forma

mecánica. Pero, a menos que la humanidad sepa que debe invocarlas y a menos que lo hagan con un corazón tierno y contrito, con una corazón lleno de amor y con una cantidad definida de fe cósmica en nuestra existencia, no podrán manifestar los milagros que la Luz producirá con gusto para cualquier hijo del cielo que lo haga: que nos invoque, que lo haga; que entienda que lo haga, y que sepa que la Ley que no esté en acción no es Ley en absoluto. ¡La Ley debe estar en acción y vosotros debéis convertiros en la Ley en acción! ¡Debéis convertiros en esa Ley en acción *ahora!*...

Ahora recuerdo, al llevar este dictado a su conclusión, el episodio que ocurrió en la época de Jesús, cuando el joven estaba en el suelo echando espuma por la boca. Los discípulos habían intentado una y otra vez echar fuera el demonio de ese muchacho; y os digo que se esforzaron al máximo. Pero les faltaba la fe y les faltaba el conocimiento de nuestra octava de Luz. Si uno de esos discípulos hubiera invocado mi círculo y espada de llama azul alrededor de ese muchacho, se habría visto cómo el demonio se habría marchado al instante y no se habría quedado ni un segundo. Este era el poder de la Luz que el propio Jesús invocó. Jesús invocó esa energía de la llama azul y de inmediato esta cumplió el destino que Dios quiso. Y así, el muchacho quedó en efecto libre y sanado de ese estado...[61]

¡El día de la liberación está cerca! Y no se encuentra en vuestra octava. ¡Se encuentra en la nuestra! Encontraréis vuestra libertad al sintonizaros con nuestra octava y al evitar las octavas de la conciencia humana (especialmente el reino psíquico). ¡En el nombre de Dios, despertad y reconoced este hecho antes de que sea demasiado tarde! Y *utilizad* la energía que os hemos dado, porque la dimos para que la usarais, ¡y debéis usarla![62]

Jesús y sus apóstoles echan fuera a las entidades

Mateo 4:24

Y se difundió su fama por toda Siria; y le trajeron todos los que tenían dolencias, los afligidos por diversas enfermedades y tormentos, los endemoniados, lunáticos y paralíticos; y los sanó.

Mateo 9:32-33. Lucas 11:14

Mientras salían ellos, he aquí, le trajeron un mudo, endemoniado. Y echado fuera el demonio, el mudo habló; y la gente se maravillaba, y decía: Nunca se ha visto cosa semejante en Israel.

Mateo 10:1, 7-8. Marcos 6:7, 13. Lucas 9:1

Entonces llamando a sus doce discípulos, les dio autoridad sobre los espíritus inmundos, para que los echasen fuera, y para sanar toda enfermedad y toda dolencia...

Y yendo, predicad, diciendo: El reino de los cielos se ha acercado. Sanad enfermos, limpiad leprosos, resucitad muertos, echad fuera demonios; de gracia recibisteis, dad de gracia.

Mateo 12:22. Lucas 11:14

Entonces fue traído a él un endemoniado, ciego y mudo; y le sanó, de tal manera que el ciego y mudo veía y hablaba.

Mateo 15:22-28. Marcos 7:25-30

Y he aquí una mujer cananea que había salido de aquella región clamaba, diciéndole: Señor, ¡Hijo de David, ten misericordia de mí! Mi hija es gravemente atormentada por un demonio. Pero Jesús no le respondió palabra. Entonces acercándose sus discípulos, le rogaron, diciendo: Despídela, pues da voces tras nosotros. El respondiendo, dijo: No soy enviado sino a las ovejas perdidas de la casa de Israel.

Entonces ella vino y se postró ante él, diciendo: ¡Señor, socórreme! Respondiendo él, dijo: No está bien tomar el pan de los hijos, y echarlo a los perrillos.

Y ella dijo: Sí, Señor; pero aun los perrillos comen de las migajas que caen de la mesa de sus amos.

Entonces respondiendo Jesús, dijo: Oh mujer, grande es tu fe; hágase contigo como quieres. Y su hija fue sanada desde aquella hora.

Marcos 1:23-26. Lucas 4:33-35
Pero había en la sinagoga de ellos un hombre con espíritu inmundo, que dio voces, diciendo: ¡Ah! ¿qué tienes con nosotros, Jesús nazareno? ¿Has venido para destruirnos? Sé quién eres, el Santo de Dios.

Pero Jesús le reprendió, diciendo: ¡Cállate, y sal de él! Y el espíritu inmundo, sacudiéndole con violencia, y clamando a gran voz, salió de él.

Marcos 1:32-34. Mateo 8:16. Lucas 4:40-41
Cuando llegó la noche, luego que el sol se puso, le trajeron todos los que tenían enfermedades, y a los endemoniados; y toda la ciudad se agolpó a la puerta. Y sanó a muchos que estaban enfermos de diversas enfermedades, y echó fuera muchos demonios; y no dejaba hablar a los demonios, porque le conocían.

Marcos 1:39
Y predicaba en las sinagogas de ellos en toda Galilea, y echaba fuera los demonios.

Marcos 3:11-12
Y los espíritus inmundos, al verle, se postraban delante de él, y daban voces, diciendo: Tú eres el Hijo de Dios. Mas él les reprendía mucho para que no le descubriesen.

Marcos 9:17-29. Mateo 17:14-21. Lucas 9:38-42
Y respondiendo uno de la multitud, dijo: Maestro, traje a ti mi hijo, que tiene un espíritu mudo, el cual, dondequiera que le toma, le sacude; y echa espumarajos, y cruje los dientes, y se va secando; y dije a tus discípulos que lo echasen fuera, y no pudieron.

Y respondiendo él, les dijo: ¡Oh generación incrédula! ¿Hasta cuándo he de estar con vosotros? ¿Hasta cuándo os he de soportar? Traédmelo.

Y se lo trajeron; y cuando el espíritu vio a Jesús, sacudió con violencia al muchacho, quien cayendo en tierra se revolcaba, echando espumarajos.

Jesús preguntó al padre: ¿Cuánto tiempo hace que le sucede esto? Y él dijo: Desde niño.

Y muchas veces le echa en el fuego y en el agua, para matarle; pero si puedes hacer algo, ten misericordia de nosotros, y ayúdanos.

Jesús le dijo: Si puedes creer, al que cree todo le es posible.

E inmediatamente el padre del muchacho clamó y dijo: Creo; ayuda mi incredulidad.

Y cuando Jesús vio que la multitud se agolpaba, reprendió al espíritu inmundo, diciéndole: Espíritu mudo y sordo, yo te mando, sal de él, y no entres más en él.

Entonces el espíritu, clamando y sacudiéndole con violencia, salió; y él quedó como muerto, de modo que muchos decían: Está muerto.

Pero Jesús, tomándole de la mano, le enderezó; y se levantó.

Cuando él entró en casa, sus discípulos le preguntaron aparte: ¿Por qué nosotros no pudimos echarle fuera?

Y les dijo: Este género con nada puede salir, sino con oración y ayuno.

Lucas 8:26-33. Mateo 8:28-32. Marcos 5:1-13

Y arribaron a la tierra de los gadarenos, que está en la ribera opuesta a Galilea. Al llegar él a tierra, vino a su encuentro un hombre de la ciudad, endemoniado desde hacía mucho tiempo; y no vestía ropa, ni moraba en casa, sino en los sepulcros.

Este, al ver a Jesús, lanzó un gran grito, y postrándose a sus pies exclamó a gran voz: ¿Qué tienes conmigo, Jesús, Hijo del Dios Altísimo? Te ruego que no me atormentes. (Porque mandaba al espíritu inmundo que saliese del hombre, pues hacía mucho tiempo que se había apoderado de él; y le ataban con cadenas y grillos, pero rompiendo las cadenas, era impelido por el demonio a los desiertos).

Y le preguntó Jesús, diciendo: ¿Cómo te llamas? Y él dijo:

Legión. Porque muchos demonios habían entrado en él. Y le rogaban que no los mandase ir al abismo.

Había allí un hato de muchos cerdos que pacían en el monte; y le rogaron que los dejase entrar en ellos; y les dio permiso. Y los demonios, salidos del hombre, entraron en los cerdos; y el hato se precipitó por un despeñadero al lago, y se ahogó.

Lucas 10:17
Volvieron los setenta con gozo, diciendo: Señor, aun los demonios se nos sujetan en tu nombre.

Hechos 5:12-16
Y por la mano de los apóstoles se hacían muchas señales y prodigios en el pueblo...

Y aun de las ciudades vecinas muchos venían a Jerusalén, trayendo enfermos y atormentados de espíritus inmundos; y todos eran sanados.

Hechos 8:5-7
Entonces Felipe, descendiendo a la ciudad de Samaria, les predicaba a Cristo. Y la gente, unánime, escuchaba atentamente las cosas que decía Felipe, oyendo y viendo las señales que hacía. Porque de muchos que tenían espíritus inmundos, salían éstos dando grandes voces; y muchos paralíticos y cojos eran sanados.

¡SAN MIGUEL, LIBÉRAME!

En el nombre de la amada, poderosa y victoriosa Presencia de Dios YO SOY en mí, de mi muy amado Santo Ser Crístico, Santo Ser Crístico de toda la humanidad, amado Arcángel Miguel, amado Lanello, todo el Espíritu de la Gran Hermandad Blanca y la Madre del Mundo, vida elemental: ¡fuego, aire, agua y tierra!, yo decreto:

1. San Miguel, San Miguel,
    invoco tu llama,
   ¡libérame ahora,
    esgrime tu espada!

Estribillo: Proclama el poder de Dios,
    protégeme ahora.
   ¡Estandarte de Fe
    despliega ante mí!
   Relámpago azul
    destella en mi alma,
   ¡radiante YO SOY
    por la Gracia de Dios!

2. San Miguel, San Miguel,
    yo te amo, de veras;
   ¡con toda tu Fe
    imbuye mi ser!

3. San Miguel, San Miguel
    y legiones de azul,
   ¡selladme, guardadme
    fiel y leal!

Coda: ¡YO SOY saturado y bendecido
    con la llama azul de Miguel,
    YO SOY ahora revestido
    con la armadura azul de Miguel! (3x)

¡Y con plena Fe...

OH, HÉRCULES, TÚ, ELOHIM

En el nombre de la amada, poderosa y victoriosa Presencia de Dios YO SOY en mí, de mi muy amado Santo Ser Crístico, Santo Ser Crístico de toda la humanidad, amados Poderosos Hércules y Amazonia, amado Lanello, todo el Espíritu de la Gran Hermandad Blanca y la Madre del Mundo, vida elemental: ¡fuego, aire, agua y tierra! yo decreto:

1. Oh, Hércules, tú, Elohim,
   YO SOY un hijo del amor,
   ven y sella mi ser
   con todo el poder de Dios.

Estribillo: Al igual que un rayo de relámpago azul,
   que destelle ahora el poder de Dios,
   asume el control de todo mi ser
   me inclino ante ti por tu Luz y tu amor.

   Protege mi alma y purifica mi ser
   por tu ojo de gracia que todo lo ve,
   revísteme tú con poder verdadero,
   infúndeme ahora el sagrado celo.

   La Voluntad de Dios yo vengo a hacer,
   dame la gracia para poder
   cumplir con el plan del Hijo del cielo,
   unido a tu Luz yo vivo y me entrego.

2. Oh, Hércules, tu resplandor
   destroza el fracaso y la opinión
   abre el camino en amor divino
   séllanos a todos en un manto cristalino.

3. Oh, Hércules, libérame,
   invoco fuerza, fe y poder;
   eleva el cetro de la fe
   que triunfe Dios sobre mi ser.

4. Oh, Hércules, amado ser,
   con tu sol brillante coróname;
   sobre mi frente tu mano pon,
   elévame ahora a la perfección.

¡Y con plena Fe acepto conscientemente que esto se manifieste, se manifieste, se manifieste! (3x), ¡aquí y ahora mismo con pleno Poder, eternamente sostenido, omnipotentemente activo, siempre expandiéndose y abarcando el mundo hasta que todos hayan ascendido completamente en la Luz y sean libres!
¡Amado YO SOY! ¡Amado YO SOY! ¡Amado YO SOY!

AMADO CICLOPEA, OBSERVADOR DE PERFECCIÓN

Amada, poderosa y victoriosa Presencia de Dios, YO SOY en mí, Santo Ser Crístico de todos los que evolucionan en la Tierra, amados Ciclopea y Virginia, amados Helios y Vesta, Lanello y K-l7, todo el Espíritu de la Gran Hermandad Blanca y la Madre del Mundo, vida elemental: ¡fuego, aire, agua y tierra! En el nombre de la amada Presencia de Dios que YO SOY, por y mediante el poder magnético del fuego sagrado del que está investida la llama trina que arde en mi corazón, yo decreto:

1. Amado Ciclopea,
   observador de perfección,
   entréganos tu Divina Dirección,
   despeja de escombros nuestro camino,
   mantén el pensamiento inmaculado por mí.

Estribillo: YO SOY, YO SOY quien observa Todo,
   mi ojo es único mientras imploro;
   elévame ahora y libérame,
   que tu santa imagen pueda ser.

2. Amado Ciclopea,
   en tu visión todo lo abarcas,
   con tu Luz mi ser moldea,
   mi mente y sentimientos depura,
   suplicando la Ley de Dios mantén segura.

3. Amado Ciclopea,
   Ojo radiante de Antigua Gracia,
   con la mano de Dios su Imagen traza
   sobre todo el tejido de mi alma,
   elimina su ruina y mantenla Sana.

4. Amado Ciclopea,
   la Ciudad Cuadrangular por siempre guarda,
   mi plegaria escucha e implementa,
   mi victoria pregona por doquier,
   mantén la pureza de la Verdad justa.

¡Y con plena Fe acepto conscientemente que esto se manifieste, se manifieste, se manifieste! (3x), ¡aquí y ahora mismo con pleno Poder, eternamente sostenido, omnipotentemente activo, siempre expandiéndose y abarcando el mundo hasta que todos hayan ascendido completamente en la Luz y sean libres!
¡Amado YO SOY! ¡Amado YO SOY! ¡Amado YO SOY!

DECRETO A LA AMADA PODEROSA ASTREA

En el nombre de la amada, poderosa y victoriosa Presencia de Dios YO SOY en mí, poderosa presencia YO SOY y Santo Ser Crístico de los Guardianes de la Llama, portadores de Luz del mundo y de todos los que van a ascender en esta vida, por y mediante el poder magnético del fuego sagrado investido en la llama trina que arde dentro de mi corazón, invoco a los amados Poderosos Astrea y Pureza, Arcángel Gabriel y Esperanza, amado Serapis Bey y los serafines y querubines de Dios, amado Lanello, todo el Espíritu de la Gran Hermandad Blanca y la Madre del Mundo, vida elemental: ¡fuego, aire, agua y tierra! para que coloquéis vuestros círculos cósmicos y espadas de llama azul en, a través y alrededor de mis cuatro cuerpos inferiores, mi cinturón electrónico, mi chakra del corazón y todos mis chakras, toda mi conciencia, ser y mundo.

[Ahora puedes incluir llamados para circunstancias o estados específicos por los que estés pidiendo ayuda].

Desatadme y liberadme (3x) de todo lo que sea inferior a la perfección de Dios y al cumplimiento de mi plan divino.

1. Amada Astrea, que la Pureza de Dios
se manifieste aquí para que todos vean
la Voluntad de Dios en el resplandor
del círculo y espada de brillante azul.

Primer estribillo:
Responde ahora mi llamado y ven,
a todos envuelve en tu círculo de luz.
Círculo y espada de brillante azul,
¡destella y eleva, brillando a través!

2. De patrones insensatos a la vida libera,
las cargas caen mientras las almas se elevan
a tus fuertes brazos del amor eterno,
con misericordia brillan arriba en el cielo.

3. Círculo y espada de Astrea, brillad,
blanco-azul que destella, mi ser depurad,
disipando en mí temores y dudas,
aparecen patrones de fe y de bondad.

Segundo Estribillo:
Responde ahora mi llamado y ven,
a todos envuelve en tu círculo de luz.
Círculo y espada de brillante azul,
¡eleva a toda la juventud!

Tercer Estribillo:
Responde ahora mi llamado y ven
a todos envuelve en tu círculo de luz.
Círculo y espada de brillante azul,
¡eleva a toda la humanidad!

¡Y con plena Fe...

[Recita cada estrofa y después el estribillo; luego repite todas las estrofas con el segundo estribillo; después recita las estrofas por tercera vez con el tercer estribillo].

DECRETO CONTRA LAS ENTIDADES

Amada, poderosa y victoriosa Presencia de Dios YO SOY en mí, mi amado Santo Ser Crístico, Santo Ser Crístico de toda la humanidad, amados Alfa y Omega, amados Helios y Vesta, amados Siete Poderosos Elohim, amado Ciclopea, Gran Vigilante Silencioso, amado Arcángel Miguel, todos los Arcángeles y Legiones de Luz, el amado Maha Chohán y los siete amados Chohanes de los Rayos, amada Madre María, Maestras Meta, Nada y Kuan Yin, amado Señor Gautama, amada Diosa de la Libertad y el gran Consejo Kármico, amados Señor Maitreya y Jesucristo, amada Amerisis, Diosa de la Luz, amada Diosa de la Pureza, amada Poderosa Astrea, el amado poderoso Ser Cósmico Víctory, amado Lanello, todo el Espíritu de la Gran Hermandad Blanca y la Madre del Mundo, vida elemental: ¡fuego, aire, agua y tierra!

En el nombre de la Presencia de Dios que YO SOY y a través del poder magnético del fuego sagrado del que estoy investido, yo decreto:

¡Cargad, cargad, cargad! ¡en la atmósfera de la Tierra la plena Luz cósmica de mil soles, vuestra poderosa trascendente llama de la perfección del corazón de Dios, la llama del relámpago azul cósmico y la llama violeta transmutadora! Sujetad, atad, mantened inactivas y retirad todas las entidades desencarnadas dentro y alrededor de toda corriente de vida, en todo elemental, en la Tierra y en su atmósfera. (3x)

Llevad instantáneamente a todas las entidades desencarnadas de nuestro planeta a las octavas de los Maestros Ascendidos y a las escuelas de Luz. ¡Saturad, saturad, saturad! sus formas con las Llamas de la iluminación y del perdón cósmico desde el corazón de Dios en el Gran Sol Central y nuestras amadísimas Kuan Yin y la Diosa de la Sabiduría. ¡Disolved para siempre, disolved para siempre, disolved para siempre! todas las densidades recalcitrantes dentro de ellas y transmutadlas, transmutadlas, transmutadlas a todas en Luz, iluminación y amor. ¡Liberadlas, liberadlas, liberadlas! hasta que humildemente y con adoración se entreguen

Entidades

por completo al servicio de la poderosa Presencia YO SOY y a la Luz de Dios que nunca, nunca, nunca falla en dar libertad a la Tierra ahora. (3x)

Amado Arcángel Miguel, amada Poderosa Astrea, todos los seres ascendidos, poderes, actividades y legiones de Luz, ángeles y actividades del fuego sagrado: colocad vuestros círculos cósmicos y espadas de llama azul en, a través y alrededor de todas las entidades creadas por los hombres y ¡Destruid, destruid, destruid! todas las formas de pensamiento, influencias y registros akáshicos negativos que están afectando desfavorablemente a la humanidad, a la vida elemental, a la Tierra y a su atmósfera! (3x)

Sustituidlas a todas por la inmortal y victoriosa llama trina cósmica de amor, sabiduría y poder, la gran Luz cósmica y la Luz de la victoria cósmica. ¡Transmutad, transmutad, transmutad! para siempre toda obstinación humana y resistencia a la perfección de la poderosa Presencia YO SOY y a la Luz de Dios que nunca, nunca, nunca falla en dar Libertad a la Tierra ahora. (3x)

YO SOY, YO SOY, YO SOY la infalible Luz de Dios resplandeciendo, resplandeciendo, resplandeciendo en el corazón de toda nación, ciudad, pueblo, aldea y hogar para ¡desatarlos y liberarlos, desatarlos y liberarlos, desatarlos y liberarlos! de toda influencia nociva y de todo intento agresivo. ¡Sellad, sellad, sellad a toda corriente de vida sobre la Tierra en la pureza de su diseño Divino desde el corazón de la amada Diosa de la Pureza y los amados Grandes Vigilantes Silenciosos! (3x)

¡Cargad, carga, cargad! el concepto inmaculado de la ascensión victoriosa en la Luz en el campo de fuerza de todo hombre, mujer y niño en este planeta desde el corazón de la amada Madre María y de la poderosa Presencia YO SOY individualizada! ¡Despertad, despertad, despertad! ¡dentro de ellos todo el conocimiento interno de la Ley YO SOY de Vida y el amor omniconsumidor de lealtad suprema a la poderosa Presencia YO SOY y a la Luz de Dios que nunca, nunca, nunca falla en dar Libertad a la Tierra ahora! (3x)

¡Y con plena Fe...

REVERTID LA MAREA

En el nombre de la amada, poderosa y victoriosa Presencia de Dios YO SOY en mí desde el Gran Sol Central, de mi amado Santo Ser Crístico y Santo Ser Crístico de toda la humanidad, amada Diosa de la Luz, amada Reina de la Luz, amada Diosa de la Libertad, amada Diosa de la Sabiduría, amado Ciclopea, Vigilante Silencioso de la Tierra, amados siete poderosos Elohim, amados siete Chohanes y Arcángeles, Gran Director Divino, Maestro Ascendido Cuzco, amada Poderosa Astrea, amados Gurú Ma, Lanello y K-17, todo el Espíritu de la Gran Hermandad Blanca y la Madre del Mundo, vida elemental: ¡fuego, aire, agua y tierra!, yo decreto:

ASUMID AHORA EL CONTROL DE:
[Lee uno de los siguientes insertos o compón una oración para la situación específica de la que te estás ocupando].

INSERTO A: todas las entidades de la mentira, energías turbulentas psíquicas, magia negra y brujería dirigida contra la vida elemental o la Luz y la libertad e iluminación de toda la humanidad, con sus causas y núcleos.

INSERTO B: toda violencia racial, disturbios civiles, amotinamiento, sublevación, terrorismo, traición, anarquía, fanatismo, demencia, conspiraciones de asesinato, conspiraciones para derrocar a nuestro Gobierno federal, conspiraciones para vampirizar y destruir la luz de los Estados Unidos y conspiraciones para desencadenar una guerra nuclear entre las naciones, con sus causas y núcleos.

INSERTO C: toda entidad sexual, de los licores, del tabaco y de la droga, sus actividades engañosas y vampíricas; el abuso del fuego sagrado en la publicidad y el espectáculo; toda distorsión de las energías creativas del hombre y perversiones de la fuerza vital diseñadas para degradar a la juventud del mundo; la inundación de literatura y películas pornográficas y los responsables de ello; y toda fuerza psíquica, sus instrumentos y las herramientas de la fuerza siniestra, con sus causas y núcleos.

INSERTO D: todas las entidades que fomentan la distorsión de las artes divinas, de la música de las esferas y de la cultura de la Madre Divina; jazz, rock, rock ácido y música disco; la marea de energía agresiva dirigida contra la juventud del mundo; y todo ritmo hipnótico y desigual utilizado para cautivar a la juventud del mundo por medio de las actividades y el control luciferino, con sus causas y núcleos.

>   *¡Revertid la marea! (3x)
>   ¡Hacedlos retroceder! (3x)
>   ¡Revertid la marea! (3x)
>   ¡Asumid el control!
>   ¡Hacedlos retroceder! (3x)
>   ¡Liberad a todos! (3x)
>   ¡Revertid la marea! (3x)
>   (*Repita esta sección 3, 12 o 36 veces).

¡Reemplazadlo todo con los principios gloriosos de la Libertad Divina, de la Libertad cósmica para la expansión de la llama Crística en todo corazón y para el grandioso plan de libertad para esta era proveniente del corazón del amado Saint Germain!

>   ¡Unid a los pueblos en Libertad! (3x)
>   ¡Liberadlos ahora por el amor de Dios! (3x)
>   Unid la Tierra y mantenedla libre (3x)
>   ¡Por la Victoria YO SOY de cada uno! (3x)
>   ¡Revelad la verdad! (12x)
>   ¡Revelad la mentira! (12x)

¡Y con plena Fe acepto conscientemente que esto se manifieste, se manifieste, se manifieste! (3x), ¡aquí y ahora mismo con pleno Poder, eternamente sostenido, omnipotentemente activo, siempre expandiéndose y abarcando el mundo hasta que todos hayan ascendido completamente en la Luz y sean libres!
¡Amado YO SOY! ¡Amado YO SOY! ¡Amado YO SOY!

LIBERTAD PARA LOS ELEMENTALES

En el nombre y por el poder de la amada, poderosa y victoriosa Presencia de Dios YO SOY en mí, de mi amado Santo Ser Crístico, Santo Ser Crístico de toda la humanidad, amado Lanello, todo el Espíritu de la Gran Hermandad Blanca y la Madre del Mundo, vida elemental, ¡fuego, aire, agua y tierra!

Llamo al corazón de los amados Helios y Vesta, al amado Maha Chohán y a la llama del consuelo cósmico desde el Gran Sol Central; a los amados Virgo y Pelleur, amados Aries y Thor, amados Orómasis y Diana, amados Neptuno y Luara, a los Siete Poderosos Elohim, siete amados Arcángeles y siete amados Chohanes de los Rayos; al amado Arcángel Zadkiel, amado Saint Germain, amado Poderoso Arcturus y a sus legiones de ángeles de la llama violeta para que respondan infinitamente, ahora y por siempre, a este nuestro llamado por los queridos seres elementales de tierra, aire, fuego y agua:

> Sellad, sellad, sellad a todo elemental
> en un brillante ovoide de clara Luz
> del fuego violeta, y liberadlos ya
> de toda la discordia de la humanidad.
>
> 1. Amado YO SOY. (3x)
> 2. Por orden del Cristo. (3x)
> 3. Por el rayo azul de Dios. (3x)
> 4. Por el rayo violeta de Dios. (3x)
> 5. Por el rayo del amor de Dios. (3x)
> 6. Por el poder de Hércules. (3x)
> 7. Por la Luz de Jesús. (3x)
> 8. Por la espada de Miguel. (3x)
> 9. Se cumple hoy, se cumple siempre,
>   se cumple solo Divinamente.

¡Y con plena Fe...

YO SOY LA LLAMA VIOLETA

En el nombre de la amada, poderosa y victoriosa Presencia de Dios YO SOY en mí, y de mi amado Santo Ser Crístico, invoco a los amados Alfa y Omega en el corazón de Dios en nuestro Gran Sol Central, al amado Saint Germain, amada Porcia, amado Arcángel Zadkiel, amada Santa Amatista, amados Poderosos Arcturus y Victoria, amada Kuan Yin, Diosa de la Misericordia, amados Orómasis y Diana, amada Madre María, amado Jesús, amado Omri-Tas, regente del planeta violeta, amado gran Consejo Kármico, amado Lanello, todo el Espíritu de la Gran Hermandad Blanca y la Madre del Mundo, vida elemental: ¡fuego, aire, agua y tierra!

Para que expandan la llama violeta dentro de mi corazón, purifiquen mis cuatro cuerpos inferiores, transmuten toda la energía mal cualificada que yo haya impuesto alguna vez sobre la vida y hagan destellar el rayo curativo de la misericordia por toda la Tierra, los elementales y toda la humanidad, y respondan a este mi llamado infinitamente, de inmediato, y para siempre:

> YO SOY la Llama Violeta
> en acción en mí ahora.
> YO SOY la Llama Violeta
> solo ante la Luz me inclino.
> YO SOY la llama violeta
> en poderosa fuerza cósmica.
> YO SOY la Luz de Dios
> resplandeciendo a toda hora.
> YO SOY la llama violeta
> brillando como un sol.
> YO SOY el poder sagrado de Dios
> liberando a cada uno.

¡Y con plena Fe...

Capítulo 5
Los Mensajeros

*El que recibe a un profeta
por cuanto es profeta,
recompensa de profeta recibirá*

MATEO 10:41-42

*He aquí, yo envío mi
mensajero, el cual preparará
el camino delante de mí;
y vendrá súbitamente a su
templo el Señor a quien
vosotros buscáis, y el ángel
del pacto, a quien deseáis
vosotros. He aquí viene,
ha dicho el SEÑOR de los ejércitos.*

MALAQUÍAS 3:1

 # Los Mensajeros

El verdadero profeta de Dios es el Mensajero de Dios, y hoy Dios habla a través de sus Mensajeros tal como lo hizo a través de los profetas del Antiguo Testamento. En efecto, cada era necesita a su Mensajero de Dios, porque en cada era los Maestros Ascendidos tienen permitido por ley cósmica dar una mayor enseñanza sobre la Ley. Ellos tienen permitido revelar preceptos que darán a la humanidad la capacidad de desenredarse de la red de karma y de las fuerzas que utilizan ese karma contra ella.

Revelación progresiva

El Maestro Ascendido Lanto dijo una vez: "Sin la revelación cósmica, al final todos los hombres estarían muertos".[1] Es decir, sin el contacto con el Altísimo que proporciona al hombre un propósito mayor que la rueda del carrusel durante setenta años, "la vida no es más que un sueño vacío"[2] donde el hombre camina entre los muertos y no sabe que él también está espiritualmente muerto.

La revelación final como tal no existe, porque esta continúa llegando desde la Presencia YO SOY y el Ser Crístico de cada individuo como un pequeño susurro. También llega a través de las corrientes de vida a las que Dios ha ordenado para que sirvan como portadores de Luz con el fin de que enfoquen su sabiduría y la vuelvan práctica para esa época.

Kuthumi, el Maestro que nos enseña la psicología sagrada, ha dicho:

Cuando nos detenemos a considerar la abundancia de enseñanza de los Maestros Ascendidos que se ha dado en el pasado como información espiritual de vanguardia, percibimos que una de las razones por las cuales una gran parte no se ha adoptado es debido a que las personas han limitado nuestra entrega de información espiritual de acuerdo con ciertas malinterpretaciones de la ley cósmica tomadas de las sagradas escrituras del mundo.

Por ejemplo, "No añadiréis a la palabra que yo os mando, ni disminuiréis de ella"[3] es una advertencia que ciertamente no quería impedir el privilegio del Padre Eterno de dar, desde la reserva de su Ser, a través de sus emisarios e instructores, a través de sus profetas y reveladores, información transcendente para cada era sucesiva.

Disminuir o sustraer a la Palabra es borrar de la conciencia las Verdades eternas, las Verdades atemporales de Dios, al no reconocer la intención divina oculta en la Palabra. Añadir a la Palabra contenido ajeno es añadir distorsión desde los niveles del intelecto humano a las enseñanzas puras del Cristo Universal, que son las mismas "ayer y hoy, y por los siglos".[4]

Por otro lado, "No selles las palabras de la profecía de este libro",[5] la frase del ángel que dio el libro del Apocalipsis a Juan el Amado, significa que el Apocalipsis es un libro abierto que los representantes nombrados por Dios continuarán para la iluminación de cada era.

Trascendencia es cambio progresivo, y la naturaleza de Dios, con toda su belleza absoluta, se vuelve a cada momento más magnífica. Si no fuera así, las almas en avance de los Seres Ascendidos llegarían a un punto en el Absoluto en que todas las cosas se habrían logrado y ya no sentirían la santa expectación, esa gozosa expectativa de la cornucopia de progreso y percepción expansiva que es una parte tan importante del despliegue de lo Divino en el hombre en todas las fases de su desarrollo.

Aumentar la acción vibratoria de la Divinidad misma es, por tanto, la naturaleza de Dios, de modo que toda la creación siempre pueda moverse de manera progresiva hacia una felicidad más grande, un logro más grande y una sabiduría más grande.[6]

El mensajero interior de Dios

Cada hombre tiene su propio mensajero en la persona de su Ser Crístico. Sin el contacto con el Ser Crístico como Mediador, el hombre pierde el contacto con su Presencia Divina.

En las primeras tres Eras de Oro, antes de que la conciencia de la humanidad descendiera hacia las densas esferas de la dualidad, los hijos y las hijas de Dios dependían del Cristo interior para aprender el conocimiento de la Ley, mientras que los Manús establecían el ejemplo del patrón Crístico que debían exteriorizar. Por consiguiente, el cargo jerárquico de Mensajero no se estableció hasta que la humanidad perdió el contacto con su voz interior y ya no fue capaz de escuchar la Palabra del Señor o recibir de modo directo la instrucción de los Maestros Ascendidos. A través de sus Mensajeros, Dios proveyó el eslabón perdido en la Jerarquía durante las eras de oscuridad, cuando la humanidad no sabía qué camino seguir.

En la actualidad, los Mensajeros sirven para restablecer el contacto de cada hombre con su Ser Crístico. A través de la instrucción que dan los Maestros Ascendidos sobre la Ley, cada hombre en Cristo podrá un día discernir qué es Verdad. Conocerá la diferencia entre los "susurros" de los encantadores y adivinos[7] y la voz de Dios.

Isaías profetizó que esa época llegaría cuando los "instructores" (los Seres Crísticos) ya no fueran retirados a un rincón, y "tus ojos verán a tus maestros. Entonces tus oídos oirán a tus espaldas palabra que diga: Este es el camino, andad por él; y no echéis a la mano derecha, ni tampoco torzáis a la mano izquierda".[8]

Hasta que llegue ese momento, cuando cada hombre se sienta debajo de su parra y de su higuera,[9] seguirá habiendo necesidad de Mensajeros.*

Las funciones de los Mensajeros

La función primordial de un Mensajero es la de actuar como un sensor de la Presencia del Maestro Ascendido, al sintonizarse

---

*La parra es el Cristo y la emanación de la Palabra por el cordón cristalino; la higuera es el Cuerpo Causal en torno a la Presencia YO SOY, tu Árbol de la Vida.

con el Maestro y actuar como sus manos, sus pies, su boca y su representante directo en el mundo de la forma.

Mientras que los Mensajeros y los profetas de Dios no siempre han manifestado la plenitud de la perfección Crística en su conciencia exterior, sino que en ocasiones han exhibido rasgos humanos, su conciencia purificada, su dedicación a Dios y a los Maestros, es en sí misma completa. Ellos siempre han querido trascender sus limitaciones y aumentar su manifestación espiritual.

El cargo de Mensajero se lleva a cabo desde el nivel del Ser Crístico. Es decir, cuando un Mensajero actúa como portavoz de Dios, la instrucción llega desde el nivel de su Ser Crístico como una expresión de los Seres Crísticos de toda la humanidad, como advertencia a los yos que están llegando a ser el Cristo pero que aún no oyen la voz de su Señor. Por tanto, una comunicación así no estaría en conflicto con la revelación privada, si esta última es precisa.

Tampoco el servicio de un Mensajero excluye el bien que hicieron quienes lo precedieron, pues todos los Mensajeros de Dios son uno solo. Su cargo en la Jerarquía está bajo los Instructores del Mundo, que a su vez sirven bajo el Señor del Mundo y los Mensajeros del Gran Sol Central.

Los verdaderos profetas de Dios y los Mensajeros de la Gran Hermandad Blanca han alcanzado progresivamente un mayor grado de eficacia en sus predicciones y actividades para la Jerarquía. Hace varios miles de años se consideraba que la exactitud de los profetas bíblicos estaba entre un 50 y un 65 por ciento. A principios del siglo veinte, la exactitud de los profetas estaba considerada entre un 90 y un 95 por ciento; y actualmente, la exactitud de los Mensajeros está considerada entre un 95 y un 98 por ciento en sus transmisiones a la humanidad. (Estos porcentajes se obtuvieron del Maestro Ascendido Saint Germain).

El Mensajero, por tanto, produce mediante la Palabra escrita y hablada la instrucción que los Instructores invisibles desean impartir a sus discípulos no ascendidos. En todos los casos, los Mensajeros son corrientes de vida sensibles y fiables que han demostrado su valía para servir a la Jerarquía a lo largo de muchas encarnaciones. Su sintonización con la Jerarquía y la Presencia Divina, junto con la preparación que han hecho en los niveles internos, los capacita para actuar como Mediadores entre los reinos superiores de Luz y los cuatro niveles inferiores de la conciencia terrenal.

El amado El Morya una vez dijo que los "profetas talentosos y ordenados cósmicamente son el teléfono de Dios, un instrumento divino a través del cual los Maestros de Luz pueden hablar sin la interferencia humana".[10]

El ritual de la ordenación de un Mensajero, que lleva a cabo un miembro de la Jerarquía, tiene lugar solo después de años de intensa preparación, tanto durante la encarnación en la que el Mensajero sirve como durante innumerables vidas anteriores, que pudieran extenderse a miles de años.

Los requisitos del cargo de Mensajero

Cada cargo en la Jerarquía tiene sus requisitos y el cargo de Mensajero no es ninguna excepción. Hay ciertas iniciaciones que deben superarse. A menos que el individuo que se ha llamado a ocupar ese cargo haya renunciado al ego y a la voluntad humana totalmente, se considerará no apto para ocupar el cargo.

En nuestro caso, el Maestro Ascendido El Morya fue quien preparó nuestras corrientes de vida para este servicio en esta encarnación. Él organizó un programa de iniciación y estudio especialmente adecuado para cada una de nuestras corrientes de vida.

Mark sirvió al amado K-17 durante muchos años antes de recibir dictados públicos de los miembros de la Jerarquía. Aunque ocupó y aún ocupa otros cargos en la Hermandad, la dedicación formal de su corriente de vida y la ceremonia de su ordenación tuvo lugar poco antes de la formación de The Summit Lighthouse en 1958.

En el caso de Elizabeth, la preparación que recibió en los niveles internos y en encarnaciones anteriores continuó durante su niñez. La ceremonia de su ordenación la celebró en 1963 el Maestro Ascendido Saint Germain, ante la presencia de doce testigos, en la ciudad de Washington.

El contacto de los Mensajeros con la Hermandad

El individuo que ocupa el cargo de Mensajero recibe ciertas claves cósmicas que los Maestros afianzan en sus cuatro cuerpos inferiores, así como la ciencia y técnica sagrada del contacto con las Octavas Ascendidas. Sin estas claves y la técnica que las acompaña, no hay preparación alguna que pueda dar al individuo la certeza de que, en efecto, se ha sintonizado con los niveles de conciencia de los Maestros Ascendidos.

Las claves que están afianzadas en los cuatro cuerpos inferiores de los Mensajeros, como jeroglíficos del Espíritu (computadoras cósmicas en forma de cápsula), le dan un contacto instantáneo con la Hermandad a cualquier hora del día o de la noche. Lo mismo ocurre en sentido contrario, siendo el Mensajero el punto de contacto inmediato de la Hermandad en tiempos de crisis, catástrofes o de gran urgencia, cuando los que forman parte de la conciencia de las masas se encuentran en una confusión demasiado grande para poder realizar la necesaria sintonización con la Presencia Divina en calma. Entonces se puede contar con los Mensajeros para que reciban la Palabra de Dios que contiene en sí misma el poder de aquietar la tormenta y la embravecida emoción humana y canalizar hacia cualquier condición negativa los ungüentos curativos de la Verdad.

La técnica de contacto (que da al Mensajero el uso de las claves) incluye ciertos rituales que el Mensajero debe realizar antes de recibir un dictado, uno de los cuales consiste en posicionar su mente en la frecuencia vibratoria del Maestro que esté por dar el dictado. Esto se realiza por medio de lo que Morya ha denominado el "hilo de contacto".

Saint Germain dijo una vez que el hilo de contacto suele tener una apariencia sutil, pero debe ser fuerte como cables de Luz de acero diamantino, suficientemente fuertes para resistir totalmente el "estrépito de la disonancia" (como Morya llama a las voces de los hermanos de la sombra) y suficientemente fuerte para conducir las poderosas corrientes de la gloria de Dios cuando fluyen para llevar bendiciones al mundo entero.[11]

Cómo se reciben los dictados

La Jerarquía se comunica con el Mensajero a través del rayo de luz y sonido. Quienes han estudiado la instrucción de los Maestros y quienes han visto y escuchado dictados en vivo pudieran estar interesados en saber que los mensajes se reciben de varias maneras:

1. Con letras de fuego vivo que aparecen ante el Mensajero, que las lee como uno leería las letras que aparecen en el edificio Times Square de la ciudad de Nueva york. Invisibles para la audiencia, estas letras se mueven por la pantalla de la mente del Mensajero como si estuvieran sobre una cinta transportadora.

2. *Ex cátedra*, de la boca de Dios. El Maestro Ascendido pone su Presencia Electrónica sobre el Mensajero, haciendo que su laringe se corresponda con la del Mensajero y utilizándola como si fuera la suya. En este caso, la transferencia del pensamiento de la conciencia del Maestro a la del Mensajero es instantánea y no hay ningún proceso intermedio por el cual el Mensajero deba discernir o leer. Esta forma de dictado llega con gran rapidez y es normalmente impecable.

3. Con formas de pensamiento. El Maestro emite de su conciencia a la del Mensajero cápsulas que contienen matrices para el dictado. Estas se decodifican en el cerebro del Mensajero mediante un proceso computarizado y, por medio de claves que se han insertado en los cuatro cuerpos inferiores del Mensajero, los modelos del Maestro se traducen a la longitud de onda del Mensajero y después se formulan con palabras. Este es un proceso complicado que tiene lugar, independientemente del continuum espacio-tiempo, en ese punto donde la Mente de Cristo, puesta como un halo sobre el Mensajero, es congruente con la Mente de Dios individualizada en el Maestro Ascendido.

4. Por telepatía. Los modelos mentales se emiten del Maestro al Mensajero a través de la Mente de Cristo. Esta forma de dictado se utiliza cuando el Maestro no está presente, sino que está en su retiro o en otro punto de este sistema solar. Este método también se usa durante breves momentos que el Mensajero

puede preguntar al Maestro sobre problemas organizativos o asesoramiento personal a los estudiantes. Por el hilo de contacto que conecta al Mensajero con todo el Espíritu de la Hermandad Blanca mientras está conectado con cada miembro individual de la Hermandad, este puede recibir de forma telepática cualquier información que el Maestro considere vital para su servicio en el mundo de la forma.

Cada método de recibir dictados sirve a un propósito distinto. El método ex cátedra es la forma más elevada y mejor, porque da al Maestro la capacidad de extender su aura con una mayor intensidad hacia la atmósfera de la sala y hacia las auras de quienes están presentes físicamente. Así, estos pueden asimilar con todas sus facultades el mensaje del Maestro, así como la emisión de su radiación.

Sin embargo, cuando hay elementos perturbadores en la sala, como personas escépticas o en desarmonía con los Maestros, los Mensajeros o sus enseñanzas, es posible que estos interfieran con la transmisión del dictado *ex cátedra* hasta tal punto en que el Maestro considere conveniente dar el mensaje o bien de forma telepática o bien con letras de fuego.

La rapidez del habla y el flujo de ideas en los dictados es, en muchos casos, sobrehumana. El Mensajero no tiene idea del contenido del dictado antes del momento en que se pone a recibirlo, y con frecuencia ni siquiera sabe quién dará el dictado. Por tanto, es absurdo suponer que el Mensajero tiene pensado de antemano o bien el tema o bien las consecuencias de los conceptos verbales (como han propuesto algunos escépticos). La capacidad del ser humano no puede desarrollar, al instante, un discurso organizado inteligentemente y después pronunciarlo con la velocidad a la que se producen los dictados. La memorización de un discurso tan largo sería igualmente imposible.

El representante del Espíritu Santo dijo una vez:

> Me sorprende que los hombres puedan imaginar en sus vanidades que este Mensajero tenga la capacidad de expresarse como yo, y los felicito por sus ridículas imaginaciones.

Quienes piensen por un momento que este Mensajero tiene el poder —aunque sí tiene algún poder de la palabra— de hablar como yo lo estoy haciendo, de hecho, están traicionando las energías del cielo. Porque os aseguro que ahora le estamos dotando de nuestra gracia, para que vosotros podáis tomar del maná del cielo. Y los propósitos a los que se sirve son los propósitos de la Luz y los de la perfección de la Luz.

Y, por tanto, esta noche os digo: comprended la necesidad de mantener focos de Luz como este, que nos representa genuinamente. Amados, son *pocos*. Son contados.

El Gran Director Divino ocupó un cargo así en civilizaciones pasadas y prestó un servicio a la gente de aquella generación. Es un servicio valioso. Sin embargo, cada uno de vosotros tenéis un servicio valioso que prestar.[12]

Las facultades intuitivas de los Mensajeros de Dios

Las personas empapadas de dogma no son capaces de descubrir en los dictados las claves sutiles que con frecuencia los chelas más avanzados consideran evidentes por sí mismas. Debido a que uno tiende a ser aquello a lo que está expuesto, el Mensajero y el chela de los Maestros tienden a adquirir las cualidades de lo Divino, de un Ser Ascendido, de un Ángel, de un Arcángel o de un Ser Cósmico, cuando están expuestos a la acción vibratoria de su conciencia.

Así, las facultades intuitivas y las capacidades de discernimiento que tienen todos los Mensajeros no son de ningún modo exclusivamente suyas. Cualquier discípulo sincero puede desarrollarlas en mayor o menor medida y, por supuesto, son muy útiles para corroborar el testimonio de los propios profetas.

Cuando un Maestro Ascendido como Jesucristo decide dictar un mensaje a la humanidad de la Tierra a través de los Mensajeros escogidos por él, se produce una emisión concomitante de la acción vibratoria y los elevados pensamientos y modelos de energía del Maestro. Los que sean sensibles y capaces de sentir estas acciones vibratorias con frecuencia son elevados en conciencia mucho más allá de su estado normal.

Sin duda, quienes sienten la presencia del Maestro no cuestionan intelectualmente aquello que ya está confirmado por el corazón. Ellos han sentido la emisión radiante que se mueve en ondas por los centros nerviosos, realineando los modelos de pensamiento y produciendo modelos de sentimiento de una armonía maravillosa. Sin embargo, quienes aún no han abierto sus centros espirituales necesitan mucha fe para asimilar la verdad relacionada con la profecía.

No juzgues la enseñanza por las imperfecciones de su Mensajero

Respondiendo a las preguntas de los estudiantes acerca de la naturaleza de la profecía, Saint Germain dijo:

Se nos ha pedido que definamos la profecía. Quienes carecen de discernimiento, indecisos entre el deseo de creer todas las cosas y plagados de honestas dudas, anhelan una clarificación procedente de los lugares celestiales.

Recordad que todos los libros sagrados jamás escritos y todo el conocimiento valorado por las muchas religiones del mundo —independientemente de las proclamaciones de los hombres sobre lo contrario— se han manifestado a través de personas que estaban encarnadas en el planeta. Es decir, todo ello ha llegado a través del hombre.

Hay y siempre ha habido una tendencia por parte de la humanidad a juzgar la precisión y cualidad del contenido espiritual a partir de la vida de aquellos a través de quienes llegó ese contenido. Hemos dicho que los hombres no deberían invertir tanto tiempo examinando con medidas de la mente mortal la vida o persona de los instructores espirituales. Hemos dicho que los viajeros sedientos no deberían desdeñar un vaso de agua fresca simplemente porque el vaso de latón en el que se entrega tiene una imperfección.

Si el mundo de las personas es viejo, todo individuo de la Tierra es viejo en el sentido de que una miríada de experiencias ha creado conceptos incrustados que a los hombres les resulta difícil dejar. Por eso, como en tiempos antiguos y hasta en la actualidad, los hombres examinan las fuente de información en vez de las enseñanzas. Y, amados, al fin y al cabo, la enseñanza lo es todo.

Aquello que lleva la marca de autenticidad cósmica se siente en los acordes del corazón; pero ¿cómo se manifestará eso en aquellos que desgraciadamente carecen de sintonía con su propio corazón, donde la fragilidad de la mente puede analizar solo la estructura verbal de nuestras entregas?

¿Dónde está, por tanto, la caja armónica para la autenticidad? Los hombres deben comprender que ellos mismos necesitan perfeccionarse y sintonizarse con los Poderes Superiores si han de sentir la genuina perfección que dicen buscar.

Y es que, con frecuencia, los buscadores de la Luz tienen una actitud muy poco profesional al examinar las diversas enseñanzas que se encuentran. Pero, al fin y al cabo, les falta experiencia en aquello que buscan. Por tanto, hay casi una lucha ciega que se produce en el mundo de las personas sobre el Sendero hacia la Luz.

¿Es de extrañar, pues, que caigan con facilidad víctimas de esos ciegos guías de ciegos,[13] quienes precisamente no han logrado ni lo que podríamos llamar una pizca de realización Divina? Esos son los que lo han estudiado todo sobre las manifestaciones milagrosas de la vida de los santos, pero han permitido que su cerebro perciba —junto con una advertencia más perfecta— las ideas fatuas de menosprecio mortal hacia sus iguales, hacia sus hermanos y unos hacia otros.

El cielo no siente desdén por la búsqueda de la Verdad de los hombres honestos, pero sabemos que la gente tiene la tendencia a criticar demasiado a aquellos cuyos pensamientos más simples aún no pueden comprender. La sofistería y el ingenio humano no producen por sí mismos un pasaporte que conduzca a dimensiones superiores y percepciones precisas.

Al contrario, muchos se han excomulgado de un movimiento de progreso espiritual definitivo antes de poder echar raíces o refugiarse en una compañía de devotos espirituales que se mueve hacia adelante. Sin duda esto debe señalarles a los perceptivos qué vital es que los hombres sean como niños pequeños, confiando en el Ser Infinito y en que la sabiduría del Cielo juzgue a los hombres cuya hipocresía ellos rehúyen.

No hay necesidad, benditos, de que los hombres estén continuamente metidos en una caza de brujas mientras aún buscan su camino de regreso al Origen. Una y otra vez, las personas, empapadas de tradición o de conceptos tradicionales, asisten a uno de nuestros servicios solo para darle la espalda a una gran oportunidad que se les ofrece.

Porque antes de que la puerta se pueda abrir hacia la Luz o se puedan dar válidas explicaciones, ellos ya han decidido en su mente que la apariencia de quienes nos representan, o las expresiones de su boca, no les complace. Son árbitros de su propia confusión, agarrando la sustancia en descomposición y proclamando que es real, mientras se apartan de lo Real y del estandarte de la libertad sin ni siquiera saber cuál sea su verdadero valor.

Admito que algunas cosas son evidentes por sí mismas y arrojan su sombra ante ellas, pero la Verdad con frecuencia está sutilmente oculta bajo un tosco exterior o una manifestación que defrauda su gran contenido. Si, por tanto, hay alguna advertencia que yo quisiera dar a la humanidad en esos tiempos dificultosos, es esta: "No juzguéis precipitadamente".[14]

Los Mensajeros no realizan prácticas astrales o psíquicas

Hay una gran diferencia entre el Mensajero que representa a la Jerarquía por designación divina y el canal o médium de personalidades y vibraciones astrales. Es imposible que el Mensajero de Dios se involucre en cualquier forma de espiritualismo, porque su conciencia no está al nivel del plano astral donde moran los espíritus.

Tampoco es posible que practique el trance. El trabajo de los verdaderos profetas de Dios no tiene nada de médium. La conciencia del Mensajero debe estar purificada por el Espíritu Santo y transformada por la Mente de Cristo. Solo cuando funciona desde el nivel de ese Espíritu y de esa Mente es capaz de entrar en contacto con la conciencia Ascendida del Maestro y, por tanto, de producir sus dictados.

La Hermandad no permite que el Mensajero practique el

trance o la escritura automática ni recomienda que el verdadero discípulo del Cristo realice tales prácticas, porque cuando uno da su conciencia a alguien que no está perfeccionado, una conciencia no ascendida que habite en los planos astrales, estará sujeto a toda la conciencia de aquel al que se la dio.

No solo pasan al canal las palabras y los pensamientos del desencarnado, sino todo su impulso acumulado, una cloaca literal de sustancia no transmutada. Lo mismo ocurre con la hipnosis. Desde los abusos del espiritualismo los Maestros han eliminado la dispensación que permitía la comunicación espiritista de manera limitada con el fin de establecer pruebas de una existencia más allá de la tumba.*

Médiums psíquicos y comunicación con almas desencarnadas

En la actualidad, el plan de la Hermandad para dar instrucción exhaustiva en sus retiros etéricos a las almas que se preparan para reencarnar excluye la posibilidad de que estas permanezcan en los estratos inferiores realizando actividades como la comunicación espiritista. Cualquier indicación de la presencia de seres queridos fallecidos o los denominados guías astrales debería ser una señal que apunte a la necesidad de hacer llamados por ellos para que sean llevados con rapidez a las octavas de Luz y los retiros de la Hermandad.

Allá donde hay verdaderos profetas con frecuencia están los que, aunque puedan ser sinceros, son víctimas de sus propias ilusiones. Les roban la Luz por estar involucrados en el glamur del reino psíquico y sirven como instrumentos de las personalidades psíquicas. Diseminan enseñanzas cubiertas de Luz, cuya esencia es en realidad la energía mal cualificada y la oscuridad. Sus palabras pueden aparentar una transmisión de sabiduría, pero su efecto puede ser destructivo. Aunque pueda haber falsos profetas en todas las épocas, existen varios grados de falsedad.

---

*El patrocinio original del espiritualismo por parte de los Maestros y sus abusos posteriores se describen en el capítulo 2 del libro 6 de la serie Escala la montaña más alta, *Senderos de Luz y Oscuridad*.

Somos de la opinión bien fundada de que la mayoría de los médiums son más víctimas de sus propios engaños que impostores conscientes de los hombres. Ello no disminuye los peligros para sus seguidores, pero el seguidor sincero de un falso profeta puede adaptarse con rapidez a la Verdad una vez que la encuentra.

Muchas comunicaciones recibidas por médiums no son más que intentos de impostores que con inteligencia encubren sus palabras con una constante práctica engañosa incluso para los médiums a través de quienes hablan. Con frecuencia, la entidad es quien quiere engañar a la humanidad, no el médium. Y a la entidad la engaña el archiengañador mismo, el aliado de la negación del mundo.

En efecto, la falsa jerarquía tiene representantes encarnados y desencarnados que imitan los dictados de los Maestros Ascendidos, esperando anticiparse a las actividades de la verdadera Jerarquía de Luz. Los falsos jerarcas envían a sus instrumentos incautos a que hagan tareas supuestamente de la Hermandad y los dirigen para que establezcan centros que supuestamente están patrocinados por la verdadera Jerarquía, pero que en realidad son avanzadas de confusión establecidas para entrampar deliberadamente a buscadores bienintencionados y desviarlos del verdadero Sendero.

Hay dos formas con que uno puede poner a prueba quién afirma ser representante de la Hermandad: juzgándolos por su vibración y por sus enseñanzas. Si sus vibraciones son de la oscuridad, entonces sus enseñanzas serán imprecisas parcial o totalmente, porque ellos mismos no tienen la capacidad de entrar en contacto con la Luz mientras permanecen en la oscuridad.

Por tanto, aquello que producen debe estar basado en lo que los verdaderos profetas de Dios ya han producido. Habitantes de la noche, ellos no tienen la aptitud para ser instructores de los hombres, pues sus vibraciones siempre manchan las enseñanzas, así como las almas de aquellos a quienes las imparten. No poseerán el fuego del Cristo que, mediante el poder de la Palabra hablada, es capaz de vivificar el corazón de muchos y de atraer a todos los hombres hacia Él.

Por otro lado, si sus vibraciones son buenas, pero sus enseñanzas tienen una base falsa, deberán ser instruidos por el Cristo en el correcto uso de las Leyes de Dios antes de ir a sembrar malas semillas entre las buenas y después recoger su cosecha.

El Morya habla de la diferencia entre los verdaderos Mensajeros y sus impostores:

La Palabra lo es todo. La Palabra es el Logos eterno. Es la voz del Anciano de Días tronando los Diez Mandamientos desde las alturas del monte Horeb, grabando con el fuego de la llama viva las marcas de la Ley en tablas de piedra. La Palabra es la voluntad del AUM y el rayo de vuestra divinidad. La Palabra es la vida y el amor de la Verdad. La Palabra es la Ley y el principio. La Palabra es individualidad en toda regla.

Nosotros enviamos a Mensajeros de la Palabra cuyas almas, ungidas por Dios mismo, se han arrodillado ante el altar de la Corte del Fuego Sagrado y han recibido el encargo de los Veinticuatro Ancianos. Y su autoridad es la de los Mensajeros del Gran Sol Central. Ser un Mensajero de la Jerarquía es una vocación alta y santa, que no se concede a la ligera, que no se debe recibir a la ligera.

A lo largo de los siglos hemos designado a nuestros Mensajeros como profetas de la Ley, Instructores del camino de la conciencia Crística y de la Luz Búdica. Otros a quienes llamaríamos mensajeros no designados o autodesignados han aparecido para usurpar descaradamente el ministerio de su cargo en la Jerarquía. Y así, anda por ahí un espíritu seductor, persuasivo como la Serpiente, que no es el verdadero espíritu de la profecía. Tampoco ha venido como un don del Espíritu Santo;[15] es la voz de la rebelión y de la brujería, de habladores y engañadores vanos.[16] Estos son los que miran en la bola de cristal, los de lecturas psíquicas y los autoproclamados mesías, hechizados y hechizantes, llegando en el nombre de la Iglesia, pero negando a la verdadera Iglesia, viniendo en el nombre del Logos, pero siendo su vida una traición a la verdadera razón y a la Ley.

Son los archiengañadores de la humanidad. Se harían con la persona y personalidad de los Maestros Ascendidos y los verdaderos Gurús. Estableciéndose como gurús, se sientan asumiendo la postura del loto y fumando la pipa de la paz con la falsa jerarquía, dispensando drogas junto con los demonios e incluso entrenando a sus discípulos en la manipulación de las energías sexuales para una gratificación sensual intensificada. En toda su codicia devoradora de poder, enseñan el camino hacia Dios mediante la perversión sexual, los abusos del cuerpo y la profanación de la Madre. Y la Luz que roban a aquellos a quienes entrampan se utiliza para satisfacer sus locas ansias y para controlar a grandes segmentos de la población mediante la brujería, las disputas y las maldiciones mortales.

Otros se ocupan de entrenar a "canales" y sanadores psíquicos. No conocen la diferencia entre las energías espirituales y las psíquicas, la corriente pura y la impura. Por tanto, convierten a los crédulos en canales de las energías del abismo, de los diabólicos susurros de los espíritus familiares y los "encantadores que susurran hablando".[17] Las falsas jerarquías y los caídos aparecen con muchos aspectos, queriendo impresionar a una humanidad en la infancia con su juego de manos, sus trances y su telepatía, sus platillos voladores y otras trampas.

Ay de los adeptos de las manipulaciones mentales de la Materia y las energías astrales, que sin embargo no tienen al Cristo, los encantadores de serpientes y los charlatanes que demuestran un control admirable de las funciones corporales ¡pero no tienen ni una pizca de maestría del alma! ¡Como si tuvieran algo que ofrecer a la humanidad que esta no pueda conseguir de forma directa de su Ser Crístico, de su Presencia YO SOY y de la llama viva que Dios ha afianzado en el corazón!

Algunos de ellos, engañados y engañando a otros, llegan a decir que todo el mundo debería ser un canal psíquico, que todo el mundo debería desarrollar sus poderes psíquicos. Como los magos de la corte de Faraón,[18] sostienen frente a nuestros Mensajeros sus fenómenos psíquicos y dicen: "¿Veis? ¡Nosotros hacemos lo mismo!". ¡No es así! Como los caídos, que en su intento de nivelar la Jerarquía se equipararían a los hijos y a las hijas de Dios, esos canales psíquicos quisieran hacer que nuestros Mensajeros y su trabajo con la Palabra viva se enturbiara con la inundación de material psíquico entregado por la falsa jerarquía.

¡Así sea! Tienen libre albedrío. Como la hierba del campo, tienen su momento; porque el viento pasa por ellos y perecen, y no se les recordará.[19] Pero el día de los verdaderos Mensajeros de la Jerarquía será como el gran secoya marcando los ciclos de la evolución espiritual-material de la raza y como los Himalayas nevados delineando las cumbres del logro del alma. Así, los profetas han aparecido en todas las eras, y su día es el día de la salvación (autoelevación) de la raza de la humanidad. Y la venida del Mensajero siempre significa la preparación del camino para la venida de un nuevo nivel de conciencia Crística. "He aquí, yo envío mi mensajero delante de tu faz, el cual preparará tu camino delante de ti".[20]

En todos los siglos los Mensajeros han proclamado la Verdad viva que debe liberar a la humanidad de la doctrina y el dogma gastado. En esta era ellos han venido a preparar al mundo para recibir a su identidad Crística y a la Presencia YO SOY "viniendo sobre las nubes del cielo, con poder y gran gloria".[21] Su venida marca la hora en la que todos los que hayan realizado la unión con la Presencia YO SOY a través del ritual de la ascensión aparecerán a la humanidad mediante la visión exaltada de la conciencia Crística.[22]

Poderes del Mensajero

Entre los otros poderes que recibe el Mensajero están los dones de curación, el discernimiento de espíritus, el hablar en lenguas y el echar fuera demonios y entidades desencarnadas. El Mensajero conserva estos dones solo si los utiliza para los fines específicos delineados por la Jerarquía para la bendición de la humanidad y para los propósitos de acuerdo con la ley kármica y cósmica.

Aunque el Mensajero tiene el poder de leer todos los niveles de la conciencia humana, incluyendo los registros akáshicos, nunca lo hace con el poder de la mente humana o su implicación con el lado humano de la vida, sino siempre a través de la mente de Cristo. El Mensajero ha prometido no usar jamás este don para el entretenimiento o la adulación de los egos, sino solamente a petición de un miembro de la Jerarquía por un chela no ascendido.

Mientras que un médium puede aprender a serlo, el Mensajero, el verdadero profeta, siente un llamamiento de Dios. Este llamamiento se le dio cuando el Todopoderoso forjó el modelo arquetípico del destino de las llamas gemelas. ¿Y cómo predicarán si no fueren enviados? Como está escrito: ¡Cuán hermosos son los pies de los que anuncian la paz, de los que anuncian buenas nuevas!".[23]

Venimos con el nombre de un profeta

Llegamos, pues, al tema de nuestro servicio como Mensajeros. Debido a que algunos han pensado que nuestro apellido se buscó por motivos comerciales, deseamos decir que Mark lo recibió de sus padres terrenales, Thomas y Mabel Prophet.* Es un legado divino por el cual estamos agradecidos.

Nos han preguntado si nos escogieron por la pureza de nuestro ser o nuestro elevado estado de progreso espiritual. Nos han preguntado si somos maestros no ascendidos, santos o seres exaltados.

A esas preguntas respondemos: Si hay alguna virtud, si hay alguna Luz, si hay alguna bendición para los seguidores del Cristo en el lugar donde nosotros estamos, miren los hombres hacia arriba y reconozcan la Fuente de todo Bien. Porque solo somos siervos de Dios, de ningún modo perfectos, solo dispuestos a elevar el cáliz de nuestra conciencia para que todos puedan beber del agua viva de la Verdad eterna.[24]

Con frecuencia nos sentimos tan humildes ante la gran altura desde la que se entregan las energías divinas, que exclamamos: "Señor, no soy digno", a lo que Él contesta: "El Cristo en todos los hombres es digno de recibirme; por tanto, vosotros sois dignos".

---

*Prophet significa "profeta" en inglés. (N. del T.)

Sanat Kumara, primer Mensajero y Guardián de la Llama

Los estudiantes de lo oculto a menudo preguntan acerca de nuestras encarnaciones pasadas. Comprensiblemente, desean conocer nuestras *credenciales*. Aunque nos fijamos en el Dios dentro de todos los hombres y en su actual realización de ese Dios, también comprendemos que los desempeños pasados establecen el rumbo de su alma en vidas futuras. Por tanto, para satisfacer las preguntas de posibles seguidores de la Ley de los Maestros Ascendidos, ofrecemos la siguiente información sobre nuestra herencia del pasado.

Nuestro servicio a las evoluciones de este planeta comenzó con la llegada de Sanat Kumara, el Anciano de Días, que vino de Venus para mantener ardiendo la llama del Cristo para la humanidad de la Tierra en el momento de mayor crisis del planeta. En aquella época la Tierra ya había sido asediada por los rezagados y las hordas luciferinas, y bajo su influencia, sus evoluciones habían quedado reducidas al nivel del hombre de las cavernas.

La Tierra suponía un gran desafío para las almas no ascendidas que evolucionaban en otros hogares planetarios de este sistema. Las evoluciones de la Tierra ya no emitían Luz, pues todos habían olvidado su Fuente. La Tierra estaba a punto de ser disuelta por decreto cósmico.

Las evoluciones de planetas hermanos, recordando el destino del planeta Maldek que había sido destruido (cuyos restos aún circulan en torno al Sol como el cinturón de asteroides entre Marte y Júpiter),[2,3] apelaron a los Señores Solares pidiendo intercesión por la Tierra.

Sanat Kumara, Jerarca de Venus, se presentó ante los Consejos Cósmicos ofreciéndose a separarse de su hogar y su consorte para guardar la Llama por las evoluciones de la Tierra, que se habían desviado hacia el mal camino debido a una interferencia externa. Él fue el primer Mensajero del planeta y el primer Guardián de la Llama. Comprendiendo su gran valor, muchos se ofrecieron a acompañarle.

Esos voluntarios no solo vivieron de Venus, sino de otros planetas y estrellas más allá de nuestro sistema solar. Lo hicieron sabiendo que una vez encarnados, las posibilidades eran muy, muy altas de que llegaran a involucrarse en situaciones que les harían incurrir en karma y que los atarían a su hogar adoptivo quizá miles de años. Sin embargo, se habían preparado para prestar este servicio y la oportunidad los llamaba.

Durante muchos siglos, los millares de corrientes de vida que formaban el séquito de Sanat Kumara permanecieron a su servicio en los niveles etéricos en Shambala, el retiro del Señor del Mundo situado por encima del desierto de Gobi. Pero llego un punto cuando, gracias a su servicio desde los niveles etéricos, la conciencia general de la raza se elevó hasta un nivel tal que Sanat Kumara consideró que no había peligro en que los voluntarios encarnaran.

Bajo su dirección, se les asignó que fueran al mundo de la forma llevando su Luz. De dos en dos encarnaron, hasta que toda una oleada de venusinos y otros voluntarios interplanetarios se afianzaron firmemente en los patrones kármicos de la Tierra.[26] Entre ellos estaban nuestras llamas gemelas.

En la Atlántida

Uno de nuestros primeros recuerdos de las encarnaciones físicas en la Tierra se retrotrae a la Atlántida, cuando Mark era un sumo sacerdote y un maestro de la invocación en el templo y Elizabeth era una virgen del templo que enseñaba a los niños el arte de la danza espiritual.

En el antiguo Egipto

Después del hundimiento de la Atlántida, los que habían sido atlantes comenzaron a reencarnar en el Creciente Fértil, y así fue cómo prestamos servicio como gobernantes del antiguo Egipto. **Akenatón** (Amenhotep IV, c. 1370-c. 1330 a. C.) y **Nefertiti**, su esposa, son recordados como fundadores de la primera forma de monoteísmo moderno.

Hace treinta y tres siglos, Akenatón (también conocido como *Ikhnaton*) reconoció al Dios único en el Sol espiritual detrás del sol físico, y lo llamó *Atón*. Akenatón visualizó al Ser Infinito, Atón, como un ser divino "que se distingue con claridad del sol físico" pero se manifiesta en la luz del sol. Akenatón reverenció el "calor que hay en el Sol", al cual consideraba como "el calor vital que acompaña todo lo que tiene Vida".[27]

Akenatón y Nefertiti

Akenatón creó un símbolo que representaba a Atón como un disco dorado del que salían rayos divergentes. Procuró señalar que el disco solar en sí no era Dios, sino solo un símbolo de Dios. Cada haz o rayo divergente terminaba en una mano extendida sobre cada persona como una bendición, y en algunas representaciones la mano llevaba el *anj*, símbolo de la Vida, directamente a Akenatón y a su Reina.

Akenatón también consideraba a Dios como una personalidad cuyos "rayos alimentan todos los campos" y "viven y crecen para ti".[28] Estos rayos son las semillas y chispas de Luz que forman nuestra llama trina en la cámara secreta del corazón. (Esta idea del disco solar con sus rayos emanando de él ¿verdad que es algo parecido a la actual enseñanza de los Maestros sobre la Presencia YO SOY, el Sol de Justicia, y el cordón cristalino por el cual descienden las energías del Sol hacia el hombre encarnado?).

Impaciente con las prácticas de los sacerdotes de Amón en Tebas, el rey no solo denunció a sus dioses y ceremonias como una vulgar idolatría, sino que construyó una capital nueva para rcino, Akhenatón (conocida por los arqueólogos como Tel el

Amarna), ubicada a casi quinientos kilómetros al norte de la antigua ciudad de Tebas. Akenatón prohibió el culto de los antiguos dioses Nefilín, y en particular a Amón, el dios principal, y ordenó que sus nombres e imágenes se borraran de los monumentos. Se trataba de ángeles caídos encarnados y desencarnados a quienes los sacerdotes negros habían erigido altares.

En su total lealtad al Dios del Sol único, Amenhotep IV se cambió el nombre teofórico a Ikhnaton, "El que es beneficioso para Atón". Sus cantos apasionados a Atón se han conservado como lo mejor de lo que nos ha llegado de la literatura egipcia.

> Tu amanecer es hermoso en el horizonte del cielo,
> Oh, Atón Viviente, Principio de la vida.
> Cuando sales por el horizonte oriental
> llenas las tierras con tu belleza...
>
> ¡Cuántas son tus obras!
> Se nos ocultan,
> oh único dios, cuyos poderes ningún otro posee.
> Tú creaste la Tierra según tu corazón.[29]

Setecientos años antes de Isaías, Akenatón proclamó la concepción vitalista de la Deidad, hallada en los árboles, las flores y todas las formas de Vida, con el sol como emblema del poder supremo que ahora él proclama como la Presencia YO SOY. Aunque en la época de Akenatón la conciencia de la gente no estaba preparada para el Dios único, el impacto que el monoteísmo ha tenido aún se siente en la actualidad en todas las grandes religiones del mundo.

Ay, el reino de Akenatón y Nefertiti no fue más que un tierno interludio en la era de poder en Egipto. Como reformador idealista, Akenatón no solía enviar a la guerra a los egipcios en defensa de los dominios del reino cuando estos sufrían invasiones. A causa de ello, el imperio egipcio disminuyó y el gobernante se encontró sin fondos y sin amigos.

En el decimoséptimo año del reino de Akenatón, él, su esposa y la hija mayor desaparecieron. Los eruditos han pensado que fueron asesinados. Se desconoce por quién, cuándo y cómo. El

Morya nos ha mostrado que fue su líder militar, el general Horemheb, quien encabezó una revuelta contra Akenatón y Nefertiti, y los apuñaló hasta la muerte.

Los sacerdotes negros restablecieron a los dioses anteriores y anularon el nombre y la imagen de Atón y Akenatón. Akenatón murió a la edad de treinta años, habiendo fracasado en realizar sus sueños; y su sucesor, Tutankamón, reinstauró a los viejos dioses y días festivos, y devolvió la capital a Tebas.

La devoción a la Verdad demostrada por estos gobernantes es típica de las cualidades que se requieren de los verdaderos Mensajeros de Dios. La virtud de Akenatón no estuvo en la victoria militar ni en la negociación política con los sacerdotes de Amón, sino en su total falta de acuerdo con el error.

La devoción que sintió por su reina a menudo se pudo ver públicamente y se representó en el arte egipcio. Los registros akáshicos muestran que Akenatón poseía un gran sentido de su misión, que consistía en exteriorizar los principios de la Hermandad, no solo en su vida privada, sino en la leyes de Egipto. La cultura que el rey y la reina produjeron en Tel el Amarna en el arte, la poesía y la música surgió bajo la dirección de la Hermandad, inspirada desde Venus y las antiguas tierras de Mu y la Atlántida, cuando aquellas civilizaciones estuvieron en su apogeo.

El busto de Nefertiti que hoy día se puede ver en un museo de Berlín está considerado como una de las obras maestras de la época amarniense. Cuando se comparan los retratos de Akenatón y Nefertiti con nuestras fotografías del presente, se podrá observar cómo las características del alma se vuelven a manifestar una y otra vez en la forma física. De hecho, la forma física es la equivalente a la etérica. El parecido puede permanecer durante muchas encarnaciones antes de que los rasgos cambien.

Durante la época de la misión de Jesús

Las siguientes encarnaciones que deseamos describir tuvieron lugar durante la época de la misión de Jesús. Entonces Mark fue **Juan Marcos**, hijo de María de Jerusalén, autor del evangelio que lleva su nombre, conocido como el Evangelio de los Hechos porque está basado más en las obras que en las palabras de Jesús. Este énfasis en la acción es típico de la conciencia del primer rayo, que nuestras llamas gemelas encarnan.

Marcos era un joven muchacho cuando Jesús y sus discípulos celebraron la Última Cena en la casa de su madre, que fue una de las mayores devotas entre las mujeres que siguieron a Jesús.

Habiéndose criado según la tradición esenia y habiendo presenciado el poder del Espíritu Santo en Pentecostés, Marcos se convirtió en el discípulo principal de Pedro. Marcos fundó la iglesia de Alejandría, que llegaría a ser el principal exponente de los misterios más profundos del cristianismo, y más tarde fue martirizado ahí, siendo arrastrado por las calles.

Durante el mismo período, Elizabeth estuvo encarnada como **Marta**, hermana de María y Lázaro. En esta relación, María era el foco de la devoción del corazón, el sendero del místico, mientras que Marta representaba la mente razonadora, el sendero de lo oculto. En Lázaro hallamos al corazón y la cabeza unidos en la acción de la mano al servicio de Cristo.

María y Marta de Betania

En el relato de la resurrección de Lázaro del undécimo capítulo del Evangelio de Juan, vigésimo versículo, leemos que "Marta, cuando oyó que Jesús venía, salió a encontrarle; pero María se quedó en casa". La actitud de ambas simboliza la extrovertida mente buscadora contrastada con el corazón que descansa en el conocimiento del reino que hay en el interior.

Marta expresó su fe cuando le dijo a Jesús: "Señor, si hubieses estado aquí, mi hermano no habría muerto. Mas también sé ahora que todo lo que pidas a Dios, Dios te lo dará".[30] Jesús le dijo: "Yo soy la resurrección y la vida; el que cree en mí, aunque esté muerto, vivirá. Y todo aquel que vive y cree en mí, no morirá eternamente. ¿Crees esto?".[31] La respuesta de Marta vuelve a afianzar el rayo de la fe que ha sido su gran punto fuerte durante sus muchas encarnaciones. Sin vacilar, contestó: "Sí, Señor; yo he creído que tú eres el Cristo, el Hijo de Dios, que has venido al mundo".[32]

El mismo contraste se observa en los acontecimientos que tuvieron lugar durante la cena preparada para Jesús en la casa de Lázaro. Marta, "afanada y turbada por muchas cosas", carga con las responsabilidades del hogar, mientras que María, cuyos pensamientos son todo devoción hacia su Señor, se sienta a sus pies, ajena a las preocupaciones del mundo. Ambas actitudes son esenciales en el servicio cristiano; María recibiendo las energías y enseñanzas del Cristo y Marta volviéndolas prácticas a través de la organización y administración de la vida diaria.

Al principio de nuestra misión se nos reveló que María, la hermana de Marta, fue una encarnación anterior de Mary Baker Eddy, fundadora de la Ciencia Cristiana. En su *Ciencia y salud con clave de las Escrituras* encontramos sus recuerdos de las enseñanzas íntimas que Jesús impartió en las múltiples ocasiones en que se quedó en la casa de esos amigos.

Los sagrados misterios que Jesús enseñó a María, Marta y Lázaro durante su última cena juntos, antes de la crucifixión, se afianzaron en sus cuatro cuerpos inferiores como un registro de Verdad cósmica que habrían de manifestar posteriormente. Lázaro reencarnó en el siglo veinte como un instructor de la Ciencia Cristiana, cuyo ministerio de curación ha tocado a innumerables vidas.

David S. Robb, que fue el primero en diseminar las enseñanzas de la Ciencia Cristiana en Canadá y que conoció muy bien a la Sra. Eddy, dijo que ella había dicho: "En la Ciencia Cristiana he expuesto el abecedario de la verdad espiritual, pero hay otros que vendrán después de mí para revelar una explicación más plena de las leyes que Jesús enseñó".

Las palabras de esta gran pionera de la metafísica resuenan desde ákasha como proféticas de aquello que se enseñaría menos de cien años después de la publicación de su *Ciencia y salud* en 1866.

La Sra. Eddy era bien consciente del hecho de que las dispensaciones de la Jerarquía solo permiten que se revele una determinada cantidad de la Verdad en un período dado de tiempo. Cada década y siglo sucesivo ofrecen la oportunidad de una Luz y un conocimiento cada vez mayor procedente de los retiros de la Hermandad. Estas dispensaciones están gobernadas por la ley cósmica y no pueden alterarse; por tanto, podemos esperar dentro de cien años el despliegue de misterios aún no vislumbrados por los profetas de esta época.

La misión de estas tres corrientes de vida ha formado una llama trina a lo largo de los siglos y el amor de María y Marta ha llegado a ser la esencia de la sabiduría, un legado para la época, mientras que el destino de Lázaro consistió en ir y proclamar las enseñanzas más elevadas del Cristo y demostrarlas con las acciones de la Ley.

Orígenes de Alejandría

En su siguiente encarnación, encontramos a Mark como **Orígenes de Alejandría** (c. 184-c. 253). Escritor, instructor y padre de la Iglesia, extrajo de la Biblia el fuego de las enseñanzas de Cristo y las hizo comprensibles para sus contemporáneos. Butterworth observa en su introducción a *Orígenes: Sobre los principios*:

> Orígenes es una de esas figuras, no demasiado común incluso en la historia de la Iglesia, de cuyo carácter podemos decir que no sabemos nada más que cosas buenas. Orígenes era humilde y estaba libre de envidia, sin ningún interés en el poder o las riquezas. Sufrió de forma inmerecida, por parte de amigos y enemigos por igual, sin quejarse. Su vida, de principio a fin, fue dura y extenuante. Su valor nunca falló y, en realidad, tuvo la muerte de un mártir. Amó la verdad con una sinceridad y devoción que rara vez se ha igualado y nunca superado. Intelectualmente es preminente y no tiene igual, superando con mucho a los padres griegos como Agustín supera a los latinos. El largo alcance de su pensar es sorprendente. Contempla un universo, no pequeño y estrecho como el de muchos de sus contemporáneos, sino de una inmensa magnitud, mundos tras mundos en una secuencia casi infinita, desde la apagada época primitiva cuando Dios creó a todas las almas iguales y libres, hasta el lejano evento en el que, después de incontables vicisitudes degradantes y dolorosas, las

almas volverán a su unidad y perfección originales, y "Dios será todo en todos".[33]

Muchas de las creencias de Orígenes guardan paralelismos con las que los Maestros enseñan hoy día. En *De Principiis o Sobre los principios*, Orígenes enseña que Dios es Espíritu, que es una Trinidad formada por Padre, Hijo y Espíritu Santo. Trata de la Caída de Lucifer y el hecho de que el hombre es libre de elevarse o caer por el don del libre albedrío.

Orígenes proclama que el Sol, la Luna y las estrellas son seres vivos; cree en la preexistencia de las almas y en la reencarnación; dice que la Materia fue creada por Dios y que el cuerpo se dejará de utilizar, que la naturaleza corporal regresa a la no existencia (al Espíritu), puesto que antes no tenía ninguna.

Orígenes habla del Cristo como Mediador entre Dios y el hombre. También se refiere a un lugar de instrucción para las almas después de la muerte. Concluye que, puesto que la enseñanza de la Iglesia incluye la doctrina del justo juicio de Dios, el hombre debe tener el libre albedrío de escoger vivir una buena vida evitando el pecado.

Orígenes y sus enseñanzas fueron condenadas supuestamente por el Quinto Concilio Ecuménico convocado por el emperador Justiniano en 553 d. C., aunque las autoridades modernas dudan si fueron en realidad anatemizadas. La *Enciclopedia católica* dice que no hay pruebas de que el papa aprobara los quince anatemas contra Orígenes y que estos fueron confundidos después por un decreto del Concilio.[34]

Justiniano logró su propósito en parte, pero los Maestros Ascendidos también han logrado el suyo. Los conceptos revelados a Orígenes por el Cristo y la Hermandad se están exponiendo en la actualidad a través de él para organizarlos como una escritura sagrada para el siguiente ciclo de dos mil años, sin desplazar a las que la han precedido, sino añadiéndose a ellas, partiendo (explicando) la Palabra y construyendo sobre los cimientos que han echado todos los que nos han precedido.

Los estudiantes de la Ley de los Maestros Ascendidos

disfrutarán leyendo *Orígenes: Sobre los principios,* editado por G. W. Butterworth. A cada página verán las realidades de la Ley de los Maestros Ascendidos desplegándose a través de la lente de una conciencia superior a la de Orígenes. Verán el mensaje universal de la Hermandad que no pertenece a una sola época, sino a todas las épocas, no a un único profeta, sino a todos los profetas. Que fuera suprimido por los poderes de la oscuridad durante los años oscuros no nos sorprende, porque nos han dicho que el Cordero de Dios fue inmolado desde el principio del mundo.[35]

Por tanto, nos debemos alegrar por saber que hemos cumplido nuestro plan divino y si, quizá, algunas almas se hayan salvado gracias a nuestros esfuerzos, podremos estampar sobre el ákasha de ese esfuerzo: "MISIÓN CUMPLIDA". De todas las cosas que hay en el mundo, solo la Palabra de Dios es Real y permanente. Todo lo demás está sujeto al decaimiento, incluyendo el papel sobre el que está escrita. "Porque toda carne es como hierba, y toda la gloria del hombre como flor de la hierba. La hierba se seca, y la flor se cae; mas la palabra del Señor permanece para siempre".[36]

Quienes ocupan el cargo de Mensajeros están comprometidos primero con la Palabra y después con la preservación de la Verdad en la Palabra cuando pasa de Dios al hombre. Hagamos sonar con humildad las palabras de uno de los grandes Mensajeros que jamás ha honrado al planeta con su presencia: "Para esto hemos nacido, y para esto hemos venido al mundo, para dar testimonio a la verdad".[37]

El estudiante también disfrutará leyendo la vida de **San Buenaventura**, otra encarnación de Mark en la cual expone las enseñanzas de los Maestros según la misma tradición que él inició en la Atlántida y que ha continuado con claridad eterna en muchas vidas posteriores, sobre la mayoría de las cuales no tenemos la libertad de hablar.

Encarnaciones recientes de los Mensajeros

Para concluir este examen de nuestra preparación pasada, quisiéramos mencionar con brevedad algunas de nuestras encarnaciones más recientes. Mark sirvió como Mensajero de la

Los Mensajeros

Hermandad en el puesto de poeta laureado cuando fue el poeta estadounidense **Henry Wadsworth Longfellow** (1807-1882). En esa encarnación pasó la iniciación no solo de escribir las enseñanzas de la Hermandad, sino además de escribirlas en poesía, que es el lenguaje de los ángeles. Sus poemas establecieron en su campo energético y su conciencia los modelos del Maestro El Morya, que en aquel tiempo dictó a través de él, habiendo estado encarnado el propio Maestro como el poeta Thomas Moore. El ritmo poético de Longfellow se observa con evidencia en los modelos de los decretos que se han dictado a través de Mark.

La capacidad del poeta de utilizar los registros akáshicos, no solo de sus encarnaciones anteriores, sino de eventos acontecidos en su época, le dieron la posibilidad de escribir poemas épicos que millones de personas han amado debido a su Verdad esencial. Acerca de "The Golden Legend" ("La leyenda dorada") dijo: "La historia sobre la que se basa me parece que sobrepasa todas las demás leyendas en belleza e importancia. Exhibe, en medio de la corrupción de la Edad Media, la virtud del desinterés y el sacrificio, y el poder de Fe, Esperanza y Caridad, suficiente para todas las exigencias de la vida y la muerte".

Longfellow se refirió a Fe, Esperanza y Caridad como nombres propios, quizá virtudes, pero más probablemente como ángeles de la guarda, que en realidad es lo que son. Lucifer también tiene su papel en "The Golden Legend". Para Longfellow fue una personalidad tan real como lo fue para Orígenes.

Longfellow fue capaz de entrar en el espíritu de **Hiawatha** en su poema del mismo nombre porque él mismo había estado encarnado como el gran líder indio.

En el poema "The Sermon of St. Francis" ("El sermón de San Francisco"), Longfellow alude al papel del santo como Mensajero de Dios:

> Oh, hermanos pájaros —dijo San Francisco—
> venid a mí y pedidme pan,
> pero hoy no solo con pan
> os alimentaré y os despediré.

> Seréis alimentados, pájaros felices,
> con maná de palabras celestiales;
> no las mías, aunque así lo parezcan,
> no las mías, aunque salgan de mí.

En el poema "Rain in Summer" ("Lluvia en verano"), Longfellow muestra que el don de la vista espiritual común a los Mensajeros revela la ronda del renacimiento como parte de la rueda universal de la Vida:

> Así el vidente,
> con visión clara,
> ve formas aparecer y desaparecer
> en la perpetua ronda del cambio,
> extraño y misterioso,
> de nacer a morir, de morir a nacer;
> de la tierra al cielo, del cielo a la tierra;
> hasta que vislumbres más sublimes,
> de cosas antes invisibles,
> revela a sus maravillados ojos
> el Universo, como una rueda inmensurable
> siempre girando
> en el raudo y veloz río del Tiempo.

El último poema de Longfellow lo escribió en 1882 en honor a otro Mensajero del Hermandad, Hermes Trismegisto. En él Longfellow alude a su creencia en la reencarnación:

> ¿Fue él uno o muchos, uniendo
> nombre y fama en uno solo,
> como una corriente a la que, convergiendo,
> llegan muchos arroyos?
>
> ¿Quién llamará a sus sueños falacias?
> ¿Quién ha buscado o perseguido
> todo el inexplorado y espacioso
> Universo del pensamiento?...
>
> ¡Trismegisto! ¡Tres veces grande!
> ¡Qué nombre tan sublime

ha descendido a esta última
progenie del tiempo!

Elizabeth fue **Mary Storer Potter**, primera esposa de Longfellow. Murió el 29 de noviembre de 1835, cuando estaban en el extranjero y él estudiaba en Ámsterdam.

Así, como llamas gemelas nos permitieron estar juntos brevemente antes de que el karma del servicio al mundo interviniera. Longfellow profetizaría más adelante la misión que no solo su llama gemela, sino todas las representantes de la Madre Divina, habrían de cumplir en el siguiente siglo:

> Una dama con una lámpara será
> en la gran historia del país,
> una clase noble de bien,
> mujer heroica.[38]

Porque el deber la llamó a Viena, con destino a ser **Isabel, emperatriz de Austria** (1837-1898). En su papel como esposa de Francisco José, emperador de Austria y rey de Hungría, el Maestro El Morya la instruyó en el arte del gobierno y en la trama y traición de la política del poder, la verdadera causa de su asesinato en 1898.

Al mismo tiempo estudió con Saint Germain, cuyo retiro en Transilvania (entonces en Hungría) caía dentro de ese reino, al que ella fue llamada a gobernar por aclamación popular. (Tanto Mark como Elizabeth han sido estudiantes de Saint Germain durante y entre muchas encarnaciones)

La reina fue instruida en administración y en lidiar con gente de todos los niveles de la sociedad, incluyendo a los "gobernadores de las tinieblas de este siglo".[39] Su preparación en las iniciaciones de la Hermandad cobró predominio sobre su crianza católica. Su tutor de griego escribió en su *Diario de Viena*:

> Al hablar de la diferencia entre cultura y civilización, ella dice: "La civilización es lectura, cultura es los pensamientos... Todo el mundo tiene cultura dentro de sí como herencia de todas sus preexistencias, la absorbe con cada aliento y en esto yace la

gran unidad"... De Dante y otros grandes, ella dice: "Son almas que, de eras pasadas, han vuelto a la tierra para continuar su trabajo y anticiparse al desarrollo de otros que aún han de llegar... Nuestro ser más profundo es más valioso que todos los títulos y honores. Estos son trapos de color con los que tratamos de cubrir nuestras desnudeces. Aquello que sea de valor en nosotros lo traemos de vidas anteriores que eran espirituales".[40]

A través del Imperio austrohúngaro, la Hermandad realizó sus últimos intentos de unir a Europa. Aunque estos no pudieron detener el creciente control de los gobiernos de Europa por parte de los poderes oscuros, tanto dentro como fuera de ellos las reformas democráticas instituidas por Francisco José fueron "más racionales que cualquier otra cosa vista en Europa antes o después".[41]

Mark Prophet entró en su última vida el 24 de diciembre de 1918. Ascendió el 26 de febrero de 1973 y hoy día se lo conoce como el Maestro Ascendido Lanello. Elizabeth nació el 8 de abril de 1939, en Redbank (Nueva Jersey) y continúa su servicio como Mensajera desde el estado no ascendido.

Y así, los Mensajeros, los "otros dos, el uno a este lado del río, y el otro al otro lado del río", siguen siendo los siervos del Señor y sus hijos en el Espíritu y en la Materia "por tiempo, tiempos, y la mitad de un tiempo", como escribió Daniel, ya que "muchos serán limpios, y emblanquecidos y purificados" y "los entendidos comprenderán".[42]

Los Maestros nos han enseñado numerosas encarnaciones para nuestro entrenamiento de esta vida. Si las citáramos todas en este capítulo, el estudiante tendría un relato siglo por siglo de nuestro servicio en la Tierra. La saga de las llamas gemelas es una historia que se ha repetido en la vida de muchos. Se basa en siglos de dedicación a la Verdad, preparación en los Templos de la Hermandad y servicio a la humanidad nacido del amor hacia nuestro Creador.

Servicio superior

No es inusual que un Mensajero pertenezca a las evoluciones de otro planeta. El propio Jesús y muchos de los grandes pensadores y líderes del mundo en todos los campos de actividad han aparecido con el mensaje de la Hermandad como voluntarios de otros planetas de este sistema e incluso de otros.

En 1965, Casimir Poseidón anunció que se nos había ofrecido la tutela del Retiro del Lago Titicaca cuando los actuales Jerarcas, el Dios y la Diosa Merú, hayan avanzado en el servicio cósmico. Como preparación para ese puesto en la Jerarquía, se nos dio una corona de iluminación y se nos hizo Príncipe y Princesa de la Santa Orden del Dios y la Diosa Merú. Estos dos grandes seres de Luz han de acompañarnos durante el resto de esta encarnación para que podamos absorber el rayo de la iluminación.[43]

Los Mensajeros cargan con lo más duro de la oposición

Como Mensajeros nos hemos convertido en la diana de mucha oposición. El Maha Chohán ha dicho:

> Hoy día hay personas en este cuerpo planetario que, a lo largo de los años, en el nombre de Cristo, han cometido actos contra estos amados Mensajeros, contra esta actividad y contra otras actividades de Luz. Algunas veces creen que pueden escapar con impunidad al fruto real de sus actos simplemente porque no ven con claridad que han recibido algún castigo como resultado de esos actos.
>
> Entiendan los hombres con claridad, por tanto, que quienes han actuado contra la Luz y quienes practican la brujería en este cuerpo planetario, pueden descubrir de repente que la Ley, que actúa en el nombre del amor, detendrá todas sus actividades rápida y completamente con el fin de apartar de la Tierra la progenie de aquellos que continuamente inclinan su voluntad hacia el mal.
>
> Por tanto, esta noche pronuncio el decreto. Escucha, oh, Guardián de los Pergaminos, nuestro llamado. Por decreto cósmico, en el nombre de la Presencia YO SOY en el corazón del Gran Sol Central, quienquiera que hiera o intente herir a nuestros Mensajeros de ahora en adelante y por siempre recibirá, de todo lo que la Ley ha exigido hasta el momento, diez veces más y acontecerá con inmediatez y descubrirán cuántos de ellos serán separados de los vivos, porque la paciencia de

Dios se ha terminado hoy con respecto a todas esas actividades que están basadas totalmente en la sensualidad, totalmente en el hacer caso de los espíritus carnales y el escuchar a las fuerzas de la oscuridad sin ninguna justificación en absoluto.

Por tanto, allá donde haya una actividad contra la Vida en este planeta, ya sea contra The Summit Lighthouse, sus Mensajeros o contra cualquier actividad de la Luz, vamos a hacer cumplir la Ley como nunca lo hemos hecho antes; y os digo que los demonios mismos temblarán, porque el Espíritu del Cristo vivo se ha levantado como en los días de antaño, cuando el poder del Cristo fue contra Mainin, el Sumo Sacerdote, y este exclamó en agonía cuando la gran Luz cósmica cayó igual como la Palabra cayó en el templo de Belsasar.[44]

Mi decreto ha terminado. Su implementación completa se puede ver en los niveles internos. Es compleja y abarca 110 páginas de letra calculadas para explicar la manera exacta en que todas estas acciones tendrán lugar.[45]

El Morya también ha hablado de aquellos que critican a los Mensajeros:

¿Por qué gastáis tiempo en criticar la acción de quienes sirven a la Luz cuando vuestras vidas, en muchos casos, no son más que un desastre? ¿Por qué algunos de vosotros venís aquí con la idea de ir buscando y descubrir, si podéis, algún fraude en estos benditos Mensajeros? Os digo, queridos corazones, que somos conscientes de todas las actividades de todas las personas. Descubrid primero el fraude en vosotros y después encontraréis el medio de erradicarlo, porque os digo que la Luz de Dios que nunca falla es una Luz de lo más penetrante y, si quisiéramos, podríamos exponer públicamente el nombre de quienes han amontonado insulto tras insulto sobre quienes han dado a Dios su vida y sus energías con nobleza por su gloria y cuyos pensamientos, cada uno de ellos, son la manifestación del reino de Dios en la tierra.

Queridos de la Luz, si queréis ser inteligentes, pues, sed inteligentes. Si queréis ser imprudentes, separaos de nosotros, porque nosotros ni siquiera nos mancillaremos las faldas mucho más tiempo con aquellos que continuamente ponen a prueba la paciencia de nuestras almas en el estado Ascendido pretendiendo amarnos y, después, en secreto, haciendo esas cosas que son un gran desprecio a los propósitos que servimos.

Sobre este mismo tema, el Gran Director Divino ha dicho:

Durante esta conferencia hemos derramado para vosotros alimento espiritual; y no os imagináis las energías que han atacado a estos amados Mensajeros para evitar que los dictados llegaran sin problemas, con claridad y paz, para que sus benditos corazones pudieran regocijarse sabiendo que habían desempeñado las cosas excelentemente según los requisitos que se les pidió a sus corrientes de vida.

Bien, queridos de la Luz, siempre debéis recordar que la proa y la popa del barco a veces, durante una tormenta, deben recibir golpes feroces. ¿Por qué? Porque al partir las olas, son el instrumento que entra en contacto con ellas primero.

Por tanto, debéis comprender que estos Mensajeros también son instrumentos a través de los cuales entramos en contacto con vosotros. Pero primero entramos en contacto con ellos con nuestra energía y después la energía fluye hacia vuestro mundo.

Por tanto, es natural que, igual que la punta de la flecha que penetra en la sustancia también recibe un golpe mucho más fuerte que las plumas en la parte posterior del asta, veis bien que estos amados Mensajeros de vez en cuando reciben lo más duro de un ataque físico, así como uno psíquico, preparado contra ellos para perturbar la ecuanimidad de su ser y evitar así la manifestación de la radiación que deseamos proporcionar a cada estudiante de la Luz.

Quiero que respaldéis a estos Mensajeros y los apoyéis, no en las equivocaciones que cualquier ser humano puede cometer —en el nombre de Dios, si vosotros mismos sois perfectos, tiradles una piedra—, sino en el sentido de la gran realidad Divina que ellos representan.

Y, al fin y al cabo, ¿no es esta la misma realidad Divina que también está presente en vosotros? Entonces, ¿qué haremos? ¿Glorificar los errores del mundo o glorificar el honor que Dios ya ha conferido a todos?

Ninguno de vosotros recibiríais de buena gana un ataque. Ninguno de vosotros os alegraríais mucho por sufrir alguna cruel malinterpretación de vuestras actitudes. Pues bien, queridos, estaréis de acuerdo conmigo en que yo quiera hacer de vosotros una guardia de élite para estos Mensajeros. Quisiera establecer en vosotros un foco de protección para ellos de modo que su trabajo pueda mejorar a cada conferencia y cada día, con lo cual, ¿vosotros no seríais bendecidos también? Creo que sí.

Dejad que os explique que no tenéis idea, por lo general, de la dificultad que conlleva en efecto entrar en contacto con nuestro nivel y mantenerlo. Por ejemplo, si yo os transfiriera, incluso de manera momentánea, algunas de las maldades que se han dirigido hacia los Mensajeros, os sorprenderíais del cambio que ello causaría en vuestra vida. Si creéis tener problemas ahora, algunos de vosotros os quedaríais totalmente sorprendidos por los problemas que tendríais en ese caso; y el motivo por el cual digo esto es para conseguir un mayor apoyo para ellos contra los problemas que encuentran en el servicio a la Luz.[47]

Otros Mensajeros

El Morya nos explica algo de la historia de los Mensajeros enviados en siglos recientes:

> Las pruebas de los Mensajeros son pruebas de los decibelios y los ciclos de las energías del infinito a través de la forma y la conciencia. Donde hay Luz impoluta por la oscuridad del ego y su manipulación, donde hay un sol radiante de gloria y un verdadero contacto con la Jerarquía mediante el poder de la Palabra hablada, donde hay la transmisión de la Mente Crística, ahí está el Mensajero de la Gran Hermandad Blanca.
>
> Y así, el mensajero de la alianza vendrá súbitamente a su templo.[48] Su templo es el corazón del hombre. Él es el ser Crístico que está en el altar del fuego sagrado para leer la

proclamación de la liberación, la liberación del alma hacia los brazos del Dios Todopoderoso. Y así, el ser Crístico da la declaración de la Ley tal como esa declaración ha sido proclamada por los Mensajeros a quienes nosotros hemos escogido y ordenado.

En 1876, Helena Petrovna Blavatsky fue ordenada por el Maestro Kuthumi y por mí, conocidos entonces como los Maestros K. H. y M., para que escribiera *Isis sin Velo*. Después se le dio la responsabilidad de impartir *La Doctrina Secreta* al mundo. Nombrada por Jesucristo, el Maestro Ascendido Hilarión y la Virgen María, Mary Baker Eddy recibió ciertas revelaciones que publicó en *Ciencia y Salud con clave de las Escrituras*. Aunque a veces se vio aquejada de sus propias ideas preconcebidas y acosada por la carga de la conciencia de las masas, estos testigos codificaron miles de años de destilaciones del Espíritu hechas por su alma.

Mensajeros así no son preparados en un día, un año o una vida. Encarnación tras encarnación, ellos se sientan a los pies de los Maestros y reciben las emanaciones de su manto en el poder de su palabra y su ejemplo. Varios otros que fueron seleccionados para realizar un servicio parecido para la Jerarquía, fallaron sus iniciaciones por el orgullo del intelecto y una falta de disponibilidad para someter totalmente la identidad a la Llama. Así, se han llegado a engañar a sí mismos totalmente y continúan atrayendo a las almas inocentes al caos de su engaño.

En la década de 1930 llegaron las llamas gemelas de Guy W. Ballard y Edna Ballard impartiendo el misterio sagrado de la Ley del YO SOY, más conocimiento de la Jerarquía, la invocación del fuego sagrado y el sendero de la ascensión. Como representantes comprobados de Saint Germain, se les encargó que permanecieran como los únicos Mensajeros de la Jerarquía de la era de Acuario hasta que la humanidad redimiera cierta cantidad de karma.

Cuando ese ciclo se cumplió, Saint Germain, junto con el Consejo de Darjeeling, patrocinó a Mark y Elizabeth Prophet para que continuaran el trabajo no solo de los Ballard y el movimiento YO SOY, sino también el de Nicolás y Helena

Roerich, quienes publicaron la palabra de Morya destinada al pueblo ruso, así como al estadounidense con la energía y la iluminación que disuadiera al dragón escarlata,[49] el comunismo mundial. Y así, la llama de la Madre de Rusia y la de los Estados Unidos convergen en espirales de libertad y victoria para los hijos y las hijas de Dios en ambos países y en todos los países de la Tierra.

La Jerarquía no hace distinción entre las personas, la política o las polémicas. La llamada de la Jerarquía no conoce barreras. No puede ser detenida por la cortina o el muro de hierro que ha erigido alrededor de los niños de Dios una civilización mecánica. El haz de nuestros ojos es un rayo láser; es la acción del rayo rubí. Va derecho al corazón del devoto; y ninguna mano, fuerza e ideología puede detener la voluntad del Maestro que envía ese rayo para llamar a las almas de Dios a que vuelvan al origen.

Tengan cuidado los que tengan otro parecer. Porque yo he hablado; y el Señor ha dicho: "Así será mi palabra que sale de mi boca; no volverá a mí vacía, sino que hará lo que yo quiero, y será prosperada en aquello para lo que la envié".[50]

Los Mensajeros al final de la era

Concluimos este capítulo con la interpretación del undécimo capítulo del libro del Apocalipsis. Esto es la Revelación de Jesucristo, que él "declaró enviándola por medio de su ángel a su siervo Juan".[51] Lo siguiente es la Palabra del Señor acerca de sus Mensajeros:

> Y daré a mis dos testigos que profeticen por mil doscientos sesenta días, vestidos de cilicio.

Los Dos Testigos son llamas gemelas que aparecen en los últimos días como representantes de Alfa y Omega, el Dios Padre-Madre, para enseñar y demostrar la Ley de la maestría Crística tanto en el rayo masculino como en el rayo femenino. Son ejemplos de la Ley que todas las llamas gemelas están destinadas a cumplir.

Los períodos de tiempo mencionados a lo largo del Apocalipsis se refieren a intervalos iniciáticos. La duración de la profecía de las llamas gemelas, por tanto, se mide según las revoluciones de los electrones y los ciclos del sol. Los mil doscientos sesenta días, que son un total de tres años y medio, revelan que la posición Jerárquica de los Mensajeros está en el punto del Cristo entre Dios y el hombre (su posición es la del Ser Crístico de las almas que evolucionan en el planeta).

El número uno simboliza a Dios y el siete al hombre. El número tres y medio, que es la mitad de siete, indica que los Mensajeros han prometido permanecer como portavoces de la era (el punto en el que la Verdad pasa de Dios al hombre) para que la alianza entre cada hombre y su Dios pueda cumplirse, como Arriba, así abajo.

La frase "vestidos de cilicio" se refiere al hecho de que los Mensajeros no están libres de karma, porque deben dar testimonio de la Verdad que dice que incluso quienes tienen karma pueden llegar a ser el Cristo.

> Estos testigos son los dos olivos, y los dos candeleros que están en pie delante del Dios de la tierra.

En el sentido místico, los dos olivos y los dos candeleros forman parte de todos los hombres. Son el polo masculino y el polo femenino enfocándose a través del sistema nervioso simpático y el cerebroespinal del cuerpo físico. En el sentido universal, los dos olivos y los dos candeleros representan la paz y la Luz que sus Seres Crísticos llevan a todas las llamas gemelas.

Por tanto, ellos exteriorizan el modelo arquetípico de los equivalentes masculino y femenino del Mediador divino. En un sentido más específico, son iniciados no ascendidos designados para servir como vínculo entre los miembros Ascendidos y no ascendidos de la Gran Hermandad Blanca. La frase "delante del Dios de la tierra" se refiere a su posición en la Jerarquía bajo el Señor del Mundo.

> Si alguno quiere dañarlos, sale fuego de la boca de ellos, y devora a sus enemigos; y si alguno quiere hacerles daño, debe morir él de la misma manera.

El fuego que procede de la boca de los Mensajeros es el fuego sagrado, el poder de la Palabra hablada que ellos poseen debido a su cargo santo. Este fuego transmuta las energías que están dirigidas no solo contra los representantes del Cristo en todas las épocas, sino también contra la Luz que pasa de Dios al hombre a través de su misión. Por la ley del karma, aquellos que deseen hacer daño a estos siervos de Dios reciben una retribución rápida, porque el poder de su Palabra hablada es más rápido que una espada de doble filo.

Estos tienen poder para cerrar el cielo, a fin de que no llueva en los días de su profecía; y tienen poder sobre las aguas para convertirlas en sangre, y para herir la tierra con toda plaga, cuantas veces quieran.

Este versículo se refiere a las iniciaciones interiores de alquimia que los Mensajeros deben pasar con el fin de ser aptos para su cargo.

Cuando hayan acabado su testimonio, la bestia que sube del abismo hará guerra contra ellos, y los vencerá y los matará.

Y sus cadáveres estarán en la plaza de la grande ciudad que en sentido espiritual se llama Sodoma y Egipto, donde también nuestro Señor fue crucificado.

Y los de los pueblos, tribus, lenguas y naciones verán sus cadáveres por tres días y medio, y no permitirán que sean sepultados.

Para cumplir los requisitos del cargo, los Mensajeros deben prometer ante los Señores del Karma hacer este sacrificio total. Deben estar preparados para entregar su vida en cualquier momento por el reino y la salvación del hombre. Cuándo y cómo se haga ese sacrificio supremo lo determinan los Señores del Karma.

Y los moradores de la tierra se regocijarán sobre ellos y se alegrarán, y se enviarán regalos unos a otros; porque estos dos profetas habían atormentado a los moradores de la tierra.

Los Mensajeros

Aquí vemos el odio que deben estar preparados a enfrentar todos los representantes de la Hermandad y del Cristo. De Jesús se dijo: "Despreciado y desechado entre los hombres";[52] y Jesús dijo de sí mismo: "Sin causa me aborrecieron".[53] La mente carnal se alegra de la crucifixión del Cristo, porque así consigue un control temporal sobre la conciencia de la humanidad.

Pero después de tres días y medio entró en ellos el espíritu de vida enviado por Dios, y se levantaron sobre sus pies, y cayó gran temor sobre los que los vieron.
Y oyeron una gran voz del cielo, que les decía: Subid acá.
Y subieron al cielo en una nube; y sus enemigos los vieron.
En aquella hora hubo un gran terremoto, y la décima parte de la ciudad se derrumbó, y por el terremoto murieron en número de siete mil hombres; y los demás se aterrorizaron, y dieron gloria al Dios del cielo...

Todos los que deseen regresar a la conciencia de Dios deben pasar las iniciaciones de la crucifixión, la resurrección y la ascensión, que se manifestaron en la vida de Jesús y se describen en el capítulo dos del tercer libro de esta serie, *Los Maestros y el sendero espiritual*, y en el capítulo tres de este libro. Tanto si estos rituales se realizan de forma pública o en el Templo de Lúxor, son requisitos preliminares a la Vida Inmortal. La ascensión de los Mensajeros es una cuestión del registro akáshico, si realmente es presenciada desde la octava física.

Cuando una ascensión tiene lugar en la Tierra, la acción equilibradora de la Luz eleva a todo el planeta. Donde hay discordia o una gran densidad en la conciencia de las masas, la penetración de la Luz puede dar como resultado un cataclismo; donde el nivel de la conciencia de las masas es más espiritual, sin embargo, la acción de la Luz produce grandes oleadas de paz que emanan por los cuatro cuerpos inferiores de la humanidad y de la Tierra.

El destino de los Mensajeros de la Jerarquía los llama a completar su ronda en el mundo de la forma y ascender para volver a la Presencia de Dios. Debido a que los escogidos para representar a la Hermandad en todas las épocas completan su misión de forma victoriosa, millones de personas durante ciclos posteriores se ven capacitados para hacer lo mismo, porque los Mensajeros han dejado sus huellas en las arenas del tiempo.

El séptimo ángel tocó la trompeta, y hubo grandes voces en el cielo, que decían: Los reinos del mundo han venido a ser de nuestro Señor y de su Cristo; y él reinará por los siglos de los siglos.

Y los veinticuatro ancianos que estaban sentados delante de Dios en sus tronos, se postraron sobre sus rostros, y adoraron a Dios,

diciendo: Te damos gracias, Señor Dios Todopoderoso, el que eres y que eras y que has de venir, porque has tomado tu gran poder, y has reinado.

Y se airaron las naciones, y tu ira ha venido, y el tiempo de juzgar a los muertos, y de dar el galardón a tus siervos los profetas, a los santos, y a los que temen tu nombre, a los pequeños y a los grandes, y de destruir a los que destruyen la tierra.

Y el templo de Dios fue abierto en el cielo, y el arca de su pacto se veía en el templo. Y hubo relámpagos, voces, truenos, un terremoto y grande granizo.[54]

Gráfica de tu Yo Divino

Notas

Los libros a los que se hace referencia aquí están publicados por Summit University Press a menos que se indique lo contrario.

Introducción

1. Juan 14:16-17.
2. Marcos 4:23-24.
3. 2 Corintios 3:18.
4. Salmos 104:16-17. Mateo 13:31-32. Marcos 4:30-32. Lucas 13:18-19.
5. "Y dijo el SEÑOR Dios: He aquí el hombre es como uno de nosotros, sabiendo el bien y el mal; ahora, pues, que no alargue su mano, y tome también del árbol de la vida, y coma, y viva para siempre. Y lo sacó el SEÑOR del huerto del Edén." (Génesis 3:22-23)
6. 1 Corintios 15:50.
7. 1 Corintios 15:47.

Capítulo 1 • La ley de los ciclos

Cita inicial: Ezequiel 1:4-5.

1. Serapis Bey, Jerarca de Lúxor, 3 de julio de 1967, "The Discipline of God as the Manifestation of His Order" ("La disciplina de Dios como manifestación de su orden").
2. A. Trevor Barker (comp.) (1975) (2ª ed.), "Carta XXII", *The Mahatma Letters to A. P. Sinnett (Las cartas de los Mahatmas a A. P. Sinnett)* Pasadena, California: Theosophical University Press, pág. 144.
3. Merriam-Webster's Collegiate Dictionary (10ª ed.).
4. Sanat Kumara, "The Space Within" ("El espacio interior"), en *Perlas de Sabiduría*, vol. 11, n.º 25, 23 de junio de 1968.
5. A. Trevor Barker (comp.), op cit., "Carta XIII", págs. 70-71.
6. Ibid., pág. 71.
7. *Bhagavata Purana* (tercera sección), Capítulo 11.
8. Ibid.
9. Ibid.
10. Sir John Woodroffe, The Garland of Letters: Studies in the Mantra-Sastra *(La antología de las letras: Estudios sobre el Mantra-Sastra)*, Pondicherry, India: Ganesh and Co., pág. 4.

11. Juan 14:6.
12. La Tabla Esmeralda, citada en G. de Purucker (1977), *Man in Evolution (Hombre en evolución)*, Pasadena, California: Theosophical University Press, pág. 26.
13. 1 Corintios 3:16.
14. Justinius, "Seraphic Meditations III" ("Meditaciones seráficas III"), en Serapis Bey (1979), *Dossier on the Ascension (Actas de la ascensión)* pág. 136.
15. Éxodo 33:20 transmite una versión incompleta de este antiguo precepto.
16. Saint Germain, 1 de noviembre de 1970, "Endowed with the Potential for Immortality" ("Dotado del potencial para la inmortalidad"), en *Perlas de Sabiduría*, vol. 13, n.º 44.
17. Akenatón hizo que sus artistas representaran al Sol con rayos que terminaban en forma de mano, simbolizando la mano de Dios en acción en el mundo de la forma.
18. La Epístola a los Hebreos habla en varios puntos de correspondencias entre los modelos terrenales y los celestiales. Por ejemplo, en 8:5 el autor destaca que "[Dios] le advirtió a Moisés cuando iba a erigir el tabernáculo, diciéndole: Mira, haz todas las cosas conforme al modelo que se te ha mostrado en el monte".
19. Génesis 1:1-3.
20. Juan 1:1-3.
21. Éxodo 13:22.
22. Pablo el Veneciano, 25 de octubre de 1970, "Art Transcends an Era" ("El arte trasciende una era"), en *Perlas de Sabiduría*, vol. 13, n.º 43.
23. Apocalipsis 3:15-16.
24. Mark L. Prophet y Elizabeth Clare Prophet (1993), *Saint Germain sobre alquimia*, págs. 115-19.
25. Daniel 11:31. Mateo 24:15. Marcos 13:14.
26. Juan 11:44.
27. 1 Tesalonicenses 5:21.
28. 1 Corintios 3:13.
29. Alfa, 29 de diciembre de 1963, "A Sense of the Perfectionment of Your Mission" ("Un sentido del perfeccionamiento de vuestra misión").
30. Mateo 19:26.
31. Confucio, *Analectas*, 9:16, en Richard Wilhelm (trad.) (1967), *El I Ching o Libro de los cambios*, Princeton, N.J.: Princeton University Press, pág. lV.
32. *Descender* significa "Deidad envía", mientras que ascender significa "A-mega regresa".

33. Vesta, 5 de enero de 1969, "A Vision of Cosmic Reality for the Golden Age: The Banner of the Mother of the World Is Unfurled" ("Una visión de realidad cósmica para la era de oro: El estandarte de la Madre del Mundo se despliega"), en *Perlas de Sabiduría*, vol. 12, n.º 1.
34. Arcángel Gabriel, 22 de marzo de 1964, "The Breathing Immortal Presence of the Living Christ" ("La presencia viva e inmortal del Cristo vivo"), en "The Radiant Word" ("La Palabra radiante"), en *Perlas de Sabiduría*, vol. 7, n.º 13, 27 de marzo de 1964.
35. Isaías 1:18.
36. Apocalipsis 21:5.
37. Génesis 22:17.
38. Ezequiel 2:3.
39. Ezequiel 3:17.
40. Ezequiel 1:1-3.
41. Ezequiel 1:4.
42. Salmos 8:4.
43. Juan 15:5.
44. Juan 4:24.
45. Génesis 3:8.
46. Job 42:5.
47. Job 19:26.
48. Saint Germain, "Endowed with the Potential for Immortality" ("Dotados del potencial para la inmortalidad"), en *Perlas de Sabiduría*, vol. 13, n.º 44, 1 de noviembre de 1970.
49. Mateo 24:22.
50. 1 Corintios 15:31.
51. La Virgen María ha dicho: "Si pedís, amados, que la Presencia Electrónica del Maestro de vuestra elección se ponga sobre vuestra forma antes de acostaros por la noche, descubriréis que durante las horas de descanso todos los impulsos acumulados de Luz de ese Ser Ascendido podrán ser absorbidos por vuestra conciencia y vuestros cuatro cuerpos inferiores mediante el poder del electrodo en la columna, las corrientes ascendentes y descendentes de Dios que formulan el campo magnético que es el foco de los grandes ciclos del Infinito en vuestra propia Presencia". (Mark L. Prophet y Elizabeth Clare Prophet, *Mary´s Message for a New Day (Mensaje de María para un nuevo día)*, pág. 324).
52. Gran Director Divino, "Leadership, Take an Uncompromising Stand for Righteousness!" ("¡Líderes, asumid una postura en defensa de la justicia!"), en *Perlas de Sabiduría*, vol. 11, n.º 36, 8 de septiembre de 1968.

53. Génesis 18:20-21.
54. Génesis 19:1-28.
55. Marcos 13:2. Mateo 24:2. Lucas 21:6.
56. Gautama Budha, "In the Calm Knowing of the Sun Center of My Soul: The Sign of the Dark Cycle Set Aside Pending the Action of Israel and the Arab States" ("En el tranquilo saber del centro solar de mi alma: La señal del Ciclo Oscuro se pospone pendiente de la acción de Israel y los estados árabes"), en *Perlas de Sabiduría*, vol. 12, n.º 3, 19 de enero de 1969.
57. Vesta, "A Vision of Cosmic Reality for the Golden Age" ("Una visión de realidad cósmica para la Era de Oro"), en *Perlas de Sabiduría*, vol. 13, n.º 1, 5 de enero de 1969.
58. Lucas 23:28.
59. El Morya, 17 de agosto de 1969, "He Sustaineth All Things" ("Él sostiene todas las cosas").
60. Gautama Buda, "En el tranquilo saber del centro solar de mi alma".
61. Mateo 25:29-30.
62. Lucas 23:30.
63. Hebreos 12:6.
64. El Morya, 10 de abril de 1964, en *Perlas de Sabiduría*, vol. 7, n.º 15.
65. Marcos 8:36. Lucas 9:25.
66. Vesta, 12 de octubre de 1970, "The Flame of the Whole Eye Consciousnes" ("La llama de la conciencia del ojo único").
67. "Hay una marea en los asuntos de los hombres / que tomada en su apogeo, conduce a la fortuna; / omitida, todo el viaje de sus vidas / queda esclavo de lo superficial y la desgracia" (Shakespeare, *Julio César* [IV, 3]).
68. Eclesiastés 3:2, 4.
69. El Gran Director Divino, 18 de abril de 1976, "Direction for Diagramming Your Ascension" ("Instrucción para representar gráficamente vuestra ascensión").
70. Juan 14:6.

Capítulo 2 • Planos de conciencia

Cita inicial: Mateo 6:22.
1. Proverbios 23:7.
2. "Bienaventurados los de limpio corazón, porque ellos verán a Dios" (Mateo 5:8).
3. Pablo escribió a los corintios: "Y el postrer enemigo que será destruido es la muerte" (1 Corintios 15:26).
4. Salmos 121:8.
5. Génesis 28:12.

Notas   435

6. Este concepto se encuentra en la Epístola a los Hebreos, que dice: "Mira, haz todas las cosas conforme al modelo que se te ha mostrado en el monte" (Hebreos 8:5).
7. Amarilis, Diosa de la Primavera, 6 de diciembre de 1970, "I See Men as Trees Walking...." ("Veo los hombres como árboles, pero los veo que andan...").
8. Mateo 11:12.
9. La Virgen María, en *Perlas de Sabiduría*, vol. 11, n.º 39, 29 de septiembre de 1968.
10. Mateo 5:8.
11. Gálatas 6:7.
12. Mateo 6:23.
13. 2 Reyes 6:15-18.
14. Diosa de la Pureza, 13 de septiembre de 1970, "The Flame in the Center of the Crystal" ("La llama en el centro del cristal").

Capítulo 3 • Inmortalidad

Cita inicial: Génesis 3:22-24.
1. Génesis 2:17.
2. Ezequiel 18:20, 22, 24.
3. Apocalipsis 1:1.
4. Véase Apocalipsis 20:12-15.
5. Apocalipsis 2:11; 20:6, 14; 21:8.
6. Apocalipsis 19:20; 20:10, 14, 15.
7. Génesis 2:9; 3:22, 24. Apocalipsis 2:7; 22:2, 14.
8. Apocalipsis 22:1.
9. Lucas 18:18.
10. 1 Corintios 15:26.
11. Hechos 17:23.
12. Salmos 16:10.
13. Juan 10:10.
14. En el libro *Misterios desvelados*, Saint Germain da la siguiente explicación sobre el Edén y sobre el abandono de la humanidad de su estado primordial de perfección: "En eras pasadas, la humanidad manifestó la Perfección de todas las maneras. Los historiadores han dejado constancia de este estado anterior de la raza como el Jardín del Edén; Edén o E-Don, que significa 'Sabiduría Divina'. A medida que se permitió que la atención consciente de la actividad de la mente descansara sobre el mundo de los sentidos físicos, la Sabiduría Divina —la Omnisapiente actividad de la conciencia— se nubló o quedó cubierta y el 'Plan Divino Cósmico' de la vida del individuo quedó sumergido. Junto con este, la perfección y el control

consciente de la humanidad sobre toda la forma quedaron ocultos y olvidados.

"El hombre se volvió consciente en los sentidos, en vez de consciente en Dios, y así manifestó aquello sobre lo que su atención estaba dirigida y sobre lo que más pensaba. *Deliberada y conscientemente* dio la espalda a la Perfección y el Dominio que el Padre le había otorgado en el principio. Creó sus propias experiencias de carencia, limitación y discordia de todas clases. Se identificó como la parte en vez de hacerlo con el todo y, por supuesto, la imperfección fue el resultado.

"Toda la limitación de la humanidad es el resultado del abuso por parte del individuo del atributo Divino del libre albedrío. El individuo se obliga a sí mismo a vivir en sus propias creaciones hasta que, por voluntad directa de la actividad exterior de su mente, vuelve conscientemente la mirada hacia su principio Real [de realeza]: Dios, la Gran Fuente de Todo. Cuando esto ocurre, el hombre empieza a recordar Aquello que él mismo fue una vez y que puede volver a ser, cuandoquiera que elija volver a mirar al 'Gran Diseño Original Cósmico' de Sí mismo". (Godfré Ray King (1982), *Unveiled Mysteries (Misterios develados),* Schaumburg, ILL.: Saint Germain Press, págs. 85-86).

15. Apocalipsis 22:1-2.
16. Kuthumi, "Threefold Flame" ("Llama trina"), en Jesús y Kuthumi (1986), *Corona Class Lessons (Lecciones de la clase de la corona),* págs. 338-39.
17. Ibid, págs. 354-55.
18. Serapis Bey, 3 de julio de 1967.
19. Sir Edwin Arnold (trad.) (1948), *The Song Celestial or Bhagavad-Gita (El canto celestial o Bhagavad Gita),* London: Routledge and Kegan Paul, pág. 9.
20. 1 Corintios 9:27.
21. Filipenses 4:8, 9.
22. Las Serpientes eran un orden de ángeles del Segundo Rayo a las órdenes del Arcángel Jofiel. Estos ángeles cayeron del estado de gracia cuando tentaron a las llamas gemelas en el Paraíso para que se apartaran de las alianzas del Señor Dios. Como castigo, fueron echados del cielo a la tierra, viéndose obligados desde entonces a tener el cuerpo de los mortales. Y el Señor Dios dijo a la serpiente: "Por cuanto esto hiciste, maldita serás entre todas las bestias y entre todos los animales del campo; sobre tu pecho andarás, y polvo comerás todos los días de tu vida. Y pondré enemistad entre ti y la mujer, y entre tu simiente y la simiente suya; ésta te herirá en la cabeza, y

tú le herirás en el calcañar" (Génesis 3:14-15). Estos ángeles se llamaban "Serpientes" porque eran maestros de la Kundalini o fuerza vital.
23. Génesis 2:15-17, 3:1-6 (versión bíblica del Rey Jacobo).
24. Génesis 3:7-13, 22-24.
25. Génesis 3:14-21.
26. Judas 4, 6-13.
27. 2 Corintios 6:2.
28. Hebreos 10:26-27.
29. Todas las personas tienen un campo magnético determinado por la tasa vibratoria de sus pensamientos, sentimientos y registros de vidas pasadas, estando registradas las dos cosas en el "círculo electrónico" o "cinturón electrónico" de cada corriente de vida. Decimos "magnetismo personal" o nos referimos a una "personalidad magnética". Esto es la cualidad intangible compuesta por la combinación de muchos factores complejos del ego. Sin embargo, solo existe un verdadero magnetismo deseable, el magnetismo del Cristo, que es la Estrella Polar del ser de cada hombre. Todo lo demás es purpurina y glamur, el maya de imperfección que hay que afrontar a diario.

Con el fin de simplificar las cosas, hemos categorizado cuatro tipos de magnetismo animal. Los registros de imperfección personal en cada persona son como puertas abiertas por la cuales acceden estas fuerzas, que reúnen más de su misma clase a partir de la acumulación del karma masivo de la raza.

El **magnetismo animal malicioso** opera a través del subconsciente, el cuerpo etérico. Se trata de malicia premeditada; mal consciente, voluntario y dirigido tal como lo son las múltiples formas de odio y celos que forman la base de la mayoría de los actos criminales.

El **magnetismo animal ignorante** es el Anticristo; los efluvios masivos de creación humana que se oponen a la expansión de la Luz Crística por todo el mundo. Los problemas conectados con fallos mecánicos y accidentes eléctricos con frecuencia pueden tener su origen en esta forma de magnetismo animal.

El **magnetismo animal complaciente** funciona a través del cuerpo emocional y, por consiguiente, vibra al nivel del plano astral. La conmiseración humana, los apegos y las relaciones personales que no están basadas en el Cristo forman parte de las manifestaciones del magnetismo animal simpático.

El **magnetismo animal placentero** funciona a través del cuerpo físico y tiene que ver con las indulgencias excesivas para la gratificación de uno o más de los cinco sentidos.

El **mesmerismo familiar** es una manifestación de magnetismo animal que consiste en el ejercicio de un control malsano por parte de una persona sobre otra en nombre de los lazos familiares. Esto es un apego humano basado en lazos de sangre y no en lazos espirituales.

30. Marte, en su verdadero estado, es el planeta que representa a la Madre Divina y al chakra de la base de la columna *(muladhara)*. La mensajera ha descrito a Marte como "la esfera blanca de una intensa energía ígnea de la Madre Divina". Hace mucho, las evoluciones de Marte pervirtieron esa pura luz blanca de la Madre con guerras y abusos del fuego sagrado. A través del mal uso del libre albedrío y del chakra de la base de la columna, pervirtieron la Luz de la Madre con lo que podemos denominar "malas cualificaciones marcianas". La guerra y otros conflictos violentos también llegaron a través de la vibración del aura de Marte.

    Los astrólogos consideran a Marte como el planeta de la acción basada en el deseo. La mensajera ha explicado lo siguiente: "Marte despierta la energía que produce acción, pero nuestra energía se dirigirá allá donde estén nuestros deseos; y esa es la clase de acción que emprenderemos". La mensajera enseña que si enganchamos nuestros deseos a la estrella de nuestra Presencia YO SOY, podremos cabalgar y someter a Marte; podremos cabalgar el toro y aprovecharnos de los verdaderos fuegos creativos de Marte, la pura luz blanca de la Madre Divina. La mensajera nos ha aconsejado que cada vez que vemos una configuración de Marte en nuestros aspectos astrológicos, decidamos que conseguiremos una victoria marciana para que las perversiones no nos venzan. Con el dominio sobre las energías marcianas podemos conseguir nuestra victoria en el fuego blanco de la Madre.
31. Ezequiel 18:4, 20.
32. Aproximadamente cada 2150 años, la Tierra pasa por una era correspondiente a uno de los doce signos del zodíaco. La duración de una era la determina un fenómeno llamado precesión de los equinoccios. Una era se inicia cuando la posición del Sol en los cielos en el equinoccio de primavera pasa de una constelación a la siguiente. Actualmente nos encontramos en un período de transición entre Piscis y Acuario.
33. Véase Jesucristo, 31 de mayo de 1984, "The Mystery School of Lord Maitreya" ("La Escuela de Misterios del Señor Maitreya"), en *Perlas de Sabiduría*, vol. 27, n.º 36, 8 de julio de 1984.
34. Mateo 22:2-14.
35. Mateo 11:12.
36. Romanos 8:28.

Notas 439

37. Tal como se muestra en la película *Becket*, cuando Enrique II, rey de Inglaterra, preguntó a Becket: "¿Has empezado a amar a Dios?", Becket respondió: "He empezado a amar el honor de Dios". (La película, producida por Shepperton Studios, estaba basada en la obra de 1959, *Becket*, or *The Honour of God* [*Becket o el Dios*], de Jean Anouilh).
38. Santiago 1:8.
39. Éxodo 20:3.
40. 1 Corintios 9:24. Filipenses 3:14.
41. El Maha Chohán, 26 de junio de 1994, "The Journey of a Lifetime" (El viaje único de toda una vida"), en *Perlas de Sabiduría*, vol. 37, n.º 28, 10 de julio de 1994.
42. En realidad, la dualidad no existe, incluso en el plano físico, pero la diferencia en la tasa vibratoria de la Materia y el Espíritu hace que los dos parezcan opuestos. En realidad, la Materia y el Espíritu son uno solo, porque proceden de la misma esencia, la energía de Dios en polaridad masculina y femenina. Aquello que crea la llamada dualidad es la niebla de sustancia mal cualificada que impone un velo de energía sobre el Verdadero Ser. La Materia se eterealiza (es decir, acelera su tasa vibratoria) cuando los desechos de la conciencia humana son eliminados por el fuego sagrado de los *grandes espacios* entre los electrones. Este proceso, conocido como "transmutación", produce la espiritualización de toda la creación, el regreso a la plenitud.
43. Daniel 3.
44. 1 Corintios 3:13.
45. 1 Corintios 3:14-15.
46. Daniel 1:20.
47. Daniel 3:13-30.
48. Job 19:26.
49. Daniel 3:22; 25-27.
50. La función del fuego es la purificación. El fuego físico es solo una reducción del fuego sagrado. Aquello que se logra con el fuego físico en el plano físico se consigue con el fuego sagrado en los planos astral, mental y etérico. El fuego sagrado, cuando es invocado, también afecta al plano físico con una aceleración o bien repentina o bien gradual de la tasa vibratoria de los electrones en sus órbitas alrededor de los soles nucleares. Esta aceleración induce que la sustancia mal cualificada se eche al fuego sagrado, la cual se aloja en los "grandes espacios" entre los átomos y los electrones. Cuanto mayor sea la cantidad de sustancia mal cualificada echada al fuego sagrado, mayor será la aceleración de los electrones que giran. Este es el proceso de la ascensión que tiene lugar cada vez que el discípulo invoca

el fuego sagrado hasta que todo su cuerpo está "lleno de luz". Pero, como dijo Jesús, su ojo debe ser "único" (Mateo 6:22). Esto significa que el discípulo no podrá conservar la Luz que invoque a menos que se desprenda de la conciencia de la dualidad, la conciencia de una existencia separada de Dios.
51. Juan 5:30.
52. Lanto, "La memoria del alma" en Mark L. Prophet y Elizabeth Clare Prophet, *El destino del alma*, págs. 165-170, Porcia Ediciones.
53. Los Guardianes de la Llama reciben lecciones mensuales progresivas sobre Ley Cósmica dictadas por los Maestros Ascendidos a sus Mensajeros Mark L. Prophet y Elizabeth Clare Prophet.
54. Mateo 24:22.
55. Serapis Bey, 3 de julio de 1967.
56. Dios Merú, 6 de julio de 1969.
57. Génesis 6:3.
58. Mateo 25:30.
59. Apocalipsis 4:4.
60. Daniel 5:27.
61. Ezequiel 33:11.
62. Las imágenes del fuego del infierno y la maldición eterna han sido generadas a partir del lago de fuego por las fuerzas oscuras, empecinadas en aterrorizar a la humanidad con conceptos de un Dios iracundo que castiga a los hombres por sus pecados sin misericordia.
63. Apocalipsis 12:11.
64. Mateo 25:41.
65. Para conocer más sobre la historia de las apariciones de Saint Germain como el Conde de St. Germain, véase Mark L. Prophet y Elizabeth Clare Prophet, *Saint Germain sobre alquimia*, págs. xi-xxxi.
66. Lucas 9:29-32. Marcos 9:2-4. Mateo 17:2-3.
67. 1 Corintios 15:36, 40-45.
68. Este plano del cinturón astral se ha denominado "purgatorio".
69. Quienes causaron el hundimiento de la Atlántida no tuvieron permitido salir del cinturón astral hasta el siglo xx. Durante ese estado de permanencia en el purgatorio de un período de casi doce mil años, han escuchado el sermón de muchos hijos e hijas de Dios.
70. Mateo 27:46. Marcos 15:34.
71. Juan 11:25. Jesús, 6 de abril de 1969.
72. La llama de la resurrección vibra a una velocidad apenas inferior a la de la pura Luz blanca de la llama de la ascensión. Por tanto, los colores de todos los rayos aún se pueden ver como un lustre madreperla.
73. Uno de los motivos por los que la Prueba de Fuego para siervos inútiles se celebra en Sirio es para no dejar en el planeta el registro

de la segunda muerte, lo cual crearía en los que están evolucionando aquí una espiral negativa de depresión que impediría su victoria y daría ímpetu al impulso acumulado del suicidio.
74. Apocalipsis 12:10.
75. Ciclopea, 30 de diciembre de 1973, "The Sign of the Crystal Sword and the All-Seeing Eye" ("La señal de la espada cristalina y el Ojo Omnividente").
76. Juan 8:58.
77. Éxodo 3:1-6.
78. 2 Juan 1:12. Juan 15:11.
79. Juan 15:11; 16:24.
80. "Yo soy el SEÑOR tu Dios, fuerte, celoso." Éxodo 10:2; 34:14. Deuteronomio 4:23-24; 5:6-9; 6:14-15. Josué 24:19-20.
81. Salmos 2:4; 59:8.
82. Detener las espirales. En su dictado del 10 de octubre de 1971, el Gran Director Divino dio la siguiente enseñanza: "La poderosa Presencia YO SOY tiene la autoridad y el poder de detener y revertir instantáneamente cualquier ciclo y provocar una cancelación completa, una desintegración, hasta la línea de las doce... Os digo que debéis exigirlo y ordenarlo en el nombre del Cristo, que toda célula y átomo dentro de vuestra forma que no esté exteriorizando los ciclos perfectos de la conciencia Crística se disuelvan ahora, se detengan ahora y se reviertan ¡por la autoridad de vuestra Presencia Divina! Si tan solo hacéis esa invocación cada mañana, veréis que en muy poco tiempo solo los ciclos de la Vida Inmortal, vuestro plan divino cumplido y vuestra ascensión prevalecerán".
83. Véase el Señor Maitreya, "Vencer el temor con los decretos", en Mark L. Prophet y Elizabeth Clare Prophet, *La ciencia de la Palabra hablada,* págs. 13–32.
84. Mateo 6:33. Lucas 12:31.
85. Lanello, 26 de febrero de 1992, "How to ascend" ("Cómo ascender"), en *Perlas de Sabiduría,* vol. 35, nº. 10, 8 de marzo de 1992.
86. Filipenses 2:5 (versión bíblica del Rey Jacobo).
87. Serapis Bey, "Classes at the Ascension Temple at Luxor: To Prepare the Soul to Be the Tabernacle of the Mother Flame" ("Clases en el Templo de la Ascensión en Lúxor: Cómo preparar al alma para que sea el tabernáculo de la Llama de la Madre"), en Elizabeth Clare Prophet, *The Opening of the Temple Doors (La apertura de las puertas del templo),* pág. 52.
88. Serapis Bey (1979), *Dossier of the Ascension (Actas de la ascensión),* págs. 166-167.
89. Ibid., págs. 164-165.

90. Los Maestros Ascendidos enseñan que en el ritual de la ascensión, el alma se une al cuerpo de fuego blanco de la Presencia YO SOY. Esto no requiere la elevación del cuerpo físico; el alma misma puede emprender el vuelo saliendo de la espiral mortal y es trasladada mediante el proceso de la ascensión. Para ascender, el candidato debe haber saldado al menos el 51 por ciento de su karma. Para poder realizar la ascensión física, este debe haber saldado entre el 95 y el 100 por cien de su karma. Cuando tiene lugar una ascensión, el cuerpo físico es transformado por el Cuerpo de Luz de Maestro Ascendido, que lo suplanta. Durante el ritual de la ascensión, el alma queda vestida de manera permanente con este Cuerpo, también llamado "vestido de boda" o "Cuerpo Solar Imperecedero". Serapis Bey describe el proceso en las citas de este capítulo.

En un dictado del 2 de octubre de 1989, el Maestro Ascendido Rex nos dijo que quienes están llamados a realizar la ascensión física deben haber tenido muchos miles de años de preparación. Hoy día, la mayoría de las personas cuya alma está cualificada para el ritual de la ascensión ascienden desde los niveles internos después de que el alma ha abandonado el cuerpo físico. El alma logra la unión con la poderosa Presencia YO SOY para ser un átomo permanente en el Cuerpo de Dios, igual que en una ascensión física.

La doctrina católica sobre la *asunción* de María y la ascensión de Jesús es paralela a las enseñanzas de los Maestros ascendidos sobre la ascensión física. La Iglesia católica enseña que el cuerpo que tuvieron María y Jesús en la Tierra fueron trasladados y perfeccionados, convertidos en cuerpos espirituales incorruptibles que ellos tienen en el cielo ahora. Esto es análogo a lo que los Maestros Ascendidos enseñan sobre lo que ocurre en la ascensión física. Las enseñanzas de los Maestros Ascendidos nos iluminan más, no obstante, acerca de cómo ocurre esta alquimia divina en realidad, como lo describe Serapis Bey. Hay algunos puntos sobre los que la teología católica y la enseñanza de los Maestros Ascendidos difieren, a saber: Según la doctrina católica, María y Jesús eran especiales porque *fueron concebidos sin pecado* y permanecieron sin pecado a lo largo de su vida. Por tanto, no correspondería que su cuerpo se corrompiera en la tumba. Según la perspectiva católica, Jesús ascendió de forma natural al final de su misión ya que, aunque tenía un cuerpo terrenal, su naturaleza era totalmente divina. La doctrina católica sostiene que, debido a que María era un ser humano como nosotros, era una *excepción a la regla* al no tener que esperar a la Segunda Venida de Cristo para su resurrección corporal.

Los Maestros Ascendidos ponen ante nosotros la meta de saldar al menos el 51 por ciento de nuestro karma y ascender al final de esta vida. Ellos nos enseñan que (si saldamos entre el 95 y el 100 por cien de nuestro karma) es posible que ascendamos físicamente. Sin embargo, todos hemos tenido muchas vidas anteriormente. Los Maestros Ascendidos enseñan que mediante el sendero de saldar karma y avanzar espiritualmente la ascensión no se logra en una vida, sino en muchas encarnaciones. Los muchos cuerpos utilizados durante la estancia en la Tierra no son resucitados al final de los tiempos; pero todas las almas que ascienden, ya sea con una ascensión física o no, son vestidas permanentemente en el momento de su ascensión con su Cuerpo de Luz de Maestro Ascendido. Jesús y María dan el ejemplo para que todos lo sigamos. Los acompañan en el cielo innumerables santos que también han logrado la victoria de su alma mediante el ritual de la ascensión ordenado divinamente.

91. Juan el Amado, 12 de abril de 1974, "The Initiation of the Crucifixion" ("La iniciación de la crucifixión").
92. Serapis Bey (1979), *(Actas de la ascensión)*, pág. 176.
93. Ibid., pág. 158.
94. Ibid., pág. 158, 177.
95. Saint Germain, "The Crucible of Being" ("El crisol del ser"), en Mark L. Prophet and Elizabeth Clare Prophet, *Saint Germain sobre alquimia*, pág. 97.
96. Véase Elizabeth Clare Prophet, 28 de diciembre de 1991, "How You Can Celebrate Your Immortality Every Day of Your Life: 2 The Yellow Emperor on the Tao of Longevity" ("Cómo pueden ustedes celebrar su inmortalidad todos los días de su vida: 2 El Emperador Amarillo sobre el Tao de la longevidad").
97. Saint Germain, 29 de diciembre de 1991, "The Battle and Its Victory Are Yours!" ("¡La batalla y su victoria son vuestras!"), en *Perlas de Sabiduría*, vol. 35, n°. 3, 19 de enero de 1992.
98. Juan 14:23.
99. Véase Apocalipsis 11:17.
100. Génesis 5:22-24.
101. Arcángel Rafael, 28 de diciembre de 1991, "Golden Pearls from the Heart of the Earth" ("Perlas doradas del corazón de la Tierra"), en *Perlas de Sabiduría*, vol. 35, n°. 2, 12 de enero de 1992.
102. Daniel 11:31. Mateo 24:15. Marcos 13:14.
103. Ciclopea, 30 de diciembre de 1973, "The Immaculate Conception of the Seventh Root Race" ("La concepción inmaculada de la séptima raza raíz").
104. Juan 6:53.
105. Se incluye un servicio para bendecir y servir la Sagrada Comunión

en El Morya (1990), *Notas del Áshram* como parte del Ritual del Unísono, págs. 3-15.
106. Malaquías 4:2.
107. Filipenses 4:8.
108. 1 Corintios 3:13.
109. Maitreya, 2 de enero de 1997, "A World Vigil for Youth" ("Vigilia mundial por los jóvenes"), en *Perlas de Sabiduría*, vol. 43, n°. 48, 26 de noviembre de 2000.
110. 1 Corintios 15:26.
111. Jesús, "Immortality" ("Inmortalidad"), en Jesús y Kuthumi, *Lecciones de la clase de la corona* (1986), págs. 310-311.
112. Romanos 8:35, 39.
113. Mateo 7:2. Marcos 4:24. Lucas 6:38.
114. Lucas 24:13-19.
115. Rosa de Luz, 20 de febrero de 1977.
116. Lanto, 13 de abril de 1969.
117. Juan 16:7-8.
118. 1 Corintios 15:53-54.

Meditaciones seráficas

1. Serapis Bey (1979), *Actas de la ascensión*, págs. 130-31.
2. Mateo 5:8.
3. 1 Corintios 15:55.
4. Lucas 15:22-32.

Capítulo 4 • Entidades

Cita inicial: Marcos 3:11.
1. Marcos 5:1-9.
2. Desgraciadamente, es habitual que haya individuos que queden atrapados de esta manera en el plano astral después de fallecer, incluso los que se consideran *buenas personas*. Si el individuo no ha trabajado conscientemente por el bien más elevado en la vida, si no ha fortalecido la Luz en los chakras, si ha despilfarrado la fuerza vital, si ha tolerado vibraciones inferiores en su vida, se puede ver atraído hacia el plano astral por sus deseos; una vez allí, los magos negros, los ángeles caídos y los desencarnados lo podrán capturar con alguna trampa y se verán incapaces de liberarse o de navegar hacia reinos superiores. Esto es así especialmente si la persona no tiene un fuerte lazo con su naturaleza superior. Por este motivo es importante que la gente crea en Dios, tenga una iglesia, tenga un sendero, rece y tenga el deseo y el compromiso de vincularse con Jesús o algún santo de Oriente u Occidente, alguien que esté en los

reinos de Luz. Estos lazos son importantes para quienes se encuentran sin un cuerpo físico.
3. Judas 12.
4. *Alicia en el país de las maravillas*, de Lewis Carroll (1865), es un viejo ejemplo de una representación del plano astral en la literatura. Carroll fue de los primeros en perforar la funda astral, saliendo del "espejo" un despliegue de personalidades astrales que desde entonces han dado pie a otras, pervirtiendo la verdadera imagen del Cristo en la inocente conciencia de los niños.
5. Astrea, *Lección de Guardianes de la Llama 24*, págs. 24-25.
6. Apocalipsis 22:11.
7. Los distintos destinos de las almas después de la muerte se ilustran de forma gráfica en la siguiente historia, en la cual la Mensajera describe sus observaciones durante un servicio que celebró después del término de la guerra del Golfo:

"Yo estaba ofreciendo llamados por los fallecidos en la guerra, no solo los estadounidenses y los aliados, sino también los iraquíes, todos los que habían participado y las víctimas civiles inocentes que habían perdido la vida. Era necesario que nosotros, encarnados físicamente, hiciéramos llamados por las almas que no tienen locomoción y no tienen viento en las velas para navegar o ir a ninguna parte cuando abandonan la pantalla de la vida. Nosotros podemos llamar al Arcángel Miguel. Podemos llamar a otras huestes celestiales y pedirles que acudan a los planos inferiores donde están esas almas y liberarlas para que puedan encontrar un sitio en el cual descansar.

Descubrí algo muy curioso. Descubrí que la gente devota, hombres y mujeres de las fuerzas armadas pertenecientes a todas las naciones, que habían sido personas realmente espirituales y habían tenido una vida de oración, una vida devota, y tenían un corazón limpio, ya había sido llevadas a los retiros por los ángeles. Jesucristo tiene un retiro en la octava etérica sobre Arabia Saudí. Algunas de esas personas tenían un impulso acumulado de Luz tal que ya se encontraban en ese retiro. Otras personas eran de la Luz, pero no podían llegar al retiro. Por tanto, llamé a los ángeles para que se las llevaran. Las personas recibieron a los ángeles con los brazos abiertos. Algunas no eran capaces de ir a ninguna parte lejos de su cuerpo. Desde el momento en que murieron habían permanecido de rodillas, rezando.

Pero entonces vi algo muy interesante. Vi a algunos soldados, de varias nacionalidades, incluyendo la nuestra, que no tenían ningún deseo de ir a los reinos de Luz, que estaban muy enojados por haber perdido la vida. Y expresaban esa ira con furia, maldiciendo o con malas palabras. Y expresaban muchísima ira. Por tanto, no se llevaron a un lugar de armonía, descanso o aprendizaje, no solo porque el retiro no los podía acoger en su estado, sino porque de hecho rechazaron a los ángeles que fueron a rescatarlos y les dijeron que no querían ir a ninguna parte, como un retiro de Luz, donde pudieran aprender. Así, esas son almas que permanecen en lo que llamamos el plano astral inferior (Elizabeth Clare Prophet, 3 de mayo de 1991).

8. Otra alternativa, en la que no se produce la separación completa, es cuando el cuerpo etérico, mental y astral, junto con el alma, viajan como una unidad o bien al plano astral, al mental o al etérico.
9. Mateo 6:22.
10. Véase Mark L. Prophet y Elizabeth Clare Prophet (2001), *Los Maestros y el sendero espiritual,* págs. 123-126.
11. Zaratustra, 31 de marzo de 1985, "The Mission of a Living Flame" ("La misión de una llama viva"), en *Perlas de Sabiduría,* vol. 28, nº. 17, 28 de abril de 1985.
12. 1 Corintios 15:40.
13. Salmos 24:1. 1 Corintios 10:26-28.
14. Elizabeth Clare Prophet, *La apertura del séptimo sello: Sanat Kumara sobre el sendero del rayo rubí* (2001), págs. 198-200.
15. 1 Corintios 15:55.
16. 1 Tesalonicenses 4:13-17.
17. Ciclopea, 11 de octubre de 1973. Este dictado se dio en Santa Bárbara (California), en la Clase de la Cosecha del Sol. Aunque la dispensación de Ciclopea, dispensación para la transmutación de la energía de los restos corporales de encarnaciones anteriores enterrados en la tierra, se dio de manera específica para los asistentes a esa conferencia, los estudiantes de los Maestros Ascendidos pueden hacer llamados, utilizando los decretos a Ciclopea, Astrea y a las salamandras de fuego pidiendo que se realice una acción parecida para ellos individualmente.
18. Mateo 5:48. Astrea, *Lección de Guardianes de la Llama 23,* págs. 30-31.
19. 1 Pedro 3:19-20.
20. Las décadas de 1960 y 1970 presenciaron el establecimiento de muchos movimientos políticos radicales. Varios de ellos, incluyendo las Brigadas Rojas de Italia, la mara Baader-Meinhoff de Alemania, los Estudiantes para una Sociedad Democrática (SDS) en los Estados Unidos y los movimientos revolucionarios de Suramérica, defendieron el uso de la violencia para el avance de sus planes políticos. Ideológicamente, muchos de esos grupos apoyaron los ideales marxistas de redistribución de la riqueza y reforma social. Como explicamos en *El sendero de la hermandad,* libro 4 de la serie "Escala la mon-

taña más alta", estos conceptos no concuerdan con la ley cósmica en su intento de producir una igualdad artificial que no toma en cuenta las leyes del karma ni la opción del libre albedrío para forjar un sendero individual de logro en el mundo espiritual/material. Con la defensa de esas filosofías políticas, los atlantes caídos quisieron establecer sistemas políticos y económicos que ignoraran e incluso intentaran invalidar las leyes del karma. En efecto, lo que querían era evitar la responsabilidad de las deudas kármicas en las que ellos mismos habían incurrido durante la época atlante.

21. Mateo 11:12.
22. 1 Timoteo 5:24.
23. Juan 3:19.
24. Juan 8:11.
25. Lucas 15:11-32.
26. Jesús, "Unceasing Prayer" ("Orar sin cesar"), en Jesús y Kuthumi (1978), *Prayer and Meditation (Oración y meditación)*, págs. 10-12.
27. Mateo 10:28.
28. 2 Corintios 11:14.
29. Astrea, *Lección de Guardianes de la Llama 23*, págs. 23-24.
30. Para obtener más enseñanza sobre la entidad del suicidio, así como soluciones prácticas y espirituales contra el problema del suicidio, véase Neroli Duffy y Marylin Barrick (2004), *Wanting to Live: Overcoming the Seduction of Suicide (Quiero vivir: Cómo vencer la seducción del suicidio)*.
31. Jesús, 8 de octubre de 1995: "I have desired to Be Remembered by You" ("He deseado que me recordéis"), en *Perlas de Sabiduría*, vol. 38, nº. 38, 3 de septiembre de 1995.
32. Juan 13:27.
33. Véase un estudio detallado de diferentes tipos de música y su efecto en los cuatro cuerpos inferiores, el alma y la sociedad en el álbum audio de Elizabeth Clare Prophet, *The Science of Rhythm for the Mastery of the Sacred Energies of Life (La ciencia del ritmo para la maestría de las energías sagradas de la vida)*.
34. *Merriam-Websters Collegiate Dictionary* (10 ed.), s.v. "greed" ("avaricia").
35. 1 Timoteo 6:10.
36. Arcángel Jofiel con Cristina, 25 de junio de 1995, "The Quickening of Your Crown Chakra" ("La vivificación de vuestro chakra de la coronilla"), en *Perlas de Sabiduría*, vol. 38, nº. 30, 9 de julio de 1995.
37. 1 Corintios 15:26.
38. Serapis Bey, 3 de julio de 1967.
39. Véase William Duffy (1975), 31. Radnor, Pa.: Chilton Book Co.

Nancy Appleton (1986), 31. New York: Warner Books.
40. Mateo 21:12-13. Marcos 11:15-17.
41. Vesta, "A Vision of Cosmic Reality for the Golden Age: The Banner of the Mother of the World is Unfurled" ("Una visión de realidad cósmica para la Era de Oro: El estandarte de la Madre del Mundo se despliega"), en *Perlas de Sabiduría*, vol. 12, n°. 1, 5 de enero de 1969.
42. La Diosa de la Pureza, 4 de noviembre de 1966.
43. 1 Corintios 9:26.
44. Mark L. Prophet (2004), *The Soulless One (El ser carente de alma)*, págs. 56-47.
45. Génesis 3:24. Cuzco, en *Perlas de Sabiduría*, vol. 5, n°. 3, 19 de enero de 1962.
46. Efesios 6:12.
47. Astrea, 18 de febrero de 1991, "I Enlist Your Help!" ("¡Solicito vuestra ayuda!"), en *Perlas de Sabiduría*, vol. 34, n°. 13, 31 de marzo de 1991.
48. Arcángel Miguel, 12 de diciembre de 1976.
49. Lanello, 1 de enero de 1992, "Newly Born in the Arms of Your God Parents" ("Recién nacido en los brazos de vuestros padres Divinos"), en *Perlas de Sabiduría*, vol. 35, n°. 9, 1 de marzo de 1992.
50. Los viernes por la tarde, los Guardianes de la Llama se reúnen en las ciudades del mundo para hacer decretos específicamente por la liberación de las almas que han abandonado la pantalla de la vida y para limpiar la Tierra de desencarnados y entidades. Este servicio está patrocinado por la Diosa de la Libertad y la Orden del Lirio Dorado.
51. Astrea, "¡Solicito vuestra ayuda!".
52. Marcos 16:17.
53. Lucas 4:33-36, 41.
54. Juan 11:43-44.
55. Marcos 16:17-18.
56. Juan 14:12.
57. Juan 3:29.
58. Juan 3:29-30.
59. Mateo 18:19.
60. Génesis 1:26.
63. Mateo 17:14-21.
62. Astrea, *Lecciones de Guardianes de la Llama 23*, págs. 38-40.

Capítulo 5 • Los Mensajeros

Cita inicial: Mateo 10:41. Malaquías 3:1.
1. Lanto, en *Perlas de Sabiduría*, vol. 10, n°. 39, 24 de septiembre de 1967.
2. Henry Wadsworth Longfellow, "A Psalm of Life" ("Salmo de la vida").

Notas

3. Deuteronomio 4:2; véase también Apocalipsis 22:18-19.
4. Hebreos 13:8.
5. Apocalipsis 22:10.
6. Kuthumi, "Potentials of God-Realization" ("Posibilidades de una realización Divina"), en *Perlas de Sabiduría*, vol. 11, n°. 44, 3 de noviembre de 1968.
7. Isaías 8:19.
8. Isaías 30:20-21.
9. 1 Reyes 4:25.
10. El Morya, en *Perlas de Sabiduría*, vol. 3, n°. 35, 26 de agosto de 1960.
11. Saint Germain, en *Perlas de Sabiduría*, vol. 3, n°. 10, 4 de marzo de 1960.
12. Maha Chohán, 2 de julio de 1962.
13. Mateo 15:14.
14. Saint Germain, en *Perlas de Sabiduría*, vol. 10, n°. 38, 17 de septiembre de 1967.
15. 1 Corintios 12:10.
16. Tito 1:10.
17. Isaías 8:19.
18. Éxodo 7:8-12.
19. Salmos 103:15-16.
20. Mateo 11:10.
21. Mateo 24:30.
22. El Morya, *El chela y el sendero*, págs. 115-18.
23. Romanos 10:15.
24. Juan 4:10-11.
25. Para obtener más información sobre el planeta Maldek y su historia, véase Mark L. Prophet y Elizabeth Clare Prophet, *Paths of Light and Darkness (Senderos de Luz y Oscuridad)*, págs. 9-11 y 240-243.
26. El foco de la Maestra Ascendida Venus y su llama de la belleza se afianzó en el continente europeo donde actualmente se encuentra la ciudad de Viena, en Austria; y ahí, a través de ese rayo afianzado encarnaron muchos venusinos, llevando consigo su cultura. La ortografía alemana de Viena es *Wien*, pronunciado como la primera sílaba de "Venus" en inglés, pronunciado en español como [vin]. No solo el nombre, sino la cultura, el arte y el sentimiento romántico de esta ciudad de los sueños recuerda al hogar planetario de su fundadora.
27. James Henry Breasted (1912), *A History of Egypt: From the Earliest Times to the Persian Conquest (Historia de Egipto: desde las primeras épocas hasta la conquista persa)*, New York: Charles Scribner's Sons, págs. 360-361.
28. Cyril Aldred (1972), *Akhenaten: Pharaoh of Egypt (Akenatón: Far-*

aón de Egipto). London: Thames and Hudson, Abacus, pág. 133.
29. Will Durant (1954), *The Story of Civilization (La historia de la civilización)*, New York: Simon and Schuster, I:206, 208. Durant comenta sobre este poema: "La evidente similitud de este himno con el Salmo CIV deja poco lugar a dudas sobre la influencia egipcia sobre el poeta hebreo" (pág. 210).
30. Juan 11:21-22.
31. Juan 11:25-26.
32. Juan 11: 27.
33. G. W. Butterworth (1973), *Origen: On First Principles (Orígenes: Sobre los principios)*, New York: Harper & Row, pág. xxvii.
34. *Enciclopedia católica* (1913), s.v. "Orígenes y origenismo".
35. Apocalipsis 13:8.
36. 1 Pedro 1:24-25.
37. Juan 18:37.
38. Henry Wadsworth Longfellow, "Santa Filomena".
39. Efesios 6:12.
40. Constantin Christomanos, *Tagebuchblätter Wien* (1899), págs. 81, 97, 227; citado en Head y Cranston, *Reincarnation in World Thought (La reencarnación en el pensamiento mundial)*, págs. 334–335.
41. Edward Crankshaw (1963), *The Fall of the House of Hapsburg (La caída de la Casa de los Hasburgo)*, New York: The Viking Press, pág. 4.
42. Daniel 12:5, 7, 10.
43. Casimir Poseidón, 12 de septiembre de 1965.
44. Phylos el tibetano (1952), *A Dweller on Two Planets (Habitante de dos planetas)*, Los Ángeles: Borden, pág. 226. Daniel 5.
45. El Maha Chohán, 30 de diciembre de 1969.
46. El Morya, 3 de julio de 1970.
47. El Gran Director Divino, 5 de julio de 1970.
48. Malaquías 3:1.
49. Apocalipsis 12:3.
50. Isaías 55:11. El Morya, *El discípulo y el sendero*, págs. 121-123.
51. Apocalipsis 1:1.
52. Isaías 53:3.
53. Juan 15:25.
54. Apocalipsis 11:3-13, 15-19.

Glosario

Los términos resaltados se encuentran definidos en otra parte del glosario.

Alfa y Omega. La totalidad divina del Dios Padre-Madre que el Señor Cristo afirmó como "el principio y el fin" en el Apocalipsis. *Llamas gemelas* ascendidas de la conciencia del Cristo Cósmico que mantienen el equilibrio de la polaridad masculina/femenina de la Deidad en el *Gran Sol Central* del cosmos. Así, a través del *Cristo Universal*, la Palabra encarnada, el Padre es el origen y la Madre es la realización de los ciclos de la conciencia de Dios expresada a través de la creación *Espíritu/Materia*. Véase también *Madre*. (Apocalipsis 1:8, 11; 21:6; 22:13).

Anciano de Días. Véase *Sanat Kumara*.

Antahkarana. (Sánscrito, "órgano sensorial interno") La red de la vida. La red de luz que se extiende por el *Espíritu* y la *Materia*, sensibilizando y conectando a toda la creación dentro de sí misma y con el corazón de Dios.

Ascensión. El ritual por medio del cual el alma se reúne con el Espíritu del Dios vivo, la Presencia YO SOY. La ascensión es la culminación del viaje victorioso en Dios del alma en el tiempo y el espacio. Es la recompensa de los justos que supone el regalo de Dios después del último juicio ante el gran trono blanco, en el que cada hombre es juzgado según sus obras.

La ascensión fue experimentada por Enoc, de quien está escrito que "caminó, pues, con Dios, y desapareció, porque le llevó Dios"; por Elías, que subió al cielo en un torbellino; y por Jesús. Las escrituras dicen que Jesús fue llevado al cielo en una nube. Esto se denomina comúnmente la ascensión de Jesús. Sin embargo, el *Maestro Ascendido* El Morya ha revelado que Jesús vivió muchos años después de este acontecimiento y que ascendió después de fallecer en Cachemira a los 81 años.

La reunión con Dios mediante la ascensión, que significa el fin de las rondas de karma y renacimiento, y el regreso a la gloria del Señor, es la meta de la vida para los hijos y las hijas de Dios. Jesús dijo: "Nadie subió al cielo, sino el que descendió del cielo; el Hijo del Hombre, que está en el cielo".

Gracias a su salvación (autoelevación), la elevación consciente del Hijo de Dios en su templo, el alma se viste con el vestido de bodas para cumplir el cargo del Hijo (sol o luz) de la manifestación. Siguiendo el sendero iniciático de Jesús, el alma, por la gracia de él, se hace digna de llevar su cruz y su corona. Ella asciende a través del *Ser Crístico* a su SEÑOR, la Presencia YO SOY, de donde descendió. (Apocalipsis 20:12-13; Génesis 5:24; 2 Reyes 2:11; Lucas 24:50-51; Hechos 1:9-11; Juan 3:13).

Átomo semilla. El foco de la Madre Divina (el rayo femenino de la Deidad) que afianza las energías del *Espíritu* en la Materia en el chakra de la base.

Calamita. El foco del Padre, el rayo masculino de la Deidad, que afianza las energías del Espíritu en la Materia en el chakra de la coronilla.

Cámara secreta del corazón. El santuario de la meditación, el sitio al que se retiran las almas de los portadores de luz. Es el núcleo de la vida donde el individuo se sitúa cara a cara con el Gurú interior, el amado Santo *Ser Crístico,* y recibe las pruebas del alma que preceden a la unión alquímica con ese Ser Crístico, el matrimonio de la Novia (el alma que se convierte en la esposa del Cordero).

Es el sitio donde las leyes del cosmos se escriben en las partes internas del hombre, porque la *Ley* está inscrita como el Sendero Óctuple del Buda sobre las paredes interiores de la cámara. Los ocho pétalos de esta cámara secundaria del corazón (el chakra de ocho pétalos) simbolizan la maestría de los siete rayos a través de la llama del Cristo, la *llama trina,* y la integración de esa maestría en el octavo rayo.

Chela. (Hindi, *celā,* del sánscrito, *ceta*: "esclavo"). En India, discípulo de un instructor religioso o gurú. Vocablo utilizado generalmente para referirse a un estudiante de los *Maestros Ascendidos* y sus enseñanzas. Específicamente, un estudiante con una autodisciplina y devoción mayor a lo común, iniciado por un Maestro Ascendido y que presta servicio a la causa de la *Gran Hermandad Blanca.*

Chohán. (Tibetano, "señor" o "maestro", un jefe). Cada uno de los *siete rayos* tiene un chohán que concentra la conciencia Crística del rayo, que es de hecho la *Ley* del rayo que gobierna su uso justo en el hombre. Habiendo animado y demostrado su Ley del rayo a lo largo de muchas encarnaciones y habiendo pasado iniciaciones tanto antes como después de la ascensión, el candidato es asignado al cargo de chohán por el Maha Chohán, el "Gran Señor", que es asimismo es el representante del Espíritu Santo en todos los rayos. El nombre de los chohanes de los rayos (siendo cada uno de ellos un *Maestro Ascendido* que representa uno de los siete rayos para las evoluciones de la Tierra) y la ubicación de sus focos físicos/etéricos se dan a continuación.

Primer rayo: El Morya, Retiro de la Voluntad de Dios, Darjeeling (India). Segundo rayo: Lanto, Retiro Royal Teton, Grand Teton, en Jackson Hole, estado de Wyoming (EE.UU.). Tercer rayo: Pablo el Veneciano, Château de Liberté, sur de Francia, con un foco de la *llama trina* en el monumento a Washington, Ciudad de Washington (EE. UU.). Cuarto rayo: Serapis Bey, Templo de la Ascensión y *Retiro* en Lúxor (Egipto). Quinto rayo: Hilarión (el apóstol Pablo), Templo de la Verdad, Creta. Sexto rayo: Nada, Retiro Árabe (o Retiro de Arabia), Arabia Saudí. Séptimo rayo: Saint Germain, Retiro Royal Teton, Grand Teton, Wyoming (EE: UU.); Cueva de los Símbolos, Table Mountain, Wyoming (EE. UU.). Saint Germain también trabaja en los focos del Gran Director Divino: la Cueva de la Luz en India y la Mansión Rakoczy, en Transilvania, donde Saint Germain preside como jerarca.

Cinturón electrónico, círculo electrónico. El cinturón electrónico contiene la energía negativa o mal cualificada del mal karma o "pecado". Tiene forma de timbal y rodea los *cuatro cuerpos inferiores* desde la cintura hacia abajo. El círculo electrónico es el depósito en la *Materia* de toda la energía jamás cualificada por el alma. Contiene energía tanto positiva como negativa. La energía positiva corresponde al buen karma del alma, la luz del *Cuerpo Causal* (los tesoros del alma en el cielo) en un flujo en forma de ocho, como Arriba, así abajo.

Ciudad cuadrangular. La Nueva Jerusalén; arquetipo de las ciudades de luz etéricas de la era de oro que existen, actualmente, en el *plano etérico* (en el cielo) y que esperan a que se las haga descender a la manifestación física (en la tierra). San Juan de Patmos vio el descenso de la Ciudad Santa como la geometría inmaculada de aquello que ha de ser y que ahora está en los reinos invisibles de la luz: "Y yo Juan vi la santa ciudad, la nueva Jerusalén, descender del cielo, de Dios". Así, para que esta visión y profecía se cumpla, Jesús nos enseñó a rezar con la autoridad de la Palabra hablada: "¡Venga tu reino a la tierra como es en el cielo!".

Metafísicamente hablando, la Ciudad Cuadrangular es el *mandala* de los cuatro planos y los cuadrantes del universo de la *Materia*, los cuatro lados de la Gran Pirámide de la conciencia Crística concentrados en las esferas de la Materia. Las doce puertas son puertas de la conciencia Crística que marcan las líneas y los grados de las iniciaciones que él ha preparado para sus discípulos. Estas puertas son las entradas hacia las doce cualidades del *Cristo Cósmico* sostenidas por las doce jerarquías solares (que son emanaciones del Cristo Universal) por todos quienes estén dotados del amor ígneo omniconsumidor del *Espíritu*, todos quienes deseen, en la gracia, "entrar por sus puertas con acción de gracias, por sus atrios con alabanza".

Las almas no ascendidas pueden invocar el mandala de la Ciudad Cuadrangular para la realización de la conciencia Crística, como Arriba, así abajo. La Ciudad Cuadrangular contiene el patrón original de la identidad solar (del alma) de los 144.000 arquetipos de los hijos y las hijas de Dios necesarios para concentrar la plenitud divina de la conciencia de Dios en una dispensación dada. La luz de la ciudad se emite desde la *Presencia YO SOY*; la del Cordero (el Cristo Cósmico), desde el *Ser Crístico*. Las joyas son los 144 focos y frecuencias de luz afianzados en los chakras del Cristo Cósmico. (Apocalipsis 21:2, 9-27. Salmos 100:4)

Ciudades etéricas. Véase *Plano etérico*.

Consejo de Darjeeling. Un consejo de la *Gran Hermandad Blanca* que está compuesto de *Maestros Ascendidos* y *chelas* no ascendidos, dirigido por El Morya y con sede en Darjeeling (India), en el *retiro etérico* del Maestro. Entre sus miembros están la Virgen María, Kuan Yin, el Arcángel Miguel, el Gran Director Divino, Serapis Bey, Kuthumi, Djwal Kul y muchos otros, cuyo objetivo es preparar a las almas para que presten servicio al mundo en el gobierno Divino y la economía, mediante las relaciones internacionales y el establecimiento del Cristo interior como base para la religión, la enseñanza y un regreso a la cultura de la era de oro en la música y las artes.

Consejo Kármico. Véase *Señores del Karma*.

Cordón cristalino. La corriente de la luz, vida y conciencia de Dios que alimenta y sustenta al alma y sus *cuatro cuerpos inferiores*. También llamado cordón de plata. Véase también *Gráfica de tu Yo Divino*; ilustración en la pág. 429 (Eclesiastés 12:6).

Corriente de vida. La corriente de vida que surge de la Fuente, de la *Presencia YO SOY* en los planos del *Espíritu*, y que desciende a los planos de la *Materia* donde se manifiesta como la *llama trina* afianzada en la cámara secreta del corazón para sustentar al alma en la Materia y alimentar a los *cuatro cuerpos inferiores*. Se utiliza para denotar a las almas que evolucionan como *corrientes de vida* individuales y, por consiguiente, es sinónimo del vocablo *individuo*. Denota la naturaleza continua del individuo a través de los ciclos de la individualización.

Cristo Cósmico. Un cargo de la *jerarquía*, actualmente ocupado por el Señor Maitreya, en el cual se mantiene el foco del *Cristo Universal* por toda la humanidad.

Cristo Universal. El mediador entre los planos del *Espíritu* y los de la *Materia*. Personificado como el *Ser Crístico*, es el mediador entre el Espíritu de Dios y el alma del hombre. El Cristo Universal sostiene el nexo de (el flujo en forma de ocho) la conciencia a través del cual pasan las energías del Padre (Espíritu) hacia sus hijos para la cristalización (realización Crística) de la Llama Divina mediante los esfuerzos de su alma en el vientre (matriz) cósmico de la *Madre* (Materia).

La fusión de las energías de la polaridad masculina y femenina de la Deidad en la creación tiene lugar a través del Cristo Universal, el *Logos* sin el cual "nada de la que ha sido hecho, fue hecho". El flujo de luz desde el *Macrocosmos* hacia el *microcosmos,* desde el Espíritu (la *Presencia YO SOY*) hacia el alma y de vuelta por la espiral en forma de ocho, se realiza a través de este bendito mediador que es Cristo el Señor, la verdadera encarnación del YO SOY EL QUE YO SOY.

El término *Cristo* o *ser Crístico* también denota un cargo en la *jerarquía* que ocupan quienes han alcanzado la maestría sobre sí mismos en los *siete rayos* y los siete chakras del Espíritu Santo. Maestría Crística incluye el equilibrio de la *llama trina* (los atributos divinos de poder, sabiduría y amor) para la armonización de la conciencia y la aplicación de la maestría de los siete rayos en los chakras y en los *cuatro cuerpos inferiores* a través de la Llama de la Madre (Kundalini elevada).

En la expansión de la conciencia del Cristo, el ser Crístico avanza para lograr la realización de la conciencia Crística a nivel planetario y es capaz de mantener el equilibrio de la Llama Crística por las evoluciones del planeta. Una vez logrado esto, ayuda a los miembros de la jerarquía celestial que sirven bajo el cargo de los Instructores del Mundo y el Cristo planetario. Véase también *Gráfica de tu Yo Divino*; ilustración en la pág. 429 (Juan 1:1-14; 14:20, 23. Compárese Apocalipsis 3:8. Mateo 28:18. Apocalipsis 1:18).

Cuatro cuerpos inferiores. Los cuatro cuerpos inferiores son cuatro fundas compuestas de cuatro frecuencias distintas que rodean al alma: física, emocional, mental y etérica; proporcionan vehículos para el alma en su viaje por el tiempo y el espacio. La funda etérica (de vibración superior a las demás) es la entrada a los tres cuerpos superiores: el *Ser Crístico,* la *Presencia YO SOY* y el *Cuerpo Causal*. Véase también *Gráfica de tu Yo Divino*; ilustración en la pág. 429.

Cuerpo Causal. El cuerpo de Primera Causa; siete esferas concéntricas de luz y conciencia que rodean a la *Presencia YO SOY* en los planos del *Espíritu,* cuyos impulsos acumulados, a los cuales se añade lo Bueno (la Palabra y las Obras del Señor manifestadas por el alma en todas las vidas pasadas), son accesibles hoy, a cada momento, según lo necesitemos.

Uno puede acceder a los propios recursos y la creatividad (talentos, gracias, dones e ingenio reunidos mediante un servicio ejemplar en los *siete rayos*) en el Cuerpo Causal mediante la invocación a la Presencia YO SOY en el nombre del *Ser Crístico*.

El Cuerpo Causal es el almacén de toda cosa buena y perfecta que forme parte de nuestra verdadera identidad. Además, las grandes esferas del Cuerpo Causal son la morada del Dios Altísimo, al que Jesús se refirió cuando dijo: "En la casa de mi padre muchas moradas hay… Voy a preparar lugar para vosotros… Vendré otra vez, y os tomaré a mí mismo; para que donde yo estoy [donde YO, el Cristo encarnado, SOY en la Presencia YO SOY], vosotros también estéis".

El Cuerpo Causal es la mansión o morada del Espíritu del YO SOY EL QUE YO SOY al que el alma regresa a través de Jesucristo y el Ser Crístico individual mediante el ritual de la *ascensión*. El apóstol Pablo se refirió al Cuerpo Causal como la estrella de la individualización de la Llama Divina de cada hombre cuando dijo: "Una estrella es diferente de otra en gloria". Véase también *Gráfica de tu Yo Divino*; ilustración en la pág. 429. (Mateo 6:19-21. Juan 14:2-3. 1 Corintios 15:41).

Cuerpo solar imperecedero. Véase *Vestidura sin costuras*.

Decretar. v. tr. Resolver, decidir, declarar, determinar; ordenar, mandar; invocar la presencia de Dios, su luz/energía/conciencia, su poder y protección, pureza y perfección.

Decreto. n. Voluntad predeterminada, edicto o fíat, decisión autorizada, declaración, ley, ordenanza o regla religiosa; orden o mandamiento.

Está escrito en el libro de Job: "Determinarás asimismo una cosa, y te será firme, y sobre tus caminos resplandecerá luz". El decreto es la más poderosa de todas las solicitudes a la Deidad. Es el "mandadme" de Isaías 45:11, la primera orden dada a la luz que, como el *lux fiat*, es el derecho natural de los hijos y las hijas de Dios. Es la Palabra de Dios autorizada que, en el hombre, es pronunciada en el nombre de la *Presencia YO SOY* y el Cristo vivo para producir cambios constructivos en la tierra a través de la voluntad de Dios y su conciencia, venidas a la tierra como lo son en el cielo, en manifestación aquí abajo como Arriba.

El decreto dinámico, ofrecido como alabanza y petición al Señor Dios con la ciencia de la Palabra hablada, es la "oración eficaz del justo" que puede mucho. Es el medio por el cual el suplicante se identifica con la Palabra de Dios, el fíat original del Creador: "Sea la luz; y fue la luz".

A través del decreto dinámico pronunciado con alegría y amor, fe y esperanza en las alianzas de Dios cumplidas, la Palabra es injertada en el suplicante y este sufre la transmutación mediante el *fuego sagrado* del Espíritu Santo, la "prueba de fuego" con la que se consume todo pecado, enfermedad y muerte, pero se conserva el alma justa. El decreto es el instrumento y la técnica del alquimista para efectuar la transmutación personal y planetaria, así como su autotrascendencia. El decreto puede ser corto o largo y normalmente va precedido de un preámbulo formal y un cierre o aceptación. (Job 22:28. Santiago 5:16. Génesis 1:3. Santiago 1:21. 1 Corintios 3:13-15. 1 Pedro 1:7).

Dharma. (Sánscrito, "ley"). Es la realización de la Ley de la individualidad mediante la adherencia a la Ley Cósmica, incluyendo las leyes de la naturaleza y el código espiritual de conducta, como el camino o dharma del Buda o el Cristo. El deber de una persona de cumplir su razón de ser a través de la ley del amor y la labor sagrada.

Dictados. Los mensajes de los *Maestros Ascendidos,* Arcángeles y otros seres espirituales avanzados que se producen mediante la agencia del Espíritu Santo y llegan a través de un *Mensajero* de la Gran Hermandad Blanca.

Elemental del cuerpo. Un ser de la naturaleza (por lo común invisible y que opera sin que se lo observe en la octava física) que presta servicio al alma desde el momento de su primera encarnación en los planos de la *Materia* para cuidar del cuerpo físico. El elemental del cuerpo mide un metro de altura y se asemeja a la persona a quien sirve. Trabajando con el ángel de la guarda bajo el *Ser Crístico* regenerativo, el elemental del cuerpo es el amigo y ayudante invisible del hombre. Véase también *Elementales.*

Elementales. Seres de la tierra, el aire, el fuego y el agua; espíritus de la naturaleza que son siervos de Dios y del hombre en los planos de la *Materia* para el establecimiento y mantenimiento del plano físico como plataforma para la evolución del alma. Los elementales que sirven al elemento fuego son las salamandras; los que sirven al elemento aire, los silfos; los que sirven al elemento agua, las ondinas; los que sirven al elemento tierra son los gnomos. Véase también *Elemental del cuerpo, Elohim.*

Elohim. (Plural del hebreo *Eloah*: Dios). Uno de los nombres hebreos de Dios o de los dioses; utilizado en el Antiguo Testamento unas 2500 veces, significa 'Ser Poderoso' o 'Ser Fuerte'. Elohim es un nombre que se refiere a las *llamas gemelas* de la Deidad de que se compone el "Divino Nosotros". Cuando se habla específicamente o bien de la mitad masculina o bien de la femenina, se retiene la forma plural ya que se entiende que una mitad de la Totalidad Divina contiene y es el Yo andrógino (el Divino Nosotros).

Los Siete Poderosos Elohim y sus equivalentes femeninos son los constructores de la forma; por consiguiente, *Elohim* es el nombre de

Dios utilizado en el primer versículo de la Biblia: "En el principio creó Dios los cielos y la tierra". Directamente, bajo los Elohim, sirven los cuatro seres de los elementos (las cuatro fuerzas cósmicas) que ejercen dominio sobre los *elementales*.

Los Siete Poderosos Elohim son los "siete Espíritus de Dios" nombrados en el Apocalipsis, y las "estrellas del alba" que alababan juntas en el principio, como lo reveló el Señor a su siervo Job. También hay cinco Elohim que rodean el núcleo de fuego blanco del *Gran Sol Central*. En el orden jerárquico, los Elohim y los *Seres Cósmicos* son portadores de la mayor concentración (la vibración más elevada) de luz que nosotros podemos comprender en nuestro estado de evolución.

Junto con los cuatro seres de la naturaleza, sus consortes y los constructores elementales de la forma, ellos representan el poder de nuestro Padre como Creador (rayo azul). Los Siete Arcángeles y sus complementos divinos, los grandes serafines, querubines y todas las huestes angélicas representan el amor de Dios con la intensidad de fuego del Espíritu Santo (rayo rosa). Los Siete Chohanes de los Rayos y todos los *Maestros Ascendidos*, junto con los hijos y las hijas de Dios no ascendidos, representan la sabiduría de la *Ley* del Logos bajo el cargo del Hijo (rayo amarillo). Estos tres reinos forman una tríada de manifestación, trabajando en equilibrio para reducir las energías de la Trinidad. La entonación del sonido sagrado *Elohim* emite el enorme poder de su autopercepción Divina, reducido para nuestro bendito uso a través del *Cristo Cósmico*. (Apocalipsis 1:4; 3:1; 4:5; 5:6. Job 38:7).

A continuación, se dan los nombres de los Siete Elohim, los rayos en los que sirven y la ubicación de sus *retiros etéricos*.

Primer rayo: Hércules y Amazonia, Half Dome, Sierra Nevada, Parque Nacional Yosemite, California (E.E. U.U.). Segundo rayo: Apolo y Lúmina, Baja Sajonia occidental (Alemania). Tercer rayo: Heros y Amora, lago Winnipeg (Canadá). Cuarto rayo: Pureza y Astrea, cerca del Golfo de Arcángel, brazo sureste del mar Blanco (Rusia). Quinto rayo: Ciclopea y Virginia, cordillera Altái, donde convergen China, Siberia y Mongolia, cerca de Talbun Bogdo. Sexto rayo: Paz y Aloha, islas Hawái. Séptimo rayo: Arcturus y Victoria, cerca de Luanda, Angola (África).

Entidades. Conglomerados de energía mal cualificada o individuos desencarnados que han elegido dedicarse al mal. Las entidades que son focos de fuerzas siniestras pueden atacar a individuos desencarnados, así como a personas encarnadas. Existen muchos tipos distintos de entidades desencarnadas, como las entidades del licor, la marihuana, el tabaco, la muerte, el sexo y el encaprichamiento con uno mismo, la sensualidad, el egoísmo y el amor hacia uno mismo, el suicidio, la ira, los chismes, el temor, la locura, la depresión, la avaricia de dinero, los juegos de azar, el llorar, varios agentes químicos (como el flúor y el azúcar), el terror, la condenación y el sentimentalismo.

Entidades desencarnadas. Véase *Entidades*.

Espíritu. La polaridad masculina de la Deidad; la coordenada de la *Materia*; Dios como Padre, que por necesidad incluye en la polaridad de sí mismo a Dios como *Madre* y, por tanto, es conocido como el Dios Padre-Madre. El plano de la *Presencia YO SOY*, de la perfección; la morada de los *Maestros Ascendidos* en el reino de Dios. (Cuando inicia con minúscula, como en *espíritus,* es sinónimo de desencarnados o *entidades* astrales. Cuando es singular y lleva minúscula, *espíritu* se utiliza igual que *alma*).

Falsa jerarquía. Seres que se han rebelado contra Dios y su Cristo, incluyendo a ángeles caídos, demonios y poderes y principados de la Oscuridad que personifican el *Mal* (el velo de energía). Quienes deifican al Mal Absoluto y lo encarnan son denominados de forma genérica como *demonio*. En las escrituras se hace referencia a los miembros de la falsa jerarquía como *Lucifer,* Satanás, el *Anticristo, Serpiente* y el *acusador de los hermanos.*

Fraternidad de Guardianes de la Llama. Una organización de *Maestros Ascendidos* y sus chelas que prometen guardar la llama de la vida en la Tierra y apoyar las actividades de la *Gran Hermandad Blanca* en el establecimiento de su comunidad y escuela de misterios, así como en la diseminación de sus enseñanzas. Fundada en 1961 por Saint Germain. Los Guardianes de la Llama reciben lecciones graduadas sobre la *Ley Cósmica* dictadas por los Maestros Ascendidos a sus *Mensajeros* Mark y Elizabeth Prophet.

Fuego sagrado. El fuego Kundalini que yace como una serpiente enroscada en el chakra de la base del alma y se eleva mediante la pureza espiritual y la maestría sobre uno mismo hasta el chakra de la coronilla, vivificando los centros espirituales a su paso. Dios, luz, vida, energía, el YO SOY EL QUE YO SOY. "Nuestro Dios es un fuego consumidor". El fuego sagrado es la precipitación del Espíritu Santo para el bautismo de las almas, para la purificación, para la alquimia y la transmutación y para la realización de la ascensión, el ritual sagrado por el cual el alma regresa al Uno, la *Presencia YO SOY.* (Hebreos 12:29).

Gráfica de tu Yo Divino. (Véase ilustración en la pág. 429). En la gráfica hay representadas tres figuras, a las que nos referiremos como figura superior, figura media y figura inferior. La figura superior es la *Presencia YO SOY*, el YO SOY EL QUE YO SOY, Dios individualizado para cada uno de sus hijos e hijas. La Mónada Divina se compone de la Presencia YO SOY, rodeada de esferas (anillos de color, de luz) que forman el *Cuerpo Causal*. Este es el cuerpo de Primera Causa, el cual contiene el "tesoro en el cielo" del hombre (obras perfectas, pensamientos y sentimientos perfectos, palabras perfectas), energías que han ascendido desde el plano de la acción en el tiempo y el espacio como resultado del correcto ejercicio del libre albedrío por parte del hombre y su correcta cualificación de la corriente de vida que surge del corazón de la Presencia y desciende hasta el nivel del *Ser Crístico*.

La figura media de la gráfica es el mediador entre Dios y el hombre, llamado Ser Crístico, Yo Real o conciencia Crística. También se denomina Cuerpo Mental Superior o Conciencia Superior. El Ser Crístico acompaña al yo inferior, que se compone del alma en evolución a través de los cuatro planos de la *Materia* en los *cuatro cuerpos inferiores*, correspondientes a los planos de fuego, aire, agua y tierra, es decir, el cuerpo etérico, el cuerpo mental, el cuerpo emocional y el cuerpo físico.

Las tres figuras de la gráfica se corresponden con la Trinidad: Padre (figura superior), Hijo (figura media) y Espíritu Santo (figura inferior). La figura inferior tiene como finalidad convertirse en el templo del Espíritu Santo, que está indicado en la acción envolvente de la llama violeta del fuego sagrado. La figura inferior se corresponde contigo como discípulo o discípula en el *Sendero*. Tu alma es el aspecto no permanente del ser que se vuelve permanente mediante el ritual de la *ascensión*. La ascensión es el proceso por el cual el alma, habiendo saldado su karma y cumplido su plan divino, se une, primero, a la conciencia Crística y, después, a la Presencia viva del YO SOY EL QUE YO SOY. Una vez que la ascensión ha tenido lugar, el alma —el aspecto corruptible del ser— se convierte en lo incorruptible, un átomo permanente del cuerpo de Dios. La Gráfica de tu Yo Divino es, por tanto, un diagrama de ti mismo, en el pasado, el presente y el futuro.

La figura inferior representa a la humanidad evolucionando en los planos de la Materia. Así es como debes visualizarte, de pie, en la llama violeta, que has de invocar en el nombre de la Presencia YO SOY y en el nombre de tu Ser Crístico con el fin de purificar tus cuatro cuerpos inferiores como preparación para el ritual del matrimonio alquímico: la unión de tu alma con el Cordero como novia de Cristo.

La figura inferior está rodeada de un tubo de luz, que se proyecta desde el corazón de la Presencia YO SOY en respuesta a tu llamado. El tubo de luz es un campo de protección sustentado en el *Espíritu* y en la Materia para sellar la individualidad del discípulo. La *llama trina* dentro del corazón es la chispa de la vida proyectada desde la Presencia YO SOY a través del Ser Crístico y afianzada en los planos etéricos, en la cámara secreta del corazón, con el fin de que el alma evolucione en la Materia. También llamada Llama Crística, la llama trina es la chispa de la divinidad del hombre, su potencial para alcanzar la Divinidad.

El *cordón cristalino* es la corriente de luz que desciende desde el corazón de la Presencia YO SOY a través del Ser Crístico y, de ahí, a los cuatro cuerpos inferiores para sustentar a los vehículos de expresión del alma en el tiempo y el espacio. Por este cordón fluye la energía de la Presencia, entrando en el ser del hombre por la parte superior de la cabeza y proporcionando la energía para el latido de la llama trina y del corazón físico. Cuando se termina una ronda de encarnación del alma en la forma-Materia, la Presencia YO SOY retira el cordón cristalino, la llama trina regresa al nivel del Cristo y las energías de los cuatro cuerpos inferiores vuelven a sus planos respectivos.

La paloma del Espíritu Santo que desciende desde el corazón del Padre se muestra justo por encima de la cabeza del Cristo. Cuando el hombre individual, como la figura inferior, se viste con la conciencia Crística y se convierte en ella, como hizo Jesús, se produce el descenso del Espíritu Santo y las palabras del Padre (la Presencia YO SOY) son pronunciadas: "Este es mi Hijo amado, en quien [YO SOY complacido] tengo complacencia". Véase en la pág. 429 (Mateo 3:17).

Gran Eje. Véase *Gran Sol Central.*

Gran Hermandad Blanca. Una orden espiritual de santos occidentales y adeptos orientales que se han reunido con el *Espíritu* del Dios vivo y que componen las huestes celestiales. Ellos han trascendido los ciclos de karma y renacimiento y han ascendido (acelerado) hacia una realidad superior, que es la morada eterna del alma. Los *Maestros Ascendidos* de la Gran Hermandad Blanca, unidos por los fines más altos de hermandad de los hombres bajo la Paternidad de Dios, han surgido en todas las épocas, de todas las culturas y religiones, para inspirar el logro creativo en la educación, las artes y ciencias, el gobierno Divino y la vida abundante a través de la economía de las naciones.

Blanca no se refiere a la raza, sino al aura (halo) de luz blanca que rodea la forma de los que constituyen la Hermandad. Esta Hermandad también incluye en sus filas a ciertos *chelas* de los Maestros Ascendidos. Jesucristo reveló esta orden de santos "vestidos de blanco" a su siervo Juan de Patmos. Véase también *Jerarquía.* (Apocalipsis 3:4-5; 6:9, 13-14; 19:14).

Gran Sol Central. También denominado Gran Eje. El centro del cosmos; el punto de integración del cosmos *Espíritu/Materia*; el punto de origen de la creación física/espiritual; el núcleo de fuego blanco del huevo cósmico. (Sirio, la Estrella Divina, es el foco del Gran Sol Central en nuestro sector de la galaxia).

El Sol detrás del sol es la Causa espiritual tras el efecto físico que vemos como nuestro sol físico y las demás estrellas y sistemas estelares, visibles o invisibles, incluyendo al Gran Sol Central. El Sol detrás del sol del cosmos se percibe como el *Cristo Cósmico*: la Palabra por la cual lo informe se dotó de forma y los mundos espirituales se cubrieron con la característica física.

De igual modo, el Sol detrás del sol es el Hijo de Dios individualizado en el *Ser Crístico,* brillando en todo su esplendor detrás del alma y sus fundas de conciencia que se penetran mutuamente, llamadas *cuatro cuerpos inferiores*. Es el Hijo del hombre, el Sol de cada manifestación de Dios. El Sol detrás del sol se denomina "Sol de justicia", que cura la mente, ilumina el alma y da luz a toda su casa. Como "gloria de Dios", es la luz de la *Ciudad Cuadrangular.* (Malaquías 4:2. Apocalipsis 21:23).

Guardián de la Llama. 1. El título otorgado al Señor Maha Chohán, "el Gran Señor", en el orden jerárquico de la Gran Hermandad Blanca. También conocido como representante del Espíritu Santo, el Maha Chohán presta servicio a la humanidad alimentando la *llama trina* de la vida que está afianzada en el corazón. Él está presente en todos los nacimientos, para encender la llama trina correspondiente a esa encarnación en particular, y en todas las muertes, para retirar la llama trina del cuerpo físico. 2. Un miembro de la *Fraternidad de Guardianes de la Llama*.

Jerarquía. La cadena de seres individualizados y libres en Dios que cumplen los atributos y aspectos de la infinita Individualidad de Dios. Parte del esquema cósmico jerárquico son los *Logos Solares,* los *Elohim,* los Hijos y las Hijas de Dios, los Maestros ascendidos y no ascendidos con sus círculos de *chelas,* los *Seres Cósmicos,* las doce *jerarquías del sol,* los Arcángeles y ángeles del fuego sagrado, los niños de la luz, los espíritus de la naturaleza (llamados *elementales*) y las *llamas gemelas* de la polaridad *Alfa/Omega* que patrocinan los sistemas planetarios y galácticos.

Este orden universal de la autoexpresión del Padre es el medio por el cual Dios, en el *Gran Sol Central,* reduce la Presencia y el poder de su ser/conciencia universal para que las evoluciones sucesivas en el tiempo y el espacio, desde el menor hasta el mayor, puedan llegar a conocer la maravilla de su amor. El nivel del logro espiritual/físico que se posea —medido por la propia autopercepción equilibrada, "escondida con Cristo en Dios", y demostrando su *Ley,* por su amor, en el cosmos Espíritu/Materia— es el criterio que establecerá el posicionamiento que uno tenga en la escalera de la vida llamada *jerarquía*.

En el siglo III, Orígenes de Alejandría estableció su concepción de una jerarquía de seres, desde ángeles a seres humanos pasando por demonios y bestias. Este erudito y teólogo de renombre de la Iglesia primitiva, que estableció la piedra angular de la doctrina de Cristo y sobre cuyas obras posteriores los Padres, doctores y teólogos de la Iglesia edificaron sus tradiciones, enseñó que las almas están asignadas a sus respectivos cargos y deberes en base a acción y méritos anteriores, y que cada cual tiene la oportunidad de ascender o descender de rango.

En el libro del Apocalipsis se nombra a muchos seres de la jerarquía celestial. Aparte de la *falsa jerarquía* anti-Cristo, incluyendo a los ángeles réprobos, algunos de los miembros de la *Gran Hermandad Blanca* que Jesús mencionó son *Alfa y Omega*, los siete Espíritus, los ángeles de las siete iglesias, los Veinticuatro Ancianos, las cuatro criaturas vivientes, los santos vestidos de blanco, los dos testigos, el Dios de la Tierra, la mujer vestida del sol y su hijo varón, el Arcángel Miguel y sus ángeles, el Cordero y su esposa, los 144.000 que tienen escrito el nombre del Padre en la frente, el ángel del Evangelio Eterno, los siete ángeles (es decir, los Arcángeles de los *siete rayos*) que estuvieron ante Dios, el ángel vestido con una nube y un arco iris sobre su cabeza, los siete truenos, el Fiel y Verdadero y sus ejércitos, y el que se sienta en el gran trono blanco. Véase también *Elohim*. (Apocalipsis 1:4, 8, 11, 20; 2:1, 8, 12, 18; 3:1, 4-5, 7, 14; 4:2-10; 5:2, 6, 11; 6:9-11; 7:1-2, 9, 13-14; 8:2; 10:1, 3, 7; 11:3-4; 12:1, 5, 7; 14:1, 3-6, 14-19; 15:1; 16:1-4, 8, 10, 12, 17; 17:1; 18:1, 21; 19:4, 7, 11-17, 20:1; 21:6, 9; 22:13).

Jerarquías del sol. *Seres cósmicos* que forman un anillo de conciencia cósmica alrededor del *Gran Sol Central*. Cada una de las doce jerarquías, una por cada línea del *Reloj Cósmico*, se compone de millones de Seres Cósmicos que animan la virtud de la línea del Reloj. Por ejemplo, la jerarquía de Capricornio concentra la virtud del poder Divino; la jerarquía de Acuario concentra la virtud del amor Divino; y así sucesivamente.

Todos los meses recibes la antorcha y la llama de una jerarquía del sol según tus ciclos del Reloj Cósmico. Tú llevarás esa llama a través de una serie de iniciaciones bajo esa jerarquía. Así, por ejemplo, durante el mes correspondiente a la línea de las doce, pasarás por las iniciaciones del poder Divino y se te pondrá a prueba en relación con la capacidad que tengas de evitar caer en la crítica, la condenación o el juicio. Véase también *Apéndice*.

K-17. Jefe del Servicio Secreto Cósmico. Mencionado como *Amigo*, asume cuerpo físico cuando debe ayudar a miembros de los varios servicios secretos de las naciones del mundo. Su campo energético protector es un "anillo impenetrable", un anillo de fuego blanco que puede estar teñido de los colores de los rayos de acuerdo con la necesidad del momento. K-17 traza el círculo de llama viva alrededor de personas y lugares para proteger y sellar la identidad y el campo energético de quienes están dedicados al servicio a la luz.

Tanto K-17 como su hermana fueron capaces de mantener su cuerpo físico con vida durante más de 300 años antes de ascender en la década de 1930. Continuando con su evolución y servicio a la humanidad, ahora tienen una villa en París y focos en otras partes del mundo para la preparación de maestros no ascendidos. K-17 y las legiones que tiene a su mando deben invocarse para desenmascarar, gracias al poder del Ojo Omnividente de Dios, a las fuerzas y los complots que quieren socavar el plan de Saint Germain para el gobierno Divino en la era de oro. La llama de K-17 es verde azulado y blanco.

Kali Yuga. Término sánscrito de la filosofía mística hindú que se refiere al último y el peor de los cuatro yugas (eras del mundo), caracterizado por la lucha, la discordia y el deterioro moral.

Ley. En este libro se hace una distinción entre "Ley" y "ley". Cuando va con mayúscula, se refiere al diseño original del ser de Dios, activado a través de la *corriente de vida* (la corriente de luz) que fluye por el corazón del Santo *Ser Crístico*, quien atiende al alma en evolución. Cuando va con minúscula se refiere a los preceptos de la Ley de Dios tal como se aplican a un tiempo y lugar determinados.

Ley del Uno. La propiedad que tiene la plenitud de Dios que permite que el cuerpo de Dios sea partido (como demostró Jesús en la Última Cena) y que siga siendo Uno. De la misma forma, el Hijo de Dios puede personificarse en cada niño de Dios en la persona del Santo *Ser Crístico*. A través de esta luz, cada alma puede aceptar la opción de convertirse en el hijo de Dios, unirse a Cristo y ascender de vuelta al corazón de Dios, el corazón de su poderosa Presencia YO SOY.

Llama gemela. El equivalente del alma, masculino o femenino, concebido a partir del mismo cuerpo de fuego blanco, el ovoide ígneo de la *Presencia YO SOY*.

Llama trina. La llama del Cristo que es la chispa de la vida que arde dentro de la *cámara secreta del corazón* (un chakra secundario dentro del corazón). La sagrada trinidad —poder, sabiduría y amor— que es la manifestación del *fuego sagrado*.

Llama violeta. Aspecto del séptimo rayo del Espíritu Santo. El *fuego sagrado* que transmuta la causa, el efecto, el registro y la memoria del pecado o karma negativo. También denominada "llama de la transmutación, de la libertad y del perdón". Se invoca con la Palabra hablada, con visualizaciones para la transmutación del karma negativo personal y planetario. Véase también *decreto*.

Logos. (Griego: palabra, habla, razón; la divina sabiduría manifiesta en la creación). Según la antigua filosofía griega, es el principio que controla el universo. El libro de Juan identifica la Palabra o Logos con Jesucristo: "Y la Palabra fue hecha carne, y habitó entre nosotros". Por consiguiente, Jesucristo se considera como la encarnación de la razón divina, la Palabra Encarnada.

Del vocablo Logos se deriva la palabra *lógica*, definida como la ciencia de los principios formales del razonamiento. De la lógica tenemos la geometría y el desarrollo y la articulación de la original Palabra de Dios al descomponerse esta en lenguaje y materia para la comunicación clara del conocimiento. Así, todo el conocimiento se basa en la Palabra original (con *P* mayúscula). Los comunicadores del conocimiento original, el Logos, son los comunicadores de la Palabra.

La Palabra también significa *"Shakti"*, que en es un vocablo sánscrito que significa energía, poder, fuerza. Shakti es la fuerza dinámica y creativa del universo, el principio femenino de la Deidad, que emite el potencial de Dios desde el *Espíritu* a la *Materia*. Jesucristo, la Palabra Encarnada, también es la Shakti de Dios. Por tanto, vemos que "comunicar la Palabra" es comunicar el conocimiento original de Dios transmitido al hombre a través de su aspecto femenino. También es comunicar autoconocimiento. Al comunicar este conocimiento, nos convertimos en transmisores de la Palabra y en instrumentos de la Palabra.

Logos Solares. *Seres Cósmicos* que transmiten las emanaciones de luz de la Deidad que fluyen desde *Alfa y Omega* en el *Gran Sol Central* hacia los sistemas planetarios. En esta capacidad, ellos determinan qué cociente de luz puede confiarse a las evoluciones de la Tierra.

Macrocosmos. (Griego: gran mundo). El cosmos más grande; toda la urdimbre de la creación, a la que llamamos huevo cósmico. También se utiliza como contraste entre el hombre como *microcosmos*, 'mundo pequeño', y el telón de fondo del mundo más grande en el que vive.

Madre. La polaridad femenina de la Deidad, la manifestación de Dios como Madre. Términos alternativos: *Madre Divina, Madre Universal* y *Virgen Cósmica*. La *Materia* es la polaridad femenina del *Espíritu*, y el término se utiliza igual que Mater (latín, 'madre'). En este contexto, todo el cosmos material se convierte en el vientre de la creación en el cual el Espíritu proyecta las energías de la vida. La Materia, por tanto, es el vientre de la Virgen Cósmica, la cual, como la otra mitad de la Totalidad Divina, también existe en el Espíritu como polaridad espiritual de Dios.

El propio Jesús reconoció a *Alfa y Omega* como los representantes más altos del Dios Padre-Madre y con frecuencia se refirió a Alfa como *Padre* y a Omega como *Madre*. Quienes asumen la polaridad femenina de la conciencia después de la *ascensión* son conocidas como Maestras Ascendidas. Junto con todos los seres femeninos (polarizados femeninamente) de las octavas de luz, concentran la llama de la Madre Divina por las evoluciones de la humanidad que evolucionan en muchos sistemas de mundos. Sin embargo, siendo andróginas, todas las huestes celestiales concentran cualquiera de los atributos de la Deidad, masculinos o femeninos, a voluntad, pues han entrado en las esferas de la plenitud divina. Véase también *Materia*.

Madre de la Llama. Cargo de la *jerarquía*. Saint Germain ungió a Clara Louise Kieninger como primera Madre de la Llama cuando se fundó la *Fraternidad de Guardianes de la Llama,* en 1961. Durante años ella hizo una vigilia diaria de meditación, comenzando a las 5 de la mañana y rezando de dos a cuatro horas por los jóvenes, los niños a punto de entrar en este mundo, sus padres y los profesores. Al transferir el manto de Madre de la Llama a Elizabeth Clare Prophet, el 9 de abril de 1966, se hizo Madre de la Llama Regente. Clara Louise Kieninger ascendió a los 87 años desde Berkeley (California), el 25 de octubre de 1970.

El 1 de enero de 1973, Gautama Buda anunció que la Maestra Ascendida Clara Louise, "antes de que pasara la noche, daría a la actual Madre de la Llama una antorcha cargada con los fuegos vitales del altar celestial de Dios y le transmitiría una gran misión para iluminar a los niños del mundo y producir la bendición de la verdadera cultura para la era y para toda la gente por doquier".

Maestra Ascendida Venus. *Llama gemela* de Sanat Kumara. El foco de la Maestra Ascendida Venus y su llama de la belleza se afianzaron en el continente de Europa donde actualmente se encuentra la ciudad de Viena (Austria). A través del rayo afianzado allí es que encarnaron muchos de los venusianos, trayendo consigo su cultura. La cultura, el arte y la sensación romántica de esta ciudad de ensueño evocan el hogar planetario de su fundadora. Véase también *Sanat Kumara*.

Maestro Ascendido. Alguien que, a través de Cristo y vistiéndose con la Mente que había en Jesucristo, ha dominado el tiempo y el espacio y, durante ese proceso, ha conseguido la maestría sobre el yo en los *cuatro cuerpos inferiores* y en los cuatro cuadrantes de la *Materia*, en los chakras y en la *llama trina* equilibrada. Un Maestro Ascendido también ha transmutado al menos 51 por ciento de su karma, ha cumplido su plan divino y ha pasado las iniciaciones del rayo rubí hasta el ritual de la *ascensión:* la aceleración mediante el *fuego sagrado* hacia la Presencia del YO SOY EL QUE YO SOY (la *Presencia YO SOY*). Los Maestros Ascendidos habitan en los planos del *Espíritu* —el reino de Dios (la conciencia de Dios)— y pueden enseñar a las almas no ascendidas en un *templo etérico* o en las ciudades del *plano etérico* (el reino del cielo).

Maldek. Un planeta de nuestro sistema solar que ya no existe. Las fuerzas oscuras destruyeron Maldek con las mismas tácticas que usan actualmente los manipuladores en la Tierra para degradar la conciencia de la gente. Sus oleadas de vida libraron una guerra que terminó en una aniquilación nuclear; el cinturón de asteroides entre Marte y Júpiter es lo que queda del planeta. Los rezagados son almas que vinieron a la Tierra de Maldek.

Mandala. (Sánscrito: "círculo", "esfera"). Grupo, compañía o asamblea; círculo de amigos; asamblea o reunión de Budas y Bodisatvas. Un diseño circular compuesto de imágenes de deidades que simbolizan el universo, la totalidad o la plenitud; utilizado en la meditación por hindús y budistas.

Manú. (Sánscrito). El progenitor y legislador de las evoluciones de Dios en la Tierra. El Manú y su complemento divino son *llamas gemelas* ascendidas asignadas por el Dios Padre-Madre a patrocinar y animar la imagen Crística de cierta evolución u oleada de vida, conocida como raza raíz: almas que encarnan como grupo y poseen un único patrón arquetípico, plan divino y misión a realizar en la Tierra.

Según la tradición esotérica, existen siete agregaciones principales de almas, desde la primera hasta la séptima raza raíz. Las primeras tres razas raíz vivieron en la pureza e inocencia sobre la Tierra en tres eras de oro, antes de la caída de Adán y Eva. Mediante la obediencia a la *Ley Cósmica* y una identificación total con el *Yo Real,* esas razas raíz consiguieron su libertad inmortal y ascendieron desde la Tierra.

Fue durante la cuarta raza raíz, en el continente de Lemuria, que tuvo lugar la alegórica Caída bajo la influencia de los ángeles caídos conocidos como Serpientes (porque utilizaron las energías serpentinas de la columna para engañar al alma o principio femenino en la humanidad, como medio para conseguir bajar el potencial masculino, emasculando así a los Hijos de Dios).

La cuarta, quinta y sexta raza raíz (este último grupo de almas aún no ha descendido completamente a encarnar físicamente) siguen encarnadas en la Tierra actualmente. El Señor Himalaya y su Amada son los Manús de la cuarta raza raíz, el Manú Vaivasvata y su consorte son los Manús de la quinta raza raíz, y el Dios y la Diosa Merú son los de la sexta. La séptima raza raíz está destinada a encarnar en el continente de Suramérica en la era de Acuario, bajo sus Manús, el

Gran Director Divino y su complemento divino.

Los Manús son los amados padrinos Divinos que responden instantáneamente al llamado de sus niños. La consoladora presencia de su luz está dotada de un poder/sabiduría/amor tan grande que hace que los éteres se estremezcan y que cada uno de los pequeños se sienta como en casa en los brazos de Dios, aun en la hora más oscura.

Manvantara. (Sánscrito: de *maver*, "hombre", y *antara,* "intervalo", "período de tiempo"). En el hinduismo, uno de los catorce intervalos que constituyen un kalpa: duración de tiempo desde el origen hasta la destrucción de un sistema de mundos (un ciclo cósmico). En la cosmología hindú, el universo evoluciona continuamente pasando por ciclos periódicos de creación y disolución. Se dice que la creación se produce durante la exhalación del Dios de la Creación, Brahman; la disolución ocurre durante su inhalación.

Materia. La polaridad femenina (negativa) del *Espíritu* masculino (positivo). La Materia actúa como cáliz del reino de Dios y es la morada de las almas en evolución que se identifican con su Señor, su Santo *Ser Crístico*. La Materia se distingue de la materia (con minúscula), que es la sustancia de la tierra, terrenal, de los reinos de *maya,* que bloquea en vez de irradiar luz divina y el Espíritu del YO SOY EL QUE YO SOY. Véase también *Madre.*

Maya. (Sánscrito: "ilusión", "engaño", "apariencia"). Algo creado o inventado, que finalmente no es real; el mundo fenoménico no permanente visto como realidad; el principio de la relatividad y dualidad por el cual la realidad única aparece como el universo variado. Los *Maestros Ascendidos* enseñan que maya es el velo de energía mal cualificada que el hombre impone a la *Materia* con su abuso del *fuego sagrado.*

Mensajero. Evangelista; alguien que precede a los ángeles llevando a la gente de la Tierra las buenas nuevas del evangelio de Jesucristo y, en el momento designado, el Evangelio Eterno. Los Mensajeros de la *Gran Hermandad Blanca* están ungidos por la *jerarquía* como apóstoles suyos ("alguien enviado en misión"). Ellos dan a través de sus *dictados* (profecías) de los *Maestros Ascendidos* el testimonio y las enseñanzas perdidas de Jesucristo con el poder del Espíritu Santo a la progenie de Cristo, a las ovejas perdidas de la casa de Israel y a todas las naciones. Un Mensajero ha recibido la preparación de un Maestro Ascendido para poder recibir, mediante varios métodos, las palabras, los conceptos, las enseñanzas y los mensajes de la Gran Hermandad Blanca. Alguien que transmite la *Ley,* las profecías y las dispensaciones de Dios para un pueblo y una época. (Apocalipsis 14:6. Mateo 10:6; 15:24).

Microcosmos. (Griego, "mundo pequeño"). 1. El mundo del individuo, sus *cuatro cuerpos inferiores*, su aura y el campo energético de su karma. 2. El planeta. Véase también *Macrocosmos*.

Mónada divina. Véase *Presencia YO SOY*.

Mónada humana. Todo el campo energético del yo, las esferas de influencia conectadas entre sí (hereditarias, del entorno, kármicas) que componen esa autopercepción que se identifica a sí misma como humana. El punto de referencia de percepción inferior o percepción nula a partir del cual ha de evolucionar toda la humanidad hacia la realización del Yo Real como el *Ser Crístico*.

Morador del umbral. El antiyo, el yo irreal, el yo sintético, antítesis del *Yo Real*, el conglomerado del ego creado a sí mismo, al concebido con el uso indebido del don del libre albedrío. Se compone de la mente carnal y una constelación de energías mal cualificadas, campos energéticos, focos y magnetismo animal que forman la mente subconsciente. El contacto del hombre con este yo reptiliano y antimagnético —que es enemigo de Dios y su Cristo y contrario a la reunión del alma con ese Cristo— se produce a través del cuerpo emocional (el cuerpo emocional o astral) y a través del chakra del plexo solar.

El morador del umbral es el núcleo del vórtice de energía que forma el *cinturón electrónico*. A veces se ve la cabeza serpentina del morador emergiendo del estanque negro del inconsciente. Cuando la serpiente dormida del morador se despierta debido a la presencia del Cristo, el alma debe de usar su libre albedrío para tomar la decisión de matar lo anti-Cristo que tiene voluntad propia, mediante el poder de la *Presencia YO SOY*, y convertirse en la defensora del Yo Real hasta que el alma esté totalmente reunida con ese Yo Real.

El morador se aparece al alma en el umbral de la percepción consciente, donde llama a la puerta para conseguir entrada al reino "legítimo" de la individualidad autoreconocida. El morador quiere entrar para convertirse en el dueño de la casa. Pero tú debes responder solo a la llamada a la puerta de Cristo y solo a Cristo; solo a él has de dar entrada.

La iniciación más seria del sendero del discípulo de Cristo es la confrontación con el yo irreal. Porque si el alma no lo mata (unida a la Mente Crística), aquel emergerá para devorar al alma con toda la ira de su odio a la luz. La necesidad de tener al instructor en el *Sendero* y al Gurú *Sanat Kumara* con nosotros, manifestado físicamente en la *Mensajera* de Maitreya, es para que mantenga el equilibrio en la octava física por cada persona a medida que esta se acerca a la iniciación del encuentro, cara a cara, con el morador del umbral.

Omega. Véase *Alfa y Omega*.

Oleada de vida. Véase *Manú*.

Palabra. Véase *Logos*.

Plano astral. Frecuencia del tiempo y el espacio más allá del plano físico, pero por debajo del mental, correspondiente al cuerpo emocional del hombre y al inconsciente colectivo de la raza. Es el depósito de los patrones colectivos de pensamiento/sentimiento, conscientes e inconscientes, de la humanidad. El propósito prístino de este plano es la amplificación de los pensamientos y sentimientos puros de Dios en el hombre. En cambio, se ha contaminado con registros y vibraciones impuras de la memoria de la raza. Véase también *Cuatro cuerpos inferiores*.

Plano etérico. El plano más alto en la dimensión de la *Materia*; un plano que es tan concreto y real como el físico (y aún más) pero que se experimenta a través de los sentidos del alma en una dimensión y conciencia más allá de la percepción física. El plano en el que los *registros akáshicos* de toda la evolución de la humanidad constan individual y colectivamente. Es el mundo de los *Maestros Ascendidos* y de sus *retiros*, de las ciudades etéricas de luz donde las almas de un orden superior evolutivo residen entre encarnaciones. Es el plano de la realidad.

Ahí es donde está en progreso la era de oro, donde el amor es la plenitud de la presencia de Dios por doquier y los ángeles y elementales, junto con los niños de Dios, sirven en armonía para manifestar el reino de Cristo en la era universal, por los siglos de los siglos. Como tal, es el plano de transición entre los reinos tierra/cielo y el reino de Dios, *Espíritu*, o lo Absoluto. El plano etérico inferior se traslapa con los cinturones astral/mental/físico. Está contaminado por esos mundos inferiores, ocupados por la *falsa jerarquía* y la conciencia de las masas a la que controlan, incluyendo sus matrices y emociones.

Presencia electrónica. Véase *Presencia YO SOY*.

Presencia YO SOY. El YO SOY EL QUE YO SOY; la Presencia individualizada de Dios focalizada para cada alma individualizada. La identidad Divina del individuo; la Mónada Divina; la Fuente individual. El origen del alma focalizado en los planos del *Espíritu* justamente por encima de la forma física; la personificación de la Llama Divina para el individuo. Véase también Gráfica de tu Yo Divino; véase ilustración en la pág. 429. (Éxodo 3:13-15).

Rayo femenino. La emanación luminosa que sale del aspecto de Dios *Madre*.

Rayo masculino. La emanación luminosa que sale del aspecto de Dios Padre.

Raza raíz. Véase *Manú*.

Reencarnación. Renacimiento en nuevos cuerpos o formas de vida, especialmente el renacimiento de un alma en un cuerpo humano nuevo. El alma continúa regresando al plano físico en un nuevo templo corporal hasta que ha saldado su karma, ha logrado maestría sobre sí misma, ha vencido los ciclos del tiempo y el espacio y, finalmente, se reúne con la *Presencia YO SOY* mediante el ritual de la *ascensión*.

Registros akáshicos. Todo lo que acontece en el mundo de un individuo se registra en una sustancia y dimensión conocida como *akasha* (sánscrito, de la raíz *kās* 'ser visible, aparecer', 'alumbrar brillantemente', 'ver claramente'). Akasha es la sustancia primordial, la esencia más sutil y etérea, que llena todo el espacio; energía "etérica" que vibra en cierta frecuencia como para absorber o registrar todas las impresiones de la vida. Estos registros pueden ser leídos por los adeptos o por quienes poseen unas facultades del alma (psíquicas) desarrolladas.

Reloj Cósmico. La ciencia de delinear los ciclos del karma y las iniciaciones del alma bajo las doce *jerarquías del sol*. Enseñanza impartida por la Virgen María a Mark y Elizabeth Prophet para los hijos y las hijas de Dios que están regresando a la *Ley del Uno* y a su punto de origen más allá de los mundos de la forma y la causación inferior. También el diagrama que representa los ciclos de karma bajo las doce jerarquías solares.

Retiros. Véase *Templos etéricos*.

Retiros etéricos. Véase *Templos etéricos*.

Rezagados. Véase *Maldek*.

Sanat Kumara. El Anciano de Días, que se ofreció a venir a la Tierra hace miles de años procedente de su hogar en Venus. En aquel momento, los consejos cósmicos habían decretado la disolución de la Tierra, tanto se había desviado la humanidad de la *Ley Cósmica*. Los Señores Solares habían decidido que no se le concediera más oportunidad a los hombres, que habían ignorado conscientemente y olvidado la Llama Divina dentro de su corazón. El requisito de la *Ley* para salvar a Terra era que alguien que estuviera cualificado para ser el Cordero encarnado estuviera presente en la octava física para mantener el equilibrio y guardar la *llama trina* de la vida por todas las almas vivientes. Sanat Kumara se ofreció a ser ese ser.

En su dictado del 8 de abril de 1979, Sanat Kumara contó la historia de cómo los devotos venusianos se ofrecieron a acompañarlo y encarnar entre la humanidad para ayudarlo a guardar la llama:

> La alegría de la oportunidad se mezcló con la tristeza que trae el sentimiento de separación. Había elegido un exilio voluntario en una estrella oscura, y aunque estaba destinada a ser la Estre-

lla de la Libertad, todos sabían que sería para mí una larga noche oscura del alma.

Entonces, súbitamente, de los valles y las montañas apareció una gran reunión de mis hijos. Eran las almas de los ciento cuarenta y cuatro mil acercándose a nuestro palacio de luz. Se acercaron más y más en espirales, como doce compañías, cantando la canción de libertad, de amor y de victoria. Su potente canto coral resonó en toda la vida elemental, y los coros angélicos rondaron cerca. Venus y yo, al mirar por el balcón, vimos la decimotercera compañía vestida de blanco. Era el real sacerdocio de la Orden de Melquisedec...

Cuando todos sus efectivos se hubieron reunido, anillo tras anillo tras anillo, rodeando nuestra casa, y su himno de alabanza y adoración hacia mí hubo concluido, su portavoz se puso ante el balcón para dirigirse a nosotros en nombre de la gran multitud. Era el alma de aquel a quien hoy conocéis y amáis como el Señor del Mundo, Gautama Buda.

Y se dirigió a nosotros, diciendo: "¡Oh, Anciano de Días, hemos sabido de la alianza que Dios ha hecho contigo hoy y de tu compromiso para guardar la llama de la vida hasta que algunos de entre las evoluciones de la Tierra sean acelerados y renueven una vez más su voto de ser portadores de la llama! Oh, Anciano de Días, para nosotros eres nuestro Gurú, nuestra vida, nuestro Dios. No te dejaremos sin consuelo. Iremos contigo".

Así, vinieron a la Tierra con Sanat Kumara y legiones de ángeles, precedidos de otra comitiva de portadores de luz que prepararon el camino y establecieron el retiro de Shamballa —"Ciudad de Blanco"— en una isla del mar de Gobi (ahora del desierto de Gobi).

Allí Sanat Kumara afianzó el foco de la llama trina, estableciendo el hilo de contacto inicial con todo el mundo en la Tierra extendiendo rayos de luz desde su corazón al de ellos. Y ahí encarnaron los voluntarios de Venus en densos velos de carne para ayudar a las evoluciones de la Tierra hasta la victoria de su promesa.

De entre estos portadores de luz no ascendidos, el primero en responder desde la octava física a la llamada de Sanat Kumara fue Gautama, y con él estaba Maitreya. Ambos siguieron el sendero del Bodisatva hasta la Budeidad, con Gautama terminando el curso primero y Maitreya segundo. Así, los dos se convirtieron en los discípulos principales de Sanat Kumara. El primero terminó sucediéndolo en el cargo de Señor del Mundo, el segundo como *Cristo Cósmico* y Buda Planetario. Véase también *Maestra Ascendida Venus*.

Glosario

Segunda muerte. La total anulación de la identidad, que tiene lugar en la Corte del Fuego Sagrado en la Estrella Divina Sirio. Esta es la suerte de las almas que han convertido totalmente en oscuridad la luz que Dios ha invertido en ellas. En la segunda muerte, todo lo que era del individuo (causa, efecto, registro y memoria tanto del alma como de sus creaciones, incluyendo el *morador del umbral*) se disuelve en el fuego blanco de *Alfa y Omega*. El alma se autoanula debido a su negación del ser en Dios. (Apocalipsis 2:11; 20:6, 11-15; 21:7-8).

El Sendero. La angosta entrada y la estrecha senda que conduce a la vida. El sendero de iniciación por el cual el discípulo que busca la conciencia Crística supera, paso a paso, las limitaciones de la individualidad en el tiempo y el espacio, y logra la reunión con la realidad mediante el ritual de la ascensión. (Mateo 7:14).

Señores del Karma. Los Seres Ascendidos que componen el Consejo Kármico. Sus nombres y los rayos que representan en el consejo son los siguientes: primer rayo, el Gran Director Divino; segundo rayo, la Diosa de la Libertad; tercer rayo, la Maestra Ascendida Nada; cuarto rayo, el Elohim Ciclopea; quinto rayo, Palas Atenea, Diosa de la Verdad; sexto rayo, Porcia, Diosa de la Justicia; séptimo rayo, Kuan Yin, Diosa de la Misericordia. Vairóchana también tiene un asiento en el Consejo Kármico.

Los Señores del Karma dispensan justicia en este sistema de mundos, adjudicando karma, misericordia y juicio para cada *corriente de vida*. Todas las almas deben pasar ante el Consejo Kármico antes y después de cada encarnación en la Tierra, para recibir su tarea y asignación kármica correspondiente a cada vida antes y para hacer una revisión de su rendimiento a su término.

Mediante el Guardián de los Pergaminos y los ángeles registradores, los Señores del Karma tienen acceso a los registros completos de todas las encarnaciones de las corrientes de vida de la Tierra. Ellos deciden quién encarnará, así como cuándo y dónde; y asignan a las almas a familias y comunidades, midiendo los pesos kármicos que han de equilibrarse como la "jota y tilde" de la *Ley*. El Consejo Kármico, actuando en consonancia con la *Presencia YO SOY* y el *Ser Crístico* individual, decide cuándo el alma se ha ganado el derecho a ser libre de la rueda del karma y la ronda de renacimientos. Los Señores del Karma se reúnen en el Retiro Royal Teton dos veces al año, en el solsticio de invierno y de verano, para revisar las peticiones de los hombres no ascendidos y para conceder dispensaciones por su ayuda.

Ser Cósmico. 1. *Maestro Ascendido* que ha logrado la conciencia cósmica y que anima la luz/energía/conciencia de muchos mundos y sistemas de mundos por las galaxias hasta el Sol detrás del *Gran Sol Central*. 2.

Ser de Dios que nunca ha descendido más bajo que el nivel del Cristo, que nunca ha encarnado físicamente, incurrido en karma humano ni en pecado, sino que ha permanecido como parte de la Virgen Cósmica y mantiene un equilibrio cósmico para el regreso de las almas del valle (velo) de las aflicciones al Corazón Inmaculado de la Bendita Madre.

Ser Crístico. El foco individualizado del "unigénito del Padre, lleno de gracia y verdad". El *Cristo Universal* individualizado como la verdadera identidad del alma; el Yo Real de todo hombre, mujer y niño al cual ellos han de elevarse. El Ser Crístico es el mediador entre el hombre y su Dios. Es el instructor personal del hombre, Maestro y profeta, que oficia como sumo sacerdote ante el altar del Sanctasanctórum *(Presencia YO SOY)* del templo del hombre hecho sin manos.

Los profetas predijeron el advenimiento de la conciencia universal del Ser Crístico en el pueblo de Dios en la Tierra como el descenso de El Señor, Justicia Nuestra, también denominado *La Rama*, en la era universal que está cerca. Cuando alcanza la plenitud de la identificación del alma con el Ser Crístico, tal persona es llamada *un ser Crístico* (ungido), y el Hijo de Dios se ve brillando a través del Hijo del hombre. Véase también *Gráfica de tu Yo Divino*; ilustración en la pág. 429. (Juan 1:14. Isaías 11:1. Jeremías 23:5-6; 33:15-16. Zacarías 3:8; 6:12).

Servicio Secreto Cósmico. Véase *K-17*.

Siete rayos. Las emanaciones luminosas de la Deidad. Los siete rayos de luz blanca que emergen del prisma de la conciencia Crística y que concentran particulares dones, gracias y principios de autopercepción en el *Logos* que pueden desarrollarse a través de la vocación en la vida. Cada rayo concentra una frecuencia o color, y cualidades específicas: 1. azul: fe, voluntad, poder, perfección y protección; 2. amarillo: sabiduría, entendimiento, iluminación, inteligencia e iluminación; 3. rosa: compasión, amabilidad, caridad, amor y belleza; 4. blanco: pureza, disciplina, orden y alegría; 5. verde: verdad, ciencia, curación, música, abundancia y visión; 6. morado y oro: asistencia, servicio, paz y hermandad; 7. violeta: libertad, misericordia, justicia, transmutación y perdón.

Los *Maestros Ascendidos* enseñan que cada uno de los siete rayos de Dios se engrandece un día de la semana: lunes, rayo rosa; martes: rayo azul; miércoles: rayo verde; jueves: rayo morado y oro; viernes: rayo blanco; sábado: rayo violeta; domingo: rayo amarillo.

Los siete rayos de los Elohim, constructores de la forma, están enclaustrados en el Retiro Royal Teton, un antiguo foco de luz congruente con la montaña Gran Teton, en el estado de Wyoming de los Estados Unidos. Los rayos están concentrados y afianzados en una gran imagen del Ojo Omnividente de Dios que se encuentra en una sala de consejos del retiro.

Templos etéricos. Retiros de los *Maestros Ascendidos* focalizados en el *plano etérico* o en el plano de la tierra; puntos de anclaje de las energías cósmicas y las llamas de Dios; sitios donde los Maestros Ascendidos preparan a sus *chelas* y a los cuales viajan los hombres cuando están fuera de su cuerpo físico.

Vestidura sin costuras. Sustancia de luz del Hijo (sol) de Dios tejida como túnica de conciencia y vestida por un ser Crístico. El Espíritu Santo, como un gran coordinador unificador, teje la vestidura sin costuras a partir de hilos de la luz y el amor de Dios. El Maha Chohán enseña: "La atención de Dios sobre el hombre, como una lanzadera, impulsa radiantes haces de luz descendente, centelleantes fragmentos de pureza y felicidad, hacia la Tierra y el corazón de sus hijos, mientras esperanzas, aspiraciones, invocaciones y llamados de ayuda de los hombres se elevan tiernamente buscando a la Deidad en su gran refugio de pureza cósmica".

Jesús compara el tejer de la vestidura sin costuras con la preparación para el matrimonio: "A cada hombre y cada mujer se ofrece la oportunidad de que se prepare para la *ascensión*. Y a nadie se le priva del privilegio de prepararse. Tal como una novia se prepara para el día de la boda, llenando el baúl de esperanza con los más preciados linos y bordados, el alma se prepara para su reunión acumulando virtudes florales, cualidades flamígeras con las que hace apliques sobre la vestidura sin costuras. Y nadie puede participar en la fiesta de bodas sin la vestidura sin costuras".

De esta vestidura, Serapis Bey dice: "Cuando el hombre opera bajo dirección y actividad divinas ya sea dentro como fuera del cuerpo, toma la energía que se le dispensó y que, en ignorancia, pudiera haber usado mal y crea, en su lugar, un gran cuerpo de luz llamado la inmaculada vestidura sin costuras del Cristo vivo, que algún día se convertirá en el gran esférico cuerpo solar imperecedero".

Yo Real. Véase *Ser Crístico*.

Yod. Véase *Yod llameante*.

Yod llameante. Un centro solar, un foco de perfección, de conciencia Divina. La Yod llameante es la capacidad de la divinidad dentro de ti de transformar tu ser en una avanzada de tu Poderosa *Presencia YO SOY*.

MARK L. PROPHET y ELIZABETH CLARE PROPHET son escritores reconocidos mundialmente, instructores espirituales y pioneros en la espiritualidad práctica. Entre sus libros más vendidos se encuentran los siguientes títulos: *Las enseñanzas perdidas de Jesús, El aura humana, Saint Germain sobre alquimia, Los ángeles caídos y los orígenes del mal;* y la serie de libros de bolsillo para la espiritualidad práctica, que incluye *Cómo trabajar con los ángeles, Tus siete centros de energía* y *Almas compañeras y llamas gemelas.* Sus libros se han publicado en más de treinta idiomas y están disponibles en más de treinta países.

The Summit Lighthouse®
63 Summit Way
Gardiner, Montana 59030 USA
1-800-245-5445 / 406-848-9500
Se habla español.
TSLinfo@TSL.org
SummitLighthouse.org

www.ingramcontent.com/pod-product-compliance
Lightning Source LLC
Chambersburg PA
CBHW060027180426
43195CB00050B/1334